John Teasdale

Por qué funciona el mindfulness
Conocimiento y despertar interior

Prólogo de Jon Kabat-Zinn

Traducción del inglés de Fernando Mora

Título original: WHAT HAPPENS IN MINDFULNESS
Inner Awakening and Embodied Cognition

© 2022 The Guildford Press

Edición publicada por acuerdo con Guildford Publications Inc. a través de International Editors'Co.

© de la edición en castellano:
2023 by Editorial Kairós, S.A.
www.editorialkairos.com

© de la traducción del inglés al castellano: Fernando Mora

Revisión: Amelia Padilla

Fotocomposición: Grafime Digital S.L. 08027 Barcelona
Diseño cubierta: Katrien Van Steen
Impresión y encuadernación: Índice S. L. 08040 Barcelona

Primera edición: Marzo 2023
ISBN: 978-84-1121-133-8
Depósito legal: B 2.263-2023

Todos los derechos reservados.
Cualquier forma de reproducción, distribución, comunicación pública o transformación de esta obra solo puede ser realizada con la autorización de sus titulares, salvo excepción prevista por la ley. Diríjase a CEDRO (Centro Español de Derechos Reprográficos, www.cedro.org) si necesita algún fragmento de esta obra.

Este libro ha sido impreso con papel que proviene de fuentes respetuosas con la sociedad y el medio ambiente y cuenta con los requisitos necesarios para ser considerado un «libro amigo de los bosques».

A Phil Barnard, arquitecto de los SCI

Sumario

Prólogo 9
Introducción 17

PARTE I. Fundamentos 33
1. La búsqueda de la felicidad 35
2. Un mundo de ideas 64
3. Un mundo de relaciones 91
4. La construcción de totalidades 125

PARTE II. Mindfulness 159
5. Mindfulness. El proceso central subyacente 161
6. Mindfulness. El cómo 182
7. Mindfulness. El qué 204
8. Transformar el sufrimiento emocional 241
9. Mindfulness. El porqué 269

PARTE III. El despertar interior 291
10. La mente despierta 293
11. Lecciones del estado de flujo 318
12. Un tesoro oculto 342
13. Comprender la mente despierta 368
14. Los caminos hacia el despertar 404

Agradecimientos 449
Referencias bibliográficas 453
Índice 467

Prólogo

Debemos formularnos, de entrada, algunas preguntas, como, por ejemplo, ¿qué significa «tener algo en la mente»? ¿Quién se encarga de «guardarlo»? ¿Y dónde se almacena? ¿Cómo diferenciamos un pensamiento de un hecho o un sentimiento, y ambos de la propia consciencia? ¿Qué es la consciencia? Y, en relación con ello, ¿qué entendemos por mente y dónde se localiza esta? Profundizando en la situación del ser humano, ¿cómo incide el cultivo del mindfulness en la experiencia del sufrimiento y en el sentido del yo? En definitiva, ¿qué *es* el mindfulness? Y, expresado en términos prácticos, ¿cómo puede cultivarse, habitarse, encarnarse y desplegarse para liberarnos de los patrones endémicos del engaño y el sufrimiento en general? ¿Es posible que el mindfulness llegue a ser nuestro «modo por defecto» y, por tanto, un aliado fiable para vivir nuestra vida como si realmente nos importase a nosotros mismos y a los demás?

Estas son algunas de las preguntas implícitas y explícitas, así como los retos existenciales, que este libro plantea de manera muy notable, amplia, precisa, sistemática y rigurosa. En él, encontraremos una metodología para acceder, entablar amistad y habitar el dominio de lo que John Teasdale denomina *conocimiento holístico-intuitivo*, un espacio mental de orden superior al *conocimiento conceptual* que caracteriza a buena parte de nuestros procesos de pensamiento centrados en nosotros

Por qué funciona el mindfulness

mismos y en nuestra vida emocional, y que, cuando no se ve dominado por el primero, puede cegarnos a nuestro bienestar intrínseco y, tristemente, en ocasiones volverse tóxico y debilitante, tal como constatamos en el agravamiento de la depresión en todo el planeta.

De manera muy notable, dado su origen en prácticas contemplativas que cuentan con miles de años de antigüedad, el mindfulness se ha postulado en los últimos 40 años como un importante campo de investigación y aplicación clínica fundamental destinado a comprender la naturaleza del sufrimiento y, lo que no es menos importante, del florecimiento humano. La literatura de investigación relacionada con el mindfulness se está expandiendo en la actualidad con un ritmo exponencial. Como uno de los tres iniciadores de la terapia cognitiva basada en mindfulness (MBCT, por sus siglas en inglés*), cuyo advenimiento ha contribuido de manera decisiva a dicha expansión, John Teasdale se encuentra en la vanguardia de este campo, siendo uno de los principales arquitectos de sus fundamentos teóricos en los campos de la psicología y la ciencia cognitiva. En estas páginas, nos transmite su perspectiva única y sus ideas creativas, ancladas en su propia aventura y práctica meditativa personal, para una cartografía elegante y coherente del territorio de la mente desde la perspectiva del modelo de emoción, cognición y teoría de la información que él (en colaboración con Phil Barnard) ha desarrollado, elaborado y aplicado con

---

* La MBCT se desarrolló originalmente como una novedosa intervención grupal para abordar las altas tasas de recaída asociadas con los tratamientos farmacológicos y psicológicos habituales para el trastorno depresivo mayor.

enorme rigor y relevancia durante buena parte de su vida profesional. Ese modelo recibe el nombre de subsistemas cognitivos interactivos (SCI).

Este libro es un *tour de force*, un *opus magnum* en muchos niveles distintos, digno de una profunda reflexión en relación con la propia experiencia en primera persona y los marcos explicativos que propone. Representa la síntesis de una vida entera dedicada a la rigurosa investigación científica, sumada a una profunda indagación meditativa, a la modestia personal y a la integridad intelectual. En sus páginas, nos describe y propone, a través de diferentes dimensiones del ser y del conocimiento, desplegadas paso a paso con precisión y claridad, un camino de comprensión (al que John se refiere, en paralelo con la enseñanza budista clásica, como *visión*) que, correctamente entendido, será una importante contribución a la psicología, la cual es, en esencia, después de todo, el estudio del «yo» en toda su multiplicidad de elementos e interacciones tanto con otros yoes como con el mundo. En este libro, ese yo se describe, interroga, disecciona y deconstruye de manera sistemática al servicio de una forma mayor y más comprensiva de ser y conocer, una forma profundamente inteligente y potencialmente liberadora de la engañosa y tan a menudo endémica preocupación por uno mismo. Resulta significativo que esa modalidad de conocimiento sea intrínsecamente constitutiva en nosotros, los seres humanos, por lo que siempre está operativa, aunque la mayoría de las veces la ignoramos y, en consecuencia, pagamos un alto precio por dicha ignorancia. Me refiero, por supuesto, a la consciencia.

En su amplitud, profundidad e importancia última, el presente libro nos brinda un marco unificador para investigar y

12 Por qué funciona el mindfulness

comprender el mindfulness y su potencial curativo como práctica formal de meditación y como forma de ser. Es este una explicación de alta resolución de la compleja interacción que mantienen en cada momento el cuerpo, la mente y el mundo, revelándonos una dinámica potencial de bienestar y felicidad fundamentales en relación con la cuestión tan importante de la naturaleza del yo –que es, en esencia, tanto ilusoria como opresiva– y cómo podemos reconocer y también realizar, en el sentido de «hacer realidad», nuestra capacidad innata para el despertar incorporado. En este ámbito, los únicos obstáculos que impiden esa «realización» son de nuestra propia fabricación habitual, innecesaria, no reconocida y a menudo dañina y opresiva.

En los primeros días de nuestra colaboración (entre los años 1993 y 2000), cuando él, Mark Williams y Zindel Segal estaban desarrollando la MBCT, me burlaba de John en ocasiones por su apego al modelo de los SCI y sus complejos diagramas esquemáticos, que en realidad yo no entendía y, por eso, no tomaba en serio. ¿Por qué complicar las cosas más de lo necesario? Basta con practicar el cultivo del mindfulness, dejar de intentar captar lo que está ocurriendo simplemente a través del pensamiento y la imitación, y prestar más atención al cuerpo en lugar de centrarse exclusivamente en el contenido y la carga emocional de los pensamientos y las emociones debilitantes. Cuando se aborda fenomenológicamente y se habita de manera directa, la consciencia tiene el potencial de ser intrínsecamente liberadora –sostenía–, tal como se recoge en la literatura clásica y contemporánea de las diversas corrientes del *dharma* budista y tal como veíamos, en ocasiones de modo bastante radical, en las vidas de muchas de las personas aquejadas de enfermedades crónicas que eran remitidas a la clínica de reducción del estrés basada en el mindfulness (MBSR).

Tardé 20 años en comprender el valor de lo que John quería decir, y el profundo potencial de la perspectiva de los SCI, a la que él parecía tan apegado en ese momento, para enfocar y explicar algunos de los patrones persistentes de pensamiento y emoción que nos aprisionan de manera innecesaria la mayor parte del tiempo cuando no somos conscientes de ellos y carecemos de una multiplicidad de formas fiables y pragmáticas de reconocer y liberarnos de dichos patrones arraigados. El marco de los SCI –simplificado, ampliado y reformulado en términos de memoria de trabajo y ahora perfectamente integrado e informado gracias a décadas de experiencia y estudio de la meditación de John– puede ser justo lo que se requiere en este momento para que la ciencia de la psicología en su conjunto comprenda adecuadamente el momento en que nos encontramos, perfeccionando la comprensión de nuestro potencial humano común para encarnar la dimensionalidad múltiple y el misterio de quiénes y qué somos como seres humanos, y despertando a las formas endémicas de sufrimiento que de manera involuntaria colaboramos a crear o agravar para nosotros mismos, los demás y el mundo en que habitamos.

En una fascinante visión de la experiencia de primera mano vinculada al conocimiento holístico-intuitivo, el dominio de la poesía, por razones que se explican en el texto, proporciona un elemento muy importante y esclarecedor del enfoque de los SCI. Es más, creo que es justo decir que los diagramas de este libro y el lenguaje especializado que se utiliza para describirlos constituyen una forma poética alternativa por derecho propio, similar a los diagramas del cableado que trazan los circuitos que subyacen a nuestras complejas tecnologías, aunque, en el caso que nos ocupa, se trata de los circuitos del corazón. Aunque no es fácil acceder a ellos, una vez que se hace la inversión necesaria *para sentir* y comprender conceptualmente lo que representan y se nos invita a reflexionar y experimentar por nosotros mismos paso a paso, estos diagramas iluminan la matriz subyacente de opciones muy reales y prácticas de que disponemos en todos y cada uno de los momentos para alejarnos de la tiranía de una mente que no se conoce a sí misma y que persiste, sin saberlo, en generar narrativas disfuncionales sobre la realidad y el yo, enredado en interminables pensamientos egocéntricos, inexactos y, en última instancia, suposiciones encorsetadas y prejuicios tácitos, si bien no reconocidos, así como patrones de reactividad impulsada por las emociones y de malestar permanente. Esto es, en definitiva, lo que exige nuestra salud mental individual, así como nuestra salud colectiva como comunidades humanas y la salud del propio planeta, ahora seriamente puesta en entredicho por nuestra previa falta de consciencia de las amenazas muy reales que alimentamos cuando no prestamos atención a aquello que es más importante desde el punto de vista de nuestro bienestar como especie.

Que este libro sea un soplo de aire fresco y una fuente de inspiración, de orientación práctica y de perspicacia para el trabajo interior y exterior que debe acometer nuestra especie, es decir, para vivir, con atención y corazón, la vida que nos corresponde como seres humanos, causando el menor daño y el mayor bien, mientras tengamos oportunidad de ello.

Y que también sirva de catalizador para inspirar al campo de la psicología en su conjunto –clínica, experimental, social– a luchar de manera aún más rigurosa y práctica que en el pasado con la naturaleza paradójica del yo y con la naturaleza de la consciencia/vigilia incorporada y nuestra innegable interconexión con las demás personas, con la vida, con la naturaleza y con el misterioso universo, o universos, donde nos hallamos brevemente, pero, de manera tan íntima, inmersos, al tiempo que estamos emergiendo.

JON KABAT-ZINN
Northampton, Massachusetts

Introducción

Hay un estado de ser que constituye un salto cuántico en nuestra calidad de vida. Se trata de una promesa evidenciada y encarnada por individuos excepcionales a lo largo de la historia escrita. Ya se denomine mente despierta, nirvana o reino de los cielos, ese estado de ser implica un cambio permanente en nuestra manera de ver las cosas y de relacionarnos con la vida. Este tipo de alternativa siempre ha sido muy valorada ya que, en comparación, nuestro estado habitual de mente y corazón ha sido descrito a menudo como «estar dormido». En esta nueva forma de ser –que también está relacionada con el logro del despertar–, la consciencia está impregnada de abundante buena voluntad y compasión hacia todos los seres, con independencia de quiénes sean y de lo que hagan.

Se afirma que cada uno de nosotros tiene el potencial de experimentar este cambio de consciencia. ¿Por qué, entonces –podemos preguntarnos–, percibimos tan pocas muestras de ello en el mundo que nos rodea?

De hecho, muchos de nosotros no somos conscientes de que esta forma alternativa de vida es posible, o, si somos conscientes de ello, no tenemos ni idea de cómo acometer el proceso de transformación requerido para alcanzarla. En otros tiempos y lugares, habríamos recurrido a las tradiciones religiosas y espirituales de nuestra cultura en busca de inspiración y orientación en este sentido. Esas tradiciones nos ofrecían caminos que

18 Por qué funciona el mindfulness

solían incluir dos elementos diferenciados, pero estrechamente relacionados entre sí. Uno de ellos es la práctica, es decir, lo que en realidad hacemos. El otro es la visión: el contexto para entender el propósito del camino, a dónde conduce y cómo encaja y debe ser aplicada la práctica.

El reciente y extraordinario auge del interés por el mindfulness nos indica la buena disposición y, a menudo, incluso la sed de explorar y dedicar tiempo y energía a las *prácticas* de transformación –como la meditación o el yoga– desarrolladas por las tradiciones religiosas y espirituales. Pero esto no siempre se ha visto correspondido, en dichas tradiciones, por el entusiasmo hacia las *perspectivas* íntimamente ligadas a esas prácticas.

Como reflejo de los ambientes culturales e intelectuales en los que se desarrollaron, los marcos de comprensión (perspectivas) que ofrecen las tradiciones religiosas se expresan a menudo de modos que no siempre resultan fácilmente accesibles o aceptables para muchas personas en el siglo XXI. La mayoría de ellos no están basados en la visión científica del mundo, y a menudo pueden parecer incluso contrarios a ella.

Esta puede ser una de las razones por las que el reciente aumento mundial del interés por el mindfulness ha solido tener un enfoque práctico –la reducción de los estados emocionales desagradables, o la mejora del rendimiento y el bienestar– que no persigue la transformación más profunda de la consciencia. Sin embargo, incluso con su enfoque pragmático, existen ciertos elementos en los programas contemporáneos para explorar el mindfulness que abren la puerta a esa transformación más amplia; no es raro que los participantes experimenten cambios bastante imprevistos y radicales en su experiencia de la vida en general. Y algunos programas enfatizan la posibilidad de que el mindfulness nos aporte una forma nueva y diferente de ser, un enfoque alternativo para afrontar la vida, más que una simple oportunidad para mejorar las habilidades y técnicas con las que gestionar nuestra atención, nuestros pensamientos y nuestros sentimientos.

Los interesados en explorar las posibilidades de una transformación más amplia y radical necesitan respuestas a algunas preguntas cruciales: ¿por qué mi enfoque actual de la vida no me proporciona el contento y la satisfacción que anhelo? ¿Cómo puedo vivir con mayor comodidad y alegría? ¿Qué debo hacer de manera distinta? ¿Cómo encaja el mindfulness? ¿Qué es exactamente el mindfulness? ¿Qué significa hablar del mindfulness como una forma de ser? ¿Qué es el despertar interior?

Los puntos de vista integrados en las tradiciones espirituales y religiosas no ofrecen respuestas a este tipo de preguntas, sino que utilizan un lenguaje y unas ideas que quizá no resultan llamativos para la mayoría de las personas que se sienten atraídas por primera vez por el mindfulness debido a su carácter pragmático y «libre de ideologías». Cuando estas personas llegan a reconocer su potencial más amplio, ¿cómo exploran el mindfulness con mayor profundidad y aprovechan otras posibilidades para el despertar interior?

Hace algunos años, mis colegas Mark Williams, Zindel Segal y yo nos enfrentamos a una cuestión similar, pero mucho más circunscrita, cuando desarrollamos la terapia cognitiva basada en el mindfulness (MBCT). En ese caso, el foco de nuestro interés era relativamente específico: utilizar el mindfulness para prevenir la recaída en la depresión clínica recurrente. Sin embargo, seguíamos necesitando un marco de comprensión para orientar nuestro trabajo.

Recurrimos entonces al enfoque conocido como subsistemas cognitivos interactivos (SCI). Este marco de comprensión arraiga firmemente en la ciencia cognitiva y en lo que en la actualidad sabemos sobre el funcionamiento de la mente. En los subsistemas cognitivos interactivos, el término *cognitivo* tiene un alcance mucho más amplio que el *pensamiento* y la *reflexión*. Ese alcance se refleja en la inclusión de la palabra *conocimiento* en el título de este libro. El tema unificador del paradigma de la cognición incorporada «es la idea de que el cuerpo o las interacciones del cuerpo con el entorno constituyen la cognición o contribuyen a ella» (Shapiro y Spaulding, 2021; véase también Varela, Thompson y Rosch, 2017). Este parámetro establece un cambio radical con respecto a los anteriores enfoques *cognitivistas* basados en la metáfora de la mente como un ordenador que procesa símbolos. Los SCI dan cuenta de ese cambio, por ejemplo, en el reconocimiento de la importante contribución de la información procedente del cuerpo a la hora de interpretar y evaluar la experiencia, en el decisivo papel desempeñado por las capacidades sensoriales y motoras en la conformación del desarrollo de los distintos tipos de información, y en el papel fundamental desempeñado por las interacciones que tienen lugar entre la mente y el entorno en la creación de nuestros mundos de experiencia acumulada.

Los SCI nos brindan una herramienta intelectual de uso general que se ha aplicado de pleno a una gama de áreas sorprendentemente amplia: desde la mejora de la creatividad de los bailarines de ballet moderno, hasta el diseño de interfaces humano-ordenador, pasando por la evolución del corazón/mente. En el caso de la MBCT, este marco ha demostrado ser una guía inestimable, tanto para entender lo que ocurre cuando los pacientes recaen en la depresión, como, sobre todo, para saber de qué modo el mindfulness brinda una forma nueva y poderosa de prevenir esas recaídas. Guiados por estas ideas, desarrollamos un enfoque que ha demostrado ser sumamente eficaz: la investigación basada en cientos de pacientes ha evidenciado de manera convincente que la MBCT protege contra la depresión con la misma eficacia que los medicamentos antidepresivos. Y, además, la MBCT ha demostrado ser más poderosa que los antidepresivos a la hora de aumentar el bienestar de los participantes.

Al desarrollar la MBCT, el marco de los SCI nos proporcionó la *visión* que nos infundió la confianza suficiente para invertir gran cantidad de tiempo y esfuerzo en el desarrollo del programa de prevención de recaídas basado en el mindfulness. También orientó el modo de integrar determinadas *prácticas* de mindfulness en el programa general para lograr la máxima eficacia. Animado por el éxito de este enfoque en esta área concreta, he estado explorando hasta qué punto los SCI podrían ofrecer también una guía para la transformación más general y radical de la consciencia a la que apuntan las tradiciones contemplativas. Desde una perspectiva basada en el contexto de los SCI, ¿podemos obtener respuestas satisfactorias al tipo de preguntas «cruciales» que he planteado antes? ¿Es posible que esta perspectiva nos infunda la confianza de que cada uno de nosotros cuenta realmente con el potencial para llevar a cabo ese cambio? ¿Puede proporcionarnos una comprensión más clara de lo que es realmente el mindfulness y el papel que desempeña en este proceso de transformación radical? ¿Nos ayuda a entender si el mindfulness es lo mismo que el «despertar interior» y, en caso contrario, qué más necesitamos para alcanzar el pleno despertar? ¿Puede esta visión permitirnos discernir, valorar y relacionarnos más eficazmente con aquello que de positivo tienen las tradiciones existentes?

Este libro explora las respuestas a estas preguntas de enorme relevancia.

Ideas clave

La perspectiva que me propongo investigar aparece en el punto en el que convergen dos ideas distintas, aunque relacionadas. La primera de ellas es que el *corazón/mente* humana, al igual que muchos sistemas naturales, tiene la tendencia inherente a avanzar en pos de mayor orden y plenitud. (Para facilitar la lectura, a partir de ahora utilizaré el término *mente* en lugar de *corazón/mente* para referirme a *todos* los aspectos de la actividad mental incluyendo, en particular, los intuitivos y afectivos, así como los aspectos más obviamente «cognitivos», como el pensamiento conceptual). Esta tendencia nos brinda enormes ventajas evolutivas. Como reflejo de esas ventajas, la totalidad de la mente está intrínsecamente ligada a la experiencia de determinados tipos de felicidad y bienestar.

La segunda idea clave es que la evolución también nos ha dotado de la capacidad para dos tipos diferentes de conocimiento. Uno de ellos es el conocimiento conceptual –pensamiento y reflexión– con el que nos hallamos muy familiarizados. El otro es el conocimiento holístico-intuitivo, algo que, si bien cuenta con un pedigrí evolutivo mucho más prolongado, probablemente resulte menos familiar para la mayoría de nosotros. Entrelazar las implicaciones de estas dos ideas generales nos permite esbozar una explicación de por qué la mayoría tenemos dificultades a la hora de realizar plenamente el potencial intrínseco de nuestra mente para lograr una mayor plenitud y felicidad. En resumen, en lugar de experimentar la felicidad de la totalidad vinculada al conocimiento holístico-intuitivo, intentamos alcanzarla utilizando las estrategias de resolución de problemas propias del conocimiento conceptual. En el enfoque conceptual, sustituimos las *ideas* de felicidad futura como objetivos por alcanzar en algún momento *en el futuro* por la *realidad* de la felicidad de la plenitud que puede experimentarse *aquí y ahora*, en este momento. Por desgracia –por las razones que exploraremos en detalle a continuación–, esta estrategia conceptual simplemente no funciona en ningún sentido duradero. Y el fracaso recurrente de nuestros intentos decididos por alcanzar la felicidad de esta manera solo incrementa nuestra sensación de incompletud, infelicidad e insatisfacción.

Con el fin de volver a conectar con la capacidad inherente de nuestra mente para hacer las cosas bien (es decir, para sanar), necesitamos llevar a cabo un cambio fundamental en la relación que existe entre estas dos modalidades de conocimiento. Para la mayoría de nosotros, el conocimiento conceptual, en detrimento del conocimiento holístico-intuitivo, es la influencia dominante en nuestra mente. Pero, si queremos sentirnos libres y plenos, tenemos que liberarnos de ese patrón habitual y permitir que el conocimiento holístico-intuitivo asuma el papel principal. De este modo, el conocimiento conceptual puede integrarse como un elemento más de los mundos de experiencia más amplios creados por nuestra mente. Y cuando esos mundos de experiencia se renuevan y actualizan de manera constante, tenemos la sensación de que la vida se desarrolla de nuevo, a cada instante.

El mindfulness nos ofrece la manera de reequilibrar la relación entre estas dos modalidades de conocimiento y de devolver el control al conocimiento holístico-intuitivo. Un cambio radical en la relación entre nuestras dos modalidades de conocimiento es fundamental tanto para el mindfulness enseñado en los programas basados-en-mindfulness como en la transformación de la consciencia en el despertar interior. La diferencia clave entre estas dos modalidades de la mente es que el despertar requiere una renuncia más radical a los objetivos relacionados con convertirse en un tipo diferente de yo. Este grado de renuncia exige cambios fundamentales en nuestro modo de percibir el mundo y de relacionarnos con él, dado que implica la reorientación fundamental, desde nuestro habitual sentido de separación, desconexión y preocupación por nuestras propias agendas, hacia la consciencia de nuestra interconexión con el resto de la vida y el cuidado de esta.

Y, sobre todo, este punto de vista nos indica que esta posibilidad está, en principio, al alcance de todos nosotros.

La visión aquí presentada se desarrolla, capítulo a capítulo, del siguiente modo:

El capítulo 1 explora la búsqueda de la felicidad basada en el conocimiento conceptual. En dicha búsqueda, intentamos alcanzar la felicidad convirtiéndonos en un yo diferente en algún momento del *futuro*. Sin embargo, esta búsqueda no solo es ineficaz, sino que también genera más infelicidad e impide la construcción de totalidades que posibilitaría alcanzar un tipo diferente de felicidad *ahora*.

El capítulo 2 profundiza en la naturaleza básica del conocimiento conceptual para que podamos entender el modo de evitar los problemas que genera y utilizarlo de manera más adecuada. La función evolutiva original del conocimiento conceptual era capacitar a los grupos humanos primitivos para hablar y pensar en el modo de alcanzar objetivos mediante la acción hábil. Esta modalidad de conocimiento presenta una estructura atomística, basada en conceptos de «objetos» separados y dotados de propiedades intrínsecas, lo cual la torna ideal para su propósito evolutivo original. Sin embargo, cuando intentamos utilizar el conocimiento conceptual para cambiar el mundo interior de nuestros sentimientos, esa misma estructura genera enormes problemas y una sensación de separación y desconexión.

En el capítulo 3, describimos la modalidad de conocimiento holístico-intuitivo, que es *cualitativamente* distinta –de clase diferente– del conocimiento conceptual. Esta modalidad de conocimiento valora el significado de las situaciones mediante la creación de *modelos mentales* holísticos, los cuales reflejan la interrelación existente entre *todos* los aspectos de la experiencia, integrando tanto los patrones de información sensorial (incluyendo, especialmente, los corporales) como los patrones de información conceptual. En contraste con la separación y desconexión del mundo conceptual de nuestra experiencia, el mundo holístico-intuitivo se caracteriza por la conexión, la relación y la totalidad.

El capítulo 4 describe el potencial intrínseco de la mente para descubrir y crear totalidades, así como las ventajas evolutivas que ello nos brinda. La consecuencia de estas ventajas es que la creación de modelos mentales coherentes mediante la construcción flexible de totalidades posibilita que experimentemos sentimientos positivos. Cuando los modelos mentales están sincronizados con un mundo en constante cambio disfrutamos de dichos sentimientos y estamos comprometidos con nuestra experiencia. En el conocimiento holístico-intuitivo continuo, los vínculos dinámicos de resonancia mantienen una relación permanente entre conocedor y conocido en la que se influyen mutuamente.

El capítulo 5 aborda la actual diversidad de puntos de vista respecto del mindfulness, y sugiere que es posible reconciliarlos mediante el análisis de los procesos subyacentes, planteando la idea de que el proceso central del mindfulness consiste en la creación continua y flexible de modelos mentales novedosos y sensibles que nos mantienen íntimamente conectados con el despliegue de nuestra experiencia a cada momento. Por encima del conocimiento conceptual, es el conocimiento holístico-intuitivo el que sustenta la actividad de construcción de totalidades.

El capítulo 6 ilustra de qué manera las ideas esbozadas en el anterior capítulo infunden sentido a numerosas facetas del entrenamiento y la práctica del mindfulness, señalando que dicho entrenamiento nos brinda la posibilidad de aprender a cambiar a voluntad el estado de nuestra mente, transitando de manera apacible y sin problemas desde una mente dominada por el procesamiento controlado conceptualmente hasta una mente en la que predomina el conocimiento holístico-intuitivo.

El capítulo 7 describe cómo el análisis de los SCI da cuenta de una amplia variedad de características del mindfulness: la riqueza y la profundidad de la atención consciente, la combinación de la focalización exclusiva y la receptividad abierta, su capacidad para integrar la información del pasado en la experiencia del presente, su discernimiento y discriminación sin prejuicios, su capacidad para hacer uso de la información conceptual sin perderse en el proceso de pensamiento, su capacidad para saber lo que estamos experimentando mientras lo experimentamos, el descentramiento que nos permite percibir los pensamientos como sucesos mentales y no como si fuesen nuestro «yo» o la «realidad», así como la cualidad comprometida e íntima de la presencia plena. Al distinguir entre objetivos e intenciones, los SCI también nos permiten resolver algunos de los enigmas y paradojas del mindfulness.

El capítulo 8 explora la transformación del sufrimiento emocional llevada a cabo por el mindfulness, señalando que los intentos de evitar las experiencias desagradables son el principal factor que impulsa los ciclos, repetidos de continuo, que sostienen dicho sufrimiento. El mindfulness permite sanar el sufrimiento emocional capacitándonos para 1) cambiar la información *con la que* trabaja la mente, 2) cambiar *el modo* en que trabaja con dicha información, y 3) cambiar nuestra *visión* de la experiencia dando lugar a nuevos modelos mentales.

El capítulo 9 plantea una cuestión crucial: ¿por qué prestar atención? Y nos sugiere que debemos abordar la práctica del mindfulness para sentirnos completos y experimentar la riqueza y la plenitud de la vida. El mindfulness nos libera del trance de la mente *errática* y del yo narrativo para que podamos disfrutar de la *plenitud* mental del yo experiencial. La mente errática fragmenta la mente y reduce nuestra felicidad. En cambio, el mindfulness integra la mente y nos permite experimentar el milagro de estar vivos.

El capítulo 10 identifica tres características fundamentales que se repiten en las descripciones tradicionales de la mente despierta: 1) la mente despierta trasciende las percepciones de dualidad y separación, percibiendo en su lugar la interrelación y la conexión; 2) la mente despierta es altamente valorada y experimentada como intrínsecamente gozosa; 3) la mente despierta encarna el cuidado incondicional e ilimitado, la compasión y la benevolencia hacia todos los seres, a menudo vinculada a la percepción del enorme valor intrínseco que atesoran.

El capítulo 11 se centra en el estado de «flujo» –«estar en la zona»– con el fin de comprender la dicha intrínseca del despertar. La dicha característica del estado de flujo refleja una plenitud mental que se prolonga en el tiempo, relacionada, en lo fundamental, con el amor a la experiencia en sí misma: *cuando amamos lo que buscamos y el proceso de nuestra búsqueda crea lo que amamos, el proceso y el resultado se funden en una experiencia de dicha que se sostiene a sí misma.* Los modelos mentales de orden superior sustentan los sistemas dinámicos que apuntalan la totalidad continua del flujo y las relaciones personales cercanas.

El capítulo 12 amplía la comprensión desde el estado de flujo hasta el despertar interior, señalando que los modelos mentales de orden superior destilan y encarnan las características centrales de las experiencias previas de consciencia continua. Estos modelos son el «tesoro oculto» –el potencial para el despertar– que se halla latente en nuestra mente. Incorporan una dinámica integradora central, es decir, la sabiduría para percibir la «vacuidad» fundamental de todas las cosas, así como la compasión y el amor incondicionales. Al alcanzar el despertar, estos modelos potencian una totalidad continua de la mente que se extiende a todos los aspectos de la experiencia: nuestra mente es capaz de abarcar y de intimar con todas las cosas.

El capítulo 13 describe de qué modo la activación de estos modelos dormidos –junto con el amor a la mente despierta– sustenta las características centrales de la mente despierta, destacadas en el capítulo 10: no dualidad e interconexión, dicha y valor intrínseco, así como amor ilimitado e incondicional. La activación de estos modelos reequilibra la relación existente entre nuestras dos modalidades de conocimiento: restablece el conocimiento holístico-intuitivo como la influencia predominante en la mente y modifica la lente a través de la cual contemplamos el mundo y nos relacionamos con él. Ahora nos experimentamos como aspectos integrales de una vasta totalidad, interconectada y dinámica. La dicha del despertar interior refleja una plenitud mental que se prolonga en el tiempo; una sensación de «volver al hogar», de no seguir aislados y desconectados de los demás y del mundo que nos rodea; y la confianza tranquilizadora de una esperanza incondicional. Al percibir que todos formamos parte de la misma totalidad, una totalidad sustentada en las relaciones de cuidado e interrelación, emergen el amor ilimitado y la compasión por todos los seres.

30 Por qué funciona el mindfulness

El capítulo 14 identifica los ingredientes clave de los caminos hacia el despertar, subrayando que su propósito principal es promover las condiciones en las que los modelos de orden superior, *ya* presentes en nuestra mente, florezcan y se integren en la experiencia de cada momento. Estos modelos nos permiten reconectar con nuestra capacidad genéticamente dotada para la totalidad, el amor incondicional y la compasión. En lugar de crearlas paso a paso y de manera fragmentaria, los caminos hacia el despertar no hacen sino *revelar* las potencialidades existentes. El capítulo explora desde esa perspectiva el papel de cuatro elementos recurrentes en los caminos tradicionales: comportamiento ético, soltar, compasión y amor. En el despertar de la mente, estos elementos son a la vez medios y fines. Aunque se realiza a través del trabajo interior individual, el pleno despertar amplía «nuestro círculo de compasión para abarcar así a todas las criaturas y a toda la naturaleza en su belleza» (Albert Einstein). En una época como la actual, tenemos la dolorosa y apremiante necesidad de ese tipo de compasión.

Cómo aprovechar al máximo la lectura de este libro

Quizá nos resulte útil saber que he escrito este libro de una manera particular en la que mi intención ha sido tejer, lenta y gradualmente, hilo a hilo, un tapiz de comprensión creciente en la mente del lector. Por esa razón, tal vez resulte más útil leer el libro, capítulo a capítulo, desde el principio hasta el final, en lugar de, por ejemplo, decidir que el despertar es lo que de verdad nos interesa y saltar directamente a los capítulos que abordan este particular. Si nos saltamos los capítulos sin seguir ningún orden, descubriremos que, a falta de algunas de las ideas presentadas en los capítulos precedentes, no aprovecharemos completamente el valor del material desplegado en los capítulos posteriores.

Tal vez también sea útil recordar que este libro es una exploración de ideas. En ocasiones, escribo de una manera que nos sugiere: «Así son las cosas». Pero, por favor, no debemos olvidar en esos momentos que se trata de un recurso literario para evitar la constante expresión de reservas y la consideración de posibilidades alternativas que son características de otros estilos en los que podría haber escrito. En este caso, planteo las ideas que me parecen interesantes y útiles, que se ajustan a los hechos y a lo que conocemos acerca del funcionamiento de la mente, y que se conjugan para crear una totalidad coherente, pero, más que verdades últimas o confirmaciones de una creencia, siguen siendo esencialmente ideas.

Es mi deseo que el lector disfrute de una lectura tan gratificante como esclarecedora.

PARTE I
Fundamentos

1. La búsqueda de la felicidad

Detrás de todo, y puedes creerlo o no, hay una cierta cualidad que podemos llamar dolor. Siempre está ahí, justo debajo de la superficie, justo detrás de la fachada, a veces casi expuesta, de modo que se puede percibir tenuemente su forma, igual que se puede ver a veces a través de la superficie de un estanque ornamental en un día tranquilo, el oscuro, burdo e inhumano contorno de una carpa deslizándose suavemente; cuando te das cuenta de repente de que la carpa siempre ha estado bajo la superficie, incluso mientras el agua brillaba bajo el sol, y mientras mirabas los pintorescos patos y los soberbios cisnes, la carpa estaba ahí debajo, sin ser vista. Esa cualidad espera su momento. Y si la vislumbras, puedes fingir que no te das cuenta, o puedes darte la vuelta y retozar con tus hijos en la hierba, riéndote sin motivo. El nombre de esta cualidad es dolor.

JAMES SAUNDERS (1962)

Esta hermosa cita de la obra teatral *Next Time I'll Sing to You* apunta al hecho de que vivimos en una condición sutil y crónica de dolor subyacente. La noción budista de *dukkha* (a menudo traducida, de forma algo confusa, como «sufrimiento») apunta a un sentimiento relacionado de insatisfacción, incompletud y desconexión en cuanto característica compartida de nuestra experiencia humana. Una de las etimologías del término *dukkha*

36   Fundamentos

–el orificio donde se inserta el eje desajustado de la rueda de un carro, que roza, chirría y provoca un viaje incómodo y lleno de altibajos– refleja esta sensación de que de alguna manera las cosas no funcionan adecuadamente, sino que están desajustadas y carentes de armonía.

Esa sensación de carencia, vacío, insatisfacción y desconexión contrasta poderosamente con la sensación de *plenitud* que tiene lugar en la experiencia del mindfulness, así como con la unidad, integridad y armonía interior de la mente despierta. En este libro examinaremos en profundidad el mindfulness y la mente despierta, en buena medida para considerar la alternativa que nos ofrecen. Nuestro primer paso consistirá en examinar los orígenes de esta sutil (y, por desgracia, a menudo no tan sutil) sensación de insatisfacción e incompletud.

Paradójicamente, estos sentimientos son la consecuencia inevitable de la forma en que la mayoría de nosotros busca la felicidad.

La estrategia conceptual

Nuestra modalidad familiar de conocimiento conceptual (que veremos más en detalle en el siguiente capítulo) nos ofrece una estrategia extraordinariamente poderosa para conseguir lo que queremos. A lo largo de la historia de la humanidad, esta estrategia ha impulsado un salto cuántico en nuestra capacidad para alcanzar los objetivos que nos proponemos: nos ha permitido construir pirámides, llevar un hombre a la luna y alimentar a millones de nuestros semejantes.

Esta estrategia denota una elegante simplicidad. En primer lugar, nos permite que nos hagamos una idea del estado del mundo que deseamos alcanzar (un objetivo). A continuación, comparamos esa idea con la idea de cómo están las cosas ahora mismo, centrándonos en la brecha entre ambas ideas. Seguidamente, generamos planes para reducir la brecha, controlándola a medida que acometemos diferentes cursos de acción para que sea cada vez más pequeña. Cuando la brecha se cierra, se alcanza el objetivo. Y, por supuesto, el camino hacia la consecución de nuestro objetivo puede dividirse en varios subobjetivos en los que aplicamos una estrategia idéntica. (En el capítulo 2, examinaremos más detenidamente dicha estrategia).

Dado el extraordinario éxito de esta estrategia en el mundo *exterior*, surge naturalmente la pregunta: «¿Podemos utilizarla para ayudarnos a conseguir lo que queremos en nuestro mundo *interior*? Y lo que es más importante, ¿podemos utilizarla para ser más felices?».

La respuesta sería afirmativa si eligiésemos el objetivo adecuado y apuntásemos a una meta limitada específica, como, por ejemplo, disfrutar la semana próxima de más minutos de felicidad que los que hemos tenido esta semana. Y, con la suficiente creatividad y un seguimiento cuidadoso de nuestro estado de ánimo en diferentes situaciones, es muy posible que pudiésemos reorganizar el patrón de nuestra vida para alcanzar dicho objetivo.

Pero, cuando nos proponemos alcanzar el objetivo de una mayor felicidad, por razones que explicaré a su debido tiempo, nuestra mente termina persiguiendo un objetivo muy distinto: el objetivo de *convertirse en un yo diferente*. Este objetivo defectuoso no resulta obvio de inmediato y tampoco es una idea particularmente fácil de entender. Por ello, empezaré por esbozarla de manera breve antes de entrar en más detalles.

Convertirse en un yo diferente

En el próximo capítulo, veremos que la modalidad conceptual de conocimiento presupone un mundo dividido en objetos independientes, cada uno de los cuales posee ciertas características permanentes y esenciales. Percibimos que las cualidades de las cosas son el reflejo de sus características esenciales y permanentes.

En esta forma de ver el mundo, nuestras ideas acerca del yo se parecen a nuestras ideas de otras cosas, como los árboles, las bicicletas o el sol. Al igual que estos objetos, el yo posee ciertas cualidades permanentes que reflejan su naturaleza esencial intrínseca. Esas cualidades y esa naturaleza esencial difieren de un tipo de yo a otro. Así pues, en lo que respecta a nuestras ideas del yo, podemos tener yoes buenos, yoes malos, yoes felices, yoes infelices, yoes inteligentes, yoes estúpidos, yoes amistosos, yoes antipáticos, etcétera. Lo más destacable es que esta perspectiva considera que las cualidades de estos yoes son estables, perduran a lo largo del tiempo y se manifiestan en circunstancias distintas. Esta perspectiva hace que el objetivo de convertirse en un yo feliz sea sumamente deseable: ese yo tendrá la cualidad de la felicidad permanente y abundante. Por otro lado, este punto de vista también hace que ser un yo infeliz sea altamente indeseable, puesto que ese yo tendrá la cualidad de la infelicidad permanente y abundante.

Desde esta perspectiva, las ideas que tenemos acerca de nosotros mismos condicionan de manera poderosa nuestras expectativas para el futuro. Una amplia investigación sobre el estilo atribucional (es decir, el modo en que nos explicamos las razones de los acontecimientos) apoya esta noción clave (Buchanan y Seligman, 1995). Si atribuyo un resultado deseable a un aspecto central de mí mismo (mi idea de mi carácter o mi naturaleza permanente como persona), seré optimista y disfrutaré de sucesos deseables similares en el futuro. También generalizaré ese optimismo y esperaré buenos resultados en una amplia gama de situaciones. Por ejemplo, si atribuyo el hecho de que las personas cercanas sean amables y se preocupen por mí debido a mi propia «amabilidad», esperaré que sigan preocupándose por mí en el futuro. También esperaré que otras personas me quieran y sean amables conmigo. Por otro lado, si atribuyo a mi «falta de amor» intrínseca el hecho de que las personas cercanas a mí me critiquen y sean poco amables conmigo, entonces esperaré que sigan tratándome de esa manera, y también esperaré que otras personas me traten con la misma dureza.

La idea de que diferentes yoes tienen diferentes cualidades permanentes sugiere un objetivo atractivo para cualquier búsqueda conceptual de mayor felicidad: convertirse en un yo feliz y, de ese modo, disfrutar de la felicidad duradera.

Visto desde fuera, y planteado de esta manera, ese tipo de búsqueda parece simplemente una tontería: ¿no nos pasamos toda la vida experimentando una felicidad que tarde o temprano siempre se nos escapa? ¿Hemos encontrado alguna vez la felicidad permanente que nos promete la idea de un yo feliz?

40   Fundamentos

¿Por qué iba a persistir nuestra mente en esa búsqueda, cuando dicha búsqueda nunca nos ha proporcionado lo que buscamos? Por supuesto, nuestra mente en general no contempla esta búsqueda desde el exterior, sino que por lo general la experimentamos desde el *interior*. Al contemplar la idea de llegar a ser un yo diferente, más feliz que nuestro yo actual, la modalidad conceptual de conocimiento nos lleva, *en ese momento*, a *ver* realmente que la felicidad prosigue de forma indefinida. Y cuando nos sentimos felices en un momento determinado y creemos que *somos* un yo feliz, vemos las cosas de la misma manera: creemos que, mientras sigamos siendo ese yo, seremos felices.

¿Cómo responde entonces nuestra mente cuando, como inevitablemente ocurrirá, se desvanece nuestra experiencia de la felicidad? ¿Cómo mantenemos entonces nuestra identidad de que somos seres felices? La simple respuesta a esta pregunta es que no lo hacemos, sino que respondemos al cambio de situación con un rápido cambio en nuestra idea de quiénes somos en ese momento: ahora somos un yo cuya felicidad se ha desvanecido. Y, en respuesta a esa nueva idea de nuestro yo (nuestra nueva identidad), ponemos en marcha la estrategia conceptual para lograr el objetivo de –en efecto– convertirnos en un yo feliz. Nos centramos tanto en la tarea de alcanzar ese objetivo que parecemos olvidar que ya hemos dado muchas vueltas en ese mismo bucle.

Las psicólogas Hazel Markus y Paula Nurius (1986) reflejan esta noción del concepto acerca de uno mismo –del «yo»– en constante cambio en su idea del autoconcepto *operativo*. La esencia del autoconcepto operativo es que no tenemos una visión fija de nosotros mismos –«nuestro yo real»– que permanezca invariable en todas las situaciones, sino que, a medida que cambian las circunstancias, también lo hacen nuestras ideas sobre nosotros mismos. Los diferentes imágenes de quiénes somos aparecen y desaparecen de manera automática, influyendo en el modo en que actuamos, sentimos e interpretamos los acontecimientos durante el tiempo que desempeñan el papel de autoconcepto operativo, solo para verse reemplazados por otros autoconceptos operativos cuando las circunstancias vuelvan a cambiar. De este modo, la visión que tenemos de nosotros mismos y de nuestros sentimientos varía profundamente de un momento a otro.

Permítaseme fundamentar estas ideas en una observación del mundo real. A continuación, profundizaremos en la psicología que hay detrás de estas ideas.

Un curioso caso de amnesia

Christina Feldman es una de las instructoras occidentales de meditación más respetadas. Hace algunos años, en un retiro que enseñamos juntos, hizo una observación notablemente perspicaz.

Los estudiantes de los retiros de meditación mindfulness están familiarizados con la experiencia de que en algunas sesiones la mente está desordenada, mientras que en otras se recoge fácilmente y da lugar a una maravillosa sensación de paz, claridad y tranquilidad. Algunos estudiantes encuentran sentido a estos altibajos diciéndose a sí mismos: «Está bien, así son las condiciones en este momento», y no reaccionan con demasiada emoción a ninguna de ambas experiencias. Sin embargo, otros estudiantes reaccionan de manera más radical, atribuyendo su dispersión mental a la idea de que son «malos meditadores», o incluso a la idea de que son un desastre en todo lo que hacen. A partir de este tipo de autoidentificación proyectan un futuro en el que se ven como personas que nunca conseguirán ser conscientes para experimentar la vida más plenamente, o, en el caso más extremo, como personas que nunca serán felices en ningún sentido duradero. Naturalmente, estas proyecciones resultan angustiosas y desalentadoras.

Por otro lado, tras una meditación «exitosa», algunos estudiantes se sienten exultantes, creyendo que son el tipo de persona (yo) dotada de una capacidad natural para el pleno despertar interior. Creen que, a partir de ese momento, morarán en un estado de dicha desde el que, gracias a su amor y sabiduría, sanarán el sufrimiento del mundo. Y, según observa Christina Feldman, lo extraordinario es que esas dos experiencias y visiones del yo tan diferentes pueden darse en la misma persona ¡y en el mismo día!

Feldman define esta experiencia como una forma notable de amnesia. Mientras permanece absorto en un determinado concepto de sí mismo, el meditador puede no ser consciente del concepto de sí mismo radicalmente diferente que tenía tan solo unas horas o incluso unos minutos antes. Mientras nos concentramos en la tarea inmediata de liberarnos de nuestra presunta identidad no deseada, perdemos de vista la consciencia de que hace muy poco tiempo éramos el yo que anhelábamos ser.

La idea de que buscamos la felicidad tratando de convertirnos en un tipo diferente de yo surgió originalmente en los contemplativos, observando de manera cuidadosa el funcionamiento de su propia mente. Si bien la investigación psicológica sistemática también nos brinda su apoyo en este sentido, la observación consciente de uno mismo sigue siendo la forma más personal de descubrir la realidad de esta idea.

Comprar para ser feliz

Podría parecer que el objetivo de comprar un coche nuevo, un televisor o un mueble es adquirir objetos que son útiles o nos proporcionan placer. Sin embargo, una investigación que analiza los sentimientos positivos que la gente espera disfrutar a consecuencia de sus compras apunta a algo muy distinto (Richins, 2013). Se ha constatado que el objetivo subyacente es, de hecho, conseguir la felicidad permanente, convirtiéndose en un yo diferente, el yo que tiene y mantiene esos objetos. Entre los compradores que creían que sus compras les harían felices, esta felicidad estaba directamente relacionada con creencias del tipo «Los demás me respetarán más; me sentiré más importante; me sentiré más seguro de mí mismo; me volveré más atractivo para los otros; mi apariencia mejorará». En otras palabras, los compradores consideran que sus objetos de deseo les aportarán una felicidad permanente porque se convertirán en seres nuevos y diferentes.

De hecho, los sentimientos positivos relacionados con la compra eran de breve duración y se experimentaban sobre todo *antes* de la compra (mientras anticipaban, planificaban y adquirían su objeto de deseo), más que posteriormente, a consecuencia de poseerlo y tenerlo en sus manos. Tras el periodo inicial de expectación, los sentimientos de los compradores apenas perduraban. Sencillamente no se materializaba la mejoría du-

44 Fundamentos

radera en la felicidad que esperaban disfrutar en cuanto a ser un tipo de yo diferente.

Esta investigación nos sugiere que nuestras ideas sobre el futuro yo en el que podríamos convertirnos motivan y guían nuestra búsqueda de la felicidad, pero también nos indica que nuestras expectativas de felicidad permanente son por desgracia erróneas. Si bien imaginar la felicidad duradera de ser un yo distinto puede hacer que nos parezca «real», existen numerosas pruebas que nos muestran lo contrario.

Un amplio conjunto de investigaciones sobre la previsión afectiva (nuestra capacidad para prever cómo nos sentiremos en diferentes situaciones) apunta a la conclusión de que nuestras expectativas sobre el modo en que los cambios en la vida afectarán a nuestros sentimientos suelen ser tremendamente inexactas. Sobreestimamos de manera sistemática la intensidad y duración de los sentimientos agradables que prevemos tras determinados acontecimientos positivos (como ganar la lotería). Y también hacemos lo mismo con los sentimientos desagradables que se producen después de los acontecimientos negativos (como quedar paralizado tras un accidente). Igualmente, prevemos cambios duraderos en la felicidad como consecuencia de tomar decisiones importantes en la vida –como esperar ser mucho más feliz después de mudarse cientos de kilómetros a una zona más deseable–, pero esas expectativas suelen ser infundadas.

En un estudio clásico (Schkade y Kahneman, 1998), el premio Nobel Daniel Kahneman y David Schkade pidieron a un gran número de estudiantes que vivían en el Medio Oeste o en el sur de California, respectivamente, que valoraran su propia satisfacción vital y la de alguien como ellos que habitará en la otra zona del país. Ambos grupos de estudiantes preveían que la satisfacción vital sería mucho mayor viviendo en el sur de California que en el Medio Oeste. Pero, de hecho, las puntuaciones reales referentes a la satisfacción fueron exactamente las mismas para ambos grupos. Las expectativas de los habitantes del Medio Oeste de que estarían más satisfechos viviendo en California simplemente no se ajustaban a la realidad. Más que en la experiencia real, su idea se basaba en buena medida en historias culturales compartidas y en estereotipos sobre el atractivo de las distintas zonas del país.

Los yoes posibles

Nuestros problemas con la previsión afectiva son tan solo una de las dificultades básicas que entraña la búsqueda conceptual de la felicidad. La psicología social nos brinda algunos marcos útiles que nos permiten profundizar en la naturaleza de esa búsqueda y las dificultades que conlleva. Por ejemplo, Hazel Markus y Paula Nurius, que nos han aportado la noción del autoconcepto operativo, también proponen la idea de los *yoes posibles* (Markus y Nurius, 1986).

Si bien el autoconcepto operativo tiene que ver con nuestra visión de quiénes somos *ahora* mismo, los yoes posibles reflejan nuestra idea de los diferentes yoes que podríamos llegar a ser en el futuro: «Los yoes posibles que esperamos ser […] el yo exitoso, el yo creativo, el yo rico, el yo delgado, o el yo amado y admirado […] y los posibles yoes temidos, como, por ejemplo, el yo solo, el yo deprimido, el yo desempleado, el yo incompetente, el yo alcohólico, o el yo sin techo» (Markus y Nurius, 1986, pág. 954). Estas ideas se desarrollan con cierto detalle del siguiente modo: «El profesor asistente que teme no llegar a ser profesor asociado porta consigo mucho más que el temor sombrío e indiferenciado de no conseguir la titularidad. En cambio, el miedo está personalizado, y es probable que el profesor tenga un posible yo bien elaborado que represente este miedo: un yo que fracasa, que busca otro trabajo, que se siente amargado, que es un escritor que no consigue publicar su novela. Del mismo modo, la persona que espera perder seis kilos no alberga esta esperanza como una vaga abstracción, sino que tiene en mente un posible yo vivido: un yo más delgado, más atractivo, más feliz, con una vida mucho más satisfactoria».

Los yoes posibles que más nos interesan ahora mismo se reflejan en los objetivos de nuestra búsqueda de la felicidad. Estos yoes desempeñan los papeles de héroes y víctimas en las narrativas más amplias de posibles futuros que forja nuestra mente: los personajes que experimentan las anheladas cosas positivas y las temidas cosas negativas. La elaboración de estos yoes en las historias que nos contamos a nosotros mismos incrementa el atractivo del yo que queremos ser, y también aumenta su credibilidad y su «realidad». Pero, de igual modo, esta elaboración también acrecienta el peligro percibido y la credibilidad de las amenazas a las que se enfrentan nuestros futuros yoes imaginados.

Y, como ocurre con los yoes posibles, las esperanzas y los miedos de los futuros imaginados también *son* completamente ficticios (véase el capítulo 2) y no suelen estar en consonancia con la realidad. De hecho, terminamos pasando gran parte de nuestra vida viviendo en estos mundos puramente imaginarios (exploraremos esta idea en profundidad en el capítulo 9). Este desplazamiento de la atención empobrece gravemente la calidad de nuestra experiencia vital y crea las condiciones propicias para experimentar una enorme y evitable cantidad de sufrimiento (véase el capítulo 8). El mindfulness nos infunde el poder de despertar de estos mundos de ensueño, de liberarnos del sufrimiento que generan y de reconectar con la riqueza y la vitalidad de nuestra experiencia real.

La teoría de la autodiscrepancia

La teoría de la autodiscrepancia de Higgins (Higgins, 1987) proporciona un marco sistemático que nos permite comprender la relación crucial entre el modo en que nos sentimos y nuestra idea acerca de los yoes posibles. Dicha teoría se centra en las diferencias existentes entre nuestra idea del yo real (el que somos ahora mismo) y dos tipos de yoes posibles: el yo ideal (el yo que, idealmente, nos gustaría llegar a ser) y el yo responsable (el yo que creemos que deberíamos o quisiéramos ser). Las ideas del yo responsable y del yo ideal reciben el nombre de autoguías.

La teoría de la autodiscrepancia señala que nos esforzamos por alcanzar un estado en el que han sido eliminadas todas las discrepancias real e ideal, y real y responsable. Sobre todo, señala que siempre que esas discrepancias están presentes nos sentimos mal de alguna manera. Cuando se producen discrepancias entre el yo real y el ideal, experimentamos emociones relacionadas con el abatimiento (como decepción, insatisfacción, tristeza); cuando las discrepancias son entre el yo real y el yo responsable, experimentamos emociones relacionadas con la agitación (como miedo, inquietud, tensión).

Desde la perspectiva de la teoría de la autodiscrepancia, la búsqueda conceptual es un proyecto a largo plazo que persigue alcanzar la felicidad permanente, *convirtiéndonos* en el ser deseado que creemos nos proporcionará felicidad (nuestro yo ideal o nuestro yo responsable), *evitando convertirnos* en el yo que tememos (nuestro yo solitario o nuestro yo deprimido) y *dejando de ser* el yo que despreciamos o rechazamos (como, por ejemplo, el yo perezoso o el yo incompetente).

Así pues, mientras estoy aquí sentado escribiendo, mis pensamientos, acciones y sentimientos pueden estar regidos por intentos de alcanzar objetivos como los siguientes: «Ser el yo que ha terminado este capítulo y está satisfecho con él»; «Ser el yo que se siente bien, renovado y relajado mientras me tomo un descanso y disfruto de una taza de café»; «Evitar convertirme en el yo que se cansa demasiado y no piensa con claridad»; «Dejar de ser el yo que siente frío mientras está aquí sentado».

Todos estos objetivos implican «el yo que...». Así pues, en lugar de albergar un simple objetivo como «completar un buen capítulo» o «dejar de sentir frío», los objetivos siempre incluyen ser o no ser el yo que cosecha los beneficios. Aunque esta puede parecer una distinción sutil e innecesaria, refleja la importancia crucial de las cualidades inherentes que damos a nuestra idea del yo. «Ser el yo que» encierra la promesa (ilusoria) de que, cuando alcancemos la meta a la que aspiramos, conseguiremos cosechar los beneficios que nos promete.

Por desgracia, nuestra búsqueda de la felicidad mediante el

intento de convertirnos en un tipo particular de yo no solo es ineficaz, sino que también conlleva consecuencias desastrosas. En resumen, las autoguías nos conducen, por el camino equivocado, hacia un sufrimiento innecesario.

Las dos flechas

Hace más de 2.000 años, Siddartha Gautama, el Buda histórico, ofreció esta enseñanza:

> Cuando una persona mundana no instruida es alcanzada por una sensación (corporal) dolorosa, se preocupa y se aflige, se lamenta, se golpea el pecho, llora y se angustia. De ese modo, experimenta dos tipos de sensación, una corporal y otra mental. Es como si un hombre fuera atravesado por una flecha y, tras clavarse esta, fuese alcanzado por una segunda flecha. Entonces, esa persona experimentará las sensaciones causadas por dos flechas.
>
> Pero, en el caso de un noble discípulo bien instruido, cuando se ve afectado por una sensación dolorosa, no se preocupa ni se aflige ni se lamenta, no se golpea el pecho ni llora ni se angustia. Solo experimenta un tipo de sensación corporal, pero no una sensación mental. Es como si un hombre fuera atravesado por una flecha, pero no fuera alcanzado por una segunda flecha después de la primera. Así pues, esta persona experimenta las sensaciones causadas por una sola flecha (Nyanaponika, 2010).

La enseñanza de las dos flechas pone de relieve el modo en que la mayoría de nosotros solemos incrementar el carácter

50 Fundamentos

desagradable de las situaciones indeseadas, añadiendo más angustia evitable al dolor inevitable. Quien sigue el camino del adiestramiento mostrado por el Buda (el «noble discípulo bien instruido») experimenta los efectos de la primera flecha –las sensaciones dolorosas– al igual que el resto de nosotros. Pero, a diferencia de la mayoría de nosotros (quienes somos «seres mundanos no instruidos»), no experimenta el sufrimiento que solemos añadir habitualmente: la preocupación, la pena y la lamentación *por* el dolor (la segunda flecha). Aunque esta enseñanza original se centra en el dolor físico, es posible percibir el mismo patrón en el dolor emocional: nos lamentamos por nuestra tristeza y nos preocupamos por nuestro miedo. Si bien el dolor es inevitable, el sufrimiento es opcional, porque somos nosotros los que disparamos esa segunda flecha, y podemos aprender a no dispararla.

La teoría de la autodiscrepancia nos brinda una manera de entender la segunda flecha. La autoguía es un punto de referencia estandarizado que portamos en el fondo de nuestra mente, preparado para orientar y motivar nuestras acciones. Constantemente comparamos la idea del yo que somos en este instante con la idea del yo que queremos ser, o que creemos que deberíamos ser, lo cual significa que no vemos las cosas tal como son, sino que más bien añadimos de continuo una pieza adicional: «¿Cómo se compara esto con el yo que aspiro a ser o que debería ser?». Y, por supuesto, cuando padecemos dolor físico o emocional no somos el yo que queremos ser. Hay un abismo que se cierne entre la experiencia que tenemos y la experiencia que deseamos, y como consecuencia experimentamos dolor y desesperación. Nuestra mente evoca asimismo la imagen de un temido yo futuro que sigue estando plagado de dolor –el dolor y la desesperación que experimentamos en este momento– y nos preocupamos ante esa expectativa.

La diferencia crucial entre el noble discípulo bien instruido y el resto de nosotros es que, mientras nosotros nos ceñimos a la ruta conceptual en nuestra búsqueda de la felicidad, el noble discípulo emprende un camino diferente. Exploraremos esta ruta alternativa a su debido tiempo, y descubriremos que prescinde por completo de la estrategia de alcanzar la felicidad, controlando la diferencia entre las ideas de dónde estamos y dónde queremos estar. En este camino alternativo, solo experimentamos la primera flecha.

La enseñanza de las «dos flechas» nos indica que existe un modo de evitar el sufrimiento que la búsqueda conceptual de la felicidad añade al inevitable dolor físico y emocional.

La necesidad de proteger nuestra idea del yo

Si podemos convertirnos en el tipo de yo adecuado, la ruta conceptual hacia la felicidad nos promete una felicidad mayor y más duradera, si bien también da lugar a un poderoso temor, el temor a perder en un instante la frágil sensación de un yo «mejor» que ya hayamos conseguido gracias a nuestros decididos esfuerzos. Este miedo subyacente nos acompaña la mayor parte del tiempo, impulsándonos a prestar una atención teñida de ansiedad a cualquier amenaza potencial a ese sentido del yo y a protegerlo a cualquier precio, evitando, eliminando o superando la fuente de esa amenaza. La enseñanza de «Las puertas del cielo y del infierno» del gran maestro zen Hakuin (basada en diferentes reproducciones, 1957-1971) ilustra este patrón.

Un samurái errante llamado Nobushige se acercó a Hakuin y le preguntó:

–¿Existen realmente el cielo y el infierno?

–¿Quién eres tú? –preguntó Hakuin.

–Soy un samurái –respondió el guerrero.

–¡Ah, eres un soldado! –exclamó Hakuin–. ¿Qué clase de gobernante te tendría como guardián? Tu rostro parece el de un mendigo.

Nobushige se enfadó y empezó a desenvainar su espada, pero Hakuin prosiguió diciendo:

–¡Así pues, tienes una espada! Tu arma es probablemente demasiado roma para cortarme la cabeza.

El samurái pronunció una brutal maldición y levantó su espada.

–Ahí se abren las puertas del infierno –murmuró el viejo monje.

El samurái se detuvo, reconociendo el valor y la compasión con los que Hakuin había arriesgado su propia vida para darle esta enseñanza directa. Envainó su espada, se inclinó y sus ojos se llenaron de lágrimas de agradecimiento.

–Y ahí se abren las puertas del cielo –respondió Hakuin, completando la enseñanza.

Nobushige estaba profundamente empeñado en mantener y proteger la idea que tenía de sí mismo como un valiente y eficaz samurái. Sin embargo, Hakuin desafió de manera deliberada esta idea. Las puertas del infierno se abrieron cuando la ira mortífera y la respuesta violenta del guerrero revelaron la fuerza de su miedo a que este yo se viese despojado de esa preciosa identidad de samurái que le garantizaba su valiosa posición en la sociedad.

Pero entonces Hakuin reveló su verdadero propósito compasivo: proporcionar una respuesta directa a la pregunta «¿Existe el infierno?». Esa respuesta le mostró a Nobushige, en ese mismo instante, las consecuencias infernales de su constante necesidad de mantener y defender el apego a su preciada idea del yo.

La enseñanza prosiguió entonces proporcionando también una enérgica respuesta a la ulterior pregunta «¿Existe el cielo?». Al revelar su verdadera intención (ofrecer una enseñanza liberadora al guerrero), Hakuin eliminó de inmediato cualquier amenaza a la preciada identidad de Nobushige. Al hacerlo de ese modo, generó las condiciones adecuadas que liberarían a Nobushige (al menos momentáneamente) de la dolorosa necesidad de mantener y proteger la preciada idea que tenía de sí mismo. Abandonando la carga que había arrastrado durante toda su vida, Nobushige pudo descubrir directamente la dicha y el alivio que conlleva la liberación de esa necesidad: con lo que se abrieron las puertas del cielo.

Para la mayoría de nosotros, la dolorosa necesidad de proteger nuestras ideas acerca del yo será menos obvia y se manifestará de forma menos radical que en la historia de Nobushige. Probablemente estemos mucho más familiarizados con los sutiles (o no tan sutiles) conflictos internos a que da lugar la búsqueda conceptual.

Las autoguías son inconsistentes e incoherentes

El hecho de que las autoguías sean fabricaciones significa que no están condicionadas por la realidad, pudiendo resultar incoherentes y entrar en conflicto entre sí. Por ejemplo, si aspiro a ser el yo que ha concluido este capítulo al terminar la semana, lo más probable es que deba trabajar muchas horas y convertirme en un yo más cansado de lo que deseo. Y, en ese caso, no podré ser el yo que está completamente libre para disfrutar del sol de finales de invierno que ha aparecido de repente, por mucho que me guste. El estrés relacionado con este tipo de conflicto y desarmonía interior es ampliamente reconocido; queremos tener éxito en nuestra carrera, pero también queremos ser (y sentimos que debemos ser) buen padre, buen hijo, buen amigo, buen vecino, buen ciudadano y la persona que ha concluido todas las tareas de su lista. Y no solo eso, sino que al intentar hacer malabarismos para resolver nuestras conflictivas autoguías, generamos un nuevo conjunto de objetivos relacionados con el hecho de solucionar con éxito nuestros problemas, añadiendo más tareas a nuestra lista de trabajos pendientes. La consecuencia es que durante, todo el tiempo, experimentamos una sensación de conflicto interno, exactamente aquello de lo que debían rescatarnos de entrada nuestros intentos de satisfacer dichas autoguías.

Atados a una rueda de molino

Cuando sumamos los conflictos entre las autoguías de trabajo, la dolorosa necesidad de proteger nuestras apreciadas ideas del yo, el sufrimiento evitable que el control de la diferencia añade al dolor inevitable, y la cualidad fugaz de cualquier sentimiento positivo que podamos experimentar al satisfacer nuestras autoguías de trabajo, queda claro que la ruta conceptual es incapaz de proporcionarnos la felicidad permanente que tanto anhelamos. Y terminamos atados a una rueda de molino que gira sin cesar, esforzándonos por recuperar y aferrarnos a la felicidad que se nos escapa de continuo.

El proyecto conceptual basado en objetivos nos obliga a vivir en una interminable secuencia de esfuerzo. Siguiendo este proyecto, nos vemos arrastrados hacia la promesa del posible yo deseado, alejado de la amenaza del temido o posible yo no deseado, buscando todo el tiempo una sensación de felicidad estable. La agitación, la euforia anticipada que conlleva emprender una nueva búsqueda, la breve satisfacción derivada de alcanzar un determinado objetivo y el hecho de que nuestra atención se centre tan solo en la información relacionada con el objetivo inmediato pueden cegar nuestra consciencia ante la realidad de que la agotadora rueda de molino a la que estamos atados no cumple su promesa. Sin embargo, en algún nivel, nuestra mente registra la repetida decepción y frustración de nuestras esperanzas y deseos, haciendo mella en nuestra satisfacción, tranquilidad y sensación de plenitud.

Entonces, ¿por qué nos empeñamos en esta búsqueda?

Miedo y anhelo

La búsqueda conceptual de felicidad es muy diferente a nuestros intentos habituales de conseguir algo que queremos. Esta búsqueda tiene una cualidad motivada: el objetivo que anhelamos no solo es algo que nos gustaría tener, sino algo que *debemos* poseer, algo que *necesitamos*. El miedo subyacente impulsa esta compulsión, miedo a que, si no logramos satisfacer nuestra autoguía, nos quedaremos atrapados de manera indefinida en sentimientos de infelicidad, insuficiencia, aislamiento y separación, lo cual –intuimos– sería desastroso.

La necesidad de satisfacer nuestras autoguías, como la ansiedad de un adicto, es una combinación tóxica de deseo y temor que nos ata a la búsqueda incesante de objetivos. Cuando cumplimos alguna de nuestras autoguías operativas, experimentamos un alivio temporal, pero no transcurre demasiado tiempo antes de que aparezca de nuevo el anhelo, junto con el miedo a que este nunca pueda calmarse del todo. Ese tipo de anhelo es doloroso.

Las tradiciones contemplativas y religiosas llevan mucho tiempo señalando una conexión profunda entre miedo, anhelo y sufrimiento. El Buda enseña: «Para aquel cuya mente está libre de deseo, el miedo no existe» (Dhammapada,* versículo 39, en Sangharakshita, 2008). También se afirma que la enseñanza más repetida en la Biblia es: «No temas».

Entonces, ¿cuál es ese miedo subyacente más profundo? ¿Por qué es tan desalentadora la perspectiva de no llegar a satisfacer nuestras autoguías?

---

* El Dhammapada es una de las colecciones de dichos del Buda más leídas y conocidas.

Miedo, dolor y desconexión

Hemos abierto el capítulo con una cita que describe el dolor que «siempre está ahí, justo debajo de la superficie». Ese dolor está íntimamente ligado a nuestra necesidad compulsiva de ser o de llegar a ser un determinado tipo de yo, con el consiguiente sufrimiento creado por nuestra búsqueda de dicho objetivo.

El dolor refleja la actividad de uno de los sistemas afectivos centrales del cerebro de los mamíferos. Este sistema de PÁNICO/DOLOR sustenta los vínculos que crean cohesión en las especies y los grupos sociales (Panksepp y Biven, 2012, capítulo 9). Los más conocidos son los vínculos que protegen a las crías manteniéndolas cerca de sus madres o sus cuidadores. Cuando el bebé se aleja demasiado de la madre, este sistema desencadena gritos de angustia en el bebé, unos gritos que alertan a los padres y conducen a una rápida operación de búsqueda y rescate para restablecer la conexión rota.

El mismo sistema afectivo fundamental también sustenta la angustia de separación que une a los miembros adultos de los grupos familiares y sociales. Estos vínculos desempeñan, en un sentido literal, una función vital: los primates aislados de su grupo solo sobreviven unos pocos días o semanas en la naturaleza y terminan muriendo por su vulnerabilidad, falta de alimentación o ataques de depredadores (Depue y Morrone-Strupinsky, 2005). Para reducir este riesgo, los primates han desarrollado un patrón incorporado por el que el aislamiento social desencadena un estado de angustia y agitación, una angustia que motiva que los individuos busquen y vuelvan a reconectar con el grupo social del que se han separado. Lo sorprendente de esta angustia es que no se desencadena por la presencia de algo, sino por su ausencia. Al igual que nuestro miedo a la oscuridad aparece debido a la ausencia de luz, la angustia del aislamiento social se ve desencadenada por la ausencia de conexión (Depue y Morrone-Strupinsky, 2005).

Tal como ocurre con otros primates, los seres humanos adultos también estamos dotados de este programa biológico profundamente arraigado. En nuestro caso, no es tanto la ausencia física real de los compañeros como la *percepción* del aislamiento y la desconexión (o la amenaza de ello) lo que desencadena el miedo y la agitación. Podemos sentirnos dolorosamente solos entre una multitud de personas, incluso rodeados de personas que conocemos. Por otro lado, es posible que nos sintamos unidos y conectados con todos los seres incluso cuando, físicamente, nos hallamos completamente solos (véanse los capítulos 10 y 13).

Nuestro arraigado miedo a la separación, desencadenado por la percepción del aislamiento y la desconexión, resulta ser el combustible que alimenta la ansiedad compulsiva por la búsqueda de la felicidad centrada en objetivos. Pero ese miedo también crea la misma situación que procuramos evitar.

Autoguías y seguridad

Markus y Nurius (1986) describieron de la siguiente manera el origen de los yoes posibles: «El individuo es libre para crear cualquier variedad de yoes posibles, pero el conjunto de yoes posibles se deriva de las categorías potenciadas por el contexto sociocultural e histórico específico del individuo y de los modelos, imágenes y símbolos proporcionados por los medios de comunicación y por las experiencias sociales inmediatas. Por lo tanto, los yoes posibles tienen el potencial de revelar la naturaleza creativa y constructiva del yo, pero también reflejan hasta qué punto el yo se halla socialmente determinado y condicionado» (pág. 954).

Esta última frase, que apunta a la naturaleza construida, socialmente determinada y restringida de los yoes posibles (y de las autoguías), proporciona la pista esencial acerca de la cualidad de nuestra búsqueda para convertirnos en un tipo específico de yo. Podemos considerar que las autoguías son los vehículos a través de los cuales una sociedad, grupo o familia crea los lazos que unen a sus miembros basándose en historias y normas culturales compartidas.

Durante el primer 90%-95% de nuestra historia como *Homo sapiens sapiens*, vivíamos en pequeñas bandas nómadas de cazadores-recolectores en las que todo el mundo se conocía, y el comportamiento de los individuos podía moderarse para satisfacer las necesidades del conjunto del grupo gracias a la influencia del contacto personal directo. Con el desarrollo de la agricultura, los asentamientos permanentes y el desarrollo de los pueblos y ciudades, aumentó considerablemente el tamaño de los grupos sociales que vivían en el mismo lugar. En ese momento, el mero contacto personal dejó de ser suficiente para mantener la cohesión social. En su lugar, como Yuval Noah Harari ha planteado de manera concluyente en su bestseller *Sapiens*, los sistemas de creencias y valores compartidos proporcionaban el aglutinante que cohesionaba a los individuos en grandes grupos cooperativos. Estas «realidades intersubjetivas» –sostiene Harari (2011)– resultaron cruciales para el ascenso meteórico de la humanidad.

Podemos considerar que las autoguías –los yoes posibles derivados de «las categorías potenciadas por el contexto sociocultural e histórico específico del individuo» (Markus y Nurius, 1986)– son el vehículo a través del cual la sociedad incorpora esas realidades intersubjetivas en sus miembros. Incorporadas de ese modo, esas realidades intersubjetivas permiten controlar el comportamiento y los sentimientos de cada individuo.

Las autoguías funcionan tanto con zanahorias (recompensas) como con palos (amenazas). En lo concerniente a las recompensas, los conceptos del yo ideal prometen felicidad, aceptación, elogios y respeto a aquellos que sean capaces de alinear su yo real con su yo ideal, permaneciendo así conectados a su grupo social o de pares. Desde el punto de vista de las amenazas, el miedo a no ajustarse a las exigencias del yo ideal, y el sufrimiento imaginado de convertirse en un posible yo temido, odiado, despreciado o no deseado –es decir, excluido y marginado–, limitan el comportamiento a formas socialmente aceptables.

Podemos considerar que el abatimiento, la agitación y la ansiedad que experimentamos cuando no cumplimos con nuestras autoguías son el reflejo de una amenaza implícita, vinculada a nuestro arraigado miedo al aislamiento social: «Si no te ajustas a las normas del grupo social en el que vives, serás expulsado y te verás obligado a sobrevivir como puedas por tu cuenta».

Las promesas y amenazas implícitas en nuestras autoguías conforman y motivan la búsqueda conceptual para ser o convertirse en un tipo concreto de yo. Creemos que ese yo será feliz, aceptado, incluido y se verá libre de cualquier cosa desagradable, emoción o amenaza de aislamiento social. Pero nuestro intento de satisfacer nuestras autoguías está irremediablemente condenado al fracaso. El fracaso continuo de la tentativa de garantizar la aceptación por parte de nuestro grupo social más amplio conduce a una sensación generalizada y sutil de dolor subyacente. Y lo que es peor, el proceso de esta búsqueda crea, de hecho, la misma situación que pretende evitar.

Un sistema autoperpetuado

El análisis esbozado hasta ahora nos indica que la búsqueda conceptual de la felicidad se basa, en el fondo, en las ideas imaginarias del yo que a menudo solo mantienen una frágil relación con la realidad. Uno de los graves problemas que acarrea esta forma de ver las cosas es que la mayoría de nosotros sentimos que realmente experimentamos un yo, un «mí». El hecho de que nuestras ideas del yo se correspondan con algo en nuestra experiencia infunde credibilidad a esas ideas. Porque, si se basase en una ficción, ¿de dónde procedería nuestra experiencia del «yo»?

El budismo contemporáneo responde a esa pregunta con la noción de «yoificar». En un artículo titulado acertadamente «Self as Verb» (El yo como verbo), el erudito budista Andrew Olendzki lo expresa del siguiente modo: «Aferrarse no es algo que haga el yo, sino que el yo se forja a causa del aferramiento. El yo se construye a cada momento con el simple propósito de crear a ese que le agrada o le desagrada, el que se aferra o se aleja, aquello que se despliega en la experiencia» (Olendzki, 2005). (El artículo prosigue insistiendo en esta sucinta e intrigante afirmación).

La esencia de la noción de «yoificar» es que el proceso central mediante el cual tratamos de convertirnos en el tipo de yo que deseamos ser, o pensamos que deberíamos ser, es el que crea, de hecho, la sensación del «yo». Y esa sensación proporciona credibilidad a las ideas (totalmente fabricadas) del yo que impulsan el proceso para convertirnos en un tipo distinto de yo. Con independencia de lo que desencadene la búsqueda de un yo diferente, una vez que nos hemos comprometido con esa búsqueda, nuestros esfuerzos aumentan nuestra sensación de ser un «yo» separado, desconectado y aislado. Esa sensación de aislamiento, a su vez, refuerza nuestro miedo a la separación permanente, impulsándonos a renovar los esfuerzos para alcanzar nuestro objetivo, encerrándonos cada vez más en un sistema que nos mantiene atrapados en una forma de ser empobrecida. (Volveremos a examinar más detenidamente este proceso de yoificación –y cómo podemos liberarnos de él– en los capítulos 9 y 13).

Lejos de cumplir su promesa, el enfoque conceptual para alcanzar la felicidad crea un sistema autoperpetuado que nos mantiene confinados en un estado crónico de insatisfacción, separación y falta de plenitud. Cuando tratamos de remediar ese estado, el propio proceso conceptual centrado en el logro de objetivos crea inevitablemente las condiciones que mantienen la misma sensación de desconexión que trata de remediar. Sentimos, en algún nivel, que no nos hallamos completamente «en nuestro hogar», o en la comodidad de los vínculos sociales seguros con quienes nos rodean, y tememos que, si no actuamos en consecuencia, el dolor inherente a la falta de hogar nos acompañará siempre.

¿Qué debemos hacer entonces? La búsqueda conceptual de la felicidad está condenada al fracaso. Debemos buscar en otra parte un enfoque radicalmente distinto, pero también debemos liberarnos del estrecho control del esfuerzo conceptual. La comprensión de la verdadera naturaleza del conocimiento conceptual tiene el poder de aflojar su control sobre nosotros. Este será el enfoque que desarrollaremos en el capítulo 2.

2. Un mundo de ideas

En el capítulo 1, he responsabilizado de buena parte del sufrimiento evitable a la modalidad conceptual de conocimiento. Los poetas llevan mucho tiempo intuyendo que el poder que ofrece imaginar el futuro y repasar mentalmente el pasado genera un tipo de infelicidad desconocida por otras criaturas. Contemplan con anhelo la paz de los animales más simples que parecen vivir plenamente el momento presente. El poeta escocés del siglo XVIII Robert Burns (1786) establece con gran franqueza este contraste en su poema «A un ratón»:

> Todavía eres feliz, comparado conmigo;
> solo el presente te concierne.
> Pero ¡ay, yo vuelvo hacia atrás mis ojos,
> y solo veo escenas lamentables;
> y hacia delante, aunque no puedo ver,
> me las imagino, y me estremezco!

Nuestro poder para viajar mentalmente en el tiempo –la capacidad para imaginar posibles futuros o rememorar recuerdos del pasado– está relacionado con nuestra capacidad de pensamiento conceptual. Pero, al igual que otras características del conocimiento conceptual, el viaje mental en el tiempo es un arma de doble filo: crea posibilidades de control sin precedentes sobre nuestro mundo exterior, pero, igualmente, pone en riesgo nuestra felicidad interior.

Usada con escasa destreza, una espada nos hará daño, pero eso, por sí mismo, no es razón para deshacernos de todas las espadas. Con el debido conocimiento y entrenamiento, podemos descubrir el modo de utilizar la espada de manera segura y eficaz. De igual modo, podemos aprender la utilidad de los diferentes tipos de espadas: cuándo, al igual que los Tres Mosqueteros, debemos confiar en el poder del fino estoque para el duelo, y cuándo, para enfrentarnos a la caballería que se aproxima desde el horizonte, debemos apostar por la mayor versatilidad del sable.

De la misma manera, tenemos que aprender a aprovechar el poder del conocimiento conceptual como una fuerza para el bien, al tiempo que evitamos las trampas que entraña. Y, lo que es más importante, podemos descubrir que esta no es nuestra única forma de conocer, que también disponemos de otra modalidad de conocimiento holístico-intuitiva (de la que hablaremos con mayor detalle en el capítulo 3): una forma de conocer que a menudo será más apropiada de aplicar que el conocimiento conceptual.

Para dominar el uso de los diferentes tipos de espadas, será de gran ayuda conocer la finalidad para la que fue diseñada cada una de ellas, así como sus puntos fuertes y débiles concretos. De manera similar, una comprensión más clara de la naturaleza subyacente y la función evolutiva del conocimiento conceptual nos ayudará a utilizarlo con mayor habilidad y discernimiento.

La modalidad conceptual de conocimiento

El conocimiento conceptual, el tipo de conocimiento con el que estamos más familiarizados, está constituido por significados explícitos, específicos y fáciles de comunicar, que proporcionan el material de la mayor parte de nuestro pensamiento consciente. El conocimiento conceptual es un conocimiento fáctico, un conocimiento *sobre* algo, centrado en el tipo de significado que transmite una sola frase, como, por ejemplo, «El gato está sentado en la alfombra». Adquirimos este tipo de conocimiento directamente a partir de nuestra propia experiencia, pero también lo adquirimos de manera indirecta a partir de lo que leemos o de lo que nos comunican otras personas.

Tanto el poder del conocimiento conceptual como los problemas que conlleva se deben a su forma y estructura subyacentes. Esa forma y estructura reflejan, a su vez, una función evolutiva original: para un tratamiento detallado de este tema, véase Barnard, Duke, Byrne y Davidson (2007) y McGilchrist (2009). El conocimiento conceptual ha evolucionado como parte de un desarrollo más general que permitió a los primeros seres humanos transmitir el tipo de información explícita y pormenorizada que los grupos sociales debían compartir para trabajar juntos y alcanzar los objetivos pactados. Este desarrollo permitió alcanzar objetivos que superaban las capacidades de cualquier individuo que trabajara solo.

La información conceptual, tal como la conocemos en la actualidad, evolucionó, como mucho, hace tan solo 200.000 años. Esto hace que sea un desarrollo bastante reciente en la evolución general de la mente. Ahora bien, en el escaso tiempo (desde una perspectiva evolutiva) que lleva existiendo, la influencia del conocimiento conceptual se ha ampliado enormemente, más allá de su limitado uso inicial de ayudar a las personas a colaborar para alcanzar objetivos concretos. En las sociedades humanas contemporáneas, es difícil encontrar algún ámbito sobre el que no pensemos conceptualmente, hasta el punto de que, en lo fundamental, asumimos que la forma en que vemos el mundo a través de la lente del pensamiento conceptual es la única «realidad» posible.

Los orígenes del pensamiento conceptual basado en el cumplimiento de tareas siguen teniendo consecuencias directas y de amplio alcance para los problemas abordados en el capítulo 1:

- La información conceptual tiene una estructura *atomística*: divide el mundo en ideas (conceptos) de entidades *separadas*, autoexistentes y permanentes («cosas», «egos», «sujetos», «objetos»).
- Se considera que las cualidades de estas «cosas» separadas son aspectos de sus propiedades inherentes, es decir, no son el resultado de ciertas condiciones congregadas de manera particular, sino intrínsecas a las cosas mismas.
- Los conceptos son abstracciones, liberadas de las restricciones de la realidad sensorial concreta; a través de ellos imaginamos estados alternativos del mundo, diferentes y más deseables que el que tenemos en la actualidad; esta capacidad sustenta una estrategia extraordinariamente poderosa para alcanzar los objetivos seleccionados.
- Lo más importante es que, si bien los conceptos (ideas) son abstracciones, a menudo los tratamos como si fuesen «reales», es decir, equivalentes a las cosas que representan.

- El conocimiento conceptual, sus estrategias para lograr objetivos y la atención circunscrita y centrada en la tarea tienden a «activarse» de manera automática cuando la mente se prepara para actuar en vistas a conseguir lo que queremos; esto es algo que ocurre aun cuando esas estrategias sean totalmente contraproducentes.

Cada una de estas características se relaciona directamente con el poder que ofrece el conocimiento conceptual y con los problemas que acarrea. Si nos familiarizamos con sus características fundamentales, aprovecharemos lo que nos ofrece esta modalidad de conocimiento y evitaremos, al mismo tiempo, los problemas analizados en el capítulo 1.

Características principales de la modalidad de conocimiento conceptual

Un mundo de cosas separadas, independientes y autoexistentes

El conocimiento conceptual se basa en «aislar artificialmente las cosas de su contexto […] lo que nos permite concentrarnos en un determinado aspecto de la realidad y cómo puede ser modelado, de modo que sea posible captarlo y controlarlo» (McGilchrist, 2009, pág. 115). Aislar las cosas de esta manera crea un mundo de entidades –de *cosas* separadas, independientes y autoexistentes– con su propia identidad inherente. Este tipo de estructura atomística permite que los significados conceptuales se construyan, se comprendan y se trabajen por partes, concepto a concepto, en una secuencia lineal a medida que se pronuncian y son escuchadas las palabras. Este tipo de conocimiento compartimentalizado, paso a paso, es ideal para hablar o pensar en el modo de alcanzar objetivos específicos mediante un tipo de acción adecuada. Proporciona una forma de transmitir significados concretos con fiabilidad y precisión, de manera que todos los entiendan. Se gana en exactitud y economía centrándose tan solo en los aspectos de las situaciones que son inmediatamente relevantes para la tarea en curso. (Esta estructura *atomística* contrasta sobremanera con el carácter *global* del conocimiento holístico-intuitivo, analizado en el capítulo 3, el cual se basa simultáneamente en los patrones de *relación* que existen entre toda la información disponible en un momento dado).

La estructura atomística del conocimiento conceptual supone que los conceptos generan lentes perceptuales a través de las cuales vemos el mundo de forma muy particular. Las cosas se extraen de los contextos en los que se producen y son percibidas de manera aislada. Los agentes que actúan sobre esas cosas también se ven como algo totalmente distinto de las cosas sobre las que actúan y de otros agentes. Esto da lugar a una visión dualista del mundo que lo divide en sujetos y objetos independientes, separando el «yo» del «tú», lo que refleja la estructura agente-acción-objeto (*quién* hace *qué* a *quién* o a *qué*) del lenguaje. Y, si bien dicha estructura es muy valiosa a la hora de desempeñar tareas en un grupo social, cuando extendemos de modo inconsciente esta visión dualista al mundo en su conjunto, creamos un mundo de «cosas» en el que experimentamos una sensación de desconexión y alienación. Esta dolorosa

70 Fundamentos

sensación de separación es, como ya hemos comentado en el capítulo anterior, la base de buena parte de la infelicidad humana.

El despertar interior transforma nuestra habitual cosmovisión *dualista* de separación y desconexión en una cosmovisión no dualista de totalidad, relación y conexión (capítulo 10).

Cosas dotadas de cualidades inherentes, permanentes y esenciales

Una vez dividido el mundo en cosas separadas, el conocimiento conceptual considera que la cualidad de cada objeto o experiencia es un aspecto de su naturaleza intrínseca, es decir, no una propiedad emergente de interacciones complejas entre múltiples condiciones heterogéneas, sino algo perteneciente a la cosa misma y que le pertenece con independencia de las circunstancias. Hablamos, por ejemplo, de una tarta *deliciosa*, de una vista *impresionante* o de una persona *atractiva*, dando a entender que estas características son de algún modo inherentes a los mismos objetos.

Añadir significados adicionales de esta manera puede ser útil a nivel práctico. Si queremos fabricar un hacha de piedra, es conveniente saber: 1) que necesitamos un tipo de piedra que tenga un borde afilado, y 2) que el sílex tiene esta propiedad, pero la arenisca no. En este caso, las características del sílex tienen que ver con propiedades físicas que, con independencia del contexto, permanecen relativamente constantes. Sin embargo, cuando se trata de aspectos de la *experiencia* –como, por ejemplo, si un trozo de pastel tiene un sabor excelente o si una persona es atractiva–, la cualidad de la experiencia se ve determinada por una serie de factores contextuales que interactúan entre sí. El pastel que sabía tan delicioso en el primer bocado puede no ser tan maravilloso cuando se llega al décimo. Y la persona cuya compañía hemos disfrutado tanto en la fiesta del sábado por la noche tal vez no tenga tan buen aspecto ni sea tan divertida cuando la veamos a primera hora de una húmeda mañana de lunes, desaliñados, llegando tarde al trabajo, tras habernos dormido al sonar el despertador.

La tendencia (por lo general inconsciente) a considerar nuestra experiencia de las cosas y nuestros sentimientos hacia ellas como un reflejo de sus cualidades intrínsecas es la raíz de buena parte del sufrimiento evitable, dado que nos induce directamente a la búsqueda de «objetos de deseo», es decir, de objetos que (creemos) tienen el poder inherente de hacernos sentir bien. Llegamos a creer que por el mero hecho de encontrar los objetos de deseo adecuados –o los suficientes– disfrutaremos de felicidad permanente. Y lo que es aún más pernicioso, como ya hemos visto en el capítulo 1, nuestra vida puede estar gobernada por el intento de convertirnos en un tipo particular de «cosa» –un «yo bueno»– que creemos que nos hará «vivir felices para siempre». Ambas estrategias no solo están condenadas al fracaso y a la frustración, sino que también son una fuente importante de sufrimiento.

Los conceptos son abstracciones

Los diccionarios nos muestran dos acepciones del significado del término *abstracto*: 1) «que existe como un pensamiento o idea, pero carece de existencia física o concreta»; 2) «general y no basado en casos particulares». Los conceptos son abstracciones en estos dos sentidos, y ambos son directamente relevantes para la cuestión fundamental de la relación entre conceptos y «realidad». Consideraremos ahora cada uno de ellos por separado.

La acción planificada y centrada en objetivos depende de la capacidad de crear deliberadamente una representación mental del objetivo: un estado del mundo diferente y más deseable que el actual. Para generar esa idea relacionada con un estado de cosas futuro, una parte de la mente tiene que liberarse del «mundo», es decir, de la información que nos arriba a cada momento procedente de nuestros órganos sensoriales. La mente puede entonces pensar en cosas que no se hallan físicamente presentes.

Los SCI (subsistemas cognitivos interactivos; Barnard, 1985, 2012; Barnard y Teasdale, 1991; Teasdale y Barnard, 1993) nos suministran un marco psicológico de uso general que sustentará buena parte de nuestra exploración del mindfulness y el despertar interior. (En presentaciones anteriores de los SCI, el conocimiento conceptual y el conocimiento holístico-intuitivo se denominaban, respectivamente, conocimiento proposicional y conocimiento implicacional). En el caso que nos ocupa, un esbozo simplificado de la visión de la mente humana proporcionada por los SCI (figura 2.1) nos aclara por qué el conocimiento conceptual se ubica en una posición ideal para pensar en cosas –como los objetivos– que no se hallan presentes físicamente aquí y ahora. (No hay que preocuparse por entender los detalles de este esquema: tan solo subrayaré los puntos más relevantes cuando resulte necesario).

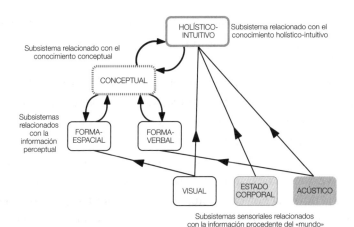

FIGURA 2.1. La mente humana desde la perspectiva de los SCI. Nota: Los recuadros representan subsistemas, cada uno de ellos especializado en el procesamiento de un tipo de información, mientras que las líneas representan el flujo de información a través del sistema.

Dos aspectos de este esquema son clave. El primero de ellos es que el subsistema conceptual (que procesa la información de este tipo) es el único que no mantiene conexiones *directas* con ninguno de los subsistemas sensoriales que reciben información procedente del «mundo». El subsistema conceptual está totalmente «aislado» del mundo sensorial.

Esta falta de conexión directa significa que, aunque el subsistema conceptual *mantenga* una conexión indirecta con la realidad sensorial actual, *no la necesita*, siendo muy posible que termine procesando información conceptual –*ideas*– completamente desconectado de la «realidad» y de la información que, a cada momento, le arriba procedente de los órganos sensoriales. Al no estar fundamentado de esta manera, el procesamiento con-

74 Fundamentos

ceptual puede moverse libremente para crear mundos mentales internos sin estar limitado por la «realidad» sensorial actual.

El segundo aspecto clave de la figura 2.1 se refiere a los tres bucles de procesamiento centrados en el subsistema conceptual. Estos bucles (que se muestran por separado en la figura 2.2) desempeñan un papel crucial en la creación de nuestros mundos mentales internos.

Estos tres bucles implican interacciones bidireccionales –conversacionales, si se prefiere– entre el subsistema que procesa la información conceptual y los subsistemas que procesan otro tipo de información. Las conversaciones que tienen lugar entre estos bucles permiten a la mente «internalizarse» totalmente: prescindir por completo de lo que ocurre en el mundo «exterior» en ese momento.

Aquí tal vez sea útil una analogía. Imaginemos a dos personas conversando en una cabina insonorizada carente de ventanas, sin teléfonos móviles ni otras formas de contactar con el mundo exterior. Están totalmente desconectados de las imágenes y los sonidos procedentes del mundo. Una vez que empiezan a intercambiar palabras entre ellos –cada uno responde a lo que el otro dice–, su conversación puede desarrollarse muy fácilmente sin necesidad de ninguna otra aportación del mundo exterior a la cabina. El curso de su conversación puede llevarles rápidamente a hablar de lugares y tiempos muy alejados de la situación y el momento en el que se hallan en «realidad». Los mundos mentales compartidos que crean de ese modo proporcionan un amplio estímulo para proseguir la conversación, la cual puede prolongarse durante largo tiempo sin necesidad de ninguna aportación del mundo exterior a la cabina.

De igual modo, las conversaciones que ocurren en los bucles centrados en el conocimiento conceptual se desarrollan libremente, desvinculadas de la «realidad» sensorial actual. La mente puede entonces emprender viajes mentales en el tiempo y el espacio, revisando el pasado, habitando en futuros imaginarios y visitando tierras lejanas. Estas conversaciones generan mundos mentales internos autónomos y dotados de vida propia. Dependiendo de los interlocutores que participen en la conversación, se trata de mundos constituidos por ensoñaciones e imágenes privadas, diálogo y narrativa interior (las historias que nos contamos a nosotros mismos), o «puro pensamiento».

Esta capacidad exclusivamente humana de pensar de manera deliberada en cosas que no están físicamente presentes en el momento actual, y que tal vez nunca hayan existido en realidad, suministra a la mente humana su extraordinaria capacidad para controlar el mundo exterior, dado que nos permite soñar con pirámides, con máquinas voladoras o con viajar a la luna. Y, sobre todo, nos permite imaginar los pasos imprescindibles para la acción práctica que convertirá esos sueños en realidad.

Por otro lado, el poder del pensamiento conceptual para desconectarnos del anclaje de la experiencia sensorial inmediata implica que somos capaces de crear objetivos imaginarios totalmente contrarios a la realidad y que son inalcanzables. La búsqueda incesante de objetivos imposibles es la causa de buena parte de la infelicidad humana (capítulo 1). De igual modo, nuestra capacidad para crear y habitar en mundos mentales puramente internos nos desconecta por completo del mundo que respira e interactúa a nuestro alrededor. Entonces terminamos como el señor Duffy, uno de los personajes de la novela

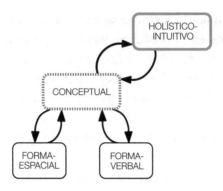

FIGURA 2.2. Tres bucles de procesamiento centrado en el subsistema conceptual.

Dublineses de James Joyce, que «vivía a cierta distancia de su cuerpo» (volveremos a encontrarnos con el señor Duffy en el capítulo 9).

Este tipo de desconexión reviste profundas consecuencias para nuestro bienestar, y no solo cuando los mundos interiores en los que habitamos están dominados por temas negativos, llenos de temor o autocrítica (capítulo 8). Resulta que la mayoría de nosotros invertimos una cantidad considerable del tiempo de nuestra vida de vigilia habitando en los mundos mentales internos que creamos y en las historias que nos contamos a nosotros mismos (capítulo 9). Sin embargo, el despertar interior nos libera de estos mundos oníricos (capítulo 10), mientras que el mindfulness mejora la calidad de la experiencia vivida por esa misma vía (capítulo 9).

Dado que son «generalizaciones que no están basadas en casos particulares», los conceptos también son abstracciones. El concepto «cuchillo», por ejemplo, se aplica a todos los «instrumentos compuestos por una hoja fijada a un mango, utilizados para cortar o como arma», con independencia de que la hoja sea de sílex, bronce o acero, de que el mango sea de madera, hueso o plástico, o de que sea pequeño o grande, viejo o nuevo, etcétera. En consecuencia, si queremos decirle a alguien cómo debe afilar su «instrumento compuesto por una hoja fijada a un mango, utilizado para cortar o como arma», usaré la palabra general *cuchillo* y la persona sabrá a qué me refiero. Ninguno de nosotros tiene que conocer los cientos de palabras que necesitaríamos si tuviéramos nombres individuales para los diferentes cuchillos particulares que podemos encontrar. Las categorías conceptuales generales permiten mejorar enormemente la eficacia y la economía de la comunicación y la generalización del conocimiento. Pero, en lo fundamental, también cambian la naturaleza de nuestra relación con el «objeto» de nuestro interés.

Para los propósitos prácticos de la acción centrada en objetivos, tan solo necesitamos adquirir la información suficiente para asignar una «cosa» a una categoría conceptual adecuada. A continuación, nos retiramos a nuestro mundo mental interno y desconectado para decidir cómo debemos alcanzar nuestro objetivo. No es imprescindible que permanezcamos profundamente conectados con los aspectos concretos, individuales, irrepetibles y constantemente cambiantes del mundo real en el que vivimos, nos movemos y tenemos nuestro ser. Desconectar parcialmente de la experiencia supone que, aunque nos centremos en la experiencia actual, terminaremos teniendo una sensación de desconexión y alienación: no nos sentiremos parte de una totalidad mayor, sino que nos sentiremos incompletos y sufriremos.

Una estrategia para alcanzar objetivos

El conocimiento conceptual nos brinda la capacidad de desconectar de las exigencias de la experiencia inmediata e imaginar estados futuros del mundo. Esta capacidad proporciona el fundamento de una estrategia extraordinariamente poderosa para alcanzar nuestros objetivos. En primer lugar, la mente crea una descripción conceptual (una idea) del estado del objetivo. A continuación, compara esa idea con una idea del estado actual y controla la diferencia entre ambas ideas, al tiempo que genera planes para reducir dicha discrepancia. Cuando las dos descripciones son idénticas (la brecha se cierra), se alcanza el objetivo y el sistema abandona este ciclo de procesamiento. Y, por supuesto, el camino para alcanzar el objetivo final puede dividirse en diversos subobjetivos, con la misma estrategia aplicada a cada una de ellos.

Utilizaré un sencillo ejemplo doméstico para ilustrar cómo funciona en la práctica esta estrategia.

Imaginemos que mi mujer y yo decidimos que sería bueno tener una estantería extra en nuestra cocina. Mi mente crea una imagen mental de la nueva estantería concluida, y esta imagen, a su vez, me lleva a pensar en experiencias similares del pasado y los sentimientos agradables asociados a ellas, como la satisfacción de completar una tarea, el contento de mi mujer, etcétera. Estas asociaciones infunden el valor de un incentivo positivo –algo que quiero conseguir– a la imagen actual, con lo que la mente cambia a la estrategia conceptual de alcanzar ese objetivo.

El primer paso de la estrategia es crear la idea de un estado objetivo: una «cosa» (la estantería terminada) dotada de propiedades concretas, las cuales incluirán, obviamente, la capacidad de sostener los objetos que coloquemos en ella. Y, lo que es menos obvio, también incluirán la capacidad de proporcionarme la satisfacción del trabajo bien hecho y el gusto de complacer a mi mujer. Mi mente registra la diferencia entre la idea del objetivo (una estantería en la pared) y el estado actual (la ausencia de estantería). A continuación, identifica los subobjetivos que hay que alcanzar para salvar esa brecha, es decir, comprobar que dispongo de las herramientas necesarias, medir el espacio disponible, conseguir los materiales, hacer agujeros en la pared, etcétera. Poco a poco, voy cumpliendo la lista de subobjetivos, es decir, mi lista de tareas pendientes. Al final, la información que me arriba a través de la vista, transformada en información conceptual, coincide con el patrón representado por el objetivo –una nueva estantería lo suficientemente sólida como para soportar el peso de las ollas y sartenes colocadas sobre ella– y la tarea está terminada. ¡Misión cumplida!

¿O no? En lo que respecta al resultado práctico en el mundo exterior, es cierto. ¿Pero qué hay de los otros objetivos menos obvios de mi proyecto de construcción de la estantería: la satisfacción de un trabajo bien hecho y el placer para mi mujer? Aquí nos adentramos en el mundo de la experiencia *interna*, donde los resultados no son simplemente una cuestión de fabricar un «objeto dotado de las características adecuadas», sino que reflejan un conjunto más amplio de condiciones. Por ejemplo, mi satisfacción dependerá de los estándares que me imponga. Si soy un perfeccionista y la estantería termina ligeramente desnivelada o con un pequeño rasguño, no me sentiré satisfecho, sino decepcionado. De igual modo, quizá mi mujer

80   Fundamentos

llegue a casa cansada o preocupada por algún otro asunto y ni siquiera se percate de la presencia de la nueva estantería hacia la que dirijo mi mirada esperanzada.

Al utilizar la estrategia conceptual para alcanzar metas «objetivas» en el mundo exterior, sometemos el procesamiento conceptual a «controles de realidad». Estos controles se basan en la realidad sensorial actual en determinados puntos clave. Esta estrategia funciona de manera brillante y ha hecho posible algunos de los desarrollos más importantes de la historia de la humanidad. Sin embargo, como hemos visto en el capítulo 1, el uso de esta misma estrategia para lograr metas «subjetivas» en nuestro mundo interno de sentimientos resulta desastroso. Una diferencia crucial consiste en que es imposible «comprobar la realidad» del progreso hacia nuestros objetivos de la misma manera. Aunque puedo controlar a cada paso del camino el progreso hacia la conclusión de la estantería, no puedo hacer lo mismo con respecto a cómo nos sentiremos yo o mi mujer cuando la estantería esté terminada. Puedo sentirme cansado y frustrado por la lentitud con la que avanzo hacia la realización de la estantería, pero sigo creyendo que mi mujer y yo nos sentiremos encantados con el producto final (otro ejemplo de las dificultades de la previsión afectiva que comentamos en el capítulo 1).

A su debido tiempo, veremos que es posible evitar este tipo de dificultades cambiando el enfoque de nuestra búsqueda de mayor felicidad. En lugar de centrarnos en el *resultado* final que esperamos alcanzar (la meta que se supone que nos aportará gran felicidad), podemos centrarnos más hábilmente en la cualidad a cada momento del *proceso* por el que transitamos. Solo conoceremos realmente los efectos del resultado final en nuestros sentimientos cuando lleguemos a él, pero, sobre todo, podemos comprobar, a lo largo del camino, los sentimientos que suscita en nosotros el proceso.

Conceptos y «realidad»

Las suposiciones incuestionables sobre la relación entre conceptos y realidad subyacen a buena parte de la infelicidad humana. La comprensión de la vacuidad de los conceptos –la constatación de que, de hecho, no existen entidades independientes con cualidades inherentes subyacentes a los conceptos– se considera un factor clave para el despertar interior. Los conceptos son ideas abstractas –categorías generales– bastante alejadas de los patrones de información sensorial relacionados con las experiencias concretas. Y, sin embargo, la mayoría de nosotros tiene la intuición, profundamente arraigada, de que los conceptos apuntan directamente a ciertas realidades, y de que podemos tratarlos como equivalentes a las realidades que representan, es decir, que podemos abordarlos como si fuesen «reales».

La estrategia conceptual de consecución de objetivos refuerza, en muchos sentidos, este supuesto y depende de él. Para que funcione esta estrategia, tengo que considerar que mi idea del estado actual de las cosas equivale al modo en que son en realidad, y que mi idea del estado deseado de las cosas (el objetivo) corresponde a la situación real que estoy intentando alcanzar. Al fabricar mi estantería de cocina, he tratado la idea de la estantería y su realidad como si fuesen intercambiables en ciertos aspectos. He actuado *como si* existiese una especie de

82   Fundamentos

mapa fidedigno entre los conceptos y los aspectos de la realidad que representan, y esa era una estrategia extremadamente útil para mis fines prácticos. Del mismo modo, cuando observo la estantería que he colocado en la cocina, mi concepto de «estantería» y la «realidad» que veo, toco y en la que coloco las ollas y sartenes coinciden muy bien hasta cierto punto, puesto que realmente parece haber una «cosa» separada, dotada de ciertas cualidades intrínsecas.

Mientras sometamos a prueba nuestras ideas en la realidad anclándolas en la experiencia sensorial en determinados puntos clave, tratar las ideas como equivalentes a aspectos de la realidad será una estrategia pragmática sumamente eficaz para alcanzar objetivos en el mundo exterior. El problema aparece cuando olvidamos que tan solo son suposiciones útiles y empezamos a tratar los conceptos como si realmente *fueran* reflejos directos de realidades subyacentes: cosas separadas y autoexistentes, dotadas de cualidades inherentes. Este problema se acentúa cuando el procesamiento conceptual se vuelve puramente «interno», perdiendo toda conexión con la experiencia sensorial actual, así como el anclaje y el fundamento que esta proporciona.

Las tradiciones contemplativas, el budismo en particular, han reconocido desde hace tiempo que la ingenua equiparación entre conceptos y realidad en nuestra vida cotidiana es en sí misma una distorsión y una fuente fundamental de sufrimiento. En la conocida enseñanza del «dedo que señala a la luna», una persona apunta con el dedo a la luna para llamar la atención de otra persona. Guiada por el dedo (el concepto), la otra persona debe ver la luna (la realidad a la que apunta el concepto). Si la persona entiende mal y, en cambio, mira el dedo, tomándolo por la luna, solo se producirá confusión. Una enseñanza contemporánea enfatiza el mismo punto de manera aún más concisa: «El pensamiento de tu madre no es tu madre» (Feldman, 2017, pág. 98).

Conceptos y contexto

Como parte de nuestras suposiciones incuestionables sobre la equivalencia de conceptos y realidad, a menudo consideramos que los conceptos simplemente son etiquetas aplicables a determinadas realidades; realidades que conservan su identidad sea cual sea la situación, o el contexto en el que las encontremos. De hecho, los significados conceptuales dependen en buena medida de un contexto más amplio. Para demostrarlo, se suele utilizar un sencillo ejercicio de percepción.

¿Qué vemos cuando miramos la letra del medio en la imagen de abajo?

A**B**C

La mayoría de las personas ven la letra B y acude a su mente el concepto de esa letra.

Ahora, ¿qué vemos cuando miramos la cifra que hay en medio de esta imagen?

84   Fundamentos

La mayoría de la gente verá el número 13 y le vendrá a la mente el concepto de ese número. Pero el carácter impreso de ambas figuras es idéntico, como muestra claramente este diagrama:

$$\begin{matrix} & 12 \\ A & B & C \\ & 14 \end{matrix}$$

El ejercicio apunta al hecho de que algo tan aparentemente intrínseco como la «identidad» depende del contexto. La cualidad de la letra central «B» del conjunto «ABC» depende tanto de las letras que la rodean como de la propia letra. Si cambiamos el contexto (como en la segunda imagen), esa identidad desaparece por completo y la letra asume la identidad del número «13».

Del mismo modo, una mirada más atenta a la naturaleza de los propios conceptos pone en tela de juicio la noción de identidades intrínsecas que permanecen constantes en diferentes contextos. El concepto «mesa», por ejemplo, es mucho más que una simple etiqueta aplicada a una forma con «un tablero plano dotado de varias patas». Si buscamos en el diccionario, encontraremos que se define además por su relación con otros conceptos relacionados con el uso que se le asigna y el lugar donde se ubica. Cuando encontramos una superficie horizontal circular apoyada en varias patas verticales y rodeada de sillas en un comedor, la consideramos una mesa. Cuando la misma superficie y las mismas patas sobresalen, solitarias, en el océano a kilómetros de distancia, no vemos una mesa, sino más bien una señal que nos avisa de peligros ocultos, como rocas sumergidas. A medida que el contexto cambia, también lo hace la identidad percibida de la misma estructura física. ¿Qué ha sucedido entonces con su «carácter inherente de mesa»?

Los conceptos no están aislados, ofreciéndonos una representación fiel de una identidad real discreta, sino que el significado de cualquier concepto depende de la red de relaciones que mantiene con otros conceptos. A través de estas relaciones, un solo concepto se vincula con muchas otras facetas de significados, convirtiéndose en una especie de abreviatura de un punto de convergencia en una red mucho más amplia de conceptos interconectados.

Los conceptos reflejan la estructura del conocimiento abstracto pero no la estructura de la «realidad»

Una vez que aceptemos que el significado de un concepto depende de su relación con otros conceptos, llegaremos a la paradójica conclusión de que refleja, de hecho, la estructura del *conocimiento abstracto* –el conocimiento conceptual general compartido por los miembros de una determinada sociedad– y no la estructura de la realidad sensorial. De acuerdo con esta idea, la mayoría de nuestros conocimientos conceptuales no se derivan de la experiencia directa de estos, sino indirectamente de las palabras habladas o escritas sobre las cosas: sabemos, por ejemplo, que Canberra es la capital de Australia, aunque nunca hayamos estado allí.

Esta forma de pensar desafía claramente nuestra suposición habitual de que los conceptos mantienen una relación directa y unívoca con «cosas» autoexistentes «reales». Algunos filósofos y científicos cognitivos han llevado esta línea de pensamiento aún más lejos, arribando a la conclusión, profundamente contraria a la lógica ordinaria, de que los conceptos no son lecturas directas de la estructura de la «realidad», sino que reflejan ante todo la forma en que una determinada cultura utiliza las palabras. Esta sorprendente conclusión se ve respaldada de forma convincente por los estudios que utilizan ordenadores para simular el modo en que los niños y los adultos aprenden el significado de las palabras (Landauer y Dumais, 1997). También coincide con el pensamiento de algunos de nuestros mejores filósofos contemporáneos. Por ejemplo, en su obra póstuma *Investigaciones filosóficas*, Ludwig Wittgenstein concluye: «En la mayoría de los casos, el significado de una palabra depende de su uso».

El problema de nuestras suposiciones habituales sobre la relación que mantienen conceptos y realidad no es solo que puedan ser profundamente inútiles (como hemos visto en el capítulo 1), sino que son erróneas. Entonces, ¿cuál es la mejor manera de abordar el conocimiento conceptual y relacionarlo con nuestros objetivos?

Nuestra relación con el conocimiento conceptual

Hay situaciones en las que vemos que el pensamiento conceptual y la «realidad» se han separado en algún punto, como cuando una persona gravemente deprimida afirma que piensa que no vale nada y que todo lo que hace es un fracaso, o cuando una persona muy ansiosa se niega a utilizar el ascensor porque está convencida de que se estropeará y quedará atrapada dentro. Por lo general, consideramos que este tipo de pensamiento negativo en una persona deprimida o ansiosa está «distorsionado», es decir, distorsionado por su estado de ánimo. Y existe un ingente cuerpo de investigaciones que apoya esta conclusión (Williams, Watts, MacLeod y Mathews, 1997). Suponemos, y de nuevo la investigación lo confirma, que con el retorno al estado de ánimo normal se reducirán estas distorsiones y estos individuos verán las cosas cada vez más como lo hacemos el resto.

Asumimos de manera implícita que «los demás» ven las cosas como realmente son. Sin embargo, las tradiciones contemplativas –en especial el budismo– desafían esta suposición, señalando, por el contrario, que la ingenua equiparación entre conceptos y realidad que hacemos en la vida cotidiana es en sí misma una distorsión y una fuente fundamental de sufrimiento. Y ya hemos visto las razones por las que deberíamos tomarnos en serio esta opinión. Entonces, ¿cuál es el mejor modo de abordar estas distorsiones «habituales»?

Nuestra visión de la experiencia está determinada por el modo en que prestamos atención. Y, como veremos en el capítulo 3, el modo en que prestamos atención está poderosamente influenciado por nuestro estado afectivo. Existen evidencias abrumadoras de que afectos como la ansiedad o la depresión están relacionados con «distorsiones» de la atención, la percepción o la memoria. En mi opinión, algo similar ocurre con el afecto principal de la BÚSQUEDA (el afecto que nos impulsa a actuar para conseguir lo que queremos; véase el cuadro 3.3 en el próximo capítulo). Más en concreto, lo que estoy diciendo es que, en los seres humanos, el afecto central de la BÚSQUEDA provoca un cambio radical en la forma de la mente, activando el modo conceptual de conocimiento y sus estrategias para la consecución de objetivos y abocando a un enfoque estrecho y ciego de la atención, que «se basa» en una visión del mundo conceptual específica, esto es, un mundo en el que consideramos que los objetos, las personas y nuestro yo son «cosas» separadas que existen de manera independiente y dotadas de cualidades inherentes, un mundo en el que creemos que nuestras ideas son «reales» y equivalentes a las cosas que representan.

Un estudio clásico, realizado por Christopher Chabris y Daniel Simons (Simons y Chabris, 1999), ilustra de manera radical uno de los aspectos del cambio desencadenado por el afecto central de la BÚSQUEDA: el estrechamiento acusado de la atención, de manera que nuestra mente solo «percibe» la información directamente relacionada con la tarea en curso y suprime activamente la información irrelevante. Se pidió a los participantes en el estudio recién citado que visionasen un vídeo corto en el que seis personas –tres con camiseta blanca y otras tres con camiseta negra– se pasaban pelotas de baloncesto. La tarea de los participantes consistía en contar en silencio el número de pases realizados por las personas que llevaban la camiseta blanca. En un momento dado, un gorila se puso a caminar en medio de la acción, miró a la cámara, se golpeó el pecho y se fue, pasando un total de 9 segundos en pantalla. Lo sorprendente es que la mitad de las personas que visionaron el vídeo y contaron los pases no se percataron de la presencia del gorila. Al centrar su atención exclusivamente en la tarea de contar los pases, los participantes suprimieron de manera activa la información irrelevante hasta el punto de que, para la mitad de ellos, el gorila se hizo efectivamente invisible.

En cuanto al mundo de la experiencia, que se ve afectado por el afecto de la BÚSQUEDA, este es percibido a través de la lente del conocimiento conceptual. La descripción que hace McGilchrist (2009) del «mundo del hemisferio izquierdo» nos ayuda a capturar su esencia:

> El lenguaje permite que el hemisferio izquierdo represente el mundo «sin conexión con él», a través de una versión conceptual que es distinta del mundo de la experiencia y se halla protegida del entorno inmediato con sus insistentes impresiones, sentimientos y demandas, abstraída del cuerpo, sin mantener con él una vinculación específica, concreta, individual, irrepetible y en constante cambio, sino a través de una representación incorpórea del mundo, abstraída, central, no particularizada en el tiempo y el espacio, de aplicación general, clara e inalterable. Aislar artificialmente las cosas de su contexto presenta la ventaja de que nos permite centrarnos en aspectos concretos de la realidad y en cómo modelar esta, de manera que se pueda captar y controlar.
>
> Sin embargo, se pierde el conjunto de la imagen. Todo lo que se ubica en el ámbito de lo implícito, o depende de la adaptabilidad, todo lo que no puede ser enfocado y fijado, deja de existir en lo que respecta al hemisferio que controla el lenguaje.* (Pág. 115).

---

* Al establecer un vínculo entre los diferentes tipos de atención y conocimiento, por un lado, y ambos hemisferios cerebrales, por el otro, McGilchrist no está abogando por ninguna forma de lateralización ingenua de las funciones, puesto que reconoce plenamente que tanto el «mundo del hemisferio izquierdo» como el «mundo del hemisferio derecho» dependen de las funciones interactivas de ambos hemisferios.

Esta forma de ver el mundo proporciona un apoyo inestimable a la estrategia, basada en conceptos, para alcanzar objetivos. Como hemos visto, esta estrategia es sumamente eficaz para conseguir metas «objetivas» en el mundo exterior, donde podemos someter el procesamiento conceptual a «controles de realidad» periódicos. Sin embargo, es mucho menos eficaz –y a menudo trágicamente contraproducente– cuando se aplica al mundo subjetivo de los sentimientos.

Para encontrar la dicha y la satisfacción a la que aspiramos, debemos recurrir a un tipo diferente de felicidad y a una forma distinta de conocer. El último párrafo de McGilchrist (más arriba) nos proporciona una pista de dónde debemos buscar. Retomaremos esa pista en el capítulo 3.

3. Un mundo de relaciones

En su libro *Los siete hábitos de la gente altamente efectiva*, Stephen R. Covey (1989) refiere un incidente que presenció un domingo por la mañana en el metro de Nueva York. Había un ambiente tranquilo y relajado, hasta que, de repente, entró en el vagón un hombre acompañado de sus hijos, lo que supuso un cambió en el ambiente. Los niños gritaban, arrojaban cosas y tiraban los periódicos que la gente leía. Mientras tanto, el hombre se sentó al lado de Covey, cerró los ojos y parecía no darse cuenta de lo que hacían sus hijos: ciertamente, no hacía nada para detenerlos. La irritación de Covey aumentó hasta que no pudo soportarlo más y se dirigió al hombre. Hablando con lo que describió como «paciencia y contención inusuales», Covey señaló al hombre que hiciera algo para controlar a sus hijos. Covey continúa la historia explicando:

> El hombre levantó la mirada como si cobrase consciencia de la situación por primera vez y dijo tranquilamente: «Oh, tiene razón. Supongo que debería hacer algo al respecto. Terminamos de llegar del hospital donde hace una hora su madre ha fallecido. No sé qué pensar, y supongo que ellos tampoco saben cómo gestionarlo».
>
> ¿Pueden imaginar lo que sentí en ese momento? Mi paradigma cambió de repente. De pronto *vi* las cosas de manera diferente, y como las *veía* de forma diferente, *pensé* de forma diferente,

92　Fundamentos

sentí de forma diferente, me *comporté* de forma diferente. Mi irritación desapareció. No tuve que preocuparme por controlar mi actitud o mi comportamiento; mi corazón se vio inundado con el dolor del hombre. Los sentimientos de simpatía y compasión fluían libremente. «¿Su mujer termina de morir? ¡Oh, lo siento mucho! ¿Puede hablarme de ello? ¿Qué puedo hacer para ayudar?». Todo cambió en un instante. (Págs. 30-31).

Las palabras de Covey, «Mi paradigma cambió de repente», apuntan a una recontextualización radical de la situación en el metro aquel domingo por la mañana. Ese replanteamiento reflejaba un profundo cambio en el significado holístico-intuitivo subyacente. Este tipo de significado suministra la lente interpretativa a través de la cual contemplamos el mundo y le otorgamos sentido a cada momento. En nuestra historia, el cambio de significado holístico-intuitivo propició un cambio instantáneo en la percepción, el pensamiento, el sentimiento y el comportamiento: «De pronto *vi* las cosas de manera diferente, y como las *veía* de forma diferente, pensé de *forma* diferente, *sentí* de forma diferente, me *comporté* de forma diferente. Mi irritación desapareció». «Todo cambió en un instante». Los significados holístico-intuitivos controlan el afecto y la acción de manera directa e inmediata.

Los significados holístico-intuitivos también sustentan el conocimiento del mismo tipo. La mayoría de nosotros estamos menos familiarizados con esta forma implícita de conocimiento que con la modalidad conceptual de carácter más explícito. Tal vez esta falta de familiaridad sea la razón por la que la mayoría no percibimos (o hacemos real) todo el potencial de transformación radical que nos brinda el conocimiento holístico-intuitivo, el cual proporciona al mindfulness y al despertar interior su poder para liberar la mente, abriendo la posibilidad de un nuevo tipo de felicidad que no está basado en los *resultados* de los procesos mentales, sino en los *procesos* de la mente que tienen lugar a cada momento. Y ese será el principal objetivo de nuestra exploración posterior.

Relación y conexión: aspectos fundamentales del conocimiento holístico-intuitivo

La información conceptual y la información holístico-intuitiva presentan estructuras subyacentes muy distintas, que reflejan funciones y ventajas evolutivas bastante diferentes a las que ofrecían a los primeros seres humanos.

La información conceptual ha evolucionado como un vehículo que permite pensar y hablar acerca del modo de ejecutar tareas específicas, como, por ejemplo, fabricar un hacha de piedra. La estructura atomística y lineal de la información conceptual cumplía a la perfección este propósito: ofrecía una serie de conceptos separados, distintos y claramente comprensibles que podían reorganizarse en un número casi infinito de secuencias para comunicar, de manera explícita y precisa, una amplia variedad de significados.

Sin embargo, el papel de la información holístico-intuitiva es muy distinto. Su función principal consiste en evaluar la importancia de las situaciones observando el patrón general de la información procedente de fuentes muy heterogéneas. La *con-*

figuración de dicha información –los patrones de relación que existen en ella– resulta fundamental para determinar su significado (cuadro 3.1). Para valorar estos patrones de relación, toda la información relevante –es decir, el contexto completo– debe reunirse en el mismo lugar y en un mismo momento e integrarse rápidamente. Los patrones de información holístico-intuitiva ofrecen la forma de hacerlo, ya que reflejan esas relaciones en una totalidad integrada y proporcionan la lente interpretativa más amplia a través de la cual dotamos, a cada momento, de significado al mundo.

A diferencia de la estructura atomística que subyace a la información conceptual, la información holístico-intuitiva tiene una estructura holística. Las representaciones holísticas –*gestalts*– fueron fundamentales para la escuela de psicología de principios del siglo xx que portaba ese mismo nombre. Los psicólogos de la Gestalt utilizaban patrones visuales, como el de la figura 3.1, para ilustrar el modo en que la mente capta la totalidad de algo –es decir, de todos sus elementos y las relaciones existentes entre ellos– en un movimiento sin fisuras, en lugar de hacerlo de manera fragmentaria y paso a paso. El resultado no es una colección de partes, sino un conjunto global.

CUADRO 3.1. El significado depende de la configuración

Imaginemos que tenemos cuatro elementos de información dispuestos sin orden alguno:

Tal y como se nos presentan en este momento, no nos transmiten demasiado en cuanto a su significado o implicaciones.

Pero si organizamos estos mismos cuatro elementos (partes) en diferentes patrones, vemos inmediatamente de qué manera distintas configuraciones (conjuntos) presentan múltiples implicaciones y significados:

Incluso los recién nacidos pasan más tiempo mirando las figuras de un rostro –como el de la izquierda– que las figuras menos «significativas», como la de la derecha (Goren, Sarty y Wu, 1975).

Cambiar la orientación de un solo elemento (o parte) visual es capaz de alterar radicalmente el significado de todo el patrón de información:

Según el patrón de relaciones que existen entre ellos, los mismos cuatro elementos básicos pueden representar una cara feliz, una cara infeliz, o no transmitir ningún significado evidente.

El significado de la información no depende tanto de los elementos en sí como de las relaciones que mantienen. El conjunto presenta propiedades novedosas que son diferentes a la suma de sus partes.

FIGURA 3.1. Un patrón Gestalt.

Si no hemos visto antes esta imagen, dejamos que nuestra mirada se detenga en ella antes de pasar a leer el siguiente texto.

Es posible que el conjunto de manchas blancas y negras de la figura no tenga demasiado sentido al principio (si todavía no lo tiene, puede resultar útil entornar los ojos). Sin embargo, una vez que nuestra mente llega a una interpretación coherente de lo que ve, de repente crea un conjunto unitario y percibimos la escena integrada de un perro con manchas sobre un fondo de hojas caídas. No vemos primero los pies, luego las piernas, la cabeza, y finalmente las unimos para formar una imagen coherente, sino que la mente crea de pronto una totalidad. Esta capacidad de crear conjuntos, ilustrada aquí para el caso de la visión, se extiende a otros tipos de información. Los significados holístico-intuitivos reflejan conjuntos coherentes que congregan las aportaciones de diversos tipos de información. Esta característica del conocimiento y los significados holístico-intuitivos les infunde el poder de que los sintamos como una totalidad. Mientras la separación es una característica básica de la información conceptual, la conexión, la relación y la visión de conjunto son rasgos fundamentales de la información holístico-intuitiva.

Una diferencia cualitativa

Les invito a leer (en voz alta si es posible) el comienzo del poema de John Keats «La bella dama sin piedad» (Barnard, 1988, pág. 334):

> ¿De qué adoleces, caballero,
> tan sólo y pálido vagando?
> Del lago el junco se ha secado,
> y no cantan los pájaros.

Para muchas personas, estos versos transmiten una sensación innegable de melancolía, vacío y abandono, una sensación que señala el procesamiento de los significados holístico-intuitivos creados por la lectura del poema. Es un eco de los sentimientos que podríamos experimentar si nos encontrásemos en esa misma situación.

El conocimiento holístico-intuitivo es una forma de conocimiento *experiencial*: «conocemos» los significados a través de la experiencia directa e inmediata de los sentidos o de los sentimientos implícitos. La experiencia es muy diferente del «saber» puramente cognitivo, fáctico y de carácter explícito del conocimiento conceptual.

En presencia de una cuidadosa atención, nos percatamos de que *todas* las experiencias evocan un nivel básico de significado holístico-intuitivo que experimentamos como una tonalidad emocional concreta: un sentimiento «agradable», «desagradable» o «ni agradable ni desagradable».* Estos sentimientos nos proporcionan la lectura constante y una valoración integradora básica de las situaciones y experiencias que nos encontramos a cada momento. Con esta valoración, disponemos de una guía inmediata para la orientación básica que debemos adoptar: «acercarnos», «evitar» o «ni acercarnos ni evitar».

Por encima de este nivel básico, las sensaciones percibidas nos transmiten significados implícitos más matizados y sutiles. La sensación de confianza, por ejemplo, refleja el procesamiento de significados que implican que es probable que las cosas salgan bien. En cambio, la sensación de aprensión nos transmite el procesamiento de significados que sugieren una amenaza potencial. Por último, la sensación de plenitud o de unidad apunta al procesamiento de significados que reflejan coherencia dentro de nuestra mente.

---

* Las instrucciones originales del Buda para cultivar el mindfulness, contenidas en el *Satipaṭṭhāna Sutta* (Anālayo, 2003), incluyen toda una sección dedicada a la consciencia de estas tonalidades emocionales, conocidas como *vedanā*.

Los significados holístico-intuitivos y los significados conceptuales son *cualitativamente* distintos. No podemos reducir los unos a los otros. Aunque intentemos expresar el comienzo de «La bella dama sin piedad» con un único significado conceptual –como «El hombre se sentía triste y solo»–, el efecto será muy diferente al del poema. Asimismo, como los psicólogos de la Gestalt subrayaron hace ya tiempo, el todo es *distinto* a la suma de las partes (y no simplemente *mayor* que ellas). De ese modo, el significado holístico-intuitivo de nivel superior del poema no se reduce a una secuencia de significados conceptuales similares, expresados con palabras diferentes. Esto queda dolorosamente claro en la siguiente «traducción» en prosa del poema de Keats, que, si bien conserva, línea a línea, idénticos significados conceptuales, no consigue armonizarlos para crear la misma totalidad coherente:

> ¿Qué sucede, soldado armado a la antigua,
> de pie y sin hacer nada, con una expresión pálida?
> Las cañas se han descompuesto junto al lago
> y no hay pájaros cantando.

En lugar de melancolía y abandono, esta versión no logra transmitir del todo los sentimientos, salvo un tono un tanto extraño pero prosaico. El acusado contraste entre ambas versiones subraya que los significados holístico-intuitivos y los conceptuales son *cualitativamente* diferentes, es decir, de clase distinta.

A menudo utilizamos lo que parecen declaraciones con un significado conceptual como una abreviatura para expresar lo que en realidad son significados holístico-intuitivos subyacentes. Y, aunque eso funciona bien en algunas situaciones, también puede originar una considerable confusión. Las enseñanzas de las tradiciones espirituales y religiosas parecen especialmente vulnerables en este sentido. El hecho de no reconocer la diferencia radical entre los significados conceptuales (literales) y los holístico-intuitivos (metafóricos) ha propiciado importantes malentendidos y controversias.

Idries Shah (1974, pág. 122) describe un ejemplo relativamente inocuo de ese tipo de confusión en un diálogo ocurrido entre el maestro sufí Uwais y un curioso. Al preguntarle esta persona:

–¿Cómo te sientes?

–Como alguien que al levantarse por la mañana no sabe si habrá muerto por la noche –respondió Uwais

La persona que preguntaba, perpleja y entendiendo la respuesta de Uwais en términos de su significado conceptual literal, añadió:

–Pero esa es la situación de todos los hombres.

–En efecto, pero ¿cuántos son los que lo *sienten*?

La respuesta de Uwais apunta a la cualidad *experiencial* del significado holístico-intuitivo más profundo que pretendía transmitir. Los significados holístico-intuitivos que encarnan la consciencia de nuestra frágil mortalidad –sentida «en nuestros huesos»– transforman nuestra forma de vivir en cada precioso momento de nuestra vida. Pero la consciencia «fría» de que podemos morir en cualquier momento tendrá escaso poder transformador o salvífico.

El conocimiento incorporado

El conocimiento holístico-intuitivo y el conocimiento conceptual difieren profundamente en el tipo de relación que entablan con la experiencia sensorial. En el tipo de conocimiento holístico-intuitivo, los aspectos puramente sensoriales de la experiencia –en especial el estado de nuestro cuerpo– afectan directamente a los significados holístico-intuitivos creados. En cambio, en el conocimiento conceptual, las fuentes sensoriales tienen escaso impacto directo en los significados conceptuales.

En nuestro idioma, la manera de pronunciar las palabras de una frase no afecta al significado conceptual que comunica. Tanto si pronunciamos las palabras «Pásame el hacha» en voz alta como en voz baja, rápida o lentamente, de manera suave o brusca, se transmite el mismo significado conceptual. Este es uno de los puntos fuertes de los significados conceptuales a la hora de comunicar de manera fiable, en una amplia gama de situaciones, información relacionada con la tarea en curso.

La situación es muy distinta en lo que respecta a los significados holístico-intuitivos. El tono de voz por sí solo puede transmitir poderosos significados implícitos. Pensemos, por ejemplo, en los diferentes significados que podría transmitir la palabra «siéntate», pronunciada con distintos tonos de voz. Y los efectos de la poesía suelen depender de los sonidos de las palabras utilizadas, así como de su métrica y de su ritmo. En experimentos ingeniosos, se mezclaron las palabras de poemas como «La bella dama sin piedad» para que dejaran de transmitir significados conceptuales. A continuación, se leyeron las palabras con el mismo ritmo y la misma métrica que los poemas originales, y siguieron comunicando una sensación similar, basada únicamente en el sonido de las palabras utilizadas.

Siendo el reflejo de los orígenes evolutivos del significado holístico-intuitivo (véase la sección siguiente), todas las formas de información sensorial tienen profundos efectos en este tipo de significados. Los efectos de la información corporal son especialmente relevantes para nuestro propósito.

Aunque solemos hablar, por ejemplo, de tener un «presentimiento» sobre una determinada situación, o de saber algo «desde lo más profundo», la mayoría de nosotros no somos conscientes de hasta qué punto el estado de nuestro cuerpo afecta a los significados que construimos. En su libro *El error de Descartes*, Antonio Damasio (1994) trata de corregir ese olvido. Su hipótesis de los marcadores somáticos pone de manifiesto el papel fundamental que desempeña la información corporal a la hora de orientar decisiones y juicios complejos. Las personas aquejadas de lesiones en las zonas del cerebro que permiten integrar la información corporal en el proceso de toma de decisiones suelen mostrar graves deficiencias en su capacidad para gestionar el dinero o mantener relaciones clave.

Disponemos de evidencias abrumadoras (por ejemplo, Laird y Lacasse, 2014) de que el estado físico de nuestro cuerpo afecta al modo en que interpretamos la experiencia. En un estudio ya clásico, llevado a cabo por Strack, Martin y Stepper (1988), las personas a las que se les pidió que sostuvieran un bolígrafo en la boca, de forma que adoptaran (sin saberlo) una expresión facial sonriente, calificaron los dibujos animados que veían como más divertidos que las personas a las que se les pidió que sostuvieran el bolígrafo de forma que se creara (también sin saberlo) una expresión no sonriente. (Si bien se afirmó que los trabajos posteriores no pudieron replicar estos resultados, resultó que esto se debió a que los estudios de «replicación» no siguieron exactamente el mismo procedimiento original: cuando lo hicieron, sí que se replicaron los resultados originales [Noah, Schul y Mayo, 2018]). En otro estudio, los participantes que estaban evaluando unos auriculares para su uso durante el *jogging* ofrecieron una valoración más positiva cuando movían la cabeza de arriba a abajo (un gesto afirmativo) que cuando movían la cabeza de un lado a otro (un gesto negativo) (Wells y Petty, 1980). Los efectos del estado corporal en el juicio y la percepción reflejan la contribución de la información sensorial en la creación de significados holístico-intuitivos. Y estos efectos operan en gran medida al margen de la consciencia (compárese con Schwarz y Clore, 1983). El entrenamiento en el mindfulness del cuerpo (capítulo 6) nos brinda una forma de reducir estos sesgos inconscientes. A medida que nos tornamos más conscientes de las sensaciones corporales, nuestra mente es capaz de reconocerlas y de transformar el modo en que afectan a nuestros juicios e interpretaciones de los acontecimientos.

Los orígenes evolutivos del significado holístico-intuitivo

Al igual que en el caso del conocimiento conceptual, una breve mirada a la historia de la evolución nos ayudará a comprender mejor la naturaleza del significado y el conocimiento holístico-intuitivo. También nos permitirá arrojar más luz sobre la importancia, en esta modalidad de conocimiento, de la información puramente sensorial.

En lo que respecta a la evolución, la función principal de la mente es valorar el significado de la información a la hora de emprender la acción: «¿Es ese sonido la pisada de un depredador que se aproxima?». «¿Es seguro comer esta fruta?». «¿Necesita mi cría cuidado y protección en este momento?». Este tipo de valoración permite que la mente organice la respuesta adecuada.

A diferencia de los seres humanos, los animales no tienen acceso a la modalidad de conocimiento conceptual, lo cual implica que, a la hora de evaluar la importancia de las situaciones, nuestros antepasados tenían que basarse por completo en patrones de información sensorial: sonidos, imágenes, olores, tacto, sabor y sensaciones corporales. Al hacerlo, su mente no solo detectaba patrones significativos dentro de cada uno de estos diferentes tipos de información, sino que, fundamentalmente, también detectaba patrones de relación entre los diferentes órganos sensoriales. La capacidad de reconocer estos patrones multimodales incrementó enormemente la capacidad de los animales para evaluar el significado de las situaciones en constante cambio a las que se enfrentaban.

Procesamiento multimodal

Una cebra que se alimenta en la sabana africana tiene que estar constantemente alerta a las señales de posibles ataques de leones y otros depredadores. Por otro lado, reaccionar a cada indicio de posible amenaza sería una pérdida de tiempo y de energía preciosos. Si la mente de la cebra puede integrar indicios de posibles amenazas a través de diferentes modalidades sensoriales –sonido, vista, olfato, tacto, gusto y sensaciones corporales–, llevará a cabo una valoración global mucho más adecuada de la situación que si se basa en una sola modalidad. Si todas las modalidades apuntan a un posible peligro, la mente preparará a la cebra para responder de inmediato a cualquier indicio de amenaza.

Para realizar este tipo de valoración multimodal integradora, la mente debe encontrar un «lenguaje común» en el que puedan expresarse y combinarse las pistas proporcionadas por los distintos sentidos. La figura 3.2 esboza la perspectiva de los SCI sobre el modo en que esto ocurre.

La figura muestra cuatro subsistemas de procesamiento distintos, cada uno de ellos especializado en el tratamiento de un tipo de información exclusiva. Tres subsistemas sensoriales procesan la información que arriba directamente de los órganos sen-

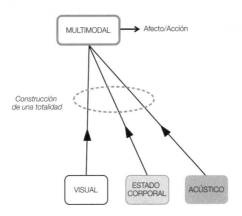

FIGURA 3.2. La visión de los SCI acerca de la mente simple de un mamífero.

soriales: ojos (subsistema visual), oídos (subsistema auditivo), nariz, lengua, tacto y receptores internos del cuerpo (subsistema del estado corporal). El cuarto subsistema, el multimodal, procesa la información de orden superior que refleja las relaciones entre los diferentes patrones de información sensorial. La información multimodal proporciona una valoración integradora del significado de toda la información recibida a cada instante. Cuando, por ejemplo, los sonidos, las imágenes y los olores se presentan juntos, su importancia se refleja en la información multimodal que señala una amenaza inmediata para la propia vida.

Si bien no siempre es fácil determinar qué es lo que representan, las formas multimodales de información revisten una importancia crucial. Podemos ilustrar este punto con un breve experimento. Miramos los dibujos a pie de página y, antes de seguir leyendo, elegimos cuál es la forma que cuadra con el sonido *Takete* y cuál con el sonido *Maluma*.

Adultos y niños de todo el mundo hacen coincidir sistemáticamente el sonido *Takete* con la forma dentada, y el sonido *Maluma* con la forma más redondeada (Davis, 1961), y lo hacen con rapidez y facilidad.

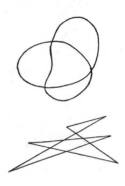

Nuestra mente lleva a cabo ese juicio traduciendo los patrones visuales y auditivos a un «lenguaje» multimodal común; entonces juzga si los patrones del lenguaje común son similares o no. La mente puede hacer esto con rapidez y sin esfuerzo, aunque la mayoría de nosotros deberá esforzarse por decir exactamente en qué sentido los patrones de ambas modalidades sensoriales, tan distintas, son similares o lo contrario.

Las cosas se aclaran cuando convertimos los sonidos en formas. Las siguientes imágenes muestran lo que ocurrió cuando introduje *Takete* y *Maluma* en un programa informático que convierte en gráficos la intensidad de los sonidos a lo largo del tiempo (la altura de la forma es igual a la intensidad del sonido, mientras que el tiempo se desplaza de izquierda a derecha).

La forma *Takete* cambia bruscamente, al igual que la figura de la línea dentada. Por el contrario, la forma *Maluma* cambia de manera más suave y lenta, al igual que la figura de línea suave y redondeada. La *tasa de cambio* de la intensidad del sonido *Takete* a lo largo del tiempo, y la *tasa de cambio* del tamaño de la forma dentada a lo largo del espacio, son ambas más altas que las tasas correspondientes a *Maluma* y su forma, suave y redondeada.

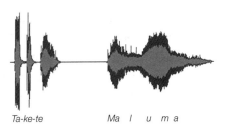

Ta-ke-te   Ma l   u m a

La tasa de cambio proporciona una dimensión multimodal identificable que nos permite ordenar y comparar estos patrones de información tan diversos. Esta dimensión tiene una relevancia obvia para la supervivencia, puesto que un cambio rápido en los patrones de información relacionados, al mismo tiempo, con visiones, sonidos y olores es potencialmente una advertencia de amenaza inminente para la vida. Por esta razón, las redes neuronales del cerebro de los mamíferos están preparadas para descubrir tanto estos como otros tipos de dimensiones multimodales.

Las dimensiones multimodales reflejan las relaciones entre los patrones de información sensorial. Las relaciones entre las propias dimensiones multimodales se reflejan en los *modelos mentales*, los cuales desempeñan un papel crucial a la hora de permitir que la mente evalúe el significado de las situaciones, apuntalan el conocimiento holístico-intuitivo y son fundamentales para comprender el mindfulness y el despertar interior.

Modelos mentales

Incluso mamíferos relativamente sencillos, como las ratas, parecen anticipar lo que ocurrirá seguidamente en determinadas situaciones. Si, en un experimento, una rata encuentra siempre comida al final del laberinto y un día no la encuentra, mostrará un patrón de agitación característico en su comportamiento. Se comportará como si se hubiera forjado la expectativa de que la comida estaría allí, siendo su agitación una reacción al ver frustrada esa expectativa. Del mismo modo, tras haber experimentado repetidamente el sonido de una campana que precedía a la entrega de comida, los famosos perros amaestrados de Pavlov llegaron a tratar la campana como una señal que predecía la llegada de la comida y salivaban solo con el sonido de esta.

Durante muchos años, estos cambios de comportamiento se entendían como simples vínculos asociativos forjados entre los estímulos y las respuestas mediante un proceso de condicionamiento. Sin embargo, las investigaciones más recientes cuestionan esa perspectiva. Ahora, los psicólogos hablan de animales que aprenden la estructura predictiva y causal de su entorno (por ejemplo, Dickinson, 1980). En otras palabras, los animales crean modelos internos de su mundo externo, algo que también hacemos los seres humanos. Los mecanismos neurológicos fundamentales que subyacen a este modelado de procesos constituyen uno de los focos activos de la neurociencia computacional (Friston, Stephan, Montague y Dolan, 2014).

Al igual que los modelos informáticos permiten a los meteorólogos predecir el estado futuro del clima a partir de su estado actual, los modelos mentales permiten a nuestra mente anticipar lo que ocurrirá en una situación concreta. Esta capacidad de preparación confiere enormes ventajas evolutivas, puesto que los animales preparados tienen más probabilidades de sobrevivir o de beneficiarse de las situaciones que los que no están preparados. Por esta razón, la capacidad de crear modelos mentales se ha incorporado a la mente de todos los mamíferos, incluida la nuestra.

Los modelos mentales reflejan la estructura de nuestro mundo interior y exterior: qué acompaña a qué y qué sigue a qué. Proporcionan la lente interpretativa a través de la cual damos sentido al mundo, determinando la manera en que respondemos a la realidad que percibimos. A medida que se desarrolla la experiencia, los modelos mentales se actualizan de continuo.

Conocimiento holístico-intuitivo

La modalidad de conocimiento holístico-intuitivo humano es descendiente directa de la información multimodal que controla la acción y el afecto en los mamíferos más simples.

Sin embargo, existe hay una diferencia crucial entre los humanos y estos mamíferos, ya que, en nuestro caso, los significados holístico-intuitivos reflejan tanto patrones de información sensorial como patrones de información conceptual. El proceso de construcción de significados holístico-intuitivos integra las contribuciones de estas dos fuentes tan distintas (figura 3.3).

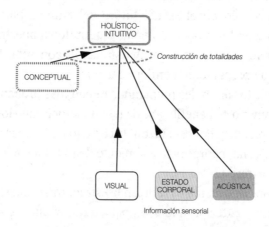

FIGURA 3.3. Los significados holístico-intuitivos integran patrones de información sensorial y conceptual.

Las aportaciones conceptuales cambian radicalmente el tipo de representaciones creadas, permitiendo que los significados holístico-intuitivos constituyan el fundamento de un nuevo tipo de *conocimiento* implícito de alto nivel. Los patrones de información puramente sensorial (que, por ejemplo, reflejan la forma en que se pronuncian las palabras, o las sensaciones relacionadas con la expresión facial, la postura y el estado corporal) siguen contribuyendo de manera significativa a esta nueva modalidad holística de conocimiento. Por ese motivo, los sonidos reales de las palabras son tan importantes para buena parte del significado poético, y por eso las sensaciones corporales desempeñan un papel clave en los juicios intuitivos.

Los modelos mentales holístico-intuitivos expresan la estructura de la experiencia real del individuo y, por tanto, pueden diferir de un individuo a otro, dependiendo de su experiencia anterior. El conocimiento conceptual, en cambio, manifiesta la estructura del *conocimiento abstracto* (capítulo 2). Este tipo de conocimiento es un recurso común, compartido por todos los miembros de una determinada comunidad, que se adquiere de manera indirecta y vicaria (por ejemplo, a través de diccionarios, libros o rumores), sin necesidad de experiencia directa.

Podemos cambiar los significados conceptuales simplemente adquiriendo nuevos conocimientos en un libro. Pero, si queremos utilizar ese nuevo conocimiento para modificar nuestros modelos holístico-intuitivos, tenemos que integrar en tiempo real el nuevo conocimiento conceptual con algún aspecto de la experiencia. Esta diferencia fundamental entre ambas modalidades de conocimiento tiene profundas implicaciones en la forma en que podemos transformar nuestra vida, ayudándonos a entender, por ejemplo, por qué la simple lectura sobre las causas del sufrimiento tiene muy poco efecto sobre el sufrimiento que experimentamos realmente. En cambio, incorporar ese mismo conocimiento conceptual a un modelo mental holístico-intuitivo, mediante la práctica del mindfulness, resulta poderosamente transformador (como veremos en el capítulo 7).

El conocimiento holístico-intuitivo posee una cualidad implícita que contrasta con el carácter explícito de la modalidad del conocimiento conceptual. Como hemos visto en el ejercicio *Takete-Maluma*, a menudo es difícil articular lo que encarnan en realidad las representaciones multimodales. Con los significados holístico-intuitivos, en cambio, podemos saber que sabemos algo y, aun así, tener dificultades para decir qué es lo que sabemos. Esto es especialmente cierto en los ámbitos de la experiencia interior que pretendemos explorar: William James (1902-1982, pág. 380), por ejemplo, identificaba que la *inefabilidad* –la imposibilidad de describirla con palabras– es una de las características clave de la experiencia mística religiosa. El presente análisis sugiere que la dificultad que experimentamos a la hora de intentar describir las experiencias de despertar interior no reside en que sean vagas o efímeras, sino que se trata, en su lugar, de una cualidad inherente al conocimiento holístico-intuitivo que las sustenta.

Los modelos mentales holístico-intuitivos no solo ofrecen una modalidad de conocimiento alternativa a los conceptos e ideas, sino que también nos brindan un enfoque más directo para la acción apropiada que la estrategia centrada en objetivos, propia del conocimiento conceptual.

Modelos mentales y acción

En los animales más simples, carentes de una modalidad de conocimiento conceptual, los modelos mentales desencadenan respuestas apropiadas de forma directa e inmediata mediante la activación de los *sistemas afectivos centrales* relevantes.

Sistemas afectivos centrales

En lo esencial, compartimos con el resto de los mamíferos el mismo aparato emocional básico: los sistemas afectivos centrales, que se originan en las áreas profundas del cerebro. El difunto Jaak Panksepp ha identificado siete de estos sistemas (Panksepp y Biven, 2012), que se enumeran en el cuadro 3.2.

En el capítulo 1, ya nos hemos referido brevemente a uno de estos sistemas (el sistema de PÁNICO/TRISTEZA). Aquí he sugerido que este afecto central está íntimamente ligado a nuestra necesidad compulsiva de llegar a ser y de convertirnos en un cierto tipo de yo, así como al sufrimiento generado por nuestro intento de alcanzar dicho objetivo. La cualidad compulsiva de este tipo de búsqueda muestra el miedo a la separación social o al rechazo, grabado en nuestra mente en el sistema PÁNICO/TRISTEZA.

Afectos básicos instrumentales y no instrumentales

Podemos distinguir en términos generales dos tipos de afecto central: instrumentales y no instrumentales (Kabat-Zinn [2005] también diferencia entre la meditación instrumental y la no instrumental). Los afectos instrumentales se centran en accio-

114   Fundamentos

nes que comportan beneficios biológicos inmediatos: conseguir lo que queremos, o alejarnos y deshacernos de lo que no queremos. BUSCAR (cuadro 3.3) es el principal sistema de afectos instrumentales, a menudo incorporado en el afecto central del MIEDO para motivar la huida o evitar amenazas potenciales.

Los afectos básicos no instrumentales, en cambio, no se centran en conseguir resultados a corto plazo, sino que están vinculados a la creación de recursos que ofrecen beneficios biológicos a más largo plazo. El CUIDADO, por ejemplo, nutre el desarrollo de vínculos entre cuidador y niño que resultan cruciales para la supervivencia de las, con frecuencia, indefensas crías de mamífero. Por su parte, el JUEGO motiva la exploración y el ensayo de acciones y estrategias que crean habilidades perceptuales y motoras que, en el futuro, podrían llegar a salvar nuestra vida.

CUADRO 3.2. Sistemas de los afectos básicos
de Panksepp

Son siete los sistemas de afectos fundamentales, comunes a todos los mamíferos, que controlan el afecto y la acción

BÚSQUEDA	MIEDO	CUIDADO/CRIANZA	JUEGO
IRA	DESEO	TEMOR/ANSIEDAD	

CUADRO 3.3. El sistema de afectos centrales
de la BÚSQUEDA

Este sistema «permite» a los animales buscar, encontrar y adquirir los recursos necesarios para la supervivencia. La activación de este sistema de BÚSQUEDA no solo propicia todo tipo de comportamientos de acercamiento, sino que también nos hace sentir

> bien de una manera especial. No es el tipo de placer que experimentamos al degustar una buena comida, o la satisfacción que sentimos después, sino que más bien nos proporciona el tipo de anticipación entusiasta y eufórica que se produce cuando esperamos comer esa comida... la anticipación del sexo... la emoción de explorar... los animales en la naturaleza deben cazar o buscar comida y agua, encontrar ramitas o cavar agujeros para construir nidos. El sistema de BÚSQUEDA les impulsa a alimentar a sus crías, a buscar una pareja sexual y, en las comunidades sociales, a encontrar compañeros no sexuales, estableciendo amistades y alianzas sociales» (Panksepp y Biven, 2012, págs. 95, 101).

Afectos básicos y acción

En conjunto, los sistemas afectivos básicos permiten a los mamíferos más simples responder eficazmente a la mayoría de los retos importantes con los que se encuentran. Cuando se desencadenan, estos sistemas activan las motivaciones y las tendencias a la acción apropiadas para el contexto actual: buscar comida cuando se tiene hambre (BÚSQUEDA), dar calor y alimento a las crías (CUIDADO), participar en juegos agresivos con los compañeros (JUEGO), salir rápidamente de una situación de peligro potencial (MIEDO), etcétera.

Los seres humanos conservamos una capacidad correspondiente para responder de manera rápida y adecuada a las situaciones: la acción se desencadena a causa de los significados holístico-intuitivos incorporados en los modelos mentales. En la historia del metro que abre este capítulo, Covey describe un dramático «cambio de paradigma» (cambio de modelo mental holístico) cuando el afligido padre le comunica la noticia del

116 Fundamentos

fallecimiento de su esposa. Ese cambio evoca una respuesta inmediata, apropiada y espontánea: «No tuve que preocuparme por controlar mi actitud o mi comportamiento; mi corazón se vio inundado con el dolor del hombre. Sentimientos de simpatía y compasión fluían libremente». La respuesta instantánea y espontánea de Covey se hace eco del control directo de la acción por parte de los afectos centrales en los mamíferos más simples. En este caso, no hay necesidad de detenerse y calcular, paso a paso, lo que hay que hacer (como en la estrategia conceptual centrada en objetivos), puesto que los modelos mentales desencadenan de inmediato la respuesta adecuada. Este tipo de acción integrada y espontánea entraña una cualidad muy diferente a la cualidad más deliberada y planificada de la acción conceptualmente controlada y centrada en objetivos. Como señala Covey, «no tuve que preocuparme por controlar mi actitud o mi comportamiento». Sus acciones fluían directamente de la compasión desencadenada por el sistema afectivo del CUIDADO.

El cuadro 3.4, en la página 118, nos brinda una ilustración del contraste, a menudo radical, entre la modalidad de control de la acción impulsada conceptualmente o la modalidad holístico-intuitiva.

El control holístico-intuitivo de la acción por parte de los modelos mentales nos ofrece una preciosa alternativa a la estrategia conceptual centrada en objetivos que, mal aplicada, crea tanta infelicidad evitable (capítulo 1). Esta «respuesta» espontánea y exquisitamente apropiada es el modo de acción distintivo del ser consciente y del despertar interior.

Dos formas de conocer,
dos mundos de experiencia

La acción efectiva implica dos formas radicalmente distintas de prestar atención y de relacionarse con el mundo, cada una de las cuales responde a un reto evolutivo distinto (Crook, 1980, pág. 326). El estilo de atención restringido se centra específicamente en la información relacionada con obtener lo que necesitamos, mientras que el estilo de atención más amplio, el cual se ocupa de la información global de fondo, nos proporciona un sentido de la imagen general. Iain McGilchrist (2009) lo expresa del siguiente modo: «Un pájaro […] necesita prestar una atención estrecha y bien focalizada a aquello que prioriza como su significado: una semilla sobre un fondo de arena o guijarros, o una ramita para construir el nido. Al mismo tiempo, debe ser capaz de prestar una atención amplia, abierta, sostenida y no comprometida, al acecho de cualquier otra cosa que pueda presentarse. A falta de esta capacidad, pronto se convertiría en el almuerzo de otro mientras trata de conseguir el suyo» (pág. 25).

En cuanto a los estilos de atención estrecha y amplia, McGilchrist nos indica lo siguiente:

[Forman] parte de un conflicto mayor, que se expresa como una diferencia de contexto, en el entorno que habitamos. Por un lado, está el contexto, el mundo, del «yo» –solo yo y mis necesidades–, como individuo que compite con otros individuos, mi capacidad de picotear esa semilla, de perseguir ese conejo o de conseguir esa fruta. Necesito utilizar, o manipular, el mundo para mis fines, y para ello necesito una atención estrecha. Por otro lado, necesito percibirme en el contexto más amplio del mundo en general y en relación con los demás, ya sean amigos o enemigos: tengo la necesidad de considerarme miembro de mi grupo social, de reconocer posibles aliados y, más allá, de ver posibles compañeros y posibles enemigos. En ese caso, puedo sentir que soy parte de algo más grande que yo mismo [...] lo cual exige menos atención dirigida a un propósito y estrechamente enfocada y más de un estado de alerta abierto, receptivo y ampliamente difundido hacia lo que existe, con lealtades más allá del yo. (Pág. 25).

CUADRO 3.4. Un recuerdo*

La distinción entre la acción controlada por el conocimiento holístico-intuitivo y la acción controlada por el conocimiento conceptual me trae a la memoria el recuerdo de una paciente que traté hace algunos años. Padecía un trastorno obsesivo-compulsivo tan grave que era incapaz de trabajar y pasaba muchas horas al día atrapada en rituales compulsivos. Si tenía que realizar cualquier tipo de acción, se quedaba paralizada por la indecisión y por los conflictos relacionados con su temor a hacer daño a otras personas. Si, por ejemplo, se armaba de valor para conducir su coche, se sentía obligada a mirar por el retrovisor cada vez que se cruzaba con un ciclista o un peatón para comprobar que no le había hecho daño. Y luego tenía que volver a mirar para asegurarse de que, al hacerlo la primera vez, no había perdido el control del coche y lo había atropellado. Cualquier acción conllevaba una crisis de conflictos e inseguridad, ya que se esforzaba por resolver (conceptualmente) cómo evitar ser un yo que pudiera dañar a los demás y, al mismo tiempo, cumplir con sus otras autoguías.

Un día llegó al lugar de un accidente de tráfico real (evidentemente causado por otra persona). De inmediato, entró en acción de forma espontánea, asumiendo el control de la situación, sabiendo exactamente lo que debía hacer y coordinando las acciones de todos los que se hallaban en el lugar, sin miedo ni duda alguna. Estaba sorprendida y encantada de actuar así. Pero, lamentablemente, y para su profundo pesar y decepción, el miedo y la parálisis para la acción volvieron a aparecer en cuanto concluyó la situación. La diferencia entre su forma de ser normal y cómo se comportaba en una crisis real era extraordinaria.

En marcado contraste con las acciones conceptualmente controladas, impulsadas por el miedo y conflictivas del resto de su vida, la acción espontánea y unificada de esta paciente en un momento de verdadera necesidad, como la respuesta de Covey al padre afligido, ofrece una hermosa ilustración del potencial del comportamiento controlado holísticamente.

* Las características clave de este relato han sido modificadas para preservar el anonimato.

McGilchrist señala que los diferentes mundos de experiencia relacionados tanto con la atención estrecha como con la atención más amplia también están relacionados con dos tipos distintos de conocimiento. Estas dos formas de conocimiento son, en muchos sentidos, similares al conocimiento conceptual (relacionado con la atención estrecha) y al conocimiento holístico-intuitivo (relacionado con la atención más amplia).

En el capítulo 2, he señalado los paralelismos que existen entre el mundo experiencial de la *separación*, creado por el conocimiento conceptual, y el mundo, señalado por Iain McGilchrist, propio del hemisferio cerebral izquierdo. De manera complementaria, podemos vincular la relación existente entre el conocimiento holístico-intuitivo y el mundo del hemisferio cerebral derecho propuesta por McGilchrist (McGilchrist, 2009; véase el cuadro 3.5). (Volveremos a visitar el mundo de la no-dualidad cuando hablemos de la mente despierta en el capítulo 13). Si bien McGilchrist no llega a relacionar los diferentes tipos de atención y los mundos mentales que describe con diferentes afectos centrales, es un pequeño paso vincular sus ideas a la distinción, antes señalada, entre afectos centrales instrumentales y no instrumentales, así como a la relación estrecha que existe entre afecto y atención.

CUADRO 3.5. El «mundo del hemisferio cerebral derecho» de Iain McGilchrist

Una red de interdependencias, formando y reformando totalidades, un mundo con el que estamos profundamente conectados [...] un mundo en el que lo que posteriormente ha llegado a pensarse como lo subjetivo y lo objetivo se mantienen en una suspensión que abarca cada «polo» potencial, y su conjunto, un mundo donde hay «interrelación». (pág. 31)

Las cosas [...] [están] *presentes* para nosotros en toda su particularidad incorporada, con toda su mutabilidad y transitoriedad, y su interconexión, como parte de una totalidad que está siempre en movimiento. En este mundo, también nos sentimos conectados a lo que experimentamos, somos parte de esa totalidad, no confinados en el aislamiento subjetivo de un mundo que percibimos como objetivo [...] el hemisferio derecho presta atención al Otro, lo que sea que exista aparte de nosotros, con el que se ve en profunda relación. Se siente atraído y animado por la vinculación, la interrelación, que existe con ese Otro. (Pág. 93).

El hemisferio derecho [...] produce un mundo individual, cambiante y evolutivo. La vida de los seres vivos encarnados, interconectados e implícitos en el contexto del mundo vivido [...] y con este mundo existe una relación de cuidado. (Pág. 174).

Nota. Como he señalado en el capítulo 2, en relación con el «mundo del hemisferio izquierdo» de McGilchrist, al establecer un vínculo entre los diferentes tipos de atención y conocimiento, por un lado, y los dos hemisferios cerebrales, por el otro, McGilchrist (2009) no propone ninguna forma de lateralización ingenua de las funciones cerebrales, sino que reconoce plenamente que ambos mundos dependen de las funciones de los dos hemisferios.

Afecto, atención y mundos de experiencia

Una amplia investigación psicológica ha documentado la poderosa relación existente entre el afecto, por un lado, y la atención y la percepción, por el otro (Williams *et al.*, 1997). Cuando las personas experimentan ansiedad o estrés, se reduce su campo de atención y priorizan la información relacionada con la amenaza. Asimismo, ciertos estados de felicidad están asociados a una expansión del campo de atención para incluir una mayor gama y variedad de información.

A menudo se nos indica (por ejemplo, en la influyente teoría de ampliación y construcción del afecto positivo de Barbara Fredrickson [Fredrickson, 2001]) que estas diferencias en el estilo atencional reflejan un estrechamiento de la atención vinculado a las emociones negativas y una expansión de la atención relacionada con las emociones positivas. Sin embargo, resulta que la mayoría de los afectos negativos estudiados son instrumentales, mientras que la mayoría de los afectos positivos son no instrumentales. Esto plantea la posibilidad alternativa de que el factor clave que influye en el estilo atencional no sea tanto el grado de atracción de un afecto (positivo o negativo) como su cualidad motivacional.

Las investigaciones recientes apoyan esta hipótesis (Gable y Harmon-Jones, 2010*a*). El afecto negativo no instrumental de la tristeza, por ejemplo, amplía la atención (Gable y Harmon-Jones, 2010*b*). Y lo mismo ocurre con el afecto positivo no instrumental de la diversión inducida por el visionado de una película de humor (Gable y Harmon-Jones, 2008). Por otro lado, el afecto positivo instrumental inducido por la visuali-

122   Fundamentos

zación de objetos deseables reduce la atención (Gable y Harmon-Jones, 2008; Domachowska *et al.*, 2016).

En general, la evidencia disponible sugiere que los afectos instrumentales desencadenan un estilo de atención estrecho y selectivo, mientras que los afectos no instrumentales dan lugar a un estilo abierto y receptivo. El estudio clásico de Chabris y Simons sobre los gorilas (capítulo 2) ilustra de manera contundente el tipo de atención altamente selectiva y estrecha vinculada a los afectos instrumentales. Este estilo atencional prioriza la información relevante para la tarea en cuestión, inhibiendo y excluyendo activamente el resto de la información.

Por el contrario, los afectos centrales no instrumentales, como el CUIDADO y el JUEGO, se sirven mejor de un estilo de atención más abierto y menos selectivo y receptivo. La atención espaciosa e inclusiva vinculada al CUIDADO se ilustra de forma conmovedora en la siguiente descripción de una visita del Dalái Lama, escrita por la maestra de meditación Sharon Salzberg (1995), poco después de padecer un grave accidente de coche:

> Me sentía fatal con las muletas, sobre todo cuando terminé en la parte de atrás de una enorme multitud que esperaba para saludar al Dalái Lama a su llegada. El coche con Su Santidad se detuvo por fin y fue recibido por las cámaras, la gente y los policías. El Dalái Lama se bajó, miró a su alrededor y me vio de pie, al fondo de la multitud, apoyada en las muletas. Se abrió paso entre la gente y se acercó a mí, como si reconociese el sufrimiento más profundo de la situación. Me cogió de la mano, me miró a los ojos y me preguntó: «¿Qué te ha ocurrido?» (págs. 112-113).

Aquí tenemos un bello ejemplo de un estilo de atención expansivo, inclusivo y compasivo, abierto al campo total de la información, atento a cualquier ser que experimente sufrimiento, y listo para dirigirse a ese sufrimiento con la motivación de atenderlo.

Parece que nuestra mente opera de dos modos radicalmente distintos. En el primero de ellos, tenemos el control de los afectos instrumentales y la modalidad de conocimiento conceptual, un enfoque estrecho y exclusivo de la atención, y un mundo mental atomístico de separación, todo ello interconectado. En el otro modo, tenemos el control de los afectos no instrumentales y el modo de conocimiento holístico-intuitivo, un estilo de atención expansivo, inclusivo y receptivo, y un mundo mental vinculado de relaciones, también interconectadas. Si cambiamos cualquiera de los elementos interconectados en alguna de ambas modalidades, es muy probable que también cambiemos otros aspectos de esa modalidad atencional.

La tabla 3.1 de la página siguiente resume las principales diferencias entre las formas conceptuales y las formas holístico-intuitivas de conocer y crear significado.

El conocimiento holístico-intuitivo sustenta un mundo experiencial de relación y conexión. En el capítulo 4, exploramos el fundamento dinámico de ese mundo: la construcción de totalidades.

TABLA 3.1. Dos formas de conocer, dos tipos de significado

Conceptual	Holístico-intuitivo
Evolución reciente	Largo pedigrí evolutivo
Familiar	Poco familiar
Fácil de comunicar verbalmente	Difícil de comunicar verbalmente
Función primaria instrumental: alcanzar objetivos	Función primaria no instrumental: valorar el significado de las situaciones y orientar la respuesta adecuada
Vinculado de modo indirecto al afecto/sentimiento	Directamente vinculado al afecto/sentimiento
Estructura atomística	Estructura holística
Basado en conceptos (ideas)	Basado en modelos mentales
Significados explícitos y específicos	Significados implícitos y temáticos
Experimentado como pensamiento/conocimiento acerca de	Experimentado en forma de sentimientos/sensaciones sentidas
Sin relación directa con la información sensorial	Contribuciones sensoriales directas al significado
Los significados reflejan la estructura del conocimiento abstracto y las creencias compartidas por la sociedad	Los significados reflejan la estructura de la experiencia personal del individuo
Los significados son relativamente constantes a lo largo del tiempo y entre diferentes individuos	Significados variables a lo largo del tiempo y entre diferentes individuos

4. La construcción de totalidades

Había una vez dos relojeros, llamados Hora y Tempus, que fabricaban relojes muy delicados. Ambos gozaban de gran prestigio, y los teléfonos de sus talleres no dejaban de sonar: a cada momento los llamaban nuevos clientes. Sin embargo, Hora prosperaba, mientras que Tempus se empobrecía cada vez más, hasta que finalmente cerró su taller. ¿Cuál fue la razón?

Los relojes que fabricaban constaban de unas 1.000 piezas cada uno. Tempus construía los suyos de tal manera que, si tenía uno parcialmente montado y debía dejarlo para responder al teléfono, por ejemplo, este se descomponía de inmediato y tenía que empezar a montarlo de nuevo. Cuanto más les gustaban sus relojes a los clientes, más le llamaban por teléfono y más difícil le resultaba encontrar tiempo suficiente sin interrupciones para terminar un reloj.

Los relojes que fabricaba Hora no eran menos complejos que los de Tempus. Sin embargo, los había diseñado de manera que pudiera acopiar subconjuntos de unos diez elementos. Diez de estos subconjuntos, a su vez, podían unirse en un subconjunto mayor; y un sistema de diez de estos últimos subconjuntos constituía el reloj completo. Por lo tanto, cuando Hora tenía que dejar un reloj parcialmente ensamblado para responder al teléfono, solo perdía una pequeña parte de su trabajo, ensamblando sus relojes en solo una fracción de las horas de trabajo invertidas por Tempus.

Herb Simon (1962, pág. 470)

126 Fundamentos

Esta parábola ilustra un patrón que, por extraño que parezca, desempeña un papel clave en la comprensión del mindfulness y el despertar interior. También es una parte muy importante en el camino hacia la felicidad, que evita los escollos de la búsqueda conceptual esbozada en el capítulo 1.

El premio Nobel Herb Simon utilizaba la parábola para explicar la naturaleza de los sistemas de organización dinámica, fundamentalmente similar al utilizado por Hora. En estos sistemas, los patrones más simples (partes) se unen para crear patrones más complejos (conjuntos), que a su vez se unen para crear patrones aún más complejos. El escritor Arthur Koestler acuñó la palabra *holarquía* para describir este tipo de organización dinámica de los sistemas.

Simon demostró que, aunque solo hubiera un 1 % de posibilidades de interrupción al añadir una pieza al conjunto, Tempus tardaba casi 4.000 veces más que Hora en montar un reloj. La resistencia de las holarquías a las interrupciones explica por qué se dan de manera tan generalizada en los sistemas físicos, biológicos, sociales y mentales (Simon, 1962).

Las holarquías que más nos interesan son las mentales.

Holarquías mentales

La figura 4.1 esboza la estructura dinámica de una holarquía mental.

La característica esencial de la holarquía no son los diferentes tipos de «cosas», algunas fragmentarias (partes) y otras completas, sino las *relaciones* que existen entre ellas. Estas relaciones unen patrones más simples en patrones más complejos, en niveles de organización cada vez más altos. El papel vinculante de las relaciones es evidente en las holarquías sociales: «Casi todas las sociedades tienen unidades elementales, llamadas familias, que pueden agruparse en aldeas o tribus, y estas en agrupaciones más grandes, y así sucesivamente. Si hacemos un gráfico de las interacciones sociales, de quién habla con quién, los grupos de interacción más densa en el gráfico nos permitirán identificar una estructura jerárquica bien definida [en el presente diríamos holárquica]» (Simon, 1962, pág. 469).

La existencia misma de una holarquía depende de la creación y el mantenimiento activo de relaciones que vinculan patrones más simples para formar patrones más complejos, es

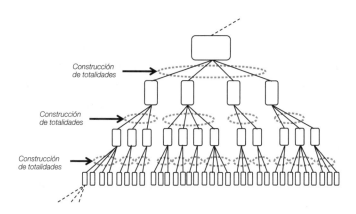

FIGURA 4.1. Una holarquía mental. Los cuadros representan distintos patrones de información: los cuadros más pequeños representan patrones más simples; los cuadros más grandes, patrones más complejos. El alcance y la complejidad de la información que representa cada cuadro aumenta a medida que ascendemos en la holarquía.

decir, de un proceso dinámico de construcción de totalidades. En las holarquías *mentales*, la construcción de totalidades une patrones de *información* más simples (partes) en patrones más complejos (totalidades), estableciendo *relaciones* entre ellos. El proceso de construcción de totalidades identifica lo que tienen en común los diferentes patrones de orden inferior y luego da forma a esas relaciones en un patrón de información de orden superior (figura 4.2) (ya hemos visto este patrón en el capítulo 3 al hablar del proceso de construcción de totalidades que crea los modelos mentales).

Ventajas evolutivas de las holarquías mentales y de la construcción de totalidades

Las holarquías mentales y la construcción de totalidades confieren amplias ventajas evolutivas. Por esa razón, la evolución ha creado en nuestra mente patrones de organización holárquica y la capacidad inherente para la construcción de totalidades, así como la totalidad de la que aquellas dependen. Estas capacidades aportan los fundamentos dinámicos del mindfulness (capítulo 7) y del despertar interior (capítulo 12).

Una ventaja evolutiva obvia de las holarquías mentales y de la construcción de totalidades es que permiten unificar la mente, resolviendo las tendencias hacia la acción que compiten entre sí. De este modo, las holarquías mentales posibilitan una acción integrada más eficaz. Muchas situaciones presentan patrones de información complejos y multifacéticos que pueden desencadenar acciones conflictivas. Una gacela sedienta que

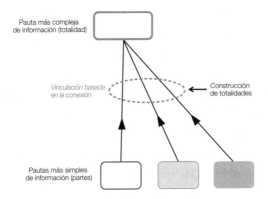

FIGURA 4.2. La construcción de totalidades por parte de la mente.

se acerca a un abrevadero, donde también beben los leones, tiene que resolver el conflicto entre la tendencia a acercarse, impulsada por la sed, y la tendencia a huir, motivada por el miedo. A falta de esta resolución, la gacela se vería arrastrada en diferentes direcciones, paralizada, incapaz de organizar el tipo de acción rápida y unificada, que tan esencial es para la supervivencia.

En la escritura budista *Samyutta Nikaya* (capítulo 35, versículo 247, en Bodhi, 2000), el Buda utiliza «El símil de los seis animales» para ilustrar el estado habitualmente desordenado y conflictivo de la mente humana:

> Supongamos, *bhikkhus*, que un hombre atrapa seis animales –que tienen distintos lugares y zonas de alimentación– y los ata con una cuerda fuerte. Atrapa una serpiente, un cocodrilo, un pájaro, un perro, un chacal y un mono, y ata a cada uno de ellos con cuerdas. Una vez hecho esto, une todas las cuerdas con un

nudo en el centro y suelta a los animales. Entonces, los seis animales, procedentes de diferentes entornos y con distintas zonas de alimentación, estirarán cada uno en la dirección de su entorno y su zona de alimentación. La serpiente estirará en una determinada dirección, pensando: «Quiero entrar en un hormiguero». El cocodrilo estirará en otra dirección, pensando: «Quiero entrar en el agua». El pájaro estirará hacia el otro lado, pensando: «Quiero volar hacia el cielo». El perro estirará de otra manera, pensando: «Quiero entrar en una aldea». El chacal estirará de otro modo, pensando: «Quiero entrar en un cementerio». El mono estirará hacia otro lado, pensando: «Quiero dirigirme al bosque» [...].

Así también, *bhikkhus*, cuando un *bhikkhu* no ha desarrollado y cultivado el mindfulness enfocado en el cuerpo, el ojo estirará en dirección de las formas agradables y considerará repulsivas las formas desagradables; el oído estirará en dirección de los sonidos agradables y los sonidos desagradables le resultarán repulsivos; la nariz estirará en dirección de los olores agradables y los olores desagradables le resultarán repulsivos; la lengua estirará en dirección de los sabores agradables y los sabores desagradables le resultarán repulsivos; el cuerpo estirará en dirección de los objetos táctiles agradables y los desagradables le resultarán repulsivos; la mente estirará en dirección de los fenómenos mentales agradables y los desagradables le serán repulsivos.

El símil describe el mindfulness como «un fuerte poste o pilar» que proporciona un anclaje para atar a los animales, y así poner fin a su conflictiva lucha. El mindfulness refleja una mente integrada en la que se cohesionan las holarquías y los modelos mentales (capítulo 7). La mente consciente permite una acción unificada, respondiendo a las situaciones de manera rápida, espontánea y adecuada.

Las holarquías mentales integradas y la construcción de totalidades ofrecen otra ventaja evolutiva menos obvia: el enorme incremento de la eficiencia y la economía del procesamiento mental. Y lo hacen revelando, creando y representando el *orden implícito* existente en los patrones de información (cuadro 4.1). El aumento resultante de la eficiencia es muy importante en el cerebro humano: nuestro cerebro es uno de los mayores consumidores de energía corporal, ya que supone el 20 % del gasto energético total, mientras que representa menos del 2 % del conjunto del peso corporal (Raichle y Gusnard, 2002). En un contexto de escasez, cualquier estrategia que mejore la eficiencia de la mente y reduzca su consumo de energía aumentará la posibilidad de que sobrevivan los genes que la crearon. Por ello, las mentes de los mamíferos –especialmente los humanos– incorporan una organización holárquica y una capacidad intrínseca para la construcción de totalidades.

CUADRO 4.1. Una holarquía de la información

Imaginemos que somos diseñadores de interiores y que queremos registrar los patrones de las baldosas del suelo que nos proponemos crear. Un modo de hacerlo sería a través de una rejilla formada por letras, en la que cada letra se correspondería con una baldosa y con su color correspondiente: *azul* para la A, *bronce* para la B, *carmín* para la C, etcétera. Para registrar nuestro diseño de este modo necesitaremos 64 letras:

(continúa)

A B M N R S H I

C D O P T U J K

M N A B H I R S

O P C D J K T U

R S H I A B M N

T U J K C D O P

H I R S M N A B

J K T U O P C D

La información holárquica nos ofrece más de una alternativa eficaz. En primer lugar, debemos observar los patrones de relación (orden implícito) en el diseño y el uso de nuevos símbolos para representar los patrones de orden superior. Encontramos entonces pautas recurrentes de cuatro letras, que representamos del siguiente modo:

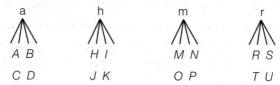

Podemos describir ahora el patrón inicial de 64 letras de un modo más económico de la siguiente manera:

a m r h

m a h r

r h a m

h r m a

Y no hay necesidad de detenernos en este punto. En este nivel superior de organización, los patrones pueden de nuevo ser detectados y representados. Si ahora tratamos *a*, *m*, *r* y *h* (previamente

(continúa)

considerados *totalidades*) como *partes*, podremos formar incluso dos tipos de totalidades de orden superior, W y X:

Y esto nos permite describir simplemente con cuatro letras el diseño completo de 64 baldosas:

W X

X W

Este patrón de orden superior captura la esencia de todos los patrones de las relaciones inferiores de la holarquía.

Y si repetimos el proceso de construcción de totalidades una última vez, tratando a W y X como partes, podremos ahora representar el patrón completo de 64 letras mediante un simple carácter, Θ, derivando con ello un gran ahorro en la información que necesitamos almacenar:

Por supuesto, tendremos que guardar estas «reglas» que guían la construcción de totalidades, pero habrá aún un ahorro de la información total almacenada, en especial si las reglas pueden ser reutilizadas con otra información (véase cuadro 4.2.)

Fuente: Basado en Simons (1962)

134 Fundamentos

Las holarquías mentales capacitan a los animales para afrontar de manera eficaz y ecológica los dos retos básicos de los que depende su supervivencia: 1) dar respuestas *diferentes* a situaciones que son distintas en aspectos cruciales (por ejemplo, seguro frente a peligroso, comestible frente a no comestible, más débil que yo frente a más fuerte), y 2) ofrecer respuestas similares a situaciones que son análogas en esos aspectos, aunque superficialmente esas situaciones no parezcan tener demasiado en común (como en el ejercicio *Takete-Maluma* del capítulo 3).

El cuadro 4.1 ilustra de qué modo las holarquías ofrecen enormes ventajas económicas en situaciones en las que es importante recordar con precisión las diferencias entre patrones complejos de información. En el entorno natural, esta capacidad puede tener una importancia de vida o muerte: ¿se trata de una planta que es buena para comer o de una que se parece mucho, pero que es, en realidad, venenosa? ¿Es esta la cara de un amigo fiable o la de un enemigo letal?

En la vida cotidiana, el orden implícito no suele ser tan evidente como en el ejemplo del cuadro 4.1. No obstante, dado que muchos sistemas naturales están organizados de manera holárquica, no es habitual encontrar información completamente aleatoria. Aunque el orden no resulte obvio a nivel superficial, las mentes tienen una enorme capacidad de cálculo y estrategias sofisticadas para descubrir cualquier orden implícito.

Las holarquías mentales también proporcionan una forma muy económica de procesar y detectar similitudes entre distintos patrones de información (cuadro 4.2). Su capacidad para revelar similitudes «profundas» entre patrones superficialmente distintos puede, de nuevo, salvarnos la vida, como ya hemos visto en el capítulo 3, con el ejemplo de la cebra que integra las advertencias de peligro a partir de los altos índices de variabilidad en la visión, el oído y el olfato. En el capítulo 12, veremos cómo la capacidad inherente de la mente para descubrir conexiones y puntos en común en niveles cada vez más profundos desempeña un papel crucial en la totalidad inclusiva de la mente despierta.

Moldeada por presiones evolutivas, nuestra mente está dotada de una capacidad innata para la construcción de totalidades: una tendencia inherente a buscar, desvelar, crear y representar activamente conexiones en niveles de complejidad crecientes. Este precioso don aporta la clave para entender el mindfulness y el despertar interior. También es el fundamento dinámico de un camino hacia la felicidad que evita los escollos de la búsqueda conceptual esbozada en el capítulo 1. A diferencia de ese tipo de búsqueda –en la que la felicidad se basa en los *resultados* inciertos de nuestros esfuerzos futuros–, en este camino alternativo los sentimientos positivos emergen como efectos directos e inmediatos de los *procesos* de la mente, aquí y ahora.

CUADRO 4.2. Las holarquías revelan similitudes ocultas

Imaginemos de nuevo que somos diseñadores de interiores y queremos averiguar qué tipo de diseños de suelos son más populares entre nuestros clientes y cuáles no lo son tanto. El diseño que hemos visto en el cuadro 4.1 ha resultado ser bastante popular, pero ignoramos el motivo. Entonces, situamos la representación de 64 letras junto a otro diseño que ha resultado ser popular para ver si podemos averiguar lo que tienen en común:

(continúa)

ABMNRSHI	RSHIABMN
CDOPTUJK	TUJKCDOP
MNABHIRS	HIRSMNAB
OPCDJKTU	JKTUOPCD
RSHIABMN	ABMNRSHI
TUJKCDOP	CDOPTUJK
HIRSMNAB	MNABHIRS
JKTUOPCD	OPCDJKTU
Diseño 1	Diseño 2

A primera vista, en un nivel superficial, es difícil encontrar alguna similitud entre ambos diseños, aparte de que contienen las mismas letras. Pero si se utilizan las «reglas» de construcción de totalidades empleadas en el cuadro 4.1, comienzan a aparecer similitudes. Este es el resultado del primer nivel de construcción de totalidades:

a m r h	r h a m
m a h r	h r m a
r h a m	a m r h
h r m a	m a h r
Diseño 1	Diseño 2

Y similitudes «más profundas» se tornan aún más evidentes en el segundo nivel de construcción de totalidades:

W X	X W
X W	W X
Diseño 1	Diseño2

(continúa)

> Ahora es fácil percibir que ambos diseños comparten la misma estructura «profunda» de simetría diagonal, aunque, en cuanto a elementos básicos, no haya ni una sola letra en común entre los cuadrantes correspondientes de los dos diseños. Al examinar otros diseños populares, vemos que, en mayor o menor medida, también comparten esta característica de simetría diagonal, mientras que en los diseños menos populares no ocurre lo mismo. Las holarquías de información nos llevan a descubrir qué tienen en común los diseños populares y qué los diferencia de los que no lo son.
>
> En el caso de los animales, esta capacidad para encontrar similitudes subyacentes entre patrones de información superficialmente distintos es muy beneficiosa, ya que les permite valorar con mayor eficacia el significado de las situaciones y responder de manera adecuada a ellas.

La felicidad de hacer las cosas bien

Todos los seres sintientes se desarrollan a través de la selección natural, de tal manera que las sensaciones placenteras les sirven de guía.

CHARLES DARWIN (en Hanson, 2009, pág. 121)

En el curso de la evolución, la construcción de totalidades se ha incorporado a nuestra mente de diferentes maneras. Pero, de forma crucial, solo en una de esas formas las sensaciones placenteras sirven de guía a nuestra mente, creando un camino alternativo hacia la felicidad.

En la medida de lo posible, la construcción de totalidades está programada a nivel genético en el cerebro y la mente. Por ejemplo, este tipo de construcción de totalidades es la base de los niveles relativamente básicos de percepción que permiten

138 Fundamentos

a los bebés reconocer la diferencia entre los patrones visuales que se parecen a las caras y los que no. La preprogramación es también la estrategia elegida en las situaciones potencialmente peligrosas para la vida, situaciones que requieren un enfoque «rápido e informal», es decir, una estrategia que actúe primero sobre la base de un análisis relativamente crudo y biológicamente predefinido de cualquier signo de amenaza potencial, y que después solo plantee preguntas más detalladas sobre los patrones de información.

Otra forma de construcción de totalidades, dependiente del aprendizaje, se basa en que la mente registra de manera automática las regularidades recurrentes en la experiencia vital de un individuo: qué va con qué y qué sigue a qué (como en el condicionamiento). Este tipo de construcción *automática* de totalidades proporciona una forma de desarrollar y almacenar una reserva inestimable de modelos mentales, los cuales nos permiten anticipar lo que ocurrirá en numerosas situaciones. Gracias a estos modelos, la mente también aprende a reaccionar ante las situaciones con los afectos básicos más apropiados para afrontarlas.

El aprendizaje plasmado en estos modelos mentales almacenados es enormemente poderoso. Constituye la base para la *completación de patrones* automática: cuando se le presentan solo unos pocos fragmentos de información clave, la mente rellena automáticamente el resto de las piezas que faltan y recrea todo el modelo mental a partir de la memoria (en breve proporcionaremos algunos ejemplos de ello). Mediante esta forma automática de construcción de totalidades, la mente se beneficia de todas las regularidades almacenadas y reflejadas en el modelo. De ese modo, podemos responder a las situaciones con el afecto central más apropiado, llevando a cabo inferencias que serían imposibles a partir de los fragmentos de información por sí solos.

Las formas automáticas e inamovibles de construcción de totalidades satisfacen la mayoría de las necesidades de los animales no humanos, los cuales pueden tener solo un repertorio limitado de posibles respuestas a cualquier situación, teniendo a menudo poca necesidad de detalles más finos en los modelos mentales que controlan las respuestas. No es necesario que sus mentes ajusten y reajusten constantemente estos modelos para adaptarse a los detalles de las situaciones complejas y dinámicamente cambiantes.

Sin embargo, la situación es diferente para la mente humana. Aunque la mayor parte del tiempo confiamos en la creación automática de totalidades basadas en modelos mentales almacenados en la memoria, también tenemos una capacidad de enfoque más flexible. Nuestra mente genera nuevos modelos mentales mediante el trabajo mental interno. Esta capacidad significa que podemos responder de forma creativa a situaciones que son diferentes a las que hemos encontrado previamente. También podemos llevar a cabo valoraciones precisas en situaciones complejas y cambiantes: las interacciones de varios niveles que unen a los miembros de los grupos sociales, o la producción de herramientas u otros artefactos mediante habilidades artesanales. Esta capacidad humana de creación *flexible* y *creativa* es la base del mindfulness y del despertar interior, y la puerta de acceso a un tipo distinto de felicidad.

Por definición, la evolución no graba en nuestro cerebro y nuestra mente respuestas flexibles y creativas a las situaciones porque, si pudiera hacerlo, no serían flexibles ni creativas. Pue-

Fundamentos

de, sin embargo, hacer que clases enteras de resultados biológicamente útiles, o los procesos implicados en su consecución, parezcan adecuados de alguna manera, permitiendo luego que el animal descubra o cree las acciones que en su momento y lugar particulares funcionen de manera más eficaz para proporcionarle buenas sensaciones. Por ejemplo, conseguir comida cuando se tiene hambre o encontrar calor cuando se tiene frío está vinculado a sentimientos positivos; y esos sentimientos pueden motivar, guiar y recompensar comportamientos que conduzcan a esos resultados deseables en el contexto particular en el que se encuentra el animal.

Estos ejemplos se centran en la relación entre los sentimientos positivos y el comportamiento *manifiesto*, es decir, en las acciones en el mundo exterior. Pero la teoría pionera de Barbara Fredrickson (2001, 2009) de «extender-y-construir» nos indica que podemos aplicar de modo útil las ideas de la ventaja evolutiva a la relación que existe entre los sentimientos positivos y las acciones internas *encubiertas*. Esta teoría sugiere que ciertos afectos positivos –como la alegría y el amor– están vinculados a prestar atención en modos que apoyan actividades que nos proporcionan beneficios biológicos a largo plazo. De la misma manera, la evolución utiliza los sentimientos positivos para motivar y orientar la construcción flexible y creativa de totalidades en situaciones nuevas, complejas o que cambian rápidamente. En este sentido, la evolución «alienta» y guía la acción biológicamente útil en la dirección correcta, aunque no introduzca planes de acción específicos para lograrlo. En estas situaciones, los *sentimientos positivos son el vehículo a través del cual el potencial inherente de la mente para la totalidad se manifiesta y completa.*

La esencia de esta idea clave es que, a medida que la construcción flexible de totalidades da lugar a holarquías mentales unificadas y modelos mentales coherentes y novedosos, experimentamos el proceso como algo *intrínsecamente* positivo, es decir, positivo por sí mismo y no solo porque conduzca a algún resultado deseado.

Un sencillo ejercicio ilustrará estas ideas fundamentales.

La creación de totalidades automática frente a la flexible

Invito al lector a leer la siguiente frase:

John iba de camino a la escuela.

Estas pocas palabras son suficientes para que la completación del patrón invoque automáticamente en nuestra memoria la totalidad de un modelo mental preexistente: el modelo de un «niño que se dirige a la escuela». Este modelo nos permite encontrar sentido a la frase, deduciendo que John es un niño (aunque la frase no lo mencione). Nuestro modelo probablemente también nos permita efectuar otras inferencias automáticas –es por la mañana, John lleva algún tipo de bolsa, etcétera– y puede cristalizar todas estas inferencias en una imagen visual de un niño que va camino del colegio.

Pero, por favor, sigamos leyendo:

Estaba preocupado por la lección de matemáticas.

142 Fundamentos

Estos fragmentos de información adicionales perfeccionan el modelo derivado de manera automática de la memoria, y que podríamos denominar modelo mental del «niño preocupado por las tareas escolares». Este modelo nos permite interpretar lo que estamos leyendo con más detalle, anticipar lo que ocurrirá a continuación e inferir muchas de las características más específicas de este escenario: John puede sentir mariposas en el estómago, puede ser reacio a ir a la escuela, etcétera. Todo esto sucede sin esfuerzo y de forma automática, y lo más probable es que no experimentemos demasiados sentimientos positivos mientras nuestra mente da sentido a la situación de esta manera.

Ahora sigamos leyendo:

> John iba de camino a la escuela.
> Estaba preocupado por la lección de matemáticas.
> No estaba seguro de poder controlar hoy a la clase.

Al llegar a la tercera frase, de repente nuestra mente ya no puede conseguir un buen ajuste entre las tres frases y el modelo del «niño preocupado por las tareas escolares». Se ha perdido la coherencia y la totalidad, y ahora hay incompletud y fragmentación. Por un momento, podemos sentir un breve malestar y la necesidad de leerlo dos veces, aunque lo más probable es que tengamos un modelo mental almacenado en la memoria de «profesor luchando por controlar a sus alumnos». Con un rápido cambio de papeles –John pasa de ser un niño preocupado por su rendimiento a un profesor preocupado por la disciplina–, la construcción de una totalidad encaja ahora las partes para crear un tipo diferente de conjunto y se restablece la coherencia.

La construcción de totalidades **143**

Pero sigamos leyendo:

> John iba de camino a la escuela.
> Estaba preocupado por la lección de matemáticas.
> No estaba seguro de poder controlar hoy a la clase.
> No era parte del deber de un conserje.

De un plumazo, con esa cuarta frase inesperada, el modelo de «profesor que lucha por controlar a los alumnos» ya no consigue mantener unidos todos los elementos de las cuatro frases. Una vez más, se pierde la coherencia y la totalidad. Es posible que experimentemos sorpresa y un ligero malestar…, pero no por mucho tiempo, porque la construcción de totalidades en nuestra mente ahora se dedica a un tipo de ejercicio nuevo y crucialmente diferente.

Al no poder encontrar un modelo en la memoria que integre la información de las cuatro frases en un todo coherente, la mente se pone a trabajar para combinar aspectos de dos modelos existentes – «otro miembro del personal que sustituye a un profesor ausente» y «profesor con dificultades para controlar a sus alumnos»– y crear un nuevo modelo adaptado a esta situación concreta, es decir, «un no-profesor que asume el papel de profesor y se esfuerza por hacer frente a los alumnos». Con toda probabilidad es la primera vez en nuestra vida que nuestra mente ha creado este modelo particular. Con este nuevo modelo, todas las piezas parecen encajar para crear una totalidad coherente. Esto puede ir acompañado de sentimientos agradables relacionados con una sensación de «ajá, así que esto es lo que ocurre», o incluso podemos reírnos para nuestros adentros en este momento.

144 Fundamentos

Este sencillo ejercicio pone de manifiesto el importante contraste que existe entre dos tipos diferentes de construcción de totalidades. Por un lado, tenemos la construcción automática, basada en modelos almacenados y listos para ser usados. Por el otro, tenemos la construcción creativa y flexible que implica un trabajo mental interno. Las diferencias entre estas dos formas de construcción de totalidades serán fundamentales en nuestro análisis posterior.

El ejercicio también sugiere una relación específica entre la construcción flexible y creativa de totalidades, la cual conlleva un trabajo mental actual, y experimentar sentimientos positivos. La construcción automática, suave y sin fisuras, de una totalidad durante las primeras fases del ejercicio suele tener escaso efecto sobre los sentimientos. Por el contrario, el trabajo mental que resuelve la incoherencia en la fase final del ejercicio a menudo conduce a una leve sensación de diversión. El disfrute de algunos tipos de chistes refleja un proceso similar (cuadro 4.3), al igual que la exultante sensación de «¡eureka!» que experimentamos cuando finalmente damos con una solución elegante a un problema.

Una investigación llevada a cabo por la psicóloga de Harvard Ellen Langer, pionera en el estudio del mindfulness (Langer, Russel y Eisenkraft, 2009), ofrece más apoyo a la idea de que específicamente la construcción flexible de totalidades está vinculada a los sentimientos positivos. En este estudio, se pidió a los miembros de una orquesta sinfónica profesional que interpretasen el movimiento final de una sinfonía de Brahms de dos maneras. En la primera de ellas, se les dijo que «replicaran su mejor actuación» (es decir, que se guiaran por el modelo mental de dicha actuación almacenado en la memoria). En el segundo caso, se les pidió que «la interpretasen de otra manera muy sutil que solo conocía cada uno» (una condición que requería la creación de modelos mentales novedosos a cada momento). Los músicos manifestaron un grado de disfrute significativamente mayor cuando su interpretación los obligaba a crear nuevos modelos mentales, en lugar de basarse completamente en los viejos modelos ya almacenados en la memoria. Por su parte, el público que escuchó las grabaciones de las actuaciones también disfrutó más de la música improvisada que de la música interpretada «de memoria», aunque ese recuerdo fuera el de la mejor actuación anterior de los músicos.

CUADRO 4.3. Un chiste

Un bocadillo entra en un bar y pide al camarero una cerveza.

El camarero le responde: «Lo siento, aquí no servimos comida».

Para entender el sentido del chiste, tenemos que hacer un trabajo mental interno. En primer lugar, nuestra mente trata de dar sentido al escenario a través de nuestro modelo mental habitual, almacenado en la memoria, para este tipo de situaciones. En este modelo, se supone que la petición del cliente y la respuesta del camarero se refieren al mismo objeto, pero en este caso el modelo no encaja. La construcción de una totalidad flexible se pone entonces a trabajar, recurriendo a un modelo alternativo en el que el objeto de la acción de «servir» es la persona a la que se sirve (el bocadillo), en lugar del objeto que ha pedido (la bebida). Esta óptica alternativa proporciona una forma coherente (aunque extraña) de dar sentido a la escena: hay una política de no servir alcohol a ningún objeto alimenticio que entre en el bar. La incongruencia se resuelve, se restablece la totalidad y, dependiendo de cómo se cuente el chiste, podemos experimentar ciertos sentimientos ligeramente positivos.

146   Fundamentos

La investigación de Langer, en el ejercicio de «John iba de camino a la escuela», los chistes y la experiencia de los momentos «¡eureka!» ilustran la idea de que existe un vínculo entre la construcción de totalidades creativa y exitosa y la experiencia de los sentimientos positivos. La cualidad exacta de esos sentimientos –ya sea de plenitud, conexión, paz o «flujo» (véase el capítulo 11)– reflejará el tipo particular del modelo mental creado mediante la construcción de totalidades.

Una vez aceptado el vínculo entre la construcción flexible de totalidades y los sentimientos positivos, la pregunta crucial pasa a ser entonces: ¿puede este vínculo crear la posibilidad de largos periodos de felicidad y paz en nuestra vida cotidiana?

La respuesta a esa pregunta reside en la forma en que creamos, a cada momento, nuestros mundos de experiencia.

Mundos de experiencia

La mayoría de la gente cree que la mente es un espejo que refleja con mayor o menor precisión el mundo exterior, sin darse cuenta, por el contrario, de que la mente misma es el elemento principal de la creación.

Rabindranath Tagore (en Homer-Dixon, 2020, pág. 298)

Los mundos que experimentamos no son solo reflejos fidedignos y exactos de lo que «realmente» se encuentra «ahí» y «aquí», es decir, tanto alrededor de nosotros como en nuestro interior. Por el contrario, el mundo que experimentamos emerge a partir de la interacción dinámica entre lo que aporta nuestra mente y lo que nos ofrece el «mundo». Si imaginamos que un geólogo, un promotor inmobiliario, un agricultor y un artista visitan la misma ladera, cada uno de ellos prestará atención a aspectos muy distintos de la misma realidad «objetiva»: uno buscará indicios de los tipos de formaciones rocosas, otro se centrará en los aspectos relacionados con la construcción de casas o cabañas vacacionales, otro se fijará en el suelo, las pendientes y el drenaje con el fin de evaluar su idoneidad para el cultivo o el pastoreo, y otro sintonizará con la armonía de los patrones de color y las texturas de la escena. Diferentes individuos, centrados en aspectos diversos de la «misma» situación, crearán distintos mundos de experiencia.

Esos mundos diferentes se retroalimentan, a su vez, para influir en aquello a lo que prestamos atención. En un experimento psicológico clásico (Pichert y Anderson, 1977), los participantes leían un pasaje que describía una casa y su contenido. A algunos se les pidió que lo leyeran desde la perspectiva de alguien interesado en comprar la casa, entrando de ese modo en el mundo mental de un potencial comprador. A otros se les dijo que lo leyeran desde la perspectiva de un ladrón que planea un robo, es decir, que entraran en el mundo mental de un ladrón. Los diferentes mundos mentales de los participantes determinaron la información a la que prestaron atención: los compradores potenciales recordaban más la extensión y la calidad del alojamiento, mientras que los ladrones recordaban sobre todo la ubicación de los objetos de valor y las medidas de seguridad.

La manera en que prestamos atención da forma a lo que vemos y al mundo de experiencias que creamos. Y, del mismo modo, ese mundo da forma a la manera en que prestamos atención. Iain McGilchrist (2009) describe esta relación bidireccional de la siguiente manera: «No descubrimos una realidad objetiva ni tampoco inventamos una realidad subjetiva, sino que [...] hay un proceso de evocación sensible, el mundo "evoca" algo en mí, que a su vez "evoca" algo en el mundo. Si no hay una montaña "real", por ejemplo, separada de la creada por las expectativas, las aspiraciones, la admiración o la codicia de los que se acercan a ella, es igualmente cierto que su verdor, su grisura o su pedregosidad no se encuentran en la montaña ni en nuestra mente, sino que proceden de la interrelación, convocados por cada uno e igualmente dependientes de ambos, de igual modo que la música no surge del piano ni de las manos del pianista, la escultura no procede ni de la mano ni de la piedra, sino de su unión» (págs. 133-134). Este proceso interactivo e iterativo se desarrolla dinámicamente a lo largo del tiempo; McGilchrist propone que pensemos en dicho proceso como si se tratase del patrón inteligentemente ilustrado que aparece en *Manos dibujando* de Escher (figura 4.3), es decir, «la mano que dibuja la mano que dibuja la mano».

Desde el punto de vista de la mente, una mano es la lente, formada por el modelo mental holístico-intuitivo actual, a través de la cual se explora activamente el mundo; la otra mano, en cambio, es la información que nos arriba a través de esa lente. El mundo que experimentamos aparece a partir de ciclos de interacción entre los modelos mentales holístico-intuitivos, aportados por la mente, y los patrones de información que encuentra.

En situaciones familiares o que cambian muy lentamente, la construcción automática de totalidades puede hacer un trabajo suficientemente bueno para conseguir un ajuste entre,

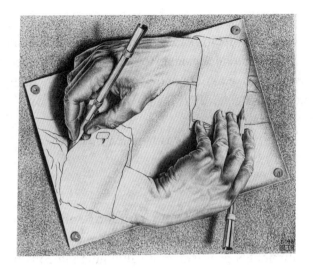

FIGURA 4.3. *Manos dibujando*, de M.C. Escher.

por un lado, los modelos mentales que proporcionan la lente a través de la cual vemos e interpretamos el mundo y, por el otro, la información que realmente nos arriba desde el mundo. La completación de patrones extrae de la memoria el modelo mental almacenado que mejor se ajuste a la situación actual, y posteriormente extraerá otro modelo distinto cuando el estado del mundo cambie lo suficiente como para requerirlo.

Sin embargo, en situaciones novedosas, complejas o que cambian rápidamente, el reto de ajustar los modelos mentales a la información que nos arriba es mucho mayor. En este caso, la construcción de totalidades tiene que ser más flexible y creativa para conseguir el «engranaje» entre las «manos» mostradas en la figura 4.3: un ajuste dinámico continuo de los modelos mentales en respuesta a los patrones de información que cambian

150 Fundamentos

de continuo. El reto de la construcción de totalidades consiste en mantener una «reciprocidad dinámica y un emparejamiento como el que se produce cuando los engranajes, ambos en rápido movimiento, se ajustan entre sí» (McGilchrist, 2009, pág. 152, citando a Steiner, 1978). Solo que, en este caso, el reto es incluso mayor.

Los sentimientos positivos también intervienen en la historia.

Coherencia, resonancia y buenas sensaciones

Los sentimientos positivos motivan y guían la construcción flexible y creativa de totalidades en situaciones nuevas, complejas o que cambian rápidamente. Esta construcción de totalidades genera modelos mentales constantemente actualizados y afinados, así como una continuidad sin fisuras en el mundo que experimentamos.

Los procesos basados en la resonancia desempeñan en este caso un papel crucial. La teoría de la resonancia adaptativa (ART, por sus siglas en inglés; Grossberg, 2013)* describe de qué modo la resonancia orienta a la mente para conseguir el «ajuste» entre los modelos mentales y la información que nos arriba: «Cuando hay suficiente coincidencia entre los patrones ascendentes y descendentes de las señales [...] las señales de

---

* La ART «es una teoría cognitiva y neurológica acerca de cómo el cerebro aprende de manera autónoma a atender, categorizar, reconocer y predecir objetos y sucesos en un mundo cambiante. En la actualidad, la ART cuenta con el rango explicativo y predictivo más amplio de las teorías cognitivas y neurológicas disponibles» (Grossberg, 2013, pág. 1).

feedback positivo se amplifican, sincronizan y prolongan su activación mutua, dando lugar a un estado de resonancia [...]. La resonancia proporciona así un indicador global sensible y contextualizado de que el sistema está procesando datos dignos de aprendizaje» (Grossberg, 2013, pág. 2). Cuando hay resonancia entre ellos, la mente «sabe» que existe un ajuste entre los patrones dinámicamente cambiantes de la información recibida y los modelos mentales.

Y esa resonancia –según señalo– crea sentimientos positivos que son el vehículo mediante el cual el potencial inherente de la mente para la totalidad orienta y motiva los efectos armonizadores de la construcción creativa de totalidades. En capítulos posteriores exploraremos con detalle las implicaciones de esta idea clave. Por el momento, será útil revisar con más detenimiento de qué manera la resonancia crea armonía en la mente.

Resonancia simpática

Imaginemos dos diapasones de la misma frecuencia, montados cada uno de ellos en una caja de resonancia (figura 4.4).

Si se golpea uno de los diapasones y luego se silencia, el otro diapasón sonará de manera resonante (literalmente, *re-sonará*), aunque no haya sido golpeado directamente. El grado de resonancia refleja la relación existente entre las notas de ambos diapasones: es mayor cuando las notas son iguales, y se debilita poco a poco a medida que las notas están menos relacionadas armónicamente. De este modo, la extensión de la resonancia simpática proporciona un indicador de la similitud

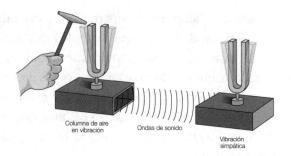

FIGURA 4.4. Resonancia simpática entre dos diapasones.

–o relación– de las diferentes notas. Por ejemplo, si cogemos un violín y colocamos pequeños trozos de papel doblado sobre cada una de sus cuerdas, y luego hacemos sonar un diapasón que coincida con el tono natural de una de las cuerdas, esa cuerda, y solo esa cuerda, vibrará lo suficiente como para despedir su trozo de papel.

La resonancia simpática también funciona en la otra dirección. Si se amplifica adecuadamente, el sonido del segundo diapasón de la figura 4.4 reactivará el primer diapasón, de nuevo en una medida que refleja la relación de las dos notas. Si ambas notas están estrechamente relacionadas, un intercambio de vibraciones de ida y vuelta entre ellas puede establecer un estado de resonancia más duradero. Esta es la idea clave que subyace a la forma de detectar las similitudes sugerida por la ART antes mencionada: «Cuando hay suficiente coincidencia entre los patrones ascendentes y descendentes de las señales […] las señales de *feedback* positivo se amplifican, sincronizan y *prolongan* su activación mutua, dando lugar a un estado de resonancia» [énfasis añadido].

Si hay resonancia entre ellos, la mente «sabe» cuando hay un engranaje entre los modelos mentales holístico-intuitivos que crea y los patrones de información que le llegan desde el mundo. Dicha resonancia «indica» a la mente que los modelos mentales y la información que le arriba están «en armonía», ya que cambian juntos a cada momento. Y, según sugiero, esa armonía es intrínsecamente positiva.

La resonancia también proporciona un *mecanismo* fundamental a través del cual la construcción creativa de totalidades integra distintos patrones de información en conjuntos coherentes de orden superior. Un caso real de la historia de la ciencia ilustra de qué manera la resonancia simpática apoya el tipo de autoorganización que esto implica (véase el cuadro 4.4).

El milagroso descubrimiento de Huygens es una hermosa ilustración del poder de la resonancia simpática para unir partes separadas –dos péndulos que oscilan independientemente, las tablas del suelo y las cajas de los péndulos que transmiten las vibraciones entre ellos– en una totalidad coherente. Esta unión dependía de patrones de influencia mutua entre las partes. Cada péndulo aproximaba al otro a su propia frecuencia y, al mismo tiempo, se acercaba a la frecuencia de este. Por último, los dos péndulos alcanzaban una frecuencia común. La frecuencia común final del conjunto era *distinta* de los valores iniciales de cualquiera de los péndulos que eran sus partes. Y no solo las propiedades del conjunto resultante eran, fundamentalmente, *diferentes* a la suma de sus partes, sino que el *feedback* entre los péndulos los mantenía estabilizados en la frecuencia común, de manera que el sistema completo era capaz de ofrecer la hora con mucha más precisión que cualquiera de los dos relojes trabajando aisladamente.

154 Fundamentos

El sistema completo en el que los patrones de activación neurológica se influyen mutuamente para crear conjuntos coherentes de orden superior es mucho más complejo que el sistema que Huygens observó desde el lecho de su enfermedad. Sin embargo, con un poco de imaginación, percibiremos cómo el mismo proceso básico de resonancia simpática proporciona el mecanismo a través del cual la construcción flexible de totalidades holístico-intuitivas es capaz de crear modelos mentales, manteniendo luego esos modelos continuamente afinados y ajustados a los patrones en continuo cambio de la información que arriba tanto del mundo interior como del mundo exterior. Este proceso aporta la base del sentido de compromiso con la experiencia que caracteriza a buena parte del conocimiento holístico-intuitivo.

CUADRO 4.4. El «milagroso» descubrimiento
de Christiaan Huygens

El eminente físico holandés Christiaan Huygens inventó el reloj de péndulo. En el año 1665, recluido en su habitación por una breve enfermedad, realizó una sorprendente observación en dos relojes recién fabricados, describiéndola del siguiente modo en una carta dirigida a su padre:

> He observado un efecto admirable en el que nadie ha reparado. Se trata de que dos relojes, colgados uno al lado del otro y a una distancia de entre 30 y 60 centímetros, mantienen una concordancia tan exacta que sus péndulos se mueven siempre juntos sin la menor variación. Después de admirar esto durante un tiempo, finalmente me he percatado de que ocurre por una especie de simpatía: combinando diferentes oscilaciones de los péndulos, he constatado que en el plazo de media hora siempre vuelven a estar en consonancia y permanecen así de manera constante durante todo el tiempo que los dejo. Luego

(continúa)

> los he separado, colgando uno en el extremo de la habitación y el otro a cuatro metros de distancia, observando que en un día hay cinco segundos de diferencia entre ellos (en Strogatz, 2004, pág. 106).
>
> De entrada, Huygens pensó que este efecto de simpatía (que calificó de «milagroso» en otra carta) era el resultado de que cada reloj influía en el otro a través de las vibraciones del aire. Posteriormente, gracias a unos experimentos elegantemente sencillos, demostró que el efecto de arrastre era, en realidad, el resultado de las vibraciones transmitidas entre los péndulos a través del suelo: cada péndulo influía en el otro hasta que convergían exactamente en la misma frecuencia de oscilación. A continuación, se mantenían de manera estable en dicha frecuencia durante días.
>
> (Podemos ver una demostración en vivo del poder de la resonancia simpática para sincronizar un grupo mayor de péndulos visionando el vídeo de YouTube *Sympathetic Resonances Demonstration*).

Resonancia, compromiso y construcción de totalidades

La relación entre conocedor y conocido es muy diferente en el conocimiento holístico-intuitivo que en el conocimiento conceptual. En la mente (pensante) dominada por los conceptos, tomamos la información suficiente para encajar los conceptos en la experiencia. Entonces, nos retiramos a un mundo mental interior donde trabajamos con dichos conceptos. Nos desconectamos de nuestra experiencia del momento actual y permanecemos separados de los «objetos» que vemos. En cambio, en el conocimiento holístico-intuitivo, nos comprometemos con la experiencia en una relación continua de influencia mutua. Al estar «presentes» en nuestra experiencia, los modelos mentales holísticos se mantienen bien afinados y ajustados a su naturaleza en constante cambio.

La cualidad del conocimiento en la construcción de una totalidad flexible holístico-intuitiva refleja el proceso subyacente de resonancia en el que se basa: podríamos denominarlo «conocimiento por resonancia-con». La relación que sugieren las *Manos que dibujan* de Escher es una relación en la que conocedor y conocido están estrechamente unidos, compartiendo una relación íntima permanente en la que cada parte se ve continuamente alterada por la otra y por la relación que mantienen entre sí. En el conocimiento derivado de la construcción creativa de totalidades, la resonancia simpática mantiene unidos a conocedor y conocido en un proceso de influencia mutua e interacción fluida. La creación de nuevos modelos mentales hace que, a cada momento, «interior» y «exterior» estén en sincronía y armonía, razón por la cual tenemos la sensación de estar involucrados, comprometidos y plenamente presentes con el curso de nuestra experiencia.

Para experimentar el significado holístico-intuitivo de un poema tenemos que «acercarnos» plenamente a él. Lo ideal es leerlo en voz alta, comprometiéndonos activamente con la experiencia total de los sonidos de las palabras, las imágenes o asociaciones que evoca, e incluso sintiendo el modo en que afecta a nuestro cuerpo. Si leemos un poema como si fuera prosa, es decir, si lo ojeamos de manera superficial para captar su significado objetivo, se nos escapará su significado holístico-intuitivo. Podríamos llegar a preguntarnos por qué alguien querría molestarse en la poesía. Del mismo modo, si nos limitamos a echar un vistazo a un cuadro de un viejo maestro, observando superficialmente los objetos que contiene y la historia que representa, no experimentaremos al completo el potencial de su significado holístico-intuitivo, el cual solo puede revelarse mediante la exploración activa y nuestra íntima participación en él.

A su debido tiempo, veremos que las cualidades de compromiso, presencia y relación son características fundamentales del conocimiento del mindfulness y el despertar interior, reflejando un patrón subyacente de procesamiento que desempeña un papel primordial en estas dos áreas de la experiencia humana.

El capítulo 5 describe ese patrón fundamental, mientras que en los capítulos siguientes exploraremos sus implicaciones para comprender las características esenciales del mindfulness y el despertar interior.

PARTE II
Mindfulness

5. Mindfulness
El proceso central subyacente

Por sorprendente que parezca, no existe un acuerdo general sobre lo que realmente se entiende por mindfulness.

Esta incómoda verdad se refleja en el título que Mark Williams y Jon Kabat-Zinn dieron a un libro de artículos académicos que coeditaron: *Mindfulness: su origen, significado y aplicaciones* (2013). El cuadro 5.1 ilustra algunas de las definiciones que se han ofrecido.

Comentando esta llamativa diversidad, Steve Hayes y Kelly Wilson apuntan que «en ocasiones el mindfulness se considera una técnica, otras veces un método más general o una colección de técnicas, a veces un proceso psicológico que puede producir resultados, y a veces un resultado en sí mismo. Los principios reales que unen todos estos niveles suelen quedar sin especificar» (Hayes y Wilson, 2003).

Esta última frase plantea la tentadora posibilidad de que, a pesar de todo, existen principios comunes subyacentes que permiten conciliar la diversidad de opiniones. Tal vez, la situación actual del mindfulness sea análoga a la de la historia tradicional de los ciegos y el elefante (cuadro 5.2).

¿Es posible que cada una de las diferentes visiones de mindfulness esté describiendo la realidad común desde una perspectiva parcial y limitada, como en el caso de los ciegos y el elefante? ¿Podríamos encontrar un orden unificador si descendemos desde el nivel de la descripción hasta el nivel del proceso subyacente?

Si queremos sopesar seriamente esta posibilidad, tendremos que ir más allá de las descripciones del mindfulness redactadas en lenguaje cotidiano. Porque, por más accesibles y útiles que en la práctica sean estas descripciones, hasta ahora no han sido capaces de precisar la naturaleza fundamental del mindfulness.

CUADRO 5.1. Visiones del mindfulness

Una definición operativa de mindfulness es la siguiente: la consciencia que emerge al prestar atención deliberadamente en el momento presente y sin juzgar el desarrollo de la experiencia.

Jon Kabat-Zinn (2003, pág. 145)

El mindfulness es una capacidad humana natural que se puede entrenar; ayuda a prestar atención y cobrar consciencia de todas las experiencias; está igualmente abierto a todo lo que se presenta en un momento dado; transmite actitudes de curiosidad, amabilidad y compasión; es discernimiento; está al servicio de sufrir menos, disfrutar de un mayor bienestar y llevar una vida significativa y gratificante.

Christina Feldman y Willem Kuyken (2019, pág. 26)

El mindfulness nos recuerda lo que debemos hacer, ve las cosas como realmente son y contempla la verdadera naturaleza de todos los fenómenos.

Henepola Gunaratana (2002, pág. 142)

Defino el mindfulness como la práctica de estar plenamente presente y vivo, con el cuerpo y la mente unificados. El mindfulness es la energía que nos ayuda a saber lo que ocurre en el momento presente.

Thich Nhat Hanh (2008)

Proponemos un modelo de mindfulness formado por dos componentes. El primero de ellos supone la autorregulación de la aten-

(continúa)

> ción para que se mantenga en la experiencia inmediata, permitiendo así un mayor reconocimiento de los sucesos mentales en el momento presente. El segundo componente implica la adopción de una orientación particular hacia las propias experiencias que acaecen a cada momento, una orientación que se caracteriza por la curiosidad, la apertura y la aceptación.
>
> Scott Bishop y otros (2004, pág. 232)

Las descripciones que recurren a los conceptos de la ciencia y la psicología cognitiva ofrecen la posibilidad de una precisión mucho mayor. Además, tienen la enorme ventaja de que nos conectan directamente con el conocimiento acumulado a lo largo de muchos años de teorización e investigación psicológica. Los análisis expresados en estos términos más precisos hacen más probable que, con suficiente ingenio, podamos utilizar estrategias probadas de investigación psicológica para poner a prueba nuestras ideas en el crisol de la investigación empírica porque esta es, en última instancia, la manera más eficaz de extender y mejorar la comprensión que la humanidad ha desarrollado hasta ahora.

CUADRO 5.2. La parábola de los ciegos y el elefante

Un grupo de ciegos se enteró de que habían traído a la ciudad un animal extraño, llamado elefante, pero ninguno de ellos sabía cuál era su forma. Movidos por la curiosidad, dijeron: «Debemos inspeccionarlo y conocerlo mediante el tacto, porque de eso sí que somos capaces». Así pues, lo buscaron y, cuando lo encontraron, lo tantearon. El primero de ellos, cuya mano se posó en el tronco,

(continúa)

164 Mindfulness

> dijo: «Este ser es como una gruesa serpiente». A otro, cuya mano tocó su oreja, le pareció una especie de abanico. Otra persona, cuya mano se posó sobre su pata, concluyó que el elefante era un pilar, como el tronco de un árbol. El ciego que puso su mano sobre el costado dijo: «El elefante es una pared». Otro, que palpó su cola, lo describió como una cuerda. El último palpó su colmillo, afirmando que el elefante era duro, liso y tenía forma de lanza.

Los SCI proporcionan un marco teórico en el que las ideas pueden expresarse en el contexto del lenguaje de la ciencia cognitiva. Para empezar, resumiré la visión del mindfulness que emerge a partir de las exploraciones que ya hemos efectuado. A continuación, presentaré dos conceptos clave de la psicología cognitiva y los utilizaré para expresar e ilustrar estas ideas con mayor precisión. En los siguientes capítulos, veremos de qué modo estas ideas mejoran y enriquecen nuestra comprensión de las múltiples facetas y dimensiones del fenómeno que denominamos mindfulness.

La propuesta principal

El cuadro 5.3 presenta una versión preliminar y esquemática del proceso central en la mente, que emerge de manera natural a partir de las exploraciones que hemos efectuado hasta ahora.

Ilustraré esta idea con un incidente descrito por Thich Nhat Hanh en su ya clásico *El milagro del mindfulness* (Nhat Hanh, 1987, pág. 5):

Recuerdo que hace varios años, cuando Jim y yo empezamos a viajar juntos a Estados Unidos, nos sentamos al pie de un árbol y compartimos una mandarina. Él se puso a hablar de lo que haría en el futuro. Siempre que pensábamos en un proyecto que parecía atractivo o inspirador, Jim se sumergía tanto en dicho proyecto que se olvidaba de lo que estaba haciendo en el presente. Se metió un gajo en la boca y, antes de empezar a masticarlo, ya se había metido otro. Apenas era consciente de estar comiendo la mandarina. Lo único que sentí que tenía que decirle era lo siguiente: «Tendrías que comerte el gajo que te has metido en la boca». Jim se quedó desconcertado al darse cuenta de lo que estaba haciendo.

Era como si no hubiera estado comiendo la mandarina. Si había algo que estaba «comiendo» eran sin duda sus planes para el futuro.

Una mandarina está formada por gajos. Si te comes uno, probablemente podrás comerte toda la mandarina. Pero si no puedes comer un solo gajo, no podrás consumirla. Jim lo comprendió. Bajó la mano y se concentró en la presencia del gajo que ya tenía en la boca. Lo masticó siendo totalmente consciente de él antes de alargar la mano para tomar otro.

CUADRO 5.3. Mindfulness: el proceso central

El proceso central del mindfulness consiste en la creación flexible de nuevos modelos mentales de experiencia, hechos a medida, momento a momento. Este proceso está controlado por el conocimiento holístico-intuitivo y vinculado con la experiencia de la atención consciente.

Las distintas visiones del mindfulness reflejan diferentes aspectos del mismo proceso central subyacente, así como las diferencias que existen en el tipo de modelos mentales creados.

166 Mindfulness

Mientras Jim contempla ideas relativas a proyectos *futuros*, los bucles mentales internos controlados por el conocimiento conceptual (capítulo 2) le arrastran a un viaje mental en el tiempo: piensa en lo que podría conseguir con sus proyectos y en cómo llevarlos a cabo. En este proceso de pensamiento, la construcción automática de totalidades está basada en modelos mentales holístico-intuitivos –modelos que ya existen almacenados en la memoria– que incorporan estrategias generales para la resolución de problemas, destiladas a partir de numerosas experiencias previas. Este procesamiento conceptual, centrado en objetivos, implica un estrechamiento exclusivo del foco atencional (como en el experimento del gorila que hemos comentado en el capítulo 2). Toda la información relacionada con otros aspectos de la situación, como el sabor, la visión y el aroma de la mandarina, queda fuera de la consciencia. Jim estaba tan sumergido en sus propios pensamientos «que se olvidaba de lo que estaba haciendo en el presente».

Con los recursos ejecutivos de la mente (de los que hablaremos en breve) totalmente centrados en la planificación futura basada en conceptos, son los procesos automáticos los que se encargan de comer la mandarina. Ni el conocimiento conceptual ni el holístico-intuitivo intervienen en el procesamiento de este aspecto de la experiencia: Jim come en modo de «piloto automático».

Y entonces Thich Nhat Hanh llama la atención de Jim sobre lo que ocurre, haciéndole cobrar consciencia de su experiencia *presente*. En ese momento, el control cambia desde el conocimiento conceptual hasta el conocimiento holístico-intuitivo. Este tipo de conocimiento se centra en la información derivada directamente de la experiencia *sensorial inmediata* (capítulo 3)

–es decir, la visión, el sabor, el aroma de la mandarina y las sensaciones físicas cuando Jim introduce un gajo en su boca y lo mastica– más que en ideas relacionadas con proyectos *futuros*. La consciencia clara y vívida de Jim de su experiencia en continuo cambio refleja la creación flexible de nuevos modelos mentales que son sutilmente diferentes entre un instante y el siguiente. Este proceso dinámico de construcción de totalidades, a cada momento, une los hilos de la experiencia de Jim para crear un todo coherente y una experiencia rica: Jim es consciente a cada momento que pasa.

Antes he sugerido que dos conceptos clave de la ciencia cognitiva nos ayudarán a completar los detalles de la propuesta de esquema del cuadro 5.3. Ha llegado el momento de presentar el primero de esos conceptos. En el capítulo 4, hemos señalado que la construcción flexible de totalidades requiere un *trabajo mental interno*. Ahora utilizaremos un concepto psicológico más preciso para describir ese trabajo: *procesamiento controlado*.

Procesamiento controlado

En la psicología cognitiva, el procesamiento *controlado* se explica a menudo por oposición al procesamiento *automático*: «El procesamiento automático es la activación de una secuencia aprendida de elementos en la memoria a largo plazo, que se inicia mediante *inputs* apropiados y luego procede automáticamente, más allá del control del sujeto, sin estresar las limitaciones de capacidad del sistema y sin requerir necesariamente de nuestra atención. El procesamiento controlado, por su parte, es una activación temporal de una secuencia de elementos que puede establecerse rápida y fácilmente, pero que requiere atención, es de capacidad limitada (normalmente de naturaleza serial) y está controlado por el sujeto» (Schneider y Shiffrin, 1977, pág. 1).

El procesamiento controlado se asocia sobre todo a situaciones nuevas o complejas que requieren una atención consciente. El procesamiento automático, en cambio, se asocia a situaciones familiares que pueden gestionarse de manera adecuada mediante rutinas mentales bien ensayadas, a menudo con escasa participación de la atención consciente.

El motor central de la cognición

En el marco de los SCI, el procesamiento controlado es una propiedad emergente de las interacciones bidireccionales que tienen lugar entre el conocimiento conceptual y el conocimiento holístico-intuitivo.

Aunque estas dos modalidades de conocer y crear significado son radicalmente distintas y generan mundos de experiencia diferenciados, también están íntimamente interrelacionadas, de modo que permiten que cada una de ellas afecte a la otra. Los patrones de significado conceptual contribuyen de manera crucial a la creación de modelos mentales holístico-intuitivos (figura 3.3, pág. 110). En la historia del metro, por ejemplo, solo un nuevo dato conceptual («su madre murió hace una hora») transformó completamente el modelo mental de Covey. De igual modo, los modelos holístico-intuitivos pueden generar significados conceptuales. Los modelos mentales son ricos en conocimiento implícito, el cual nos permite hacer inferencias, extraer implicaciones y, por encima de todo, anticipar las consecuencias de diferentes cursos de acción y lo que es más probable que ocurra en el futuro.

En el episodio del metro, el conocimiento implícito de los modelos mentales creados al escuchar la noticia de la muerte de la madre genera pensamientos (significados conceptuales) del tipo «los niños se comportan de ese modo porque terminan de perder a su madre». Esta idea da forma a un nuevo modelo mental ligeramente distinto, un modelo que genera, a su vez, otros significados conceptuales…, y así el continuo intercambio de ida y vuelta enriquece una comprensión creciente de la situación y permite desarrollar formas de responder a ella (figura 5.1).

Los SCI nos indican que la interacción bidireccional –la «conversación» dinámica– que se muestra en la figura 5.1 sustenta todas las formas de procesamiento controlado en la mente humana. Reflejando este papel clave, Phil Barnard y yo bautizamos este patrón dinámico de autocontrol como «el motor central de la cognición». Este patrón cumple las funciones que otros enfoques psicológicos asignan al «ejecutivo central» o a los denominados «recursos ejecutivos».

Dos tipos de procesamiento controlado

Como ocurre en cualquier conversación, el resultado de los intercambios en el motor central de la cognición dependerá en buena medida de cuál sea el interlocutor que tenga el control. Los SCI nos indican que existen dos tipos de procesamiento controlado. En el primero de ellos, el conocimiento conceptual es «responsable» de la conversación. En este caso, la ela-

170 Mindfulness

boración de conjuntos holístico-intuitivos es en gran medida automática y *se basa* en modelos mentales ya elaborados que existen en la memoria. En el segundo tipo de procesamiento controlado, el conocimiento holístico-intuitivo es el «responsable» de la conversación. Y, en este caso, la elaboración holístico-intuitiva es flexible y creativa, pero lo más importante es que es capaz de crear *nuevos* modelos mentales.

Cuando ninguna de ambas modalidades de conocimiento se encarga de procesar un determinado flujo de información, la mente funciona de manera «automática» en lo que respecta a dicha información.

La figura 5.2 esboza tres modelos diferentes en los que pueden interactuar nuestras dos formas de conocimiento.

La figura 5.2 también nos muestra que existe una relación entre los distintos patrones de conversación y tres tipos de experiencia subjetiva. Los psicólogos están de acuerdo en que el procesamiento controlado se asocia con la consciencia. Los SCI van más allá, relacionando el procesamiento controlado conceptualmente y el procesamiento holístico-intuitivo con distintas cualidades de la experiencia consciente. Y señalan que, en el caso de que el conocimiento conceptual sea el responsable del procesamiento controlado, nuestra experiencia es de *pensamiento*; cuando el conocimiento holístico-intuitivo es el responsable del procesamiento controlado, la consciencia implica un rico *conocimiento de la experiencia*; y cuando no hay ningún tipo de procesamiento controlado, la mente procesa la información en modo de *piloto automático*, sin apenas consciencia de esos aspectos de la experiencia. (Discutiremos estas diferencias con más detalle en el capítulo 7).

FIGURA 5.1. El motor central de la cognición: los subsistemas de conocimiento holístico-intuitivo y conceptual «en comunicación».

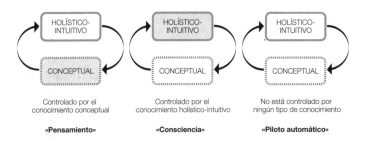

FIGURA 5.2. Tres modalidades del motor central de la cognición (el sombreado indica el subsistema que controla el procesamiento).

Las divergencias entre el procesamiento controlado conceptualmente y el procesamiento controlado de modo holístico-intuitivo están íntimamente ligadas a las diferencias relacionadas con la *memoria de trabajo*, el segundo de los conceptos clave de la psicología cognitiva que enriquecerá y profundizará nuestra presente exploración.

Memoria de trabajo

La memoria de trabajo es un espacio en la mente que permite albergar cantidades limitadas de información durante breves periodos, mientras trabajamos con ellos (o los procesamos). En la memoria de trabajo, las piezas de información separadas (partes) se unen para crear nuevos patrones más amplios (conjuntos), con propiedades diferentes y mayores que la suma de las partes consideradas por separado. Estos nuevos patrones dan forma a una nueva comprensión y a una nueva acción. Por ejemplo, si se procesan una a una, aisladas unas de otras, las palabras de esta frase transmiten un significado muy limitado. En cambio, esas mismas palabras, almacenadas en la memoria de trabajo y consideradas en conjunto para crear un patrón de información más amplio, nos transmiten un significado mucho más rico.

La memoria de trabajo integra información de este momento, de momentos recientes y del pasado (de la memoria a largo plazo) para generar una totalidad coherente. Al leer una novela, por ejemplo, nuestra comprensión en cualquier momento refleja no solo las palabras de la frase que acabamos de leer, sino también de otras frases del mismo capítulo que hemos leído hace unos minutos, así como de capítulos precedentes que podemos haber leído la semana anterior. Este patrón completo de información, que se mantiene unido en la memoria de trabajo para crear un conjunto coherente, transmite un significado y una rica comprensión dotada de múltiples capas.

Diferentes tipos de memoria de trabajo

Los SCI reconocen distintos tipos de memoria de trabajo,* cada uno de ellos especializado en la gestión de una modalidad específica de información. Esa especialización supone, fundamentalmente, que cada modalidad de memoria de trabajo solo es capaz de gestionar un tipo de información, y cada tipo de información solo puede ser procesada por su propia memoria de trabajo especializada.

Las memorias de trabajo que más nos interesan son las que procesan las dos modalidades diferentes de conocimiento de la mente.

Memoria de trabajo conceptual

En la memoria de trabajo conceptual, los patrones de información relacionados con diferentes conceptos e ideas se mantienen juntos al mismo tiempo, lo cual permite evaluar la *relación* entre distintas ideas de una forma que no sería posible si se procesaran por separado, aisladas unas de otras. Esta capacidad resulta crucial para el procesamiento flexible centrado en objetivos (capítulo 2). En este caso, la acción se orienta *comparando* la idea del estado actual de las cosas con la idea del objetivo futuro (figura 5.3).

Esta comparación permite dirigir la acción para reducir la brecha entre ambas ideas de una manera que sería imposible

---

* Los SCI utilizan, de hecho, el concepto de *memoria intermedia* o *registro de imágenes* en lugar de memoria de trabajo (Barnard, 1999), pero, para nuestro propósito, empleamos ambas expresiones como si fuesen equivalentes.

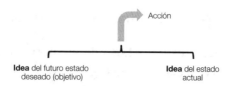

FIGURA 5.3. La memoria de trabajo conceptual brinda un espacio en el que comparar las ideas del estado actual y el deseado.

si ambas ideas se abordasen individualmente. Por este motivo, *la participación activa de la memoria de trabajo conceptual resulta esencial para la estrategia conceptual de consecución de objetivos*. También es fundamental para otras estrategias que dependen de comparar las ideas de lo que *es* con lo que *podría ser* o *debería ser*, como las comparaciones que se subrayan en la teoría de la autodiscrepancia analizada en el capítulo 1.

Memoria de trabajo holístico-intuitiva

En la memoria de trabajo holístico-intuitiva (figura 5.4), la capacidad de examinar diferentes patrones de información de este tipo proporciona la manera de integrar en conjuntos más amplios patrones separados, constituyendo de ese modo nuevos modelos mentales.

En el espacio de la memoria de trabajo holístico-intuitiva, los fragmentos de información procedentes de diversas fuentes –información sensorial y conceptual actual, modelos mentales recientemente procesados y modelos mentales almacenados a los que se accede desde la memoria a largo plazo– se unen para crear modelos mentales coherentes que ofrezcan un mejor ajuste a la información que nos arriba a cada momento. Se parece un poco a agitar un caleidoscopio hasta que todos

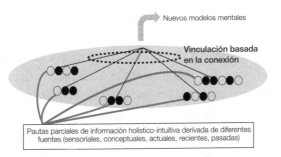

FIGURA 5.4. La memoria de trabajo holístico-intuitiva es esencial para la creación de modelos mentales novedosos mediante la construcción de totalidades flexibles.

los fragmentos de vidrio coloreado se asientan para formar un patrón integrado más armónico; en este caso, el proceso de construcción de totalidades está autoguiado por las sensaciones positivas vinculadas a una mayor coherencia (capítulo 4).

En el núcleo de la construcción holístico-intuitiva de totalidades radica el proceso de unir diferentes fragmentos de información en la memoria de trabajo. Como veremos en el capítulo 8, este proceso ofrece una forma de sanar el sufrimiento cambiando los modelos mentales que lo crean. Ni la construcción de totalidades holístico-intuitiva y flexible ni la sanación del sufrimiento ocurrirían en el caso de que los patrones de información holístico-intuitiva se procesaran por separado, aislados unos de otros. *La participación activa de la memoria de trabajo holístico-intuitiva resulta esencial para el procesamiento controlado holístico-intuitivo y para la creación de nuevos modelos mentales a través de la construcción flexible de totalidades.*

Memoria de trabajo y experiencia subjetiva

Muchos psicólogos señalan que la memoria de trabajo está relacionada con el conocimiento consciente, es decir, que en todo momento somos más conscientes de la información procesada por la memoria de trabajo (por ejemplo, Baddeley, 2000; Baars y Franklin, 2003). Los SCI nos indican, además, que la memoria de trabajo influye no solo en *aquello* de lo que somos conscientes, sino también en *cómo* somos conscientes de ello, es decir, en la naturaleza de nuestra experiencia subjetiva. Dado que cada memoria de trabajo procesa un tipo diferente de información, la cualidad de la experiencia subjetiva reflejará en todo momento la memoria de trabajo que está activa y al mando en ese momento. Las diferentes cualidades de la experiencia subjetiva en el procesamiento controlado conceptualmente y en el procesamiento controlado de modo holístico-intuitivo que hemos discutido antes (figura 5.2) reflejan el hecho de que la memoria de trabajo conceptual está activa y «en funcionamiento» en un caso, mientras que la memoria de trabajo holístico-intuitiva es la que se halla activa y «en funcionamiento» en el otro.

Esta idea reviste amplias e importantes implicaciones para nosotros. Significa que podemos utilizar nuestra experiencia subjetiva en cualquier momento como un indicador del estado subyacente de la mente en dicho momento. La *consciencia* clara e intensa de la *experiencia actual* –visiones, sonidos, olores, sabores, sensaciones corporales, sentimientos, sensaciones sentidas y pensamientos (como aspectos de la experiencia)– apunta a la participación de la memoria de trabajo holístico-intuitiva y del procesamiento controlado holístico-intuitivo. Cuando la construcción de una totalidad flexible y coherente se mantiene durante algún tiempo, siempre va acompañada de sentimientos positivos (capítulo 4).

Por otro lado, la experiencia subjetiva del pensamiento, en especial la sensación de estar inmerso o perdido en él, nos indica que estamos implicados en el procesamiento controlado conceptualmente y en la memoria de trabajo conceptual. Por las razones que expondré en breve, cuando la mente se halla en esta modalidad, resulta imposible la creación flexible y holístico-intuitiva de totalidades. La sensación de vivir con el piloto automático, solo con una tenue consciencia, si es que la hay, de determinados aspectos de la experiencia nos dice que estamos procesando información automáticamente con respecto a esos aspectos de la experiencia.

Podemos utilizar la historia del metro para ilustrar las ideas anteriores. La reacción inicial de Covey ante el comportamiento alborotado de los niños reflejaba un procesamiento controlado por la memoria de trabajo conceptual. Sus gritos y su comportamiento salvaje, combinados con la aparente indiferencia del padre, creaban una discrepancia en dicha memoria. Por un lado, había ideas que describían el comportamiento de la familia y, por el otro, ideas que reflejaban las normas de cómo «debían» comportarse.

Esta discrepancia activó automáticamente modelos mentales preexistentes en la memoria a largo plazo relacionados con la «falta de respeto/la mala educación hacia las normas sociales». La activación de estos modelos desencadenó un sentido de juicio justo y de irritación. También predecía una amenaza

178   Mindfulness

constante para cualquier deseo de mantener un yo ideal «seguro y pacífico». El procesamiento conceptual centrado en objetivos pasó entonces a resolver el modo de evitar esta amenaza. ¿Cómo podía Covey conseguir que la familia se comportara como «debía» y, al mismo tiempo, no violar los requisitos de su yo ideal que exigían que él mismo fuera «razonable» y «se comportara bien»? Eso significaba, por ejemplo, que debía inhibir cualquier impulso automático de levantarse y enfadarse con el padre.

Tras la debida deliberación conceptual, Covey actuó «con lo que le pareció una paciencia y una contención inusuales»: le hizo saber al padre el error de su comportamiento, sugiriéndole que hiciera algo con sus revoltosos hijos.

En esta modalidad conceptualmente dominada, la mente de Covey se centraba solo en las ideas relacionadas con las discrepancias real-ideal y realidad-pensamiento y en lo que había que hacer al respecto. Este enfoque reduccionista excluía la consciencia de los aspectos más amplios de la situación, como las pistas de por qué la familia podía estar comportándose de ese modo. En lugar de crear nuevos modelos mentales para comprender esta situación única, la mente de Covey recurrió a viejos modelos mentales, ya disponibles en la memoria, relacionados con el juicio justo y la culpabilización.

Todo esto cambió, por supuesto, tan pronto como la intervención de Covey recibió la nueva y vital información de «su madre murió hace una hora». Esta nueva información provocó la necesidad inmediata de crear un nuevo modelo. Y eso requería un cambio en el estado de la mente: el cambio a una modalidad controlada por la memoria de trabajo holístico-intuitiva. La construcción flexible y holístico-intuitiva de totalidades podía entonces recurrir a todas las fuentes de información relevantes, anteriores y pasadas, para crear un nuevo modelo mental, fabricado a la medida de las especificidades de esa situación única. Lo más probable es que fuera la primera vez que la mente de Covey crease el modelo particular que apareció en ese momento en su memoria de trabajo holístico-intuitiva. Este nuevo modelo resolvía todos los aspectos de la situación en un todo coherente, propiciando directamente una clara consciencia de su importancia y la emergencia espontánea de sentimientos de compasión y simpatía, así como un tipo de acción: «No tuve que preocuparme de controlar mi actitud o mi comportamiento; mi corazón se vio inundado con el dolor del hombre. Los sentimientos de simpatía y compasión fluyeron libremente». La cualidad atenta y a la vez espontánea de esta respuesta controlada por la memoria de trabajo holístico-intuitiva contrasta con la reacción automática impulsiva «a nivel visceral» (ponerse de pie para despotricar contra el padre), y con el enfoque calculado, controlador y de resolución de problemas, típico del conocimiento conceptual.

Solo un tipo de memoria de trabajo a la vez

Hay un último aspecto crucial de la perspectiva de los SCI que debemos destacar en relación con la memoria de trabajo. Se trata de que, cuando la mente opera con el conocimiento conceptual, responsable del procesamiento controlado, no puede crear nuevos modelos mentales, sino que tiene que depender de los modelos existentes ya almacenados en la memoria.

180 Mindfulness

Esta limitación refleja una asunción básica dentro de la visión de los SCI sobre el funcionamiento de la mente: la memoria de trabajo conceptual y la memoria de trabajo holístico-intuitiva no pueden «trabajar» al unísono. Este principio operativo básico es necesario para evitar el problema de las acciones conflictivas que surgirían si el procesamiento controlado conceptualmente trabajara hacia la consecución de objetivos en una determinada dirección, mientras que el procesamiento controlado de manera holístico-intuitiva impulsara acciones en la dirección contraria. Esto significa que, cuando la memoria de trabajo conceptual está implicada en la gestión del procesamiento centrado en el objetivo o en extender el pensamiento verbal-conceptual, la memoria de trabajo holístico-intuitiva no está disponible para la construcción flexible de totalidades. Dicho con otras palabras, *el enfoque centrado en el objetivo de alcanzar la felicidad imposibilita la construcción flexible y holístico-intuitiva de totalidades*: el enfoque centrado en objetivos no solo es ineficaz y contraproducente (capítulo 1), sino que impide activamente la posibilidad de que la construcción flexible y holístico-intuitiva de totalidades genere nuevos modelos mentales.

Mindfulness: el proceso central subyacente

Tras haber introducido los conceptos de procesamiento controlado y de memoria de trabajo, estamos ahora en condiciones de formular una declaración más precisa acerca de la perspectiva de los SCI en torno al mindfulness (cuadro 5.4).

En los siguientes capítulos veremos cómo esta perspectiva central de los SCI esclarece la práctica y el uso del mindfulness. En el capítulo 6, comenzamos explorando las formas en que esta perspectiva nos ayuda a entender de qué modo cultivamos el mindfulness.

CUADRO 5.4. Mindfulness: el proceso central

El proceso central del mindfulness consiste en la creación flexible, a cada momento, de nuevos modelos mentales de experiencia, construidos a medida (o ajustando los modelos mentales existentes). Este proceso de construcción flexible de totalidades está basado en el control por parte del procesamiento holístico-intuitivo, el cual se vincula con la experiencia de la atención consciente y depende de una forma mental subyacente y controlada por la activación de la memoria de trabajo holístico-intuitiva.

Las distintas visiones del mindfulness reflejan diferentes aspectos de este mismo proceso central profundo y del estado de la mente, así como las discrepancias en los tipos de modelos mentales creados.

6. Mindfulness
El cómo

El capítulo 5 plantea que existe escaso consenso acerca de lo que *es* el mindfulness. Sin embargo, hay un amplio acuerdo sobre lo que *hacemos* para prestar atención. Eso hace que el cultivo del mindfulness constituya un buen punto de partida para seguir explorando la perspectiva de los SCI.

El entrenamiento del mindfulness nos enseña el modo de cambiar a voluntad el estado de nuestra mente. Aprendemos a cambiar desde el estado habitual de la mente –dominado por el procesamiento conceptual o el procesamiento automático– a una forma en la que el patrón dominante es el procesamiento holístico-intuitivo. Reflejando el íntimo vínculo que existe entre el estado de nuestra mente y los patrones de actividad cerebral, las habilidades que aprendemos para cambiar dicho estado también nos permiten modificar la actividad de nuestro cerebro (por ejemplo, Farb *et al.*, 2007; Wheeler, Arnkoff y Glass, 2017).

El adiestramiento en el mindfulness nos dota de habilidades para modelar con delicadeza nuestra mente de manera que apoye el desarrollo a medida de nuevos modelos mentales. Asimismo, nos ofrece una forma de alimentar modelos mentales más sanos; y hacemos ambas cosas aprendiendo a prestar atención de una manera distinta.

Prestar atención deliberadamente, en el momento presente y sin juzgar

Jon Kabat-Zinn (1994) define el mindfulness como «prestar atención de un determinado modo: deliberadamente, en el momento presente y sin juzgar» (pág. 4). Un examen más detallado de esta definición nos revela que proporciona un consejo maravillosamente conciso y preciso de un método que permite fomentar el procesamiento controlado holístico-intuitivo.

La receta comienza sugiriendo que prestemos atención «deliberadamente», un término que apunta de inmediato a la implicación del procesamiento controlado. Todos los marcos psicológicos coinciden en que el comportamiento intencional con un propósito depende de dicho procesamiento. Pero... ¿se trata del procesamiento controlado conceptualmente o del procesamiento controlado de modo holístico-intuitivo? El resto de la prescripción apunta con claridad al entrenamiento del mindfulness como una forma de fomentar, específicamente, el procesamiento controlado de modo holístico-intuitivo.

En primer lugar, la instrucción de Jon Kabat-Zinn nos invita a prestar atención «en el momento presente». Gracias a su estrecha conexión con la información sensorial, el conocimiento holístico-intuitivo se basa en el aquí y ahora, y está anclado en él. El conocimiento conceptual, en cambio, no mantiene una conexión directa con la información sensorial actual. No está circunscrito, es libre de viajar en el tiempo y de visitar ideas relativas al pasado y el futuro. Por ese motivo, las instrucciones de prestar atención «en el momento presente» son mucho más proclives a fomentar el procesamiento controlado por el conocimiento holístico-intuitivo que el procesamiento controlado conceptualmente.

El consejo de prestar atención «sin juzgar» apunta aún más a la participación del procesamiento controlado de modo holístico-intuitivo. En este contexto, no juzgar significa estar libre de juicios valorativos que comparan las ideas de cómo son las cosas con las ideas de cómo deberían ser, o cómo nos gustaría que fueran, es decir, el tipo de juicios basados en las discrepancias realidad-pensamiento o realidad-idea que ocupan un lugar prominente en la teoría de la autodiscrepancia. Dado que este tipo de juicios se basan en la comparación de una idea con otra, requieren la participación de la memoria de trabajo conceptual. Para prestar atención sin juicios, nos desligamos de la memoria de trabajo y el procesamiento dirigido conceptualmente y, en su lugar, activamos el procesamiento controlado de manera holístico-intuitiva.

Visto a través de la lente proporcionada por los SCI, la descripción seminal de Jon Kabat-Zinn del año 1994 sobre el mindfulness ofrece una receta precisa para una forma de prestar atención que probablemente fomente el procesamiento controlado de modo holístico-intuitivo, en lugar del procesamiento automático o el procesamiento controlado conceptualmente.

La perspectiva de los SCI también nos brinda una perspectiva distinta de lo que a menudo se considera un «problema» cuando hacemos todo lo posible por seguir la prescripción de Kabat-Zinn. Las instrucciones para la meditación formal de mindfulness suelen animarnos a centrar y reposar nuestra atención en un objeto concreto, como, por ejemplo, los patrones cambiantes de las sensaciones físicas a medida que la respiración entra y sale del cuerpo. Tarde o temprano (normalmente temprano), nos percatamos de que nuestra atención se ha desviado y nos hemos perdido en la divagación mental o en una falta general de consciencia; y lo más probable es que esto ocurra muchas veces. Desde la perspectiva de la mente dirigida por el procesamiento conceptual centrado en objetivos, esta repetida divagación mental es un «fracaso», puesto que no conseguimos el objetivo de mantener la atención depositada en la respiración. Sin embargo, el análisis de los SCI nos brinda una visión más esperanzadora, sugiriendo que cada vez que nuestra atención se desvía nos ofrece la valiosa oportunidad de practicar el cambio de estado de nuestra mente. Estos «fracasos» nos brindan la oportunidad de desarrollar habilidades para desapegarnos del procesamiento controlado conceptualmente y cambiar al tipo de procesamiento holístico-intuitivo. Estas son el tipo de habilidades requeridas para transformar el sufrimiento (capítulo 8) y seguir el sendero que requiere el despertar interior (capítulo 14).

Mantener en la consciencia

El entrenamiento del mindfulness nos enseña cómo podemos cambiar de manera intencionada el estado de nuestra mente, algo que nos infunde un gran poder y es de verdad notable. En lo que respecta al aprendizaje de estas habilidades, quizá no importe demasiado dónde centremos nuestra atención «deliberadamente, en el momento presente y sin juzgar». La clave es, más bien, aprender a ser conscientes.

186 Mindfulness

Sin embargo, también hay momentos en los que tenemos que afinar nuestro mindfulness y saber cómo aplicarlo a áreas concretas de la experiencia y mantenerlo ahí. Por ejemplo, podemos querer centrar los poderes curativos y liberadores del mindfulness en áreas problemáticas como el dolor físico y las sensaciones intensas y punzantes que sentimos en la espalda. También podemos centrarnos en el dolor emocional, en la sensación de pérdida que experimentamos en la zona del pecho. Aquí es donde cobra sentido el aprendizaje de la capacidad de mantener la consciencia. En esta práctica, centramos deliberadamente la atención con interés y cuidado (en el momento presente y sin juzgar) en aspectos de la experiencia problemática, y mantenemos delicadamente esa atención. Y lo hacemos, lo mejor que podamos, sin el deseo de cambiar o deshacernos de la experiencia desagradable de ninguna manera, por paradójico que esto resulte.

La perspectiva de los SCI entiende esta práctica como una aplicación hábil de la estrecha relación existente entre la consciencia y la memoria de trabajo holístico-intuitiva. Como hemos mencionado en el capítulo 5, los científicos cognitivos consideran por lo general que la consciencia de una determinada experiencia es una señal de que la información relacionada está siendo retenida y procesada en la memoria de trabajo. Los SCI indican, además, que el *tipo* de consciencia experimentado se halla determinado por la modalidad particular de memoria de trabajo implicada; las cualidades subjetivas distintivas de la atención consciente apuntan específicamente al procesamiento de la información relacionada en la memoria de trabajo holístico-intuitiva.

Desde esta perspectiva, consideramos que la consciencia plena de una experiencia es un marcador –una señal, si se prefiere– de que la información relacionada con dicha experiencia está siendo procesada por la memoria de trabajo holístico-intuitiva. Ser consciente de una experiencia es una forma hábil de llevar deliberadamente los patrones de información vinculados con la experiencia al espacio de la memoria de trabajo holístico-intuitiva. En este punto, la capacidad inherente de la mente para la construcción de totalidades encuentra y crea conexiones entre patrones parciales de información, integrándolos en las totalidades de los nuevos modelos mentales. Cuando sostenemos una experiencia con atención consciente, la elaboración de la totalidad desarrolla nuevos modelos mentales que nos permiten percibir las experiencias difíciles o no deseadas de una nueva manera, por ejemplo, como acontecimientos transitorios e impersonales que van y vienen, que crecen y decrecen. Estos modelos nos permiten acompañar dichas experiencias con mayor aceptación y amabilidad (figura 6.1).

No somos «nosotros» quienes hacemos este trabajo, sino que todo sucede «por sí solo», gracias a la capacidad inherente de la mente para la construcción de totalidades. Jon Kabat-Zinn (1994) describe el mismo proceso de manera más brillante: «La consciencia es el recipiente que contiene todos los fragmentos, del mismo modo que, cuando hacemos una sopa, la olla contiene las zanahorias cortadas, los guisantes, las cebollas y demás ingredientes y permite que se cocinen para transformarse en un todo: la sopa. Pero la consciencia es una olla mágica, muy similar al caldero del hechicero, porque en ella las cosas se cocinan sin que tengamos que hacer nada, ni siquiera encender un fuego debajo. La propia consciencia se encarga de cocinar, siempre y cuando sea continua. Nosotros simplemente tenemos que dejar que los fragmentos se vayan moviendo mientras los sostenemos en la consciencia. Cualquier cosa que surja en la mente y el cuerpo va a la olla, pasa a formar parte de la sopa» (págs. 93-94).

Aunque no seamos «nosotros» los que llevemos a cabo esta construcción de totalidades, podemos, no obstante, influir en el tipo de modelos mentales generados en la memoria de trabajo holístico-intuitiva. Esta posibilidad crucial nos permite dar forma a modelos mentales que transforman el sufrimiento (capítulo 8) y despiertan nuestro corazón y nuestra mente (capítulo 13).

Al mantener en la consciencia las experiencias difíciles o problemáticas, a menudo se nos anima a prestar atención a la forma en que se manifiestan en el cuerpo. Lo mismo ocurre con muchos otros tipos de experiencias. Pero ¿por qué sucede esto?

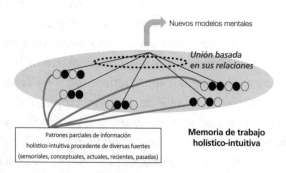

FIGURA 6.1. Mantener en la consciencia: la creación de nuevos modelos mentales en la memoria de trabajo holístico-intuitiva.

¿Por qué el cuerpo?

De este modo, con respecto al cuerpo, permanece contemplando el cuerpo internamente, o permanece contemplando el cuerpo externamente, o permanece contemplando el cuerpo tanto interna como externamente. Permanece contemplando la naturaleza del surgimiento del cuerpo, o permanece contemplando la naturaleza de la desaparición del cuerpo, o permanece contemplando la naturaleza tanto del surgimiento como de la desaparición del cuerpo. El mindfulness de que «hay un cuerpo» se establece en él en la medida necesaria para el conocimiento desnudo y la atención continua. (Del *Satipaṭṭhāna Sutta*;* Anālayo, 2003, pág. 4).

Todos los enfoques del entrenamiento y la práctica del mindfulness sitúan, al menos al principio, la atención al cuerpo en el centro de la escena. ¿Pero qué ventajas nos brinda el cuerpo para que ocupe esa posición privilegiada?

Las sensaciones corporales, al igual que las imágenes y los sonidos, solo ocurren *ahora* —en este instante— y, en consecuencia, ofrecen un enfoque muy conveniente para depositar la atención «en el momento presente». En este sentido, el cuerpo no es especialmente diferente de otras fuentes sensoriales, como ojos y oídos.

Pero el análisis de los SCI apunta a otra ventaja fundamental, exclusiva del cuerpo, que emerge directamente a partir de la

---

* Las instrucciones originales para cultivar el mindfulness que el Buda transmitió a sus monjes.

historia evolutiva de la mente humana. La figura 6.2 muestra la configuración general de la mente humana.

Si observamos cuidadosamente la figura, veremos que la información corporal solo tiene una ruta que seguir –una ruta directa– desde el subsistema del estado corporal hasta el subsistema holístico-intuitivo. En cambio, las imágenes y los sonidos poseen dos rutas. Una es directa, similar a la del subsistema de estado corporal, mientras que la otra es indirecta y discurre de entrada por niveles intermedios de información relacionados con el habla o las relaciones espaciales, y sigue luego por el nivel del conocimiento conceptual, antes de llegar finalmente al subsistema holístico-intuitivo.

Estas rutas indirectas son un legado de los desarrollos mentales que permitieron a nuestros ancestros primates gestionar la acción manual especializada dentro del grupo social. Estas tareas exigían el desarrollo de capacidades depuradas para procesar la información visual y auditiva. Pero lo más importante es que no requerían el desarrollo de las capacidades correspondientes para el tipo de información corporal que procesa el subsistema de estado corporal (Barnard *et al.*, 2007). Por ello, la información del subsistema del estado corporal, a diferencia de la información de los subsistemas visual o acústico, solo cuenta con una ruta directa hacia el subsistema holístico-intuitivo. En este sentido, el procesamiento de la información corporal conserva buena parte de la simplicidad de la mente de los mamíferos no primates.

Esta disposición supone que, a diferencia de la información relacionada con los sonidos o las percepciones visuales, la información corporal no atraviesa la fase de procesamiento

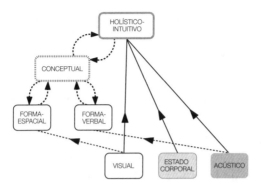

FIGURA 6.2. Esquema de los SCI de la mente humana: muestra las rutas directas (líneas continuas) e indirectas (líneas punteadas) a través de las cuales la información discurre desde los subsistemas sensoriales hasta el subsistema holístico-intuitivo.

conceptual antes de arribar al subsistema holístico-intuitivo. Por esta razón, es menos probable que se pierda, se desvíe y se enrede en los bucles internos, centrados en el subsistema conceptual, generados por nuestros mundos mentales internos de divagación y ensoñación. Libre de estas influencias distractivas, podemos considerar con razón que el cuerpo es el «camino real» directo hacia la memoria de trabajo holístico-intuitiva y el procesamiento consciente.

La contribución de las sensaciones corporales a la formación de significados asociados a los modelos mentales holístico-intuitivos (capítulo 3) es otra poderosa razón para enfatizar las sensaciones corporales en el entrenamiento formal del mindfulness. Por ejemplo, las instrucciones de meditación mindfulness a menudo nos animan a adoptar una postura erguida y digna, con una expresión facial que dibuja media sonrisa. Al disponer nuestro cuerpo de esta manera, tenemos una forma sencilla y directa de generar el tipo de modelos mentales que aparecen en nuestra mente. Al *encarnar* una actitud digna, incorporamos la actitud correspondiente en esos modelos; al sonreír, por ejemplo, alimentamos temas de buena voluntad y amistad en los modelos que conforman nuestros pensamientos, sentimientos y acciones.

La atención consciente a las sensaciones corporales también permite que nuestra mente haga un uso deliberado y eficaz de esta fuente de información. En el capítulo 3, hemos visto la poderosa influencia que la información procedente del cuerpo tiene en los juicios y las decisiones importantes que adoptamos en la vida. También desempeña un papel decisivo en los ciclos autoperpetuados que sustentan los trastornos emocionales (capítulo 8). Dado que, la mayoría de las veces, no somos conscientes de estas influencias, eso nos deja a merced de los modelos mentales almacenados, desencadenados en la memoria por medio de las sensaciones corporales y la elaboración automática de construcción de totalidades. Si bien esos modelos no suelen ser útiles, la atención consciente a las sensaciones corporales puede liberarnos de esa elaboración automática, brindándonos la posibilidad de que la creación creativa y flexible de totalidades integre las sensaciones problemáticas junto con la información conceptual para crear modelos mentales novedosos y más adaptativos, modelos que pueden liberarnos de los ciclos emocionales autoperpetuados y permitirnos tomar decisiones vitales más sabias.

La mente de principiante

El adiestramiento en mindfulness consiste en aprender a prestar atención de manera distinta. Además de invitarnos a prestar atención «deliberadamente, en el momento presente y sin juzgar», también nos alienta a impregnar nuestra atención con ciertas cualidades actitudinales, las cuales influyen poderosamente en el tipo de modelos mentales creados. De manera menos evidente, estas cualidades fomentan cambios más generales en el estado de la mente. El estímulo para adoptar la «mente del principiante» proporciona un ejemplo de lo que queremos decir.

La «mente de principiante» es una descripción en sumo grado precisa de la experiencia subjetiva que cabe esperar cuando el procesamiento controlado holístico-intuitivamente genera *nuevos* modelos mentales en momentos sucesivos. Y, a medida que a cada momento se van creando nuevos mundos de experiencia, tenemos la sensación de que la vida se despliega de nuevo. Esta es una posibilidad abierta para todos nosotros, incluso para aquellos que, técnicamente, están lejos de ser verdaderos principiantes.

La frase «mente de principiante» procede del maestro zen Shunryu Suzuki (1970): «En la mente del principiante hay muchas posibilidades, pero en la del experto hay pocas» (pág. 21). Estas palabras proporcionan una descripción elegantemente concisa de la diferencia existente entre: 1) los modelos mentales novedosos, creados en la mente del «principiante», vinculados a formas de respuesta novedosas y desconocidas, constantemente ajustadas y refinadas a la luz de la nueva información; y 2) los modelos mentales prefabricados, vinculados a formas habituales y limitadas de reacción, a los que accede mediante la construcción automática de totalidades en la mente del «experto».

Las instrucciones para la práctica del mindfulness empujan suavemente a los estudiantes a participar en la creación de los nuevos modelos requeridos por la mente de principiante. El ejercicio de la pasa con el que suelen comenzar los programas de reducción del estrés basado en el mindfulness (MBSR) y la terapia cognitiva basada en el mindfulness (MBCT) invita a los estudiantes a atender a una pasa «como si nunca antes hubieran visto nada parecido». Las instrucciones originales del mindfulness ofrecidas por el Buda nos piden que atendamos a la experiencia familiar de respirar –algo que hemos conocido durante toda nuestra vida– de una manera novedosa y desconocida: «Al hacer una inspiración larga, sabe que "hago una inspiración larga", al hacer una espiración larga, sabe que "hago una espiración larga". Al hacer una inspiración corta, sabe "hago una inspiración corta", al hacer una espiración corta, sabe "hago una espiración corta"» (Anālayo, 2003, pág. 4). Y, en instrucciones más recientes, se suele animar a los estudiantes a prestar atención a cada respiración como si fuese una experiencia única e irrepetible. Todas estas instrucciones suponen sencillos retos que invitan a la mente a llevar a cabo un procesamiento controlado holístico-intuitivamente como única forma de crear los nuevos modelos mentales requeridos.

Afecto y motivación

El auténtico mindfulness no es una presencia neutra o en blanco, sino que está impregnado de calidez, compasión e interés. A la luz de esta atención comprometida, descubrimos que es imposible odiar ni temer a nadie ni a nada que realmente comprendamos.

CHRISTINA FELDMAN (2001, pág. 173)

En estas sabias y hermosas palabras, una de las principales maestras occidentales de la meditación de la visión profunda subraya la importancia fundamental del afecto y la motivación honesta en el mindfulness. La calidez, la compasión y el interés no son solo complementos agradables, sino que resultan esenciales para el «auténtico» mindfulness. Esta enseñanza contemporánea se hace eco de las enseñanzas ofrecidas por el Buda histórico, Siddhartha Gautama, hace más de 2.000 años, quien enseñaba que el «recto» mindfulness forma parte de un camino integrado más amplio de adiestramiento que también incluye, como ingrediente principal, el cultivo de intenciones sanas («sabias»): bondad amorosa, compasión y soltar (renuncia). La MBSR y la MBCT también reconocen que bondad y compasión no son complementos opcionales, sino elementos esenciales. Y que esa tercera intención sabia –la renuncia– sustenta las cualidades actitudinales de no esforzarse, aceptar y soltar, tres de los siete «pilares de la práctica del mindfulness» subrayados por Jon Kabat-Zinn (2013, pág. 21).

Las motivaciones y los afectos sanos son obviamente positivos por sí solos; a la mayoría de nosotros nos gustaría encarnarlos más de lo que lo hacemos. Pero la perspectiva de los SCI nos brinda una visión más radical de por qué son aspectos tan fundamentales en la práctica del mindfulness, sugiriéndonos que cultivamos los afectos sanos no solo porque sean positivos en sí mismos, sino porque apoyan poderosamente el cambio hacia el estado mental característico del mindfulness y nos ayudan a instalarnos en él.

En el capítulo 3, hemos señalado que la mente funciona de dos modos radicalmente distintos. En uno de ellos, tenemos una constelación interconectada de afectos instrumentales (afectos que nos motivan a conseguir lo que queremos, o a alejarnos y deshacernos de lo que no deseamos), esto es, un enfoque de la atención estrecho y exclusivo, controlado por una forma conceptual de conocer y un mundo mental atomístico en el que impera la separación. En el otro modo, en cambio, tenemos afectos no instrumentales (afectos que incorporan recursos que tienen beneficios a largo plazo), es decir, una atención expansiva, inclusiva y receptiva, controlada por el modo holístico-intuitivo de conocer y un mundo mental de relaciones donde todo se halla interconectado. También hemos señalado que, *si modificamos alguno de estos elementos interrelacionados, es muy probable que cambiemos los demás*.

El mindfulness implica un cambio en el estado de la mente, que pasa de estar controlada por el conocimiento conceptual a ser controlada por el conocimiento holístico-intuitivo. Podemos contribuir decididamente a ese cambio 1) *cultivando* afectos no instrumentales vinculados al conocimiento holístico-intuitivo (como cuidado, compasión o juego), y 2) *desactivando* afectos instrumentales relacionados con el conocimiento conceptual.

Existen prácticas de eficacia probada para cultivar la bondad y la compasión que ayudan con la primera de estas estrategias, por lo que encarnar un enfoque más lúdico del mindfulness entraña un cierto atractivo obvio. La segunda estrategia plantea retos más grandes para la mayoría de nosotros. En ella se nos pide que cultivemos la aceptación, el permitir, el no esfuerzo, el no juzgar, el soltar, el dejar ser, la renuncia y similares. La perspectiva de los SCI resulta útil a la hora de dilucidar lo que está en juego en este último caso. Podemos ilustrarlo volviendo a los tres «pilares de la práctica del mindfulness» que hemos mencionado antes: no esfuerzo, aceptación y soltar. Cada uno de estos pilares, de manera ligeramente distinta, se basa en la desvinculación respecto del procesamiento conceptual focalizado en objetivos.

No esfuerzo, aceptación, soltar

No esfuerzo

Desde la perspectiva de los SCI, nos esforzamos cuando nos aproximamos a una situación impulsados por la BÚSQUEDA del afecto central, la cual nos permitirá alcanzar un determinado objetivo (la idea de un estado futuro deseado): «Si nos sentamos a meditar pensando "Me voy a relajar, a iluminar, a controlar mi dolor o a convertirme en una persona mejor", lo que ocurre es que introducimos en nuestra mente la noción de dónde deberíamos estar» (Kabat-Zinn, 2013, pág. 26). La actitud de no esfuerzo es de vital importancia en la práctica del mindfulness, porque, en el momento en que la meditación se convierte en una forma de perseguir un objetivo, nos predisponemos a fracasar, ya que hemos puesto al mando a la memoria de trabajo conceptual, y de ese modo estamos generando exactamente el estado mental que impide la emergencia del mindfulness. La ausencia de búsqueda, es decir, el abandono de la estrategia conceptual centrada en alcanzar objetivos, al tiempo que «permitimos que estén presentes cualquier cosa y todas las cosas que experimentemos de un momento a otro porque ya están aquí» (Kabat-Zinn, 2013, pág. 26), lleva a la mente a reconfigurarse de un modo controlado por la memoria de trabajo holístico-intuitiva en la que emerge el mindfulness.

Aceptación

La aceptación es tal vez uno de los aspectos más incomprendidos del mindfulness. Con demasiada frecuencia, la aceptación (junto con sus parientes cercanos, como permitir, dejar ser y paciencia) se ve equiparada con la pasividad, la resignación estoica, el aguantar las situaciones, la tolerancia a regañadientes o la aversión camuflada: estados mentales en los que realmente queremos que las cosas sean diferentes, pero sentimos que tenemos que reprimir nuestro impulso para que eso suceda. Asimismo, también es posible utilizar la aceptación como una forma inteligente de conseguir nuestros objetivos ya que, habiendo escuchado que debemos aceptar las cosas antes de que cambien, hacemos todo lo posible por «estar con» las experiencias difíciles y no deseadas con la secreta esperanza de que esto haga que desaparezcan. Sin embargo, lo anterior, por supuesto, no es sino otra forma, más sutil, de luchar por alcanzar determinados objetivos.

Para Jon Kabat-Zinn, «aceptación [...] significa la voluntad de ver las cosas como son en el momento presente» (2013, pág. 27). La palabra clave aquí es *voluntad*: la disposición a abrirnos a los diferentes matices de nuestra experiencia señala un cambio crucial en nuestro estado mental. La mente se reconfigura desde una actitud impulsada por la necesidad de escapar o evitar determinadas cosas a un estado positivo y motivado por el acercamiento y la exploración. Dicho cambio propicia una transformación radical en el modo en que prestamos atención, puesto que cambiamos desde el estrecho enfoque instrumental de la BÚSQUEDA del afecto central y el conocimiento conceptual a la receptividad abierta de los afectos no instrumentales y el conocimiento holístico-intuitivo, permitiendo que la mente deje de estar fragmentada para ser una totalidad y respondiendo de maneras nuevas y creativas.

Cuando observamos las situaciones a través de la lente del procesamiento conceptualmente controlado y centrado en el logro de objetivos, tan solo registramos los aspectos más relevantes desde el punto de vista del objetivo perseguido. Al igual que en el experimento del gorila, descrito en el capítulo 2, sencillamente obviamos el resto de la situación y tan solo recibimos la información suficiente, sin que nos interese ninguna otra cosa, para clasificar los aspectos de la experiencia como «objetos positivos» que hay que conservar, u «objetos negativos» que hay que evitar o eliminar, en vistas a alcanzar nuestro objetivo actual. La mente tan solo no tiene acceso al espectro más amplio de información que se requiere para generar modelos mentales novedosos, creados a medida, que harán que se perciba a sí misma como una totalidad y nos capaciten para responder con más habilidad a las situaciones complicadas.

200 Mindfulness

Estas dificultades se intensifican cuando el esfuerzo centrado en alcanzar objetivos nos lleva a evitar, apartar o no comprometernos con la información desagradable. Si no acogemos esa información en la memoria de trabajo holístico-intuitiva, no puede incorporarse a la creación de los nuevos modelos mentales que nos permitirían ser conscientes y responder de manera distinta a las situaciones.

Por otro lado, en el procesamiento controlado de modo holístico-intuitivo, propio del mindfulness, se amplifica el foco atencional, percibimos la imagen completa –«las cosas como son realmente en el momento presente»– y acogemos un espectro más amplio de información en la memoria de trabajo holístico-intuitiva. En este caso, aparecen nuevos modelos mentales y formas más sanas y apropiadas de respuesta.

Podemos, por ejemplo, experimentar dolor en el cuerpo. Si dirigimos nuestra atención a las sensaciones dolorosas cuando la situación se halla bajo el control de la mente conceptual (con su objetivo a largo plazo de llegar a ser un yo que se siente cómodo y está libre de dolor), interpretaremos la información en el sentido de que esas sensaciones son algo «negativo» de lo que debemos deshacernos. Nuestra mente se bloqueará entonces en un ciclo autoperpetuado de procesamiento centrado en el objetivo y condenado al fracaso porque, por más que lo intentemos, no podremos deshacernos del dolor mediante un acto de voluntad. Este tipo de ciclo no solo aumenta nuestro sufrimiento, sino que también impide que nuestra mente registre la «realidad» de la situación para propiciar la emergencia de modelos mentales más adaptativos.

Por otro lado, si nos desvinculamos de la BÚSQUEDA del afecto central, si «tratamos de no imponer nuestras ideas sobre lo que "deberíamos" sentir, pensar o ver en nuestra experiencia» (Kabat-Zinn, 2013, pág. 28) y, en cambio, abordamos las sensaciones con una mente holístico-intuitiva, abierta y receptiva, obtendremos una visión muy distinta. Tal vez ya no consideremos que la experiencia dolorosa simplemente sea algo «negativo», es decir, la cualidad intrínseca de una identidad permanente en tanto «yo-con-dolor», sino que en su lugar nuestra mente avanzará hacia una mayor integridad desarrollando modelos mentales en los que la experiencia del dolor es un patrón complejo y en constante cambio, formado por distintas sensaciones físicas, sentimientos y pensamientos. A través de la lente que nos brinda este modelo, percibimos el dolor como algo que «no soy yo» o que «no es mío», esto es, como una experiencia que pasará a su debido tiempo y una invitación a comprobar si necesitamos cuidar más de nosotros mismos.

Desde la perspectiva de los SCI, «antes de poder cambiar de verdad, tenemos que aceptarnos tal como somos», porque, a falta de esa aceptación, es sencillamente imposible crear los nuevos modelos mentales de los que dependen el «cambio real» y una mayor plenitud.

Soltar

Desde la perspectiva de los SCI, soltar significa desconectar el procesamiento controlado conceptualmente y centrado en objetivos: se parece un poco a pisar el embrague para cambiar la transmisión en un coche con marchas manuales. La actitud de soltar –«renunciar» en un lenguaje más tradicional– es indispensable para cultivar el mindfulness porque, en su ausencia, el estado de la mente no puede cambiar desde el procesamiento controlado conceptualmente hasta el procesamiento controlado de manera holístico-intuitiva. Soltar significa liberar la mente tanto de sus esfuerzos por aferrarse a sensaciones, pensamientos, sentimientos, objetos y situaciones agradables, como de sus esfuerzos por evitar y deshacerse de sensaciones, pensamientos, sentimientos, objetos y situaciones desagradables.

¿Cómo soltamos? Nuestra mente habitual centrada en objetivos nos sugiere de inmediato que identifiquemos el soltar con una meta por alcanzar, y que nos esforcemos por lograrla. Pero, por supuesto, este enfoque está condenado al fracaso: ¡no podemos utilizar el procesamiento centrado en objetivos para liberarnos del procesamiento centrado en objetivos! Sin embargo, incluso las personas que más tarde se convierten en maestros de meditación –como el muy venerado monje de origen estadounidense Ajahn Sumedho– comienzan de esta manera y pueden luchar durante semanas para descubrir cómo «llevar a cabo» el soltar (véase el cuadro 6.1).

Para soltar, debemos aprender a establecer las condiciones que permitan que esto ocurra por sí solo, al igual que sucede cuando nos dormimos. Desde la perspectiva de los SCI, esas condiciones incluyen el cultivo de otros afectos básicos no instrumentales –como atención, amabilidad y un corazón ligero y lúdico–, así como, por encima de todo, la comprensión de la naturaleza fugaz e insatisfactoria de los objetivos que pretendemos alcanzar (capítulo 1).

La maestra contemporánea de sabiduría Cynthia Bourgeault señala el papel fundamental de soltar en todos los caminos contemplativos: «No importa qué camino espiritual sigamos, las tuercas y tornillos de la transformación terminan siendo prácticamente los mismos: entrega, desapego, compasión, perdón. Ya seamos cristianos, budistas, judíos, sufíes o *sannyasines*, tenemos que pasar por el mismo ojo de la aguja para llegar a donde se halla nuestro verdadero corazón» (Bourgeault, 2003, pág. xvii). Ajahn Chah, un maestro muy influyente en la tradición de la meditación de la visión profunda, también se hace eco del mismo mensaje crucial: «Si sueltas un poco, tendrás un poco de paz; si sueltas mucho, tendrás mucha paz; si sueltas completamente, tendrás la paz completa» (Chah, 1994, pág. 116). Volveremos a hablar del soltar en el capítulo 14.

Nuestra exploración de la perspectiva de los SCI proseguirá en el capítulo 7, donde examinamos el «qué» del mindfulness. ¿Pueden los SCI ayudarnos a comprender la naturaleza del mindfulness?

CUADRO 6.1. Ajahn Sumedho sobre el soltar

Tuve mi primera percepción de soltar durante mi primer año de meditación. Comprendía intelectualmente que había que soltarlo todo y luego pensaba: «¿Cómo se suelta?». Parecía imposible soltar ninguna cosa. Y seguía contemplando: «¿Cómo se suelta?». Entonces me decía: «Se suelta soltando. ¡Entonces, suelta!». Luego me preguntaba: «¿Pero he soltado ya?». Y, «¿cómo se suelta? ¡Pues soltando!». Seguí así, cada vez más frustrado. Pero al final se tornó evidente lo que estaba ocurriendo. Cuando tratamos de analizar en detalle el proceso de soltar, lo complicamos en exceso. No era algo que se pueda resolver con palabras, sino algo que realmente se hace. Así pues, me dejé llevar durante un instante, sin más. (Sumedho, 2020, págs. 56-57).

7. Mindfulness
El qué

¿Cómo explica la perspectiva de los SCI las características fundamentales del mindfulness? ¿Es coherente con lo que ya sabemos? ¿Enriquece nuestra comprensión? ¿Concilia distintos puntos de vista?

El presente capítulo explora estas cuestiones en relación con algunos aspectos definitorios del mindfulness.

Consciencia

En una de las descripciones más conocidas del mindfulness, Jon Kabat-Zinn (2013) destaca que la consciencia es su principal característica: «Una definición operativa de mindfulness es la siguiente: la consciencia que emerge al prestar atención deliberadamente en el momento presente sin juzgar el desarrollo de la experiencia».

Para comenzar nuestra exploración de la perspectiva de los SCI sobre la atención consciente, volvamos a la conversación entre Thich Nhat Hanh y su amigo Jim (capítulo 5). Mientras Jim estaba profundamente inmerso en sus pensamientos sobre proyectos futuros, apenas era consciente de la mandarina que estaba comiendo. Unos instantes después, se dio cuenta vivamente de la experiencia. ¿Pero cuáles son las diferencias cruciales en la mente y el cerebro que sustentan este acusado contraste en nuestra experiencia subjetiva?

Para responder a esta pregunta, los neurocientíficos y los científicos cognitivos han ideado experimentos en los que los participantes –como Jim– a veces son conscientes de determinadas cosas y otras veces no. Sus investigaciones identifican dos rasgos clave que caracterizan a las experiencias de consciencia: 1) estas experiencias implican un procesamiento controlado (recursos ejecutivos), y 2) hay coherencia entre los diferentes patrones de información, ampliamente distribuidos, relacionados con la experiencia. Wolf Singer (2013), por ejemplo, concluye: «La experiencia consciente aparece cuando la información que está ampliamente distribuida dentro o a través de los subsistemas no solo se procesa y se transmite a las estructuras ejecutivas, sino que se une para formar una metarrepresentación coherente, no local sino distribuida, que lo abarca todo». Otros autores han apuntado puntos de vista similares (por ejemplo, Crick y Koch, 1990).

Los puntos de vista de la neurociencia cognitiva convergen de forma muy satisfactoria con la perspectiva de los SCI, los cuales consideran que la consciencia plena es el reflejo de un patrón subyacente de procesamiento controlado holístico-intuitivamente. Según ese patrón, las holarquías mentales coherentes reúnen información procedente de fuentes muy heterogéneas; los recursos ejecutivos para la construcción de totalidades flexibles entretejen esos hilos de información separados, formando modelos mentales novedosos; y el patrón completo, ampliamente distribuido, de información cambiante se mantiene unido por una dinámica central subyacente que integra las partes en conjuntos.

La figura 7.1 esboza la perspectiva de los SCI sobre cómo era la mente de Jim mientras comía la mandarina con atención consciente.

Según este patrón, las holarquías mentales coherentes unen múltiples patrones diferentes de información relacionada para crear totalidades en niveles cada vez más altos. En el nivel más alto, el *procesamiento controlado* (el primer requisito para la consciencia) crea modelos mentales holístico-intuitivos integrados.

Según este modelo, la construcción de totalidades genera una coherencia entre la información que refleja facetas distintas de la experiencia, *ampliamente distribuidas* en la mente (la segunda característica de la consciencia identificada por la investigación). Reunir partes separadas para crear una totalidad

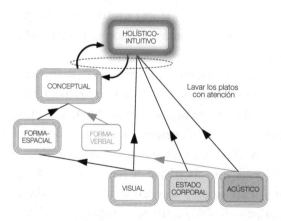

FIGURA 7.1. Atención consciente (mente unificada). Los subsistemas con contornos similares procesan información relacionada; el contorno más oscuro alrededor del subsistema holístico-intuitivo nos indica que el control recae en su memoria de trabajo.

coherente (*gestalt*) es, por supuesto, una característica fundamental de las modalidades *holísticas* de conocimiento.

Por el contrario, la figura 7.2 esboza cómo era la mente de Jim mientras comía la mandarina sin prestar atención, profundamente inmerso en los pensamientos relativos a futuros proyectos.

La figura muestra una mente fragmentada y dividida, en la que tres subsistemas apoyan el procesamiento controlado conceptualmente, creando un mundo mental interno en el que Jim ensaya planes futuros, otro conjunto de subsistemas gestiona el consumo de la mandarina, mientras que el resto de la mente no participa en ninguna de ambas actividades. Aunque esta configuración implica un *procesamiento controlado* (el primer requisito para la consciencia), carece de una coherencia *ampliamente distribuida* (la segunda condición para la cons-

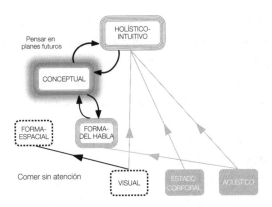

FIGURA 7.2. Comer sin atención mientras uno se pierde en un mundo interior de pensamientos (mente dividida). Los subsistemas con contornos similares procesan información relacionada; el contorno más oscuro alrededor del subsistema conceptual indica que el control recae en su memoria de trabajo.

ciencia) de la que depende el conocimiento consciente evidente. En este caso, la experiencia subjetiva de Jim no tiene tanto
que ver con la atención consciente, sino con el pensamiento. Y,
como el procesamiento controlado no está implicado en ningún
aspecto del acto de comer la mandarina, Jim no es consciente
de este aspecto de su vida.

Una rica consciencia multidimensional

Un atractivo inmediato de la perspectiva de la atención consciente es que nos brinda la forma de entender de qué modo el
mindfulness revitaliza nuestra experiencia. Los programas de
MBSR y MBCT suelen iniciarse comiendo con mindfulness
una pasa. Una respuesta bastante común de los participantes a
este ejercicio suele ser: «¡Vaya! Nunca me había dado cuenta de
que algo tan simple como comer una pasa es tan sorprendente».
En términos más generales, como analizaremos en profundidad
en el capítulo 9, el mindfulness nos abre la mente al «milagro
de la vida» que, con frecuencia, nos pasa desapercibido.

Cuando prestamos una atención consciente a comer una
mandarina, las holarquías mentales unificadas y los modelos
mentales aglutinan en una totalidad coherente información procedente de una amplia variedad de fuentes, como, por ejemplo,
información que refleja su color, su forma, su ubicación en el
espacio, su aroma, el concepto «mandarina» y el contexto más
amplio de la comida. Este conjunto se extiende a lo largo del
tiempo y se mantiene unido mediante vínculos de resonancia.
La experiencia subjetiva resultante es mucho más rica, polifa-

cética y multiestratificada que el procesamiento de cualquier aspecto individual de la situación por sí solo.

Una analogía puede ser útil en este caso. Los libros de texto de anatomía a veces incluyen transparencias, cada una de las cuales muestra un aspecto particular del cuerpo: esqueleto, sistema digestivo, sistema nervioso, sistema muscular, etcétera. Aunque cada transparencia individual ofrece una visión limitada y parcial del cuerpo, si se superponen todas ellas de manera que se alineen las partes correspondientes, se obtiene una perspectiva más rica y completa de la totalidad del cuerpo. De igual modo, cuando Jim comió la mandarina con atención, la consciencia rica, profunda y polifacética que experimentaba reflejaba el procesamiento de la información relacionada con aspectos distintos, en sincronía, a través de la holarquía mental. Los patrones de información resonaban juntos para crear una totalidad coherente, ampliamente distribuida y armónica.

Este tipo de totalidad infunde a la experiencia subjetiva una profundidad y una textura rica y multidimensional.

Una consciencia que puede ser estrecha y amplia

La perspectiva de los SCI sobre la consciencia también aclara la diferencia entre el mindfulness y la concentración, la cual a menudo se confunde con el mindfulness.

Un antiguo rey indio era al unísono un gobernante laico y un maestro yogui. Tratando de entender esta inusual combinación, un súbdito pidió ser su discípulo. El rey le respondió afirmativa-

210   Mindfulness

mente y le indicó que se pusiera una olla de aceite caliente en la cabeza y que recorriera todas las estancias del palacio sin derramar una gota.

El hombre completó la tarea e informó de su logro. «¡Genial!», dijo el rey. «Ahora, ¿puedes decirme qué pasaba en el palacio: intrigas políticas, golpes de estado, sexo, complots de asesinato?». El discípulo respondió que estaba demasiado concentrado en no derramar una sola gota de aceite como para observar el mundo que le rodeaba. Así pues, el gran rey le dijo: «Ahora ponte de nuevo la vasija de aceite en la cabeza, camina por el palacio, no derrames ni una gota y cuéntame qué está pasando». (Rosenberg y Zimmerman, 2013)

Los instructores de meditación Larry Rosenberg y Laura Zimmerman utilizan esta historia tradicional para ilustrar la diferencia crucial entre el mindfulness y la concentración. La concentración consiste en enfocar la atención de forma estrecha y exclusiva en un solo objeto, mientras que la atención consciente, por el contrario, «es a la vez unidireccional, abierta y receptiva» (Feldman, 2001, pág. 177).

Tanto el mindfulness como la concentración implican una *atención selectiva*, es decir, el proceso de centrarse en determinados aspectos de la experiencia en detrimento de otros. Sin embargo, el tipo de atención selectiva es muy diferente en ambas prácticas. La concentración persigue un enfoque unidireccional al centrarse en el objeto seleccionado y, al mismo tiempo, excluir todo lo demás de la consciencia, *suprimiendo* o inhibiendo de manera deliberada el resto de la información, como en el clásico experimento del gorila de Chabris y Simons (capítulo 2). En cambio, en el mindfulness, la información de interés adquiere relevancia al *aumentar* su activación en relación con el resto de la información. Las holarquías mentales del mindfulness, ampliamente distribuidas e interconectadas (figura 7.1), permiten resaltar la información clave atendiendo a aspectos concretos de las holarquías, mientras que, al mismo tiempo, el resto de la información sigue estando, en un segundo plano, incluida en la consciencia. El encuentro del Dalái Lama con Sharon Salzberg (capítulo 3) ilustra este estilo atencional. La consciencia amplia y receptiva de la atención compasiva del Dalái Lama le alerta, en medio de una gran multitud, de la presencia de un individuo que sufre; entonces se centra en ese sufrimiento, dedicándole toda su atención, mientras que, al mismo tiempo, permanece consciente y alerta a cualquier otra cosa que ocurra a su alrededor.

Las diferencias existentes en la atención selectiva entre la concentración y el mindfulness entrañan importantes consecuencias en la forma en que las utilizamos en nuestra vida cotidiana. Podemos aplicar ambas en situaciones difíciles para estabilizar y recoger nuestra mente fragmentada: para recomponernos cuando estamos «dispersos», sumidos en una maraña de pensamientos y sentimientos conflictivos que nos empujan primero hacia un lado y luego hacia otro, creando un estado mental inquieto, agitado y problemático. El método de la concentración supone apartar de la consciencia los pensamientos o sentimientos indeseados, centrando intensamente la atención en algún otro aspecto de la experiencia, como el ladrillo específico de una pared. Gunaratana (2002, pág. 149) describe la concentración como «forzar a la mente a permanecer en un

212 Mindfulness

punto estático». Y, aunque esto puede resultar eficaz a corto plazo, también implica un coste. En primer lugar, no podemos hacer ninguna otra cosa mientras nuestra atención está estrechamente enfocada de esa manera. Además, como la concentración excluye a la fuerza la información «irrelevante», impide el desarrollo de nuevos modelos mentales que podrían conducir a cambios más duraderos en la forma de responder a las situaciones difíciles (capítulo 8). El resultado es que, tan pronto como relajamos nuestro foco atencional, es muy probable que los pensamientos o sentimientos problemáticos salgan de su madriguera y vuelvan a acosarnos.

El mindfulness, en cambio, crea la posibilidad de cambios más permanentes. En primer lugar, su alcance más inclusivo permite la integración de una gama más amplia de información y el desarrollo de modelos mentales más útiles y adaptativos (véase el capítulo 8). En segundo lugar, además de cambiar el *foco* atencional hacia la información menos perturbadora, el mindfulness también modifica el *estado* de la mente, poniendo al frente al procesamiento controlado holístico-intuitivamente, lo cual permite que la construcción de totalidades reúna los distintos hilos de información para formar un todo resonante, resiliente y unificado. Aunque podemos centrarnos de manera consciente en un solo aspecto de nuestra experiencia (como la respiración) y volver repetidamente a ese foco cada vez que se desvía nuestra atención, el efecto es la unificación de la mente como una totalidad. Esta integración dota al recogimiento y el asentamiento de la mente en el mindfulness de una cualidad más sólida, generalizable y duradera que en la concentración, permitiéndonos seguir con nuestra vida, en lugar de dedicar nuestro tiempo a concentrarnos de manera exclusiva en un solo aspecto de la experiencia.

El Buda comparaba el poder estabilizador y de enraizamiento del mindfulness con el hecho de atar a «un fuerte pilar o poste» al grupo de seis animales salvajes que forcejean y que encontramos en el capítulo 4. Finalmente, los animales abandonan su lucha, se rinden y descansan (*Samyutta Nikaya*, capítulo 35, verso 247, en Bodhi, 2000). En esta metáfora, el pilar o poste de anclaje es específicamente el mindfulness del *cuerpo*: como siempre tenemos nuestro cuerpo a nuestra disposición, podemos sumar otros aspectos de nuestra experiencia a la consciencia del cuerpo para generar totalidades estables y coherentes. En la práctica de «respirar con» (Williams, Teasdale, Segal y Kabat-Zinn, 2007, pág. 133), por ejemplo, seguimos manteniendo la consciencia de la respiración en segundo plano mientras nos centramos en otros aspectos de la experiencia que requieren atención en ese momento.

La estabilidad permanente y la cualidad enraizada de la mente atenta son análogas a la estabilidad intrínseca del sistema de péndulos resonantes de Huygens (capítulo 4): «Combinando diferentes oscilaciones de los péndulos, he constatado que en el plazo de media hora siempre vuelven a estar en consonancia y permanecen de manera constante durante todo el tiempo que los dejo». Del mismo modo, la resonancia simpática entre diferentes patrones de información restablece y mantiene la unidad en la mente que presta atención. Al igual que los lazos de la cuerda ataban a los seis animales salvajes a un poste robusto, los lazos de resonancia calman e integran la mente, estableciendo un estado de armonía y calma interior.

¿Consciencia centrada en el presente o recuerdo del pasado?

La perspectiva de los SCI también permite reconciliar las aparentes divergencias entre los diferentes puntos de vista del mindfulness, como, por ejemplo, el momento del tiempo que se considera importante. Las perspectivas contemporáneas enfatizan la naturaleza centrada-en-el-*presente* de la consciencia plena, como, por ejemplo, en las conocidas definiciones de Jon Kabat-Zinn que hemos expuesto en los capítulos 5 y 6. La tradición budista, por otra parte, señala de manera sistemática que el mindfulness también refleja importantes influencias del pasado. Por ejemplo, el mismo Buda enseñaba: «¿Y qué es, oh monjes, la facultad del mindfulness? Aquí, el noble discípulo es […] aquel que recuerda y rememora lo que hizo y dijo hace mucho» (Bodhi, 2011). En el uso normal del inglés, la palabra *mindfulness* también implica a menudo recordar y mantener en mente una determinada intención. Hablamos, por ejemplo, de «ser conscientes de nuestras responsabilidades», o «conscientes de la necesidad de ser cuidadosos».

El budista Georges Dreyfus (2011) nos indica que la noción de la memoria de trabajo permite conciliar estas aparentes discrepancias. La perspectiva de los SCI lleva un paso más allá esta útil sugerencia, apuntando específicamente a la memoria de trabajo holístico-intuitiva como la forma idónea de resolver la cuestión. Los SCI sugieren que la consciencia presente refleja los modelos mentales activos a cada momento en la memoria de trabajo holístico-intuitiva. Como hemos visto en el capítulo 5, estos modelos integran la información de la situación actual junto con la información a la que se accede desde la memoria del pasado tanto inmediato y reciente como más lejano. Los modelos mentales que dan forma a nuestra experiencia consciente reflejan *ahora* influencias significativas de la información procedente del *pasado*. De este modo, la perspectiva de los SCI reconcilia los diferentes énfasis de los relatos contemporáneos y tradicionales en un análisis enriquecido por ambos.

La memoria de trabajo proporciona un espacio en el que las sabias enseñanzas escuchadas y las sanas intenciones establecidas en el pasado influyen de manera poderosa en nuestra comprensión y comportamiento en el momento actual. Pero, para disfrutar de esos beneficios, tenemos que hacer algo más que simplemente recordar las enseñanzas o la intención. La transformación requiere que nuestra mente integre de manera activa la información procedente del pasado con la información actual para constituir modelos mentales en el presente. El proceso crucial es el recuerdo *además de la integración en una totalidad más amplia*. Ilustraré estas ideas con una historia personal (Teasdale y Chaskalson, 2011*a*):

Estaba preparando una charla en torno a la idea de que el sufrimiento emerge a partir de nuestras reacciones a los sentimientos desagradables, más que de los propios sentimientos: esta es la imagen de las dos flechas que aparece en el capítulo 1. Había reflexionado mucho en esta idea, hasta el punto de que, una mañana, de madrugada, me encontraba tumbado en la cama con pensamientos flotando en mi mente acerca de que la causa del sufrimiento no son tanto los problemas como el modo en que nos relacionamos con ellos. Y entonces me percaté, con cierto disgusto, de que no me había dormido. La reacción inmediata de mi mente fue: «Oh no, no quiero seguir despierto durante horas, tengo que encontrar la manera de dormir». A pesar de que terminaba de reflexionar en la *idea* de que el problema no es la experiencia en sí, sino nuestra relación con ella, mi reacción inmediata a mi insomnio no fue observar cómo me relacionaba con la situación, sino buscar la manera de deshacerme de él.

Afortunadamente, el hecho de que terminase de reflexionar en esta idea hizo que no tardase en recordarla: «El problema no es la vigilia en sí misma, sino mi necesidad de dormir; esto es aversión (la necesidad de deshacerse de las experiencias desagradables lo antes posible)». Guiado por el recuerdo de esa enseñanza, llevé la atención consciente a investigar la tensión y el malestar de mi cuerpo en ese momento, junto con el reconocimiento de que «esto es aversión». El modelo mental creado de ese modo me permitió percibir muy claramente que la fuente de mi molestia era mi irritación por estar despierto, así como la cualidad del impulso de mi necesidad de volver a dormir, y que, irónicamente, también eran los principales factores que me mantenían despierto. A partir de esa clara comprensión, fluyó de forma muy natural el soltar la irritación y la necesidad de resolver el insomnio. Acepté de manera consciente mi insomnio y, en uno o dos minutos, me sumergí en el sueño.

Recordar la información conceptual sobre los orígenes del sufrimiento no es, por sí mismo, necesariamente liberador. Pero cuando, en mindfulness, esa comprensión conceptual del pasado se integra con la información del presente –en especial con la información procedente del cuerpo y de los sentimientos–, todo cambia. La información conceptual se convierte entonces en un ingrediente vital en la combinación liberadora que crea un nuevo modelo mental holístico-intuitivo, una nueva lente a través de la cual vemos y experimentamos las cosas de manera diferente, más sana y útil.

La consciencia carente de juicios versus la necesidad de discernimiento

Otra aparente discrepancia entre los enfoques contemporáneos y los tradicionales se refiere a los juicios. Los abordajes contemporáneos suelen describir el mindfulness como una consciencia *carente de juicios*. Sin embargo, «el énfasis sin reservas en el mindfulness como un estado "carente de juicio" podría ser considerado una implicación de que todos los estados mentales poseen de alguna manera igual valor, que la avaricia, por ejemplo, es tan positiva como el desapego, o la ira igual que la amabilidad» (Gethin, 2011). En ese sentido, aunque Jesús de Nazaret enseñara: «No juzguéis, para que no seáis juzgados» (Mateo 7:1-3), también dejó claro que algunas formas de actuar y de relacionarse con los demás son dignas de ser cultivadas, mientras que otras deben ser abandonadas.

La perspectiva de los SCI ofrece una solución sencilla a esta aparente paradoja. La mente humana cuenta con dos formas distintas de conocer, y cada modalidad de conocimiento tiene, siguiendo desarrollos que pueden ser muy distintos, su propia manera de valorar las situaciones y las acciones. El conocimiento conceptual evalúa «juzgando» y utilizando la memoria de trabajo conceptual para comparar la idea que albergamos respecto de una persona, una acción, un sentimiento o una situación «tal como es», con la noción de un valor estandarizado, objetivo o referencial de cómo «debería ser» o cómo queremos que sea. Este es el proceso fundamental de la teoría de la autodiscrepancia, en la que las ideas del yo real se comparan con las ideas del yo deseado o del yo ideal. Las discrepancias desencadenan emociones desagradables, y hemos visto, en el capítulo 1, de qué modo este tipo de juicios son una fuente poderosa y generalizada de sufrimiento. Las tradiciones espirituales nos animan a abstenernos de esta clase de juicios de valor porque solo nos perjudican a nosotros mismos, a los demás y a nuestra relación con ellos.

También es importante el hecho de que el estado mental creado por este tipo de juicios de valor –una mente controlada por la memoria de trabajo conceptual– torna imposible alcanzar la libertad interior, la plenitud, la conexión y la paz tan anhelada por nuestro corazón. Estos estados sanos dependen de una condición mental en la que la memoria de trabajo holístico-intuitiva se halla activamente comprometida. Si, en lugar de ello, tenemos una «mente que juzga», no avanzaremos en el camino hacia la felicidad y el despertar más profundo (capítulo 5).

Si bien el conocimiento holístico-intuitivo lleva a cabo valoraciones, lo hace a través de un proceso que podemos denominar de discernimiento no basado en los juicios. El conocimiento holístico-intuitivo capta el significado de las distintas situaciones utilizando para ello modelos mentales que nos permiten anticipar las consecuencias de nuestras acciones *basándonos en la experiencia pasada.* (Esa experiencia puede incluir consejos procedentes de fuentes respetables y de confianza, así como la experiencia personal acerca de las consecuencias reales derivadas de diferentes acciones y estados mentales). En el mindfulness, por encima de cualquier comparación con las ideas socialmente aceptadas acerca de lo que es «correcto» o «incorrecto», o «positivo» o «negativo», es la anticipación de las consecuencias la que aporta el fundamento para elegir «sabiamente» el curso de la acción.

Las elecciones inteligentes, guiadas por modelos mentales bien ajustados, conducen a resultados sanos porque, en el mundo en el que vivimos, esas son las acciones que «funcionan» a la hora de proporcionar felicidad a los demás y a nosotros mismos. La relación entre las acciones y sus consecuencias se refleja en el conocimiento implícito, basado en la experiencia pasada y almacenado en los modelos. El Buda expresó abiertamente el núcleo de ese conocimiento en una de sus enseñanzas esenciales:

> Si uno habla o actúa con una mente impura, el sufrimiento le sigue como la rueda de la carreta sigue a la pezuña del buey [que tira de la carreta].

> Si uno habla o actúa con una mente pura, la felicidad le sigue como una sombra que jamás le abandona. (*Dhammapada*, versos 1-2, en Sangharakshita, 2008).

Las enseñanzas tradicionales nos animan a actuar de determinadas maneras y a abstenernos de otras, no porque algunas acciones sean intrínsecamente positivas o negativas, correctas o incorrectas, sino porque hay acciones que conducen a la felicidad, mientras que otras nos abocan a la infelicidad: así es como son las cosas.

Más allá del piloto automático

El mindfulness suele caracterizarse como el antídoto para combatir la vida vivida en el modo de piloto automático, es decir, el estado mental en el que tenemos escasa consciencia de lo que hacemos o de dónde nos encontramos, estando nuestras acciones controladas por hábitos consolidados, pero no por elecciones conscientes deliberadas. (La expresión «piloto automático» proviene de la experiencia común de conducir por una ruta conocida, perdidos en nuestros pensamientos, y luego «volver en sí» para darnos cuenta de que hemos estado conduciendo durante kilómetros sin ninguna consciencia de la carretera o del resto del tráfico, como si la mente consciente hubiera cedido el control de la conducción a algún otro tipo de sistema, como el piloto automático de un avión).

A menudo, en los debates relativos al mindfulness, también se destaca la diferencia entre «reaccionar» y «responder». El término «reaccionar» suele emplearse para describir formas relativamente automáticas, impulsivas e inmediatas de comportarse en situaciones emocionales; por ejemplo, cuando reaccionamos con enfado en el caso de que alguien nos critique, o sentimos que tenemos que escapar de inmediato de las situaciones que nos desagradan o tememos. En cambio, en este tipo de situaciones, «responder» implica detenerse para dar una respuesta más deliberada y consciente que tenga en cuenta el contexto más amplio y las posibles implicaciones y consecuencias de nuestras acciones.

Es natural percibir diferencias entre el modo de piloto automático versus la atención consciente y la elección deliberada, o entre la reacción versus la respuesta, que reflejan la distinción, abordada en el capítulo 5, entre el procesamiento automático y el controlado. Sin embargo, al reconocer dos formas distintas de procesamiento controlado, la perspectiva de los SCI nos advierte contra la mera equiparación de la desatención con el procesamiento automático y del mindfulness con el procesamiento controlado. La perspectiva de los SCI señala que el mindfulness se caracteriza *específicamente* por el procesamiento controlado de naturaleza holístico-intuitiva. Asimismo, cuando nos hallamos inmersos en el procesamiento controlado conceptualmente –por ejemplo, cuando planificamos los detalles de un acontecimiento futuro o contamos hacia atrás de siete en siete desde el número 301–, no nos hallamos en el modo de piloto automático ni «reaccionando» irreflexivamente. Pero, de igual modo, tampoco estamos necesariamente atentos puesto que, en ese caso, el conocimiento holístico-intuitivo tendría que hallarse «al mando» del procesamiento controlado.

Los SCI también nos brindan una perspectiva más rica sobre la diferencia entre reaccionar y responder, señalando que la reacción refleja la creación automática de totalidades, donde unos cuantos fragmentos clave del patrón completo de información desencadenan en la situación actual el recuerdo de un modelo mental relacionado y almacenado en la memoria. Este proceso automático permite una rápida respuesta emocional. Pero, como solo se basa de manera parcial en la imagen de la situación presente, es muy posible que la reacción emocional desencadenada no sea la respuesta más hábil o adecuada a la complejidad de la situación en este momento. Cuando el que está «al mando» de la situación es el procesamiento controlado conceptualmente, o la mente se halla «en piloto automático», prevalece este tipo de construcción de totalidades.

Por el contrario, responder implica un proceso flexible de construcción de totalidades que permite la creación de nuevos modelos mentales, confeccionados a la medida de los detalles específicos de la situación actual (que es siempre única). Los modelos creados de este modo reflejan las sutilezas y los matices del contexto real, permitiendo de ese modo una respuesta emocional más hábil y apropiada, ajustada con precisión a las necesidades de la situación particular. Esta es la posibilidad propiciada por el mindfulness.

El mindfulness es algo más que actuar de manera consciente y deliberada.

Conocer

Las enseñanzas originales del Buda acerca del mindfulness (Anālayo, 2003) son el fundamento de la práctica actual del mindfulness. Estas enseñanzas repiten una y otra vez la instrucción de conocer: «Al hacer una inspiración larga, conoce que hace una "inspiración larga", al hacer una espiración larga, conoce que hace una "espiración larga". Al hacer una inspiración corta, conoce que hace una "inspiración corta", al hacer una espiración corta, conoce que hace una "espiración corta"». Instrucciones similares, que enfatizan la necesidad de saber lo que estamos haciendo, se repiten en cada área del mindfulness cubierta por la enseñanza, apuntando siempre a un conocimiento basado en la experiencia directa e inmediata.

Este énfasis en el conocimiento *experiencial* es, por supuesto, justo lo que podríamos esperar de la idea de que es el conocimiento holístico-intuitivo el que está presente en el mindfulness. Sin embargo, el mindfulness implica un tipo muy concreto de conocimiento experiencial, consistente en «saber lo que estamos haciendo mientras lo estamos haciendo» (Kabat-Zinn, 2013, pág. 16). Es un tipo de conocimiento en el que «la mente se experimenta directamente a sí misma» (Nhat Hanh, 1987, pág. 40).

La perspectiva de los SCI nos brinda una forma útil de entender este tipo de conocimiento autorreflexivo, que es descrito de variadas maneras como metaconsciencia, repercepción, doble atención o presencia.

Metaconsciencia: la mente se conoce a sí misma

La metaconsciencia –la mente que se conoce a sí misma– es una capacidad exclusivamente humana. Una de las maravillosas ventajas de contar con dos tipos de conocimiento es que podemos utilizar una modalidad de conocimiento para conocer la otra. El motor central de la cognición –el diálogo permanente entre el subsistema holístico-intuitivo y el subsistema conceptual (figura 7.3)– desempeña un papel fundamental en este tipo de conocimiento autorreflexivo.

Para ilustrar su funcionamiento, nos serviremos de la atención a la respiración. El acto de respirar genera patrones de información sensorial relacionados con nuestro cuerpo, los cuales se transforman en patrones correspondientes de información holístico-intuitiva y seguidamente se transmiten a la memoria de trabajo holístico-intuitiva, donde dan forma a la creación del modelo mental de la respiración actual. Este modelo será rico en conocimiento implícito basado en la experiencia pasada. A partir de ese conocimiento, el modelo genera significados conceptuales –etiquetas, si se prefiere– que describen el tipo de respiración que la produjo (por ejemplo, «inspiración larga») (figura 7.4, parte A).

El siguiente paso del ciclo (figura 7.4, parte B) genera patrones de información holístico-intuitiva a partir de estos significados conceptuales y los devuelve a la memoria de trabajo holístico-intuitiva. Aquí, la actividad de construcción de totalidades las integra, junto con las nuevas aportaciones procedentes del cuerpo, en un modelo mental revisado y actualizado del estado real de la respiración. Este modelo revisado genera etiquetas conceptuales actualizadas, de manera que prosigue cíclicamente la totalidad del proceso dinámico (figura 7.4, parte C). De este modo, los intercambios de información en el motor central mantienen actualizado el autoconocimiento del estado de la respiración, la cual cambia de continuo.

Un rasgo importante de este tipo de autoconocimiento es que se «pierde» el «sabor» del pensamiento explícito, propio de las contribuciones conceptuales, dado que se conectan (se

FIGURA 7.3. El motor central de la cognición: el conocimiento holístico-intuitivo y el conocimiento conceptual «en conversación».

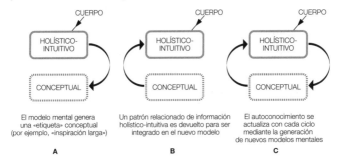

FIGURA 7.4. Metaconsciencia en el mindfulness a la respiración.

integran) como partes en los conjuntos de orden superior de los modelos mentales holístico-intuitivos. Esto sucede de la misma manera que, cuando leemos esta frase, dejamos de ser conscientes de la identidad de las letras individuales que componen las palabras. Cuando la información conceptual se integra en el conjunto de un modelo mental, la cualidad explícita de ese tipo de conocimiento se transforma en un aspecto «silencioso» implícito del conocimiento holístico-intuitivo. La forma en que experimentamos esto se describe a veces en términos de que «el conocimiento reside en la misma consciencia».

No obstante, al igual que las letras individuales contribuyen de manera crucial a las palabras que componen, los patrones conceptuales también contribuyen de modo fundamental a los modelos mentales constituidos en la memoria de trabajo holístico-intuitiva. Hago hincapié en este punto porque la forma de ver las cosas de los SCI arroja una luz diferente sobre la caracterización generalizada de la atención consciente en tanto conocimiento *no conceptual*:

> El mindfulness es una [...] consciencia no conceptual [...] No está implicada en pensamientos o [...] conceptos. Cuando se cobra consciencia de algo por primera vez, hay un instante fugaz de pura consciencia justo antes de conceptualizar el objeto, antes de [...] identificarlo. Ese momento fluido y suave de pura consciencia es el mindfulness. (Gunaratana, 2002, págs. 138, 140).

No cabe duda de que sentimos que la atención consciente es muy diferente del pensamiento de la mente controlada por los conceptos. Sin embargo, dicha atención consciente se ve profundamente alimentada por la información derivada conceptualmente, beneficiándose en gran medida de ella, como hemos visto, por ejemplo, en mi experiencia de vigilia no deseada que he expuesto antes.

El conocimiento autorreflexivo –la metaconsciencia– nos mantiene informados del estado de nuestra mente y nuestro cuerpo en todo momento: los pensamientos, los sentimientos, los estados mentales y las sensaciones corporales que experimentamos aquí y ahora. La metaconsciencia nos proporciona esta información vital. Y lo que es más importante, implica un cambio en la relación que mantenemos con estos aspectos de nuestra experiencia, un cambio que a menudo se describe como *descentramiento*. Antes de hablar de este aspecto de la meta-consciencia, será útil añadir algo acerca de la perspectiva de los SCI en torno a la relación entre el conocedor y lo conocido en el mindfulness en general.

Estar presente/comprometido con la experiencia

En el mindfulness (y en la iluminación, véase cuadro 7.1), estamos comprometidos con la experiencia y plenamente presentes en ella.

Estas cualidades de compromiso y presencia reflejan la naturaleza del conocimiento-por-resonancia, propio del conocimiento holístico-intuitivo (capítulo 4).

En cambio, en la mente dominada por los conceptos (pensamientos), asimilamos la información suficiente para ajustar los conceptos a la experiencia. Luego nos retiramos a un mundo mental interno donde trabajamos con esos conceptos. Nos desconectamos de nuestra experiencia del presente y permanecemos separados de los «objetos» que percibimos. El tipo de relación establecida entre el conocedor y lo conocido es como la de un observador distante que mira a través de un telescopio un panorama lejano del que permanece completamente separado.

Sin embargo, para conocer de forma experiencial –holístico-intuitiva– tenemos que mantener nuestros modelos mentales bien afinados y ajustados a la experiencia en constante cambio. Para ello, nos comprometemos con la experiencia en una relación continua de influencia mutua: estamos «presentes» con ella. En el capítulo 4, he señalado que el dibujo de Escher *Manos dibujando* nos brinda la manera de ilustrar la relación entre el conocedor y el conocido, que tiene lugar en el conocimiento holístico-intuitivo. En dicha relación, cada parte se ve continuamente alterada por la otra y por la relación que existe entre ambas. En este caso, hay una menor sensación de una identidad separada, más fusión de los límites rígidos y mayor énfasis en la *relación*. Del mismo modo, en la atención consciente, el conocedor y el conocido están estrechamente vinculados en un proceso de influencia mutua e interacción fluida, produciéndose una relación comprometida e íntima entre ambos. A cada momento, la creación de nuevos modelos mentales mantiene el «interior» y el «exterior» en sincronía y armonía, con lo que tenemos la sensación de estar comprometidos con el curso de nuestra experiencia y plenamente presentes en ella.

CUADRO 7.1. Mindfulness: presencia y compromiso

La naturaleza del mindfulness es el *compromiso*: allí donde hay interés, se sigue una atención natural no forzada. (Feldman, 2001, pág. 173).

[El mindfulness es] un estado mental flexible en el que estamos activamente comprometidos con el presente. (Langer, 2000, pág. 220).

El mindfulness es la disposición y la capacidad de estar igualmente *presente*, con discernimiento, curiosidad y amabilidad, en todos los acontecimientos y experiencias. (Feldman, 2015).

Estar iluminado es estar en *intimidad* con todas las cosas. (Cita de Dogen, maestro zen del siglo XIII).

(Énfasis añadido en las citas).

Descentramiento

La mayoría de nosotros mantiene una relación distinta con los pensamientos, los sentimientos y las sensaciones corporales que con las imágenes y los sonidos. Experimentamos lo que vemos y escuchamos como si se hallase «fuera», es decir, como algo distinto a nosotros mismos. En cambio, experimentamos pensamientos, sentimientos y sensaciones corporales como algo que reside «aquí», como «yo», como «mío» y «lo que soy»: *identificándonos* con estos aspectos de la experiencia. El descentramiento implica un cambio fundamental en ese tipo de relación, en el que dejamos de experimentar que pensamientos, sentimientos y sensaciones corporales son el centro de nuestro ser y nos relacionamos con ellos de modo similar a cuando entablamos relación con otros tipos de experiencia. Así pues, aprendemos a relacionarnos *con* los pensamientos y los sentimientos, en lugar de hacerlo *a partir de* ellos. Nos relacionamos con los pensamientos *como* pensamientos, y con los sentimientos *como* sentimientos –es decir, acontecimientos mentales que van y vienen– y no como si fuesen nuestro «yo» o nos «perteneciesen». Y tampoco equiparamos los pensamientos con la «realidad». Sé, por ejemplo, que «el pensamiento de mi madre no es mi madre» (capítulo 2).

En el mindfulness, el cultivo de la metaconsciencia ofrece una oportunidad preciosa de desarrollar el descentramiento. El acto de centrar de manera deliberada la atención en aspectos específicos de la experiencia y «etiquetarlos» (explícita o implícitamente) implica por necesidad que nos distanciamos en cierta medida de ella: diferenciamos entre esos aspectos de nuestra experiencia y un sentido más general y difuso del «yo». Y, con las instrucciones adecuadas (cuadro 7.2), podemos potenciar ese cambio viendo los pensamientos *como* pensamientos, y los sentimientos *como* sentimientos (y no como nuestro «yo»).

Estas instrucciones nos invitan a prestar atención a los pensamientos del mismo modo que atendemos a los aspectos de la experiencia que consideramos «no yo», es decir, como imágenes proyectadas en una pantalla de cine, como un río que fluye mientras estamos sentados en la orilla, como pájaros en el cielo, etcétera. Estas instrucciones traen al espacio de la memoria de trabajo holístico-intuitiva fragmentos de modelos mentales (almacenados en la memoria) que reflejan la perspectiva del «no yo». A continuación, la construcción de totalidades reúne esos fragmentos con patrones que reflejan otros aspectos de la experiencia de pensamiento actual para crear modelos mentales novedosos que encarnan la perspectiva de «yo-no-soy-los-pensamientos».

Las instrucciones del cuadro 7.2 utilizan palabras como *observador* y *testigo*, las cuales sugieren que la metaconsciencia y el descentramiento hacen que se desarrolle una relación un tanto distante y alejada entre conocedor y conocido. Esta sería una relación muy diferente del sentido íntimo de «estar comprometido y plenamente presente con el curso de nuestra experiencia» que, como antes he indicado, caracterizan al conocimiento holístico-intuitivo y al mindfulness. ¿Qué hacer, pues, con esta aparente discrepancia?

Por ahora, podemos observar que, cuando practicamos mindfulness u otros tipos de consciencia contemplativa, se produce un cambio progresivo en la relación entre el conocedor y lo conocido a lo largo del tiempo. Antes de empezar a practicar, el estado habitual de nuestra mente es el procesamiento controlado conceptualmente, centrado en alcanzar objetivos e impulsado por el afecto central de la BÚSQUEDA instrumental. De esta forma, vemos a través de la lente de modelos mentales que dividen el mundo en sujetos y objetos. Nos identificamos con nuestros pensamientos, sentimientos y sensaciones corporales como si fuesen aspectos relativamente indiferenciados del lado del sujeto de esta dualidad, es decir, del «yo». Somos nuestros pensamientos, sentimientos y demás. Y vemos nuestros pensamientos como si fuesen reflejos válidos de la «realidad».

CUADRO 7.2. Desarrollar la metaconsciencia de los pensamientos

Dedicamos unos momentos a ser conscientes de los pensamientos que emergen en nuestra mente, imaginando que estamos sentados en el cine. Observamos la pantalla vacía, esperando que lleguen los pensamientos. Cuando llegan, ¿podemos ver qué son exactamente y qué ocurre con ellos? (Segal, Williams y Teasdale, 2013, pág. 305).

Nos convertimos en testigos de las corrientes de pensamiento que fluyen por nuestra consciencia. Al igual que alguien que se sienta a la orilla de un río y lo observa fluir, nos sentamos al lado de nuestra mente y observamos. Del mismo modo que alguien se sienta en el bosque y contempla una bandada de pájaros volando, nos sentamos y observamos. Como alguien que contempla el cielo lluvioso y las nubes en movimiento, tan solo observamos las nubes de los pensamientos que se desplazan en el cielo de nuestra mente, los pájaros de los pensamientos que vuelan, el río de los pensamientos que fluye de la misma manera [...] Nosotros tan solo somos observadores. (Osho, 1998).

232 Mindfulness

Sin embargo, a medida que empezamos a practicar mindfulness y a cultivar la metaconsciencia, el proceso de centrarnos en aspectos discretos de nuestra experiencia –y de etiquetarlos conceptualmente– nos permite diferenciar esos aspectos del resto del «yo». Cuando la mente está atenta, predominan el procesamiento controlado holístico-intuitivo y los afectos no instrumentales. Ese estado mental nos permite aprovechar la estructura atomística de la información conceptual sin sumergirnos en el procesamiento controlado conceptualmente. Así pues, nos relacionamos con los pensamientos y los sentimientos como objetos de atención diferenciados sin perdernos en evaluar, juzgar o concebir esos objetos como si fuesen aspectos de la «realidad».

Desde esta perspectiva, la construcción de totalidades da lugar a modelos mentales que encarnan una perspectiva más descentrada. Cobramos consciencia de que los pensamientos y los sentimientos no son nuestro *yo*, sino *aspectos distintos de la experiencia*. Y, lo que es más importante, al igual que, cuando las contribuciones conceptuales se integran en los modelos mentales holísticos, se pierde el carácter específicamente «pensante» del conocimiento conceptual y también se debilita su sentido de separación y desconexión. Nos comprometemos, nos relacionamos íntimamente y estamos plenamente presentes en nuestra experiencia de los pensamientos, los sentimientos y las sensaciones corporales.

De entrada, el descentramiento crea modelos mentales que siguen reflejando algunas de las características duales (sujeto-objeto) del conocimiento conceptual. Pensamientos y sentimientos nos parecen *objetos* distintos de la consciencia, mientras que identificamos otros aspectos de la experiencia

–como la propia consciencia– como si fuese el sujeto –el yo–
que los experimenta. Sin embargo, con el debido entrenamiento, los modelos mentales así creados pierden completamente
su carácter de relación dual (sujeto-objeto) y empezamos a ver
a través de la lente cada vez *menos dual* de la mente despierta. En este punto, «la mente se experimenta directamente a sí
misma», como dice el maestro zen Thich Nhat Hanh; o bien,
tal como refiere la contemplativa cristiana Cynthia Bourgeault
(2016), se produce un cambio desde la «atención hacia» hasta
la «atención *en*» (pág. 96).

Intenciones y objetivos

El mindfulness no es difícil ni complejo;
recordar ser conscientes es el gran desafío.

CHRISTINA FELDMAN (2001, pág. 167)

Cualquiera que haya intentado mantener la práctica del mindfulness reconocerá la verdad de estas sabias palabras. Entonces,
¿cómo sostener la intención de permanecer atentos, manteniéndola en primer plano en nuestra mente? ¿Cómo albergamos la
sana intención de no agredir y de ser bondadosos y compasivos,
que son fundamentales en cualquier camino de transformación
radical (capítulo 14)?

Antes de responder a estas preguntas clave, será útil decir
algo más acerca de la distinción entre intenciones y objetivos
en el contexto de los SCI, y de qué manera eso nos ayuda a
resolver lo que podría parecernos una paradoja desconcertante.

234 Mindfulness

Por ejemplo, Jon Kabat-Zinn (2013) describe cómo se pide a los participantes en los cursos de MBSR que identifiquen tres objetivos que quieran alcanzar en el programa. Pero luego, a menudo para sorpresa de ellos, les animamos a que no intenten hacer ningún progreso para alcanzar esos objetivos durante las ocho semanas» (pág. 27). Los participantes pueden parecer comprensiblemente desconcertados. Por un lado, se les dice que no intenten alcanzar ningún objetivo, mientras que, por el otro, se les pide que se comprometan de todo corazón a practicar mindfulness, por lo menos una hora al día, en un programa que parece tener un propósito y una dirección evidentes.

En la vida cotidiana, a menudo utilizamos indistintamente las palabras *objetivo* e *intención*. Sin embargo, los SCI sugieren que es importante establecer una diferenciación entre ambos, una diferenciación que resolverá cualquier sentimiento de conflicto o paradoja entre los dos tipos de instrucción que termino de mencionar.

En los SCI, el objetivo es una *idea conceptual* de un futuro estado de cosas, algo que aún no ha sucedido, que podemos esforzarnos en alcanzar y con el que medimos nuestro progreso. Las intenciones, por su parte, son *patrones de información holístico-intuitiva* relacionados con tendencias de acción que probablemente nos muevan en la dirección que hemos elegido y valoramos, acciones que se llevan a cabo *ahora*. La construcción de totalidades permite unir los patrones relacionados con la intención con otros patrones que reflejan aspectos más amplios de la situación actual. Los modelos mentales creados pueden entonces orientar y motivar el comportamiento promoviendo una gran sensibilidad al contexto más amplio. Si bien los objetivos se centran en los *resultados*, las intenciones se centran en el *proceso*, es decir, en cosas que hacer, o actitudes que adoptar, que incrementarán en general las posibilidades de que las cosas funcionen de la manera que más valoramos.

Si me siento a meditar con el objetivo de prestar atención a cada una de las respiraciones, y termino con la mente ocupada en otras cosas, consideraré que ese resultado es un fracaso. Y los pensamientos relacionados con el motivo por el que he fracasado, y lo que ello significa, me alejarán más si cabe de mi respiración. Por otro lado, si me siento con el objetivo de sentirme tranquilo y relajado, y termino sintiéndome tenso, también lo consideraré un fracaso que me hará sentir frustrado, decepcionado, irritado y menos tranquilo y relajado. Sin embargo, si me siento a meditar con la intención de mantener la atención en la respiración «lo mejor que pueda», esa intención se incluirá como un aspecto del patrón holístico-intuitivo completo que dará forma a lo que ocurra a cada momento. Si en algún momento me percato de que he dejado de prestar atención a la respiración, no lo consideraré un fracaso, porque no he establecido la idea de un futuro estado de cosas deseado –un objetivo– en la memoria de trabajo conceptual. Más bien, esta consciencia puede actuar como un sencillo recordatorio de la intención de mantener mi atención en la respiración «lo mejor que pueda», y así aumentar las posibilidades de que lo haga realmente en el siguiente momento.

La historia de Peter, participante en un programa de MBSR (cuadro 7.3), ilustra aún más la distinción entre objetivos e intenciones, subrayando la conveniencia de trabajar a partir de las intenciones y no de los objetivos.

236 Mindfulness

Al trabajar en el modo conceptual centrado en objetivos, con un enfoque estrecho y «circunscrito» al objetivo de «ser el yo que hace todas las cosas que tengo que hacer hoy», Peter fue incapaz de ubicar esta idea en un contexto más amplio, un contexto que también incluyese que estaba cansado, que ya era tarde, que podía lavar el coche otro día, etcétera. Sin embargo, cuando fue capaz de «dar un paso atrás» –salir del procesamiento controlado conceptualmente y acceder al procesamiento holístico-intuitivo–, la intención de limpiar el coche se convirtió en un elemento más de un patrón más amplio en la memoria de trabajo holístico-intuitiva, es decir, un mero coadyuvante del modelo mental creado. Con el beneficio de una gama más amplia de información, ese modelo podía dar lugar a la «sabia» decisión de dar por concluido el día.

En los SCI, la distinción entre objetivos e intenciones proporciona una manera de entender de qué modo el comportamiento consciente puede verse claramente motivado y dirigido, estando al mismo tiempo libre del sufrimiento derivado del comportamiento orientado hacia objetivos.

CUADRO 7.3. Peter

Si tenemos el pensamiento de que debemos hacer una determinada cantidad de cosas hoy y no lo reconocemos como un pensamiento, sino que actuamos como si fuera «la verdad», entonces creamos en ese mismo instante una realidad en la que creemos que debemos hacer hoy esas cosas.

Un paciente, Peter, que había tenido un ataque al corazón y quería prevenir otro, se percató de ello de manera radical cierta noche, cuando se encontraba lavando su coche a las 10 de la noche

(continúa)

> con los faros encendidos en la entrada de casa. Se dio cuenta de que no tenía por qué hacerlo, sino que era el resultado inevitable de un día entero en el que había intentado hacer todo lo que creía que debía hacer. Al ver lo que se estaba haciendo a sí mismo, también se dio cuenta de que había sido incapaz de cuestionar la verdad de su convicción original de que todo debía hacerse cuanto antes, porque estaba completamente atrapado en dicha creencia.
>
> Por otro lado, en el momento en que aparezca ese pensamiento, si somos capaces de distanciarnos y verlo con claridad, podremos priorizar las cosas y tomar decisiones sensatas sobre lo que realmente hay que hacer. Sabremos entonces cuándo dar por terminado el día. (Kabat-Zinn, 2013, págs. 66-67).

Así pues, volvamos ahora al reto de entender cómo podemos suscribir la intención sana que nos ayudará a vivir felices y tranquilos: la intención de ser conscientes, de ser amables, de ser compasivos, de dejar de aferrarnos a los objetos de deseo. En esta tarea, la memoria de trabajo holístico-intuitiva desempeña un papel fundamental.

En la modalidad más sencilla de la memoria de trabajo, mantenemos, por ejemplo, activo el recuerdo de un número de teléfono repitiéndolo una y otra vez, ya sea en voz alta o en voz baja. Y, mientras lo hacemos, los patrones relacionados con los dígitos circulan por la mente en ciclos autosuficientes que implican información relacionada con la articulación, el sonido y la fonología, y los recursos ejecutivos mínimos imprescindibles para mantener dicho proceso en funcionamiento.

De manera similar, los ciclos que implican a la memoria de trabajo holístico-intuitiva nos ayudan a mantener activos los patrones de información de nivel superior relacionados con las intenciones sanas. Podemos iniciar esos ciclos y ayudar a mantenerlos con autoafirmaciones del tipo «que esté atento», «que sea cariñoso», «que todos los seres sean felices», «que sea capaz de soltar» y otros similares, pero es crucial que los ciclos también incluyan patrones relacionados de significado holístico-intuitivo. De lo contrario, estos ciclos degenerarán fácilmente en algo no muy distinto de la repetición de una lista de números telefónicos. La consciencia corporal –una importante contribución al significado holístico-intuitivo (capítulo 3)– nos brinda una forma de hacerlo. En la oración centrada en el corazón, en el cristianismo ortodoxo, por ejemplo, la consciencia se mantiene en el área física alrededor del corazón mientras las palabras de la oración se repiten continuamente a lo largo del día (Bourgeault, 2016, pág. 100; Savin, 2001). Participar en acciones relacionadas con nuestras intenciones sanas –como practicar el mindfulness en las actividades cotidianas o actuar con amabilidad y compasión (capítulo 14)– también contribuye a mantener los patrones de información que circulan por la mente anclados en la intención y no en la repetición sin sentido.

Es importante subrayar que estos ciclos, además de ayudarnos a recordar que debemos ser conscientes y amables, también pueden *motivarnos* a serlo. El estudioso budista Rupert Gethin (2011, pág. 270) explica en qué consiste esto:

> No debemos olvidar que lo que uno debe hacer es recordar la respiración. Hay una dimensión adicional de este recuerdo implícita en el uso de la expresión «lo que uno debe hacer». Es decir, en el contexto específico en el que los antiguos textos budistas contemplan la práctica del mindfulness, al recordar que se debe

prestar atención a la respiración, uno está recordando que debe realizar la práctica de meditación; al recordar que se debe realizar la práctica de meditación, uno está recordando que es un monje budista; al recordar que es un monje budista, uno está recordando que debe tratar de erradicar la codicia, el odio y la ilusión [...] Los antiguos textos budistas entienden que la presencia del mindfulness nos recuerda quiénes somos y cuáles son nuestros valores.

Por lo tanto, en el mindfulness, el foco del recuerdo no se centra tan solo en acciones específicas (como recordar la práctica de meditación diaria), sino también, y de forma muy importante, en el contexto más amplio proporcionado por la motivación para efectuar dichas acciones. Para mantener nuestra motivación de manera esencial, fresca y viva, ese contexto más amplio tiene que reflejarse en los modelos mentales creados y actualizados en los ciclos que sostienen nuestra intención. Esto significa, por ejemplo, que no basta con explorar y aclarar las razones subyacentes por las que deseamos ser conscientes, y luego comprometernos de manera incondicional a ser conscientes, algo así como un propósito de Año Nuevo, sino que, en su lugar, debemos desarrollar modelos mentales que encarnen esas razones, y a continuación las mantenemos activas, lo mejor que podamos, en todo tipo de contextos. Las propias instrucciones del Buda para cultivar la intención de la bondad amorosa (en el *Karaniya Metta Sutta*), por ejemplo, explican: «Ya sea de pie o caminando, sentado o tumbado, sin somnolencia, uno debe mantener este recuerdo (de irradiar bondad hacia todo el mundo)» (Amaravati Sangha, 1994).

¿Cuál es, entonces, la motivación que sostendrá nuestra práctica de mindfulness? Para muchos, la motivación será el deseo de mejorar la calidad de nuestra vida cotidiana. El capítulo 9 explora de qué modo el mindfulness nos ofrece una forma de ser una alternativa que mejora la vida, mientras que otras personas practicarán mindfulness para transformar el sufrimiento emocional. Este será el tema del siguiente capítulo.

8. Transformar el sufrimiento emocional

Había una vez un hombre al que le molestaba tanto ver su propia sombra que decidió librarse de ella. El método que eligió era sencillo: se alejaría de ella, dejándola atrás. Al cabo de unos pasos, se dio la vuelta y vio que su sombra seguía allí, decidida a seguirle. Por supuesto –pensó–, no estaba caminando lo suficientemente rápido, de manera que aceleró el paso. Sin embargo, la sombra seguía persiguiéndole. Entonces empezó a correr. Pero cada vez que miraba, su sombra seguía allí, detrás de él. Por mucho que corriera, su sombra parecía seguirle con el mismo ritmo. Haciendo acopio de todas sus energías, se puso en marcha una vez más, decidido a darlo todo en un último intento de escapar. Corrió cada vez más rápido, sin detenerse, hasta que cayó muerto.

Si lo hubiera sabido, no tenía más que ponerse a la sombra para descansar y refrescarse, y su sombra habría desaparecido sin el menor esfuerzo.

Esta historia tradicional de la enseñanza nos indica que tal vez no sea buena idea intentar escapar o evitar los aspectos de nuestra experiencia que nos desagradan. Los psicólogos han llamado *evitación experiencial* a esta forma de relacionarse con las experiencias no deseadas.

La evitación experiencial

La evitación experiencial es la forma en que los enfoques basados conceptualmente intentan abordar el sufrimiento emocional. La búsqueda conceptual de la felicidad trata las experiencias internas incómodas del mismo modo que aborda los objetos dolorosos o amenazadores del mundo exterior, es decir, como cosas negativas de las que hay que escapar, evitar, o deshacerse de ellas mediante una acción voluntaria decidida. Esta estrategia tiene una atractiva simplicidad, dado que asume una relación directa individual entre causa y efecto, identificando una causa del sufrimiento y señalando las acciones que podemos emprender y que creemos eliminarán dicha causa. Y, en principio, deberíamos percibir los efectos de nuestras acciones con relativa rapidez.

El inconveniente de este enfoque es que no suele funcionar. Por mucho que intentemos alejar nuestros pensamientos, sentimientos y sensaciones corporales indeseados, o por más rápido que intentemos huir de ellos, no podremos escapar. Nuestros intentos de escapar a menudo solo conseguirán empeorar la situación.

Steve Hayes *et al.* describen la evitación experiencial como «un fenómeno que ocurre cuando la persona no está dispuesta a ponerse en contacto con determinadas experiencias privadas (por ejemplo, sensaciones corporales, emociones, pensamientos, recuerdos, predisposiciones conductuales) e intenta alterar la forma o la frecuencia de esos sucesos y el contexto que los ocasiona» (Hayes, Wilson, Gifford, Follette y Strosahl, 1996). Estos autores aducen pruebas convincentes de que muchas formas de psicopatología –abuso de sustancias, trastorno obsesivo-compulsivo, trastorno de pánico, agorafobia, trastorno límite de la personalidad y suicidio– reflejan intentos poco hábiles de evitar de esta manera experiencias internas no deseadas.

Paradójicamente, la evitación experiencial a menudo perpetúa las experiencias internas que pretende eliminar. En los conocidos experimentos de Daniel Wegner sobre el oso blanco (Wegner, Schneider, Carter y White, 1987), la instrucción de no pensar en un oso blanco hizo que los pensamientos relacionados con osos acudieran a la mente con mayor frecuencia. La investigación de Cioffi y Holloway (1993) constató efectos similares: los participantes a los que se les pidió que suprimieran los pensamientos sobre el dolor mientras mantenían sus manos sumergidas en agua desagradablemente fría, volvieron a los niveles normales de comodidad más lentamente que aquellos a los que se les pidió que se centraran en las sensaciones de sus manos. Los participantes que trataban de suprimir dichos pensamientos también calificaron posteriormente las vibraciones inocuas como más desagradables que los que estaban más focalizados. Al intentar eliminar los pensamientos relativos a una fuente de malestar, los participantes se habían sensibilizado a otras experiencias.

A corto plazo, tratar de escapar o deshacerse de las experiencias internas indeseadas no funciona y puede ser fácilmente contraproducente. La evitación experiencial también socava la posibilidad de un cambio más permanente. Los clínicos han mantenido durante mucho tiempo (y una amplia investigación lo corrobora ahora) que el procesamiento emocional exitoso –la transformación de las reacciones emocionales– requiere que, de entrada, sintamos y experimentemos realmente las emociones. Tenemos que «sentir el miedo y hacerlo de todos modos», o, por más incómodo y desagradable que nos resulte, «trabajar con» nuestros sentimientos dolorosos. La perspectiva de los SCI nos permite entender por qué esto es necesario.

Las reacciones emocionales son provocadas por los modelos mentales que nuestra mente utiliza para dar sentido a los acontecimientos. Si queremos llevar a cabo cambios permanentes en la forma en que reaccionamos, también tienen que cambiar dichos modelos. Y, para que eso suceda, los modelos deben verse activados y llevados al banco de pruebas de la memoria de trabajo holístico-intuitiva, porque es ahí donde cabe la posibilidad de remodelarlos. Esa activación y remodelación desencadenará necesariamente, al menos de manera parcial, algunas de las sensaciones de la emoción original. Considerado desde esta perspectiva, experimentar esos sentimientos es un indicador de que nuestra mente está «en el proceso». Si tratamos de evitar los sentimientos desagradables, terminaremos impidiendo inadvertidamente el trabajo interior del que depende nuestra curación emocional.

Aunque la evitación experiencial puede aportar alivio a corto plazo, tiene un coste a más largo plazo. En otro lugar, mis colegas y yo comparamos la evitación experiencial con el automovilista que, al escuchar los molestos traqueteos y chasquidos del motor de su automóvil, se limita a subir el volumen de la radio para no escucharlos, solo para averiarse por completo un poco más adelante en la carretera (Williams, Teasdale, Segal y Kabat-Zinn, 2007, pág. 119).

Un enfoque alternativo

Al igual que el budismo y otras tradiciones contemplativas, el análisis de los SCI adopta una visión más compleja, considerando que las sensaciones desagradables y los estados emocionales persistentes no son cosas negativas que existen por sí mismas, sino reflejos transitorios de patrones de condiciones subyacentes. Estas condiciones son las que, a cada momento, crean y sustentan de manera activa esas sensaciones y emociones.

La buena noticia de esta forma de ver las cosas es que, si el sufrimiento se mantiene activamente, en todo momento, debido a un conjunto particular de condiciones, entonces podemos transformar dicho sufrimiento cambiando esas condiciones. No nos liberamos de los estados mentales indeseados tratando de deshacernos de ellos mediante una acción voluntaria directa, sino cambiando las condiciones que los sustentan. Y, como se trata de sistemas complejos no lineales –y no de meras relaciones individuales de causa y efecto–, un pequeño cambio en una determinada condición puede tener en ocasiones efectos muy grandes (el conocido «efecto mariposa»).

La desventaja de este enfoque es que las relaciones entre nuestras acciones y sus efectos pueden ser indirectas, diferidas y no evidentes de inmediato. Si tenemos que utilizar una variedad de intervenciones en una serie de condiciones, es posible que tengamos que dedicar un tiempo y un esfuerzo considerable antes de que lleguemos a percibir un cambio profundo derivado de nuestras acciones. En ocasiones, simplemente tenemos que proceder con confianza.

Para cultivar esa confianza, será útil una comprensión más

clara de los estados emocionales a los que nos enfrentamos y del modo en que el mindfulness es capaz de transformarlos.

Sistemas autoperpetuados

Los estados emocionales persistentes, como el estrés, la ansiedad o la depresión (figura 8.1), se ven alimentados por sistemas complejos de bucles de *feedback* interconectados.

Podemos utilizar la depresión como ejemplo para ilustrar el modo en que operan estos sistemas. El análisis de los SCI implicados (Teasdale, Segal y Williams, 1995) ha desempeñado un papel clave en el desarrollo original de la terapia cognitiva basada en el mindfulness. (Para un relato detallado del desarrollo de la MBCT, véase Segal, Williams y Teasdale, 2013). También es posible desarrollar análisis similares en los casos de la ansiedad generalizada y el estrés.

En los individuos vulnerables a la depresión recurrente o persistente, los modelos mentales que encarnan las visiones negativas del yo se ven reactivados por estados de ánimo depresivos relativamente leves (Miranda y Persons, 1988; Teasdale, 1988). A través de la lente proporcionada por estos modelos, el yo se considera inútil, fracasado, inadecuado, desagradable e ineficaz, mientras que la autoestima se percibe como algo que depende en buena medida de tener éxito, de ser querido o de recibir la aprobación de los demás.

Una serie de vías interconectadas alimentan y sostienen la activación continua de estos modelos del yo completamente negativos y la persistencia de la depresión.

En una de esas vías, la interpretación profundamente negativa de la experiencia en curso mantiene a los individuos vulnerables atrincherados en la depresión. Los modelos reactivados por el estado de ánimo deprimido en individuos vulnerables encarnan esa visión globalmente negativa de uno mismo («no valgo nada y no sirvo para nada»), que interpreta una amplia gama de experiencias actuales en términos de fracaso, pérdida o rechazo. Y lo que es más pernicioso, estos modelos traducen los efectos y los síntomas de la depresión como una corroboración del fracaso y la inadecuación. La falta de energía se considera un signo de pereza; la irritabilidad se interpreta como la señal de que uno es un mal padre o una mala pareja; la dificultad de concentración –un rasgo común de la depresión– se interpreta como signo de estupidez, y así sucesivamente.

La tendencia a interpretar que los altibajos normales de la vida cotidiana –y los aspectos de la misma depresión– son una prueba

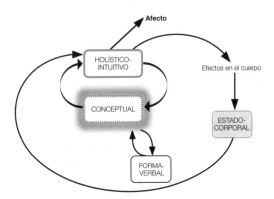

FIGURA 8.1. Según la perspectiva de los SCI, los ciclos autoperpetuados actúan para mantener e intensificar estados emocionales no deseados (los recuadros representan diferentes subsistemas de procesamiento).

de inadecuación personal significa que, una vez que la persona vulnerable se deprime, estará expuesta a una corriente continua de experiencias que la mantendrán atrapada en la depresión.

El fracaso a la hora de tratar la depresión de manera eficaz proporciona más «pruebas» a la persona deprimida de su incapacidad y de la desesperación de su situación. La visión general negativa de sí mismo que se activa durante la depresión socava trágicamente la motivación para realizar acciones sencillas que disiparían el estado de ánimo negativo: actividades, por ejemplo, que proporcionen una sensación, aunque sea leve, de placer o control. La aversión y el miedo a que persista la depresión también llevan a los individuos a realizar intentos poco hábiles para deshacerse de ella, y que, irónicamente, solo sirven para alimentarla.

Además de los efectos que tienen las interpretaciones negativas de la experiencia en curso, los bucles mentales interconectados, centrados en el subsistema de procesamiento conceptual (capítulo 2), mantienen la depresión sobre una base puramente interna (véase la figura 8.2). Estos bucles generan las corrientes de pensamientos negativos relacionados con uno mismo («no sirvo para nada»), el mundo («todo es demasiado difícil») y el futuro («todo es inútil»), característicos de la depresión persistente.

La evitación de la experiencia –en forma de rumiación– es una fuerza importante a la hora de impulsar estos ciclos negativos internos. La rumiación es «un modo de respuesta ante situaciones de angustia que implica centrarse de forma pasiva y repetitiva en los síntomas de angustia y en las posibles causas y consecuencias de estos síntomas» (Nolen-Hoeksema, 1991). Existen pruebas convincentes de que, en individuos con

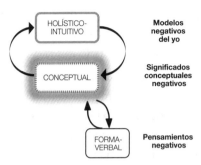

FIGURA 8.2. El motor central atrapado en ciclos de pensamiento negativo (el contorno alrededor del subsistema conceptual muestra que la memoria de trabajo conceptual ha asumido el control).

un estilo cognitivo negativo, la rumiación transforma lo que de otro modo serían estados de ánimo leves y transitorios de tristeza en estados depresivos más intensos y persistentes (Nolen-Hoeksema, Wisco y Lyubomirsky, 2008).

Podemos considerar que la rumiación es el reflejo de una estrategia fundamentalmente conceptual para deshacerse de los sentimientos desagradables. Nos sumergimos en el pensamiento de las posibles causas y consecuencias de los sentimientos depresivos como una manera de resolver el problema para salir de la depresión. Centrarse en la información relacionada con la tarea en cuestión es, por supuesto, una característica capital del procesamiento conceptual centrado en objetivos (capítulo 2). Revisar los recuerdos de situaciones anteriores relacionadas y pensar en sus implicaciones actuales es también un aspecto importante de esta estrategia general. Al instalar la estantería en mi cocina, por ejemplo, pensé en proyectos de bricolaje anteriores para ver los consejos que me ofrecían. Y el hecho

250 Mindfulness

de anticipar los posibles resultados futuros de mis acciones me permitió elegir en el momento presente el enfoque más eficaz para colocar una estantería en la pared.

Pero, cuando intentamos utilizar la rumiación para deshacernos de la depresión, esa misma estrategia se vuelve, por desgracia, contraproducente. Al hurgar en los recuerdos de los fracasos, rechazos y pérdidas personales del pasado, con la esperanza de encontrar una forma de evitar o escapar de la depresión actual, los pensamientos y recuerdos que se despiertan son suficientes, a través del proceso de completación de patrones (capítulo 4), para desencadenar más modelos negativos de uno mismo. Y, a medida que la mente considera las consecuencias de las posibles acciones, los modelos negativos de uno mismo generan expectativas desesperanzadas y pesimistas, pintando una imagen por lo general bastante sombría del futuro. En el contexto del estado de ánimo depresivo, estas expectativas, de nuevo, serán suficientes para activar más modelos negativos del yo a través del proceso de completación de patrones.

Los bucles de *feedback* activados en el cuerpo refuerzan los efectos de los bucles mentales internos (figura 8.1). Las emociones no deseadas –y nuestras reacciones habituales a ellas– dan lugar a patrones característicos de sensaciones corporales relacionadas con la postura, la expresión facial, la excitación corporal, la tensión muscular y otras similares. En el caso de la depresión, estos patrones incluyen una sensación de pesadez, una postura encorvada y una expresión facial triste o con el ceño fruncido, junto con sensaciones de tensión y fuerza al tratar de resistirse a los sentimientos de tristeza, angustia o pérdida. Al igual que sucede con los pensamientos y los recuerdos, los patrones fragmentarios de información relacionada con el cuerpo reactivan los modelos negativos existentes de uno mismo a través de la completación del patrón y profundizando así en una mayor depresión.

El efecto combinado de los bucles de *feedback* que funcionan en el cuerpo y los bucles mentales de *feedback* puramente internos alimentan patrones que se autoperpetúan durante periodos prolongados. En todo momento, estos ciclos crean y recrean activamente estados emocionales y paisajes mentales dominados por temas de miedo, pérdida o fracaso. Aunque es nuestra propia mente la que crea estos mundos de experiencia, dado que no somos conscientes de la situación, reaccionamos a ellos como si fuesen «reales».

Estrategias para el cambio

El mindfulness no nos libera de los estados mentales indeseados, tratando de deshacernos de ellos no mediante una acción voluntaria directa, sino cambiando las condiciones que los sustentan.

En este enfoque, a menudo habrá una relación poco obvia entre facetas específicas de la práctica del mindfulness y los correspondientes cambios en determinados aspectos del sufrimiento emocional. En ocasiones, este vínculo resulta evidente –como cuando dejamos de pensar en cosas negativas al depositar la atención en nuestra respiración–, pero a menudo no será de ese modo. Aunque no hayamos tomado ninguna medida específica para afrontarlos, podemos sorprendernos, durante las primeras etapas de la práctica, al constatar que respondemos de manera distinta a acontecimientos que antes nos preocupaban. El sabor propio de estas experiencias es más «de alguna manera, me encuentro menos perturbado por las cosas» que «me siento menos perturbado porque ahora gestiono con más habilidad los sentimientos desagradables».

Este tipo de experiencia aparece porque el mindfulness suele tener el efecto de cambiar el patrón general de las condiciones que perpetúan el sufrimiento. En este nivel, la conexión entre las prácticas de mindfulness que estamos aprendiendo y los cambios que percibimos tal vez no sea obvia de inmediato. Entonces podemos preguntarnos si es necesaria o merece la pena la inversión de tiempo y esfuerzo que se nos demanda. Quizá sigamos apoyándonos en la fe y la esperanza, o bien nos demos por vencidos. Entender que el mindfulness trabaja con vistas a crear un conjunto de condiciones para la «autocuración» del sufrimiento nos ofrece un enfoque alternativo.

Así pues, el mindfulness nos brinda tres estrategias interrelacionadas para cambiar las condiciones que perpetúan los estados mentales indeseados (Teasdale y Chaskalson, 2011*b*): 1) cambiar *aquello en que* está trabajando la mente: el contenido de la información involucrada; 2) cambiar *cómo* se trata la información: el modo o el estado de la mente que efectúa ese trabajo; y 3) cambiar la *visión* general de lo que se está trabajando: el modelo mental activo en ese momento.

El uso intencional y deliberado de cualquiera de estas estrategias, por supuesto, depende de que conozcamos el estado de nuestra mente y de nuestro cuerpo en cada momento. Aunque parezca obvio, es útil recordar que el primer paso para curar el sufrimiento es saber que estamos sufriendo. En este caso, la metaconsciencia cultivada en el mindfulness –saber lo que estamos experimentando *mientras* lo experimentamos (capítulo 7)– es fundamental para mantenernos en contacto con el estado de nuestra mente y de nuestro cuerpo en todo momento. La metaconsciencia también transforma nuestra forma de ver las experiencias internas y de responder a ellas, permitiéndonos percibir pensamientos, sentimientos y sensaciones corporales no como si fuesen nuestro *yo*, sino como meros pensamientos, sentimientos y sensaciones corporales.

Consideraremos sucesivamente las tres estrategias del cambio.

Cambiar *aquello en que* está trabajando la mente

En los estados emocionales no deseados, la conversación entre nuestras dos modalidades de conocimiento está centrada en las historias infelices que nos contamos a nosotros mismos, además de los planes que hacemos para escapar o evitar los finales tristes o llenos de temor que prevén dichas historias. Cambiar intencionalmente la información que circula por el motor central de la cognición nos suministra una manera sencilla de alterar una de las condiciones más evidentes que perpetúan el sufrimiento emocional.

La práctica básica de mindfulness nos invita a: 1) mantener nuestro foco atencional en las sensaciones producidas por la respiración; 2) reconocer en qué momento la mente se desvía de este foco, y luego 3) liberar suavemente nuestra atención y volver a centrarla en la respiración. En un programa MBSR o

MBCT de ocho semanas de duración, los participantes ensayan esta secuencia cientos o miles de veces.

Esta práctica nos capacita para ser conscientes de cuándo nos perdemos en pensamientos negativos y para volver a centrar deliberadamente la atención en aspectos de la experiencia actual que tienen menos probabilidades de provocar más pensamientos negativos. Aprendemos a modificar el enfoque de la mente desde la planificación y la narración de los pensamientos negativos hasta la atención consciente a la experiencia presente. Los estudios sistemáticos (Allen, Bromley, Kuyken y Sonnenberg, 2009) evidencian que los participantes consideran que esta habilidad es uno de los principales beneficios de la MBCT. Jane, por ejemplo, describía del siguiente modo lo que hacía cuando empezaba a sentirse mal: «Normalmente saco a pasear al perro y [...] observo los patrones de los árboles, la lluvia [...] el sonido de la lluvia, el sonido del viento en los árboles y realmente escucho y observo de manera deliberada. Siento el viento, la lluvia o lo que sea. Por ejemplo, la forma en que el sol brilla sobre las gotas de rocío. Y realmente, veo y siento activamente mi camino alrededor de la manzana, por el sendero, etcétera. Y eso es lo que significa, para mí, cultivar una actitud de mindfulness» (Allen *et al.*, 2009, pág. 419).

Concentrarse a propósito en cualquier tarea que requiera un procesamiento controlado privará al pensamiento negativo de los recursos ejecutivos que necesita para sustentarse. En un sencillo experimento, Melanie Fennell y yo demostramos que la tarea de describir de manera detallada una serie de imágenes conducía a reducciones significativas del pensamiento negativo y el estado de ánimo deprimido en pacientes clínicamente deprimidos (Fennell y Teasdale, 1984). Sin embargo, como hemos señalado en el capítulo 7, el efecto de este tipo de distracción controlada conceptualmente suele ser de breve duración, puesto que esa tarea no cambia la forma general de la mente ni transforma los modelos mentales subyacentes. En consecuencia, el pensamiento negativo suele volver a aparecer en cuanto el individuo cae de nuevo en la distracción.

Por el contrario, si soy consciente de mi respiración, no solo cambiaré el *contenido* del flujo de información procesado por el motor central, sino que también modificaré la configuración general, el modo o el *estado* de la mente, puesto que en ese momento la que está a cargo no es la memoria de trabajo conceptual, sino la memoria de trabajo holístico-intuitiva. El resultado es que el mindfulness sitúa la mente «en un lugar diferente», puesto que ahora se halla en un estado en el que es menos probable que retornen los pensamientos negativos, un estado en el que es más probable que vivamos los siguientes momentos de nuestra vida con mayor consciencia y comodidad.

La atención *selectiva* e inclusiva del mindfulness incrementa la activación relativa de una corriente concreta de información, al tiempo que incluye información diferente en un enfoque más amplio. Podemos estar atentos a un aspecto de nuestra experiencia –como la respiración, o las sensaciones del cuerpo en general– mientras seguimos con el resto de nuestra vida. Por ejemplo, como hemos mencionado en el capítulo 7, la práctica de mindfulness de «respirar con» (Teasdale, Williams y Segal, 2014, págs. 48, 128 y 138) unifica la consciencia permanente de la respiración con otros aspectos (a menudo difíciles) de la experiencia actual en una consciencia más amplia. La respiración actúa entonces como el ancla que nos conecta con la experiencia presente y nos torna menos propensos a recaer en los pensamientos negativos, la preocupación y la rumiación.

Cambiar *cómo* la mente trata la información

El mindfulness, entonces, es la infalible llave maestra para *conocer* la mente, siendo, por tanto, el punto de partida, la herramienta perfecta para *modelar* la forma de la mente, y, por tanto, también el punto focal, la elevada manifestación de la *libertad* alcanzada por la mente y el punto culminante [énfasis añadido]. (Nyanaponika, 1962, págs. 24-25).

El entrenamiento en mindfulness nos capacita para cambiar intencionalmente el modo, o la configuración general, de nuestra mente, denominada su «forma» por Nyanaponika Thera. Las habilidades que aprendemos nos proporcionan un poderoso trampolín para el cambio: al alterar el patrón general de las condiciones de la mente, interrumpimos los ciclos autoperpetuados de los que depende el sufrimiento emocional permanente.

En el mindfulness, cambiamos el modo mental dominado por el procesamiento automático y el conocimiento conceptual en aras de un modo alternativo en el que prevalece el conocimiento holístico-intuitivo. Un factor clave de este cambio es regular la actividad de la mente para modificar la memoria de trabajo que se halla «en funcionamiento». El espacio de trabajo conceptual del que dependen las historias, la planificación y los juicios evaluativos del pensamiento negativo deja de estar operativo.

En su lugar, se activa el espacio de trabajo holístico-intuitivo, tornando disponible el único lugar de la mente capaz de alimentar el desarrollo de los nuevos modelos mentales de los que depende la liberación a largo plazo del sufrimiento emocional.

Hemos visto, en el capítulo 3, que los cambios en el tipo de conocimiento responsable de la mente suelen estar vinculados a cambios más generales en el afecto, la atención y la visión del mundo. A medida que nos tornamos más conscientes, la motivación se desplaza desde el afecto central de la BÚSQUEDA instrumental, que impulsa la evitación de la experiencia, hacia afectos no instrumentales, como el cuidado o el juego, que motivan el acercamiento y el compromiso. La atención se expande desde el enfoque reducido y exclusivo del procesamiento centrado en objetivos hasta un enfoque más amplio e inclusivo, con lo que nuestro mundo experiencial atomístico de separación se transforma en un mundo holístico de interconexión y relación.

Estos efectos más amplios, vinculados a nuestras diferentes formas de conocimiento, significan que, al tornarnos conscientes y modificar nuestro modo de pensar, alteramos toda una serie de condiciones. Muchas de estas condiciones resultan esenciales para los ciclos autoperpetuados que sostienen el sufrimiento emocional. A medida que nos volvemos más conscientes, nos desconectamos de los patrones dinámicos que nos mantienen atrapados en el estrés, la depresión y la ansiedad.

Si nuestro objetivo principal es modificar el estado general, o el modo de nuestra mente, tal vez no importe demasiado a qué prestamos atención, porque, con independencia de cuál sea el foco de nuestro mindfulness, la mente trabajará en un patrón de atención similar. Por ese motivo, los programas basados en el mindfulness destinados a aliviar el estrés, la ansiedad o la depresión nos piden que dediquemos muchas horas a prestar atención a aspectos concretos de nuestra experiencia cotidiana –como las sensaciones de nuestros pies al caminar o los sonidos de la ciudad que nos rodea– que pueden parecer poco o nada relevantes para los problemas emocionales. Una vez que comprendemos que estas prácticas forman parte de un esfuerzo concertado más amplio para modificar el patrón general de las condiciones que mantienen el sufrimiento emocional, tenemos un poderoso incentivo para aplicar el mindfulness a todos los aspectos de nuestra vida y ver que el mindfulness no solo es una estrategia para abordar problemas emocionales concretos a medida que aparecen, sino una forma general de ser, un enfoque de la vida en su totalidad.

Adoptar esta perspectiva más amplia tiene efectos inesperados y radicales; como señalaba un participante del programa MBCT: «Me cambió en casi todos los sentidos posibles» (Allen *et al.*, 2009); o, dicho en palabras de otro practicante: «Antes de venir aquí no sabía lo que era vivir sin presión. Quizá tuviera alguna idea cuando tenía cinco años, pero no recuerdo demasiado de aquello. Me han enseñado una manera diferente y muy sencilla» (Williams *et al.*, 2007, pág. 213).

Como ya hemos visto en el capítulo 7, el mindfulness proporciona a la mente un estado dinámico y estable que le permite mantener el equilibrio ante las vicisitudes de la vida. En este caso, observamos que la robusta cualidad de *recolección* del mindfulness refleja las holarquías mentales unificadas y vinculadas por la resonancia, que son su fundamento dinámico. La atención a la respiración, o al cuerpo en general, mantiene la mente en una configuración dinámica y estable, un estado mental que se recupera rápidamente de las influencias perturbadoras y de las distracciones. Las meditaciones guiadas potencian esta cualidad de arraigo, estable e inquebrantable, utilizando, por ejemplo, la imagen de una enorme montaña que permanece inamovible, digna e íntegra, con independencia de las tormentas pasajeras, los cambios estacionales o las hordas de turistas descuidados que desciendan por ella (Kabat-Zinn, 1994).

Cambiar la *visión* (el modelo mental) de lo que se está trabajando

La sanación permanente del sufrimiento emocional depende de la creación de nuevos modelos mentales holístico-intuitivos, los cuales nos ofrecen una lente distinta que nos permite ver y relacionarnos de manera novedosa con situaciones problemáticas, pensamientos, sentimientos y sensaciones corporales, para no quedar atrapados en el círculo vicioso, constantemente repetido, del sufrimiento emocional. La investigación cualitativa sistemática nos proporciona pruebas consistentes de este tipo de cambio de visión: «La mayoría de los participantes de la muestra afirmaron que la MBCT les había permitido desarrollar su capacidad para situar las cosas en perspectiva. Dijeron que, desde que practican MBCT, son capaces de "percibir las cosas desde una perspectiva diferente" (Annie) y "pensar con claridad" (Sam), con la consiguiente sensación de "volver a la realidad" (Daniel)» (Allen *et al.*, 2009, pág. 420).

La mayor parte del tiempo, en las situaciones cotidianas, la capacidad intrínseca de la mente para la construcción de totalidades permite unir los patrones de información en la memoria de trabajo holístico-intuitiva para generar modelos mentales coherentes. Sin embargo, en otro tipo de situaciones –en especial las que son difíciles, desagradables o implican algún tipo de evitación experiencial–, el proceso de construcción de totalidades es más desafiante. En la transformación del sufrimiento emocional, la construcción de totalidades requiere la presencia adicional de otros patrones de información que permitan catalizar la creación de los nuevos modelos mentales de los que depende la libertad emocional. La práctica del mindfulness contribuye significativamente a la creación de dichos modelos, lo hace tanto implícita como explícitamente.

El mindfulness desarrolla de manera implícita nuevos modelos mentales

El mindfulness promueve una cualidad de sabia aceptación y acogida […] El mindfulness significa intimar con todas las cosas, incluso con las que más tememos u odiamos […] El camino más directo hacia la transformación y la sabiduría consiste en dirigir nuestra atención hacia aquello de lo que más profundamente deseamos escapar. Si lo hacemos de ese modo, nos liberamos de la desconexión, el miedo y la impotencia. (Feldman, 2001, pág. 172).

En el mindfulness, nos *acercamos* deliberadamente, con una actitud de interés y curiosidad, a los aspectos desagradables, difíciles e incluso aterradores de nuestra experiencia. Nos involucramos en nuestra experiencia en constante cambio e indagamos en ella; y, aunque resulte doloroso, desarrollamos de la mejor manera posible un conocimiento íntimo de lo que ocurre cada momento en la mente y el cuerpo. En lugar de *alejarnos* de la experiencia no deseada, nos volvemos *hacia* ella.

Al centrar la atención de manera intencional y sin juzgar en el momento presente, en los pensamientos, sensaciones corporales y sentimientos desagradables, creamos patrones de información relacionados con el acercamiento en lugar de con la evitación. La construcción de totalidades puede entonces enlazar esos patrones en nuevos modelos mentales que encarnan una postura radicalmente distinta hacia la aversión y la evitación que sustentan el sufrimiento emocional. Richie Davidson y sus colegas (Davidson *et al.*, 2003) han evidenciado que el mindfulness modifica la medición de la actividad cerebral vinculada a patrones característicos de evitación para conformar patrones más vinculados al acercamiento. De este modo, la práctica de mindfulness genera nuevos modelos mentales que tienen el poder de deshacer los efectos perniciosos de la evitación experiencial.

El mindfulness también cultiva implícitamente modelos mentales que encarnan temas relacionados con la eficacia personal. A medida que «nos asentamos» en la práctica formal del mindfulness, desarrollamos la capacidad de mantener a voluntad las experiencias desagradables o dolorosas de manera continua en la atención consciente, dejando de lado cualquier impulso de eludirlas mental o físicamente. De este modo, la práctica del mindfulness nutre implícitamente patrones de información que encarnan temas relacionados con la eficacia («puedo asimilar esto y gestionarlo ahora») en lugar de la ineficacia («no puedo afrontarlo y tengo que eludirlo»).

La construcción de totalidades integra entonces estos patrones en modelos mentales más adaptativos que nos permiten abordar las dificultades con mayor confianza: «He aprendido algo de esto, y ahora forma parte mí. Sé que nunca más me abandonará. Y es el hecho de que ahora sé que hay algo en mí que me proporciona control sobre mí mismo y las cosas que me suceden» (Williams *et al.*, 2007, pág. 214). Del mismo modo, Allen *et al.* (2009) identifican el control –«las percepciones y valoraciones de los participantes sobre la agencia personal en relación con la depresión y los pensamientos y sentimientos relacionados con la depresión»– como uno de los temas generales que emergen de sus entrevistas con los participantes en la MBCT.

Como hemos visto en el capítulo 6, el entrenamiento del mindfulness cultiva deliberadamente las cualidades actitudinales de no esforzarse, aceptar, soltar, no juzgar, mente de principiante, paciencia y otras similares. Al igual que ocurre con el acercamiento y la eficacia, encarnar de manera intencional estas cualidades añade patrones relacionados al conjunto de información presente en la memoria de trabajo holístico-intuitiva. De este modo, están preparados y disponibles para mejorar los poderes curativos de los modelos mentales creados.

Y lo que es más importante, la práctica del mindfulness también nos permite desarrollar modelos mentales implícitos que integran una perspectiva *metaconsciente*, una perspectiva que hace que nos relacionemos con pensamientos y sentimientos como acontecimientos mentales pasajeros («los pensamientos como pensamientos») y no como si fuesen la «verdad» o el «yo» (capítulo 7). Siempre que, al prestar atención a la respiración, advertimos que nuestra mente se distrae, tomamos distancia, reconocemos el pensamiento que tenemos en ese momento (en algunos enfoques, también se etiqueta ligeramente como «pensamiento») y, luego, volvemos a depositar la atención en la respiración. Al hacer esto, nos relacionamos *con* nuestros pensamientos como objetos de consciencia, en lugar de hacerlo como si fuesen nuestro «yo». Si repetimos cientos y miles de veces este movimiento central de la mente, estamos sembrando de manera implícita la memoria de trabajo holístico-intuitiva con patrones de información que incorporan una perspectiva metaconsciente. Estos patrones estarán entonces disponibles para transformar nuestra visión de los pensamientos negativos cuando aparezcan: entonces, por ejemplo, el pensamiento «no soy bueno» deja de ser la «verdad» sobre nosotros y pasa a ser un suceso mental pasajero. En ese caso, el pensamiento nos causa menos angustia, pudiendo abandonar con más facilidad el círculo vicioso del pensamiento negativo que perpetúa la depresión.

Reflejando el papel clave de la metaconsciencia en los programas basados en mindfulness, la mitad de los pacientes de un programa de MBCT adquirieron «una nueva perspectiva sobre sus pensamientos y sentimientos relacionados con la depresión que puede resumirse con las palabras "yo no soy estos pensamientos y sentimientos"» (Allen *et al.*, 2009, pág. 421). Una de las participantes, llamada Pat, lo expresó de la siguiente manera: «Fue realmente importante darme cuenta de que mis pensamientos no reflejan necesariamente lo que soy. Es como tener el conocimiento de este aspecto de uno mismo [...] como escuchar voces y decir que son nuestros pensamientos, pero no son realmente nuestros [...] Y me parece que eso ha sido de gran ayuda».

Las prácticas formales de mindfulness sanan implícitamente a través de sus efectos en el cuerpo. La postura, la expresión facial y el estado corporal general contribuyen de manera decisiva a generar modelos mentales holístico-intuitivos (capítulo 3). Las instrucciones para la práctica de la sentada consciente suelen pedir a los practicantes que empiecen adoptando «una postura erguida y digna» y, asimismo, los invitan a liberar cualquier aferramiento, tensión o sensación corporal de esfuerzo. (Algunas instrucciones llegan a señalar que debemos cultivar una expresión medio sonriente). Estas instrucciones reorganizan con delicadeza el estado de nuestro cuerpo de manera que sustituyen los patrones de información vinculados con estados emocionales de derrota, agitación o resistencia, con patrones relacionados con estados mentales más positivos, los cuales contribuyen entonces al desarrollo de nuevos modelos mentales que tienen el poder de sanar y transformar el sufrimiento emocional.

El mindfulness desarrolla explícitamente nuevos modelos

La práctica formal del mindfulness suele incluir una serie de meditaciones que contribuyen de manera explícita a desarrollar modelos mentales más sanos. Nos centraremos solo en tres de ellos.

Muchas de las instrucciones originales para la práctica del mindfulness –ofrecidas hace 2.500 años– fomentan la *visión profunda consistente en centrar de manera deliberada la atención en facetas específicas de la experiencia*. Por ejemplo, las instrucciones para el mindfulness del cuerpo (como para todos los demás objetos de consciencia) incluyen las frases clave «permanece contemplando la naturaleza del surgimiento del cuerpo, o permanece contemplando la naturaleza de la desaparición del cuerpo, o permanece contemplando la naturaleza tanto del surgimiento como de la desaparición del cuerpo». Al enfocar la consciencia de esta manera en la emergencia y la desaparición de la experiencia, la práctica del mindfulness nos permite crear, día tras día, nuevos modelos mentales liberadores de la experiencia, es decir, todas las experiencias que consideramos como objetos permanentes, separados e independientes pasan a ser percibidos en términos de patrones interconectados, transitorios y en constante cambio. Esta nueva perspectiva libera a la mente de las garras del esfuerzo conceptual basado en una visión subyacente de «cosas» y «yoes» permanentes (capítulo 1). En palabras de Diane, una de las participantes en el programa MBCT: «Puedes seguir adelante con el hecho de que te sientes mal, pero no va a durar para siempre y sabes que mejorará y que no es el fin del mundo» (Allen *et al.*, 2009, pág. 421).

Otro enfoque de la formación explícita de modelos mentales consiste en *integrar la información conceptual incorporada en las enseñanzas de sabiduría*. En el capítulo 7, utilicé mi experiencia de despertarme en mitad de la noche para ilustrar de qué modo la incorporación de conocimientos conceptuales en modelos mentales holístico-intuitivos permite transformar el sufrimiento emocional. El punto crucial de esa anécdota es que dicho conocimiento solo resulta curativo si se integra en los modelos mentales que se forman en el momento y no permanece como una información conceptual aislada. En ese ejemplo, los fragmentos de información holístico-intuitiva derivados de

266 Mindfulness

mi conocimiento conceptual de la *aversión* (la motivación fundamental para evitar, escapar, apartar o destruir las experiencias no deseadas que subyace a la evitación experiencial) estaban disponibles en la memoria de trabajo holístico-intuitiva, donde pueden unirse a otros patrones presentes en el momento para crear modelos mentales más adaptativos.

Las prácticas tradicionales de mindfulness nos animan a utilizar, en el curso de la práctica, una serie de etiquetas conceptuales cuando aparecen las dificultades correspondientes. En el caso de la aversión, las instrucciones originales del Buda para la práctica del mindfulness (el *Satipaṭṭhāna Sutta*) nos indican: «Cuando la aversión está presente en él [el practicante], sabe que "hay aversión en mí"; cuando la aversión no está presente en él, sabe que "no hay aversión en mí"» (Anālayo, 2003, pág. 9). Al mantener activos en la memoria de trabajo holístico-intuitiva los patrones de información relacionados con esta enseñanza, esos patrones estarán disponibles también para transformar el modo en que nos relacionamos con todas y cada una de las experiencias desagradables con las que nos encontramos. Y, a la postre, llegamos a considerar que la aversión no es la prueba de nuestra incapacidad personal, o de nuestra necesidad de defendernos en un mundo hostil e indiferente, sino un patrón mental universal, compartido por todos, mujeres y hombres.

El último ejemplo que quiero considerar está relacionado con las meditaciones formales que no son, en sí mismas, prácticas de mindfulness, si bien a menudo se utilizan en paralelo a la práctica. (Con gran destreza, estas meditaciones relacionadas se integran en la práctica del mindfulness para crear un todo sin fisuras). Se trata de prácticas diseñadas para *cultivar sistemáticamente estados mentales sanos y curativos*: bondad amorosa, compasión o alegría por la felicidad de los demás. Para ello, estas prácticas encarnan estas intenciones en la repetición de frases como «Que todos los seres sean felices; que todos los seres estén en paz; que todos los seres vivan con comodidad y bienestar». Si se repiten a diario (como ocurre a menudo), basadas en la integración deliberada de las intenciones que cultivamos en nuestra vida cotidiana, dichas prácticas «inclinan» la mente en una dirección sana y aumentan las posibilidades de que respondamos *espontáneamente* a las situaciones que encontramos en la vida, sintiendo amabilidad, compasión y felicidad por la felicidad de los demás. Desde la perspectiva actual, podemos ver que el cultivo de estas prácticas es una forma hábil de desarrollar patrones de información sanos y mantenerlos vivos en la memoria de trabajo holístico-intuitiva. Estos patrones están entonces disponibles, por ejemplo, para transformar los modelos mentales que encarnan temas de mala voluntad, autocrítica y autojuicio en modelos que encarnan buena voluntad, bondad y autoaceptación.

En el capítulo 6, hemos recurrido a la colorida imagen culinaria de la olla mágica utilizada por Jon Kabat-Zinn como metáfora del proceso de creación de nuevos modelos mentales en la memoria de trabajo holístico-intuitiva (véase la página 187).

Ahora utilizamos de nuevo esa metáfora para ilustrar la interconexión entre las tres estrategias de cambio que hemos presentado. Desde la perspectiva de los SCI, las verduras troceadas son las partes-patrones de información holístico-intuitiva que se unen para crear la totalidad coherente (sopa) de un nuevo

268 Mindfulness

modelo mental integrado; la cocción es el proceso de creación de una totalidad flexible que une esas partes, mientras que la olla –el lugar donde todo esto ocurre– es la memoria de trabajo holístico-intuitiva. En la primera estrategia de cambio que hemos considerado –alterar *lo que* la mente procesa–, el mindfulness cambia los ingredientes utilizados para hacer la sopa, es decir, los patrones de información a partir de los cuales se crean los modelos mentales. En la segunda estrategia –cambiar *cómo* se procesa la información–, el mindfulness modifica el modo o la forma de la mente para crear las condiciones necesarias para cocinar. Y, en la tercera estrategia –crear nuevos modelos mentales–, los ingredientes y la cocción se unen para constituir una nueva totalidad, una totalidad con propiedades diferentes y mayores que los patrones parciales que se unieron para formarla.

Nuestro debate en este capítulo se ha centrado principalmente en la transformación de las modalidades más graves de sufrimiento, como la depresión clínica. Sin embargo, los patrones mentales que nos mantienen atrapados en el sufrimiento emocional son, fundamentalmente, los mismos que se interponen entre nosotros y el florecimiento de nuestro potencial para alcanzar una forma de ser más profunda y satisfactoria. Por lo tanto, los procesos de transformación analizados en este capítulo también son de vital importancia para las experiencias universales de infelicidad cotidiana leve, es decir, la sensación de que las cosas no funcionan del todo bien y de que de alguna manera están fuera de lugar.

Este será el tema principal del capítulo 9.

9. Mindfulness
El porqué

La gente suele considerar que caminar sobre el agua o volar por el cielo es un milagro. Pero creo que el verdadero milagro no es eso, sino caminar sobre la tierra. Cada día estamos inmersos en un milagro que ni siquiera reconocemos: un cielo azul, nubes blancas, hojas verdes, los ojos negros y curiosos de un niño, nuestros propios ojos… Todo es un milagro.

THICH NHAT HANH (1987, pág. 12)

Dicen que todos buscamos el sentido de la vida […] No pienso que eso sea lo que buscamos. Creo que lo que buscamos es la experiencia de estar vivos, de modo que nuestras experiencias en el plano puramente físico tengan resonancia en el interior de nuestro ser y nuestra realidad más íntimos, de modo que realmente sintamos la alegría de estar vivos.

JOSEPH CAMPBELL (1988, pág. 1)

Practicamos mindfulness para completarnos.

En el capítulo 8, nos hemos centrado en el poder del mindfulness para sanar trastornos emocionales evidentes: estrés, ansiedad y depresión. (La palabra *sanar* [*heal*, en inglés] tiene su raíz en la palabra antigua *hælan*: completar). En la actualidad, existen numerosas evidencias de que las intervenciones basadas en el mindfulness reducen el estrés y la ansiedad, previenen la recaída en la depresión mayor y ofrecen un conjunto de beneficios relacionados (Keng, Smoski y Robins, 2011).

En este capítulo, dejaremos de lado los efectos del mindfulness sobre el sufrimiento emocional obvio para centrarnos en las formas en que puede aportar plenitud a todos los aspectos de nuestra vida. Exploraremos de qué modo el mindfulness –al reconectarnos con la capacidad inherente de nuestra mente para la construcción de totalidades– nos permite reconocer el milagro de la vida desplegándose y *sentir* realmente el éxtasis de estar vivos. Así pues, exploraremos el mindfulness como una forma general de ser.

Pero… ¿por qué nuestra mente necesita curarse? ¿Por qué debe recuperar su plenitud? ¿En qué modos se halla fragmentada y dividida?

La mente errática

La divagación de nuestra mente hace que se halle sutilmente fragmentada y dividida. Hacemos una cosa, pero estamos pensando en otra. No experimentamos de manera plena nuestra vida porque, la mayor parte del tiempo, no estamos realmente presentes para experimentarla. Un velo de pensamientos se interpone entre nosotros y nuestra capacidad de plenitud, de presencia y de un tipo muy diferente de felicidad.

En un estudio ya clásico, Killingsworth y Gilbert (2010) se pusieron en contacto con 2.250 personas a intervalos aleatorios durante el día, pidiéndoles que informaran de su grado de satisfacción, de lo que hacían y de si su mente estaba centrada o no en la actividad que desempeñaban. Y, si estaban pensando en algo distinto de lo que hacían (es decir, si su mente se había distraído), se les pedía que dijeran si el objeto de su distracción era algo agradable, desagradable o neutral.

La mente de los participantes se distraía con frecuencia (47 % del tiempo). No es de extrañar que la gente se sintiera menos feliz cuando su mente divagaba hacia pensamientos desagradables que cuando se centraba en la actividad presente. Y lo más sorprendente es que los participantes también se sentían menos felices cuando su mente divagaba hacia temas neutros. Ni siquiera la evasión mental hacia temas agradables les proporcionaba, por término medio, mayor felicidad que la dedicación a la actividad actual. En general, el grado y la naturaleza de la distracción mental representaban una variabilidad mucho mayor en la felicidad de los participantes que el tipo de actividad que llevaban a cabo. Killingsworth y Gilbert resumieron su importante hallazgo en el título de su informe de investigación: *Una mente dispersa es una mente infeliz.*

Otros estudios confirman que nuestra mente divaga –es decir, está fragmentada y dividida– durante un extraordinario 30 %-50 % de las horas de vigilia. En esas circunstancias, simplemente no estamos presentes para experimentar el desarrollo de nuestra vida en cada momento, o la alegría de estar vivos, y en consecuencia somos menos felices.

El mindfulness nos brinda la manera de reducir la enorme escala de dispersión mental que aqueja a nuestra vida, de conseguir que nuestra mente se sienta plena, de aumentar nuestra felicidad. Una revisión exhaustiva de la investigación concluye que «las prácticas que animan a los individuos a prestar atención al momento presente son, de hecho, las técnicas mejor validadas empíricamente para minimizar los efectos perturbadores de la divagación mental» (Smallwood y Schooler, 2015). Al reducir la divagación mental, el mindfulness nos lanza un salvavidas para reconectarnos con la experiencia real de estar vivos.

Para aprovechar al máximo dicho salvavidas, será útil comprender la naturaleza de la divagación mental y el modo en que el mindfulness nos permite reducirla.

La mente errática y el mindfulness

Dos son las estrategias principales utilizadas por los investigadores para investigar la divagación mental: la neuroimagen, que nos aclara los mecanismos cerebrales subyacentes (la llamada «red neuronal por defecto» o RND; Buckner, Andrews-Hanna y Schacter, 2008), y la investigación psicológica, que sondea directamente el contenido de los pensamientos (Andrews-Hanna, Smallwood y Spreng, 2014). Ambas estrategias convergen para señalar que la divagación mental desempeña dos importantes funciones. La primera de ellas es la simulación, esto es, la capacidad de imaginar acontecimientos que aún no han ocurrido. La segunda es la creación de narrativas personales, como, por ejemplo, las historias que nos contamos para dar sentido a nuestra vida: «En resumen, nuestra mente divaga sobre todo en temas relacionados con nosotros mismos –*mis pensamientos, mis emociones, mis relaciones, a quién le ha gustado mi nuevo* post *en mi página de Facebook*–, todos los detalles de la historia de nuestra vida […] Estas ensoñaciones entretejen nuestro sentido del «yo» a partir de los recuerdos fragmentarios, esperanzas, sueños, planes y demás centrados en el yo, en mí y en lo mío. Nuestro modo por defecto reescribe continuamente una película en la que cada uno de nosotros es protagonista, reproduciendo una y otra vez escenas particularmente agradables o molestas» (Goleman y Davidson, 2017, pág. 151).

Los neurocientíficos han dado el nombre de *red por defecto* al sistema cerebral activado durante los intervalos de «descanso» en los experimentos con escáneres cerebrales. El cerebro adopta por defecto este patrón de actividad cuando, desde el punto de vista del experimentador, no sucede nada en particular. La investigación pone de relieve que estos mismos sistemas cerebrales son los que sustentan la mente errática. La atracción que ejerce la divagación mental suele ser tan grande que, incluso en el extraño y novedoso entorno de un escáner cerebral, la mente de los participantes procesa por defecto sus propias narrativas y planes personales en lugar de implicarse en su experiencia inmediata.

Existen fundadas razones para suponer que la mente errática no es sino el reflejo de la búsqueda conceptual de la felicidad a la que nos hemos referido en el capítulo 1. La investigación sobre la RND nos indica que la información conceptual desempeña un papel decisivo en la mente errática: «Nuestros hallazgos […] implican a cada componente de la RND en aspectos del procesamiento conceptual, incluyendo el almacenamiento, la recuperación o la integración del conocimiento conceptual y los pensamientos complejos autogenerados, como, por ejemplo, recuerdos autobiográficos y planes para el futuro» (Andrews-Hanna *et al.*, 2014).

Mindfulness

Otros estudios que investigan el contenido de los pensamientos que se manifiestan durante la divagación mental ponen de relieve que «Los adultos [...] califican sus pensamientos como *orientados a objetivos* y *personalmente significativos* [...] los pensamientos autogenerados tienden a tener un foco temporal, estando caracterizados más por un *sesgo más prospectivo* que retrospectivo» (Andrews-Hanna *et al.*, 2014, énfasis añadido). El pensamiento conceptual «orientado a objetivos», «personalmente significativo» y con «un enfoque temporal prospectivo» es, por supuesto, justo lo que cabría esperar si la mente errática reflejase una estrategia de base conceptual para alcanzar un objetivo futuro. Y el hecho de que las narrativas personales durante la divagación mental «se centren en el yo, en mí y en lo mío» encaja perfectamente con la idea de que el objetivo en cuestión es el de llegar a ser un tipo de yo distinto. Desde este punto de vista, la función de simulación, propia de la mente errática, nos brinda la forma de ensayar, cuando estamos desconectados, posibles cursos de acción para alcanzar dicho objetivo, y también de revisitar viejas memorias autobiográficas, reimaginándolas para ver cómo diferentes respuestas hubiesen conducido a desenlaces distintos.

En general, los resultados de la investigación apoyan la idea clave de que la mente errática representa la punta del iceberg de la búsqueda conceptual de la felicidad.

Una vez que percibimos de esta manera la mente errática, se torna evidente por qué dicha actividad nos hace, en realidad, *menos* felices: la búsqueda conceptual nos encadena a la rueda del esfuerzo constante por lograr objetivos que resultan ilusorios, inalcanzables y que suelen ser conflictivos; centrarse en la discrepancia entre el ser real y el ser deseado genera sufrimiento por sí solo, mientras que la combinación tóxica entre el deseo y el miedo que impulsa esta lucha nos confina en patrones autoperpetuados que *aumentan* la sensación de incompletud, desconexión y falta de totalidad que, supuestamente, dicha búsqueda pretende aliviar.

¿Cómo ayuda, entonces, el mindfulness?

La mente errática, el mindfulness y el motor central de la cognición

La comunicación entre los patrones del significado conceptual y los patrones del significado holístico-intuitivo –el motor central de la cognición (figura 5.1)– es la que apuntala todas las formas de procesamiento controlado, cumpliendo las funciones que otros esquemas asignan a los llamados «recursos ejecutivos». Nuestra comprensión de las situaciones externas evoluciona y se desarrolla a lo largo del tiempo mediante este tipo de interacciones. De igual modo, el desarrollo y la continuidad de la conducta de la mente errática dependen básicamente de esos mismos recursos ejecutivos (véase el recuadro 9.1).

En el capítulo 5, hemos visto que el motor central de la cognición opera de dos modos distintos. Uno de ellos (el procesamiento controlado conceptualmente) está dirigido por la memoria de trabajo conceptual, mientras que el otro (controlado por el procesamiento holístico-intuitivo) se halla gobernado por la memoria de trabajo holístico-intuitiva (figura 9.1). La divagación mental refleja el control del procesamiento con-

276 Mindfulness

ceptual, es decir, el estado mental que sustenta la búsqueda conceptual de la felicidad. El mindfulness, por su parte, refleja el procesamiento controlado de modo holístico-intuitivo. Por lo tanto, la mente errática y el mindfulness responden a dos modos distintos de funcionamiento por parte del motor central de la cognición (figura 9.1).

Pero lo más importante es que ambos modos son intrínsecamente incompatibles entre sí: 1) en un momento dado, solo puede estar activo y tener el control un tipo de memoria de trabajo; 2) el procesamiento controlado conceptualmente y el procesamiento controlado holístico-intuitivo dependen ambos de los recursos del motor central de la cognición, y, lo que también es muy importante, esos recursos son estrictamente limitados (cuadro 9.1).

CUADRO 9.1. La mente errática depende
de los recursos ejecutivos

A finales de la década de 1980 y principios de la de 1990, mis colegas y yo demostramos que la mente errática depende de los recursos ejecutivos (del motor central) en una serie de experimentos en los que se analizó en qué medida diferentes tareas, que se sabe que exigen distintos recursos, interfieren en la divagación mental (Teasdale *et al.*, 1995), constatando, por ejemplo, que la ejecución de una tarea poco habitual reducía sustancialmente la mente errática. Sin embargo, la puesta en práctica de esa misma tarea –que haría que la ejecución fuera más automática y reduciría la demanda de recursos del motor central– conducía a un aumento tres veces mayor de la mente errática. En otro estudio, pedimos a los participantes que generaran secuencias aleatorias de números del 1 al 10, una tarea que requiere un proceso controlado para anular deliberadamente la tendencia automática a ofrecer secuencias fa-

(continúa)

> miliares no aleatorias, como 4-5-6 o 3-2-1. En esta tarea, la alea-
> toriedad de los dígitos producidos es un buen indicador de la can-
> tidad de recursos ejecutivos que se dedican a la generación de
> números. Si la divagación mental involucrase esos recursos, cabría
> esperar que la aleatoriedad fuese menor cuando la mente divaga
> que cuando no lo hace. Y eso es exactamente lo que constata-
> mos. Y, cuando observamos los momentos en los que los parti-
> cipantes se calificaban a sí mismos como menos conscientes de
> los números que estaban generando, el nivel de divagación mental
> era tres veces mayor que cuando se calificaban a sí mismos como
> más conscientes. Una vez más, este patrón es justo lo que cabría
> esperar de la idea de que la mente errática compromete los re-
> cursos de procesamiento controlado imprescindibles para ejecutar
> tareas conscientes.
>
> Las conclusiones de nuestra investigación se han visto respal-
> dadas desde entonces por muchos otros estudios

El mindfulness implica la creación continua de modelos mentales flexibles por medio de la construcción flexible de totalidades, la cual depende tanto de los recursos ejecutivos como
del acceso a la memoria de trabajo holístico-intuitiva (el único
lugar de la mente en el que es posible desarrollar nuevos modelos mentales). La mente errática impide la construcción flexible
de totalidades a partir de esos recursos ejecutivos vitales (cuadro 9.1) e imposibilita el acceso a la memoria de trabajo holístico-intuitiva. No es de extrañar, por tanto, que la mente errática
(la famosa «mente de mono» de la tradición budista) suela
ser *el* mayor desafío para llegar a ser plenamente conscientes.

Por otro lado, en el mindfulness, la construcción flexible
de totalidades se apodera de los recursos ejecutivos del motor
central de la cognición, impidiendo el acceso a la memoria de

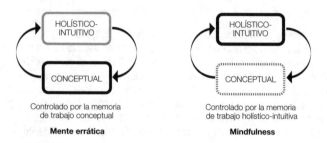

FIGURA 9.1. El «motor central de la cognición» funciona de dos modos distintos (el contorno en negrita alrededor de un determinado subsistema muestra que su memoria de trabajo está «dispuesta a la actividad»).

trabajo conceptual (el único lugar donde la mente ensambla patrones de información conceptual en narrativas coherentes). En ausencia de esos recursos y de ese tipo de acceso, la mente errática no se sostiene, liberándose de los velos oscuros del pensamiento y la ensoñación que se interponen entre nosotros y la plenitud potencial de nuestra experiencia vital. *El mindfulness libera nuestro potencial inherente para la plenitud.*

La competencia por los recursos entre el control del procesamiento conceptual (del que depende la mente errática) y el control del procesamiento holístico-intuitivo (del que depende el mindfulness) prosigue a lo largo de nuestra vida. La extraordinaria extensión de la mente errática (entre el 30% y el 50% de nuestras horas de vigilia) nos indica que, en ausencia de adiestramiento o intención específica, la mente errática suele ganar esta competición. Por lo general «nos decantamos» por los esfuerzos de la mente conceptual para alcanzar la felicidad, lo cual reviste profundas consecuencias en la calidad de nuestra experiencia vital cotidiana.

Lavar los platos

Hay dos maneras de lavar los platos. La primera es lavar los platos para tener los platos limpios y la segunda es lavar los platos para lavar los platos.

Si mientras lavamos los platos solamente estamos pensando en la taza de té que nos aguarda, o en cualquier cosa que pertenezca al futuro, o nos estamos apresurando a quitarnos los platos de encima como si fueran una molestia, entonces no estamos «lavando los platos para lavar los platos». Y, lo que es más, no estamos vivos durante el tiempo que tardamos en hacerlo.

De hecho, somos completamente incapaces de apreciar el milagro de la vida mientras permanecemos ante la pila. Si no podemos lavar los platos, lo más probable es que tampoco podremos disfrutar de nuestra taza de té; mientras nos la bebemos, estaremos pensando en otras cosas, apenas despiertos al hecho de la taza de té que tenemos entre las manos. De ese modo estaremos absortos en el futuro y lo que eso significa realmente es que seremos incapaces de vivir un solo momento de nuestra vida. (Nhat Hanh, 1987, págs. 4-5).

La figura 9.2 (izquierda) muestra el estado fragmentado de la mente cuando lavamos pensando en la taza de té que nos aguarda. La figura 9.2 (derecha) muestra el estado integrado y unificado de la mente cuando lavamos con plena atención.

Por buenas razones evolutivas, cuando la mente se siente plena, coherente e integrada (capítulo 4), experimentamos sentimientos positivos. Por eso nos sentimos más felices cuando la mente está totalmente centrada en lo que hacemos que cuando está divagando. Durante la divagación mental, solo una parte de la mente está centrada en la experiencia presente: mediante su poder de viajar mentalmente en el tiempo, el control del procesamiento conceptual lleva al resto de la mente a pensar en otros momentos y lugares.

Para hacer realidad «el milagro de la vida mientras estamos lavando los platos», nuestra mente tiene que estar unificada. Los diferentes modelos de nuestra experiencia en constante cambio tienen que estar armonizados en una totalidad integrada, con diferentes niveles de profundidad, multidimensional y coherente. En el mindfulness –«lavar los platos para lavar los platos»–, la creación, momento a momento, de nuevos modelos mentales constantemente renovados es la que permite alcanzar dicha coherencia, infundiendo una sensación del despliegue de la vida, de «vivir realmente» la vida.

Pero si lavamos los platos para quitarnos de encima la tarea, pensando solo en la taza de té que nos aguarda, estaremos haciendo una cosa, pero pensando en otra, razón por la cual nuestra mente estará divagando. La mente se halla fragmentada y experimentamos un malestar sutil. Ese malestar atenuará la alegría que podamos sentir ante la perspectiva de la taza de té. Tal como constataron Killingsworth y Gilbert, podemos experimentar que la divagación mental hacia pensamientos agradables es algo que no proporciona más felicidad que el hecho de ser simplemente conscientes de lo que estamos haciendo mientras lo hacemos.

Thich Nhat Hanh apunta que también nos perdemos la experiencia de estar plenamente vivos cuando nuestro *objetivo* es «lavar los platos para tener los platos limpios». En esa si-

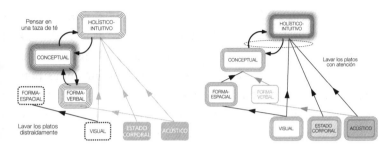

FIGURA 9.2. Fragmentación de la mente durante la divagación mental (izquierda). Unificación y totalidad de la mente durante el mindfulness (derecha). Los bordes similares alrededor de los subsistemas muestran que están procesando información relacionada; los contornos más oscuros indican la memoria de trabajo que se halla al mando.

tuación, la mente no está dividida de manera tan obvia entre dos tipos de actividad distintos, sino que se trata de un tipo de fragmentación más sutil. Cuando lavamos los platos para tenerlos limpios, nuestros pensamientos se centran en la idea de un estado *futuro* de cosas, un estado en el que los platos están limpios. Y, si tratamos esta idea como una «realidad», la mente se esforzará por unirla con la información sensorial que le arriba *ahora*, en el momento presente, para crear una totalidad coherente. Esta sutil discordancia y desarmonía, inherente al propio enfoque conceptual centrado en un objetivo, nos arrastrará de nuevo a una sensación de malestar, incluso cuando alcancemos el objetivo a que aspiramos.

Por otro lado, en el mindfulness, nuestra *intención* es «lavar los platos para lavar los platos». En este caso, el foco se centra en lo que estamos haciendo en ese momento, en las *acciones* actuales, y no en el *resultado* futuro. Al igual que ocurre con las visiones, olores, sonidos y sensaciones corporales relacionadas con la situación inmediata de lavar los platos, esa acción está ocurriendo *ahora*. Esa característica compartida proporciona un vínculo entre ellas, lo que les permite resonar juntas para conformar una totalidad coherente. Entonces, somos vívidamente conscientes de nuestra experiencia, disfrutamos de los sentimientos positivos relacionados con el éxito de la construcción de una totalidad y nos sentimos plenamente presentes y vivos.

La mente errática, controlada conceptualmente, fragmenta y divide la mente, mientras que el mindfulness, controlado de manera holístico-intuitiva, permite restaurar la totalidad.

Y ese cambio de control desde el conocimiento conceptual hasta el conocimiento holístico-intuitivo también propicia una transformación radical en nuestra experiencia del yo.

El yo narrativo y el yo experiencial

En el mindfulness, dejamos atrás nuestros papeles protagonistas en las películas de la mente errática. Y, en lugar de ello, experimentamos el yo de manera distinta, de una manera que crea la posibilidad de que «nuestras experiencias en el plano puramente físico tengan resonancia en el interior de nuestro ser y nuestra realidad más íntima, de modo que realmente sintamos la alegría de estar vivos».

A partir, como mínino, de la época de William James, los psicólogos han reconocido dos aspectos distintos del yo. El propio James distinguió el «yo conocido» («mi») del «yo conocedor» («yo»). El «mi» es la *idea* del yo que es el personaje central de la «película protagonizada por cada uno de nosotros», mientras que el «yo», por otra parte, se refiere a algún aspecto de nuestra experiencia subjetiva sentida que parece persistir de un momento a otro, entre una experiencia y otra.

Desde la época de James, otros psicólogos han propuesto, a lo largo de los años, distinciones similares: tenemos, por ejemplo, el yo narrativo *frente* al yo experiencial (véase más adelante), y el yo recordado *frente* al yo experimentador (véase el cuadro 9.2).

Estos dos aspectos diferenciados del yo, reconocidos por los psicólogos (y por el lenguaje cotidiano), reflejan dos formas diferentes de conocer. El «yo», el personaje clave de las historias que nos contamos a nosotros mismos y el foco central de buena parte de nuestros pensamientos, es una ficción del pensamiento conceptual. Este yo narrativo domina nuestra experiencia en la divagación mental controlada conceptualmente. La experiencia subjetiva del «yo», en cambio, es la sensación que experimentamos cuando procesamos modelos mentales holístico-intuitivos relacionados con uno mismo. El mindfulness nos permite experimentar el yo de ese modo.

La distinción entre el yo narrativo y el yo experiencial se refleja en diferentes patrones de la actividad cerebral subyacente. Un estudio de neuroimagen efectuado por Farb y sus colegas (Farb *et al.*, 2007) investigó dos grupos de participantes: uno de ellos recibió ocho semanas de entrenamiento en mindfulness, mientras que el otro grupo no recibió ningún tipo de entrenamiento. Cuando se escaneaban sus cerebros, los participantes leían una lista de palabras referentes a rasgos de personalidad (como *confianza* o *melancolía*). En ocasiones, adoptaban un enfoque narrativo de sí mismos (lo que implicaba pensar si las palabras se referían a ellos, elaborar lo que significaban para cada uno y «dejándose atrapar por una determinada línea de pensamiento»), mientras que otras veces adoptaban un enfoque experiencial del yo (lo cual implica percibir directamente la experiencia real de «los pensamientos, los sentimientos y el estado corporal, sin propósito ni objetivo alguno, más allá de advertir cómo son las cosas a cada momento»).

El estudio reveló claras diferencias entre las redes neuronales que subyacen tanto al enfoque narrativo del yo como al experiencial. Y lo que es más importante, los escáneres cerebrales también mostraban que los participantes entrenados en mindfulness tenían «una mayor capacidad para representar en la memoria de trabajo una consciencia no lingüística del presente psicológico […] y (un mayor) control inhibitorio […] imprescindible para reducir la tendencia por defecto a la narrativa autorreferencial» (Farb *et al.*, 2007, pág. 319). En otras palabras, el entrenamiento en mindfulness incrementaba la experiencia vivida de la consciencia de uno mismo, momento a momento, al tiempo que debilitaba el control del yo narrativo, característico de la mente errática.

Vidas empobrecidas

La mente errática nos torna más infelices, mientras que su enfoque narrativo en el yo también empobrece gravemente nuestra calidad de vida.

Nuestro sentido del «yo» depende de la «yoificación». El procesamiento conceptual controlado, mediante el cual tratamos de convertirnos en el tipo de yo que aspiramos a ser y pensamos que deberíamos ser, es el que infunde, de hecho, un sentido de sustancialidad a la ficción del «yo», el actor central de las historias de nuestra mente errática. Pero ese mismo proceso también constriñe gravemente nuestra experiencia vital.

CUADRO 9.2. Los dos yoes de Kahneman

Las ideas del premio Nobel Daniel Kahneman acerca del recuerdo del yo y la experiencia del yo se vieron estimuladas por estudios relacionados con el dolor experimentado durante el procedimiento médico de la colonoscopia (que en el presente se suele realizar con anestesia). Los pacientes evaluaban la intensidad inmediata de su dolor (la experiencia real del yo que experimenta) cada 60 segundos. Posteriormente, una vez finalizado el procedimiento, también valoraban «la cantidad total de dolor» que habían experimentado en valoraciones globales retrospectivas (realizadas por el yo que recuerda). Para sorpresa de Kahneman, estas valoraciones retrospectivas no se vieron afectadas por la duración total del dolor experimentado. Por el contrario, reflejaban en gran medida la media del grado de dolor declarado tanto en el peor momento del procedimiento como al final. Se obtuvieron resultados similares en experimentos en los que se pidió a voluntarios normales que mantuvieran sus manos en agua dolorosamente fría. Estos experimentos demostraron, por ejemplo, que los voluntarios preferían la experiencia de 60 segundos de dolor moderado seguidos de otros 30 segundos de dolor ligeramente inferior a la experiencia solamente de 60 segundos de dolor moderado; en otras palabras, elegían sufrir una mayor incomodidad general para que la experiencia completa tuviera un «desenlace positivo».

Kahneman explica este comportamiento desde el punto de vista del apego del yo que recuerda los desenlaces felices en las historias forjadas por él. Este apego parece influir mucho más en

(continúa)

286   Mindfulness

> las decisiones que tomamos que la calidad de vida de la que disfruta en cada momento el yo experimentador. Asimismo, Kahneman señala que un tema común en las grandes óperas y dramas es la idea de que el valor de la vida de una persona depende de lo que ocurra en los últimos minutos de su existencia. ¿Descubrirá la heroína moribunda que el amante que se vio obligado a abandonarla todavía la ama, o morirá creyendo que todos sus momentos de felicidad compartida, tan encantadores en su día, fueron una mera farsa? En estudios experimentales relacionados, los voluntarios calificaron la felicidad total de la vida de una persona como sustancialmente mayor si vivía durante 30 años muy felices y luego moría repentinamente en un accidente de coche que si vivía durante 30 años muy felices seguidos de cinco años un poco menos felices, pero aun definitivamente agradables, ¡aunque luego experimentase cinco años más de felicidad!
>
> Estos juicios, realizados por el yo que recuerda, parecen bastante ilógicos desde la perspectiva del yo que experimenta la vida que se juzga. Kahneman (2012) concluye: «Yo soy el yo que recuerda, mientras que el yo que experimenta y se gana la vida es un extraño para mí» (pág. 390).

El afecto central de la BÚSQUEDA que impulsa la búsqueda conceptual de la felicidad (y a la mente errática) conlleva una visión del mundo en la que vemos los objetos, las personas y a nosotros mismos como cosas separadas e independientes, dotadas de cualidades intrínsecas, considerando que estas cosas, su separación y sus cualidades son «reales». El afecto central de la BÚSQUEDA también restringe nuestro foco atencional, excluyendo todo lo que no es inmediatamente relevante para la tarea que tenemos entre manos. La mente está centrada en las ideas del yo real, de los posibles yoes y de las acciones para reducir las discrepancias entre ellos. Este foco exclusivo en las ideas relacionadas «conmigo y mis necesidades», combinado con la «realidad» percibida de los conceptos implicados del yo, proporciona una ilusión de sustancialidad a la ficción del «yo» que hemos creado.

No obstante, se trata de un sentido unidimensional del yo. La información del cuerpo –lo que Campbell denomina «nuestras experiencias en el plano puramente físico»– se considera (erróneamente) irrelevante para el objetivo de convertirse en el tipo correcto de yo. Por esa razón, la información relacionada con las sensaciones corporales, al igual que la información procedente del resto de los sentidos, queda en gran medida excluida de la consciencia; a medida que nos centramos solo en la información directamente relevante para nuestra búsqueda, la experiencia vital se reduce y nuestra vida queda desprovista de fuentes fundamentales de riqueza y significado. Terminamos, como el señor Duffy, uno de los personajes de la novela *Dublineses* de James Joyce, viviendo «a cierta distancia» de nuestro cuerpo (véase el recuadro 9.3).

CUADRO 9.3. El señor Duffy

El señor Duffy era cajero en un banco y «aborrecía todo lo que participara del desorden mental o físico». Esa aversión lo abocaba a una evitación experiencial que llegó a impregnar su vida. Joyce pinta un cuadro sombrío de una vida trágicamente limitada y solitaria: «una historia sin aventuras» en la que el señor Duffy «carecía de compañeros o amigos». Habitaba en un mundo mental menguado, «a poca distancia de su cuerpo», aislado de toda la riqueza potencial, multidimensional y multiestratificada de la «experiencia de estar vivo», de la que nos habla Campbell. La única vez que el señor Duffy entabló, por casualidad, amistad con una mujer, la interrumpió bruscamente en cuanto ella empezó a mostrar interés por mantener una relación más íntima. Cuatro años más tarde, leyendo el periódico de la tarde, se enteró de que ella había muerto, al cruzar la vía, atropellada por un tren.

288 Mindfulness

La historia del señor Duffy ilustra el modo en que la evitación de la experiencia puede comenzar como un intento de lidiar con «cualquier cosa que participe de un desorden mental o físico», pero puede terminar arruinando toda nuestra experiencia vital.

En la mente errática, «vivimos en nuestra cabeza»; no somos más que una idea de nosotros mismos, el «yo», el personaje de una historia que nos contamos, un pensamiento conceptual. Como afirma Kahneman de forma sumamente conmovedora: «Yo soy el yo que recuerda, mientras que el yo que experimenta y se gana la vida es un extraño para mí» (pág. 390).

La mente errática suele atenerse a patrones familiares y surcos bastante trillados. Las historias personales que creamos son variaciones sobre unos cuantos temas muy limitados. Aunque nuestra mente puede divagar en torno a millares de pensamientos cada día, pocos de ellos son genuinamente novedosos o creativos. La mente errática nos arrastra a recurrir a viejos modelos mentales ya almacenados en la memoria porque, en el procesamiento controlado conceptualmente, no podemos crear otros modelos novedosos en la memoria de trabajo holístico-intuitiva. Tendemos a interpretar papeles viejos, familiares y bien ensayados –«lo mismo de siempre»– en lugar de improvisar creativamente, actuar de modo espontáneo o seguir guiones novedosos que mejoren la vida. Nuestra experiencia de la vida se ve cada vez más mermada.

Sin embargo, nuestra mente a menudo parece preferir un enfoque del yo narrativo al enfoque del yo experiencial. Desde la perspectiva narrativa, experimentar realmente la «catástrofe completa» de nuestra vida (Kabat-Zinn, 2013) resulta en ocasiones demasiado desalentador. Entonces nos refugiamos en la divagación mental como forma de escapar o de evitar estar completamente vivos y abiertos a la experiencia.

El mindfulness proporciona un camino de retorno. Es un poderoso antídoto contra la evitación experiencial (véase el capítulo 8), liberando su potencial innato para la construcción de totalidades y la plenitud, y creando las condiciones adecuadas para desarrollar nuevos modelos mentales que nos permitirán experimentar los sentimientos y emociones no deseados sin necesidad de escapar de ellos o evitarlos. Durante el mindfulness, nuestra mente procesa distintos patrones de información procedentes de fuentes muy amplias y variadas, en especial del cuerpo, los cuales se unen para crear modelos ricos, novedosos y multidimensionales. La coherencia y la resonancia entre los diferentes tipos y capas de información generan una experiencia rica en texturas, polifacética y multiestratificada. Sentimos la «alegría de estar vivos», experimentando la «mente de principiante», refrescada y renovada a cada momento. Y, a medida que respondemos a cada uno de esos momentos, nuestra vida se desarrolla en direcciones nuevas e inesperadas.

El mindfulness hace que nuestra mente esté completa, permite sanar el sufrimiento emocional y nos conecta con la alegría de estar vivos. Pero siempre existe el riesgo inherente de que, a falta de una sabia comprensión, las prácticas de mindfulness se incorporen solo como un nuevo conjunto de técnicas dentro del programa más amplio de «superación personal», impulsado conceptualmente, que configura por lo general nuestra vida. Entonces valoramos esta práctica como una vía para convertirnos en un yo más calmado, o en el yo atento que anhelamos llegar a ser, con lo que el mindfulness termina desempeñando el papel de subcontratista en el proyecto de la felicidad impulsado conceptualmente. Mientras cultivemos la atención para convertirnos en el yo que nos gustaría ser o creemos que deberíamos ser, el conocimiento conceptual seguirá teniendo el control último de nuestra mente. Por desgracia, la búsqueda de un «mejor yo», orquestada por el conocimiento conceptual, nunca puede proporcionar la felicidad y la plenitud duraderas que nos promete (capítulo 1).

Por otro lado, si integramos las prácticas de mindfulness en caminos más amplios que también fomenten un cambio radical en nuestros puntos de vista y en la forma en que nos relacionamos con nosotros mismos, con los demás y con el mundo, llegaremos a experimentar la felicidad más elevada de la mente despierta.

PARTE III
El despertar interior

10. La mente despierta

Hemos presentado, entre los capítulos 5 y 9, una comprensión del mindfulness desde la perspectiva proporcionada por el contexto de los SCI. Ampliaremos ahora nuestra exploración para ver en qué medida esa misma perspectiva puede ayudarnos a entender mejor el despertar interior.

Nuestro primer desafío consiste en describir la mente despierta –a menudo caracterizada como indescriptible– de una manera que honre su naturaleza y proporcione un enfoque adecuado para una indagación ante todo psicológica. Las descripciones tradicionales, naturalmente, no se expresan en términos psicológicos. Por ese motivo, cambiamos, en el presente capítulo, a un lenguaje más tradicional y menos psicológico para describir lo que estamos tratando de comprender. En capítulos posteriores desarrollaremos, de manera gradual, una comprensión psicológica de la mente despierta.

Las tradiciones religiosas suelen diferir en sus creencias y doctrinas. Sin embargo, las transformaciones del ser que se dan a través de los caminos contemplativos de dichas tradiciones son muy similares. Estas transformaciones incluyen cambios profundos en la forma en que nos percibimos y relacionamos con nosotros mismos y los demás, cambios que nos despiertan de las historias y los sueños del yo narrativo, nos liberan del trance de la separación que entretejen esas historias y nos conectan con la actualidad y la riqueza del despliegue de la vida.

En todas las tradiciones espirituales y religiosas, hay tres temas que se repiten en las descripciones que nos ofrecen de la mente despierta:

- La mente despierta *trasciende las percepciones de dualidad y separación*.
- La mente despierta es *altamente valorada*.
- La mente despierta encarna *el cuidado incondicional, la compasión y la buena voluntad hacia todos los seres*.

En la tradición cristiana y otras tradiciones teístas, apenas se mencionan palabras como *despertar* o *iluminación*. Sin embargo, las enseñanzas de Jesús de Nazaret se refieren con frecuencia al Reino de los Cielos o al Reino de Dios (en el Evangelio de Mateo, el Reino de los Cielos se menciona 29 veces). Los contemplativos cristianos contemporáneos, como Cynthia Bourgeault y Richard Rohr, nos indican que Jesús utilizó las expresiones *Reino de los Cielos* y *Reino de Dios* para referirse no tanto a un lugar en el que residir después de la muerte, o a una utopía futura que surgirá en la Tierra, como al estado de consciencia radicalmente alterado que recibe el nombre de «despertar». En consonancia con esta indicación, el propio Jesús enseñó sistemáticamente que «el reino de Dios está dentro de vosotros» (Lucas 17:21) y que «el reino de los cielos está cerca» (Mateo 4:17). Aceptando esta interpretación, incluyo en la presente exploración las descripciones, historias y parábolas de Jesús acerca de dicho reino.

La mente despierta trasciende las percepciones de dualidad y separación

Podemos distinguir tres aspectos de esta característica de la mente despierta:

1. La mente despierta trasciende la dualidad *sujeto-objeto*: la percepción de que nuestra consciencia está dividida en un «sujeto» que «tiene» experiencias de «objetos» (dichos objetos pueden ser internos –pensamientos, sentimientos, sensaciones y similares– o externos, es decir, «cosas situadas en el exterior»).

2. La mente despierta trasciende la dualidad *yo-otro*: la percepción de un yo separado de los demás (la dualidad «yo-tú/ellos»: «yo» estoy «aquí», y «tú» y «ellos» sois entidades separadas que estáis «allí»).

3. (En el seno de las tradiciones teístas) la mente despierta trasciende la dualidad *Dios-yo*: la percepción de un yo separado de Dios (la dualidad «Dios-ahí-arriba y yo-aquí-abajo»).

Hay un factor compartido que atraviesa estas posibles dualidades: la percepción (errónea) fundamental del yo en tanto entidad separada e independiente.

Trascender la dualidad sujeto-objeto

Esta dualidad se aborda en detalle en la siguiente enseñanza, ofrecida por el Buda a Bahiya, un buscador en pos del despertar:

296 El despertar interior

En lo visto, solo existe lo visto,
en lo oído, solo lo oído,
en lo sentido, solo lo sentido,
en lo percibido, solo lo percibido.
Por lo tanto, deberías ver que
en verdad no hay nada aquí;
así, Bahiya, es como debes adiestrarte.
Ahora bien, Bahiya...
verás que, en realidad, tampoco hay nada ahí;
al ver que no hay nada ahí verás que, por consiguiente,
no estás ubicado ni en el mundo de esto,
ni en el mundo de eso,
ni en ningún lugar entre ambos.
Solo esto es el final del sufrimiento. (*Udana*, capítulo 1, versículo 10, en Amaro, 2003).

Al escuchar estas palabras, Bahiya se iluminó de inmediato. Y fue una suerte, porque, solo unos instantes después, murió arrollado por una vaca desbocada. Dentro de la tradición budista se le otorga el título de «El discípulo que comprendió la enseñanza más rápidamente».

Aunque a Bahiya esas palabras le resultaron muy esclarecedoras, es probable que a la mayoría de nosotros nos cueste entenderlas. El monje budista inglés contemporáneo Ajahn Amaro (2003) nos brinda el siguiente y esclarecedor comentario:

¿Qué significan las palabras «no hay nada ahí»? Supone hablar del ámbito del objeto; implica que reconocemos que «lo visto es solo lo visto». Eso es todo. Hay formas, figuras, colores, etcétera, pero no hay ninguna cosa ahí. No hay sustancia real ni solidez ni realidad autoexistente. Todo lo que hay es la cualidad de la experiencia misma. Ni más ni menos. Solo hay ver, oír, sentir, percibir y conocer. Y la mente que nombra todo es también otra experiencia: «el espacio de la sala del Dharma», «la voz de Ajahn Amaro», «el pensamiento, "¿Estoy entendiendo esto?"». Ahora otro pensamiento, "¿No lo estoy entendiendo?"».

Existe lo que se ve, se oye, se saborea, etcétera, pero no hay ninguna cosa, ninguna entidad sólida e independiente a la que se refiera esta experiencia.

A medida que madura esta percepción profunda, no solo nos damos cuenta de que no hay nada «ahí afuera», sino que también nos damos cuenta de que no hay nada sólido «aquí adentro», ninguna entidad independiente y fija que sea el experimentador. Esto se refiere al ámbito del sujeto.

La práctica de la no-permanencia es un proceso de vaciado de los dominios objetivo y subjetivo, que nos lleva a ver que tanto el objeto como el sujeto están intrínsecamente vacíos. Si podemos ver que tanto lo subjetivo como lo objetivo están vacíos, si no hay un verdadero «aquí adentro» o «ahí afuera», ¿dónde podría localizar el sentimiento del yo, el mí y lo mío? Como le dijera el Buda a Bahiya: «No podrás encontrar tu yo ni en el mundo de este [sujeto], ni en el mundo de aquel [objeto], ni en ningún lugar entre ambos» […] Esta visión de las cosas nos saca de quicio, porque nos quita los apoyos y, sobre todo, porque sacude nuestros marcos de referencia habituales. (Pág. 20).

Un poema de Li Po, poeta chino del siglo VIII, nos brinda una

298 El despertar interior

idea de lo que se siente cuando desaparecen la dualidad y la separación entre sujeto y objeto (Hamill, 1987):

> Los pájaros se han desvanecido en el cielo,
> y ahora desaparece la última nube.
> Nos sentamos juntos, la montaña y yo,
> hasta que solo queda la montaña.

Otra forma de describir la superación de la dualidad sujeto-objeto es en términos de *intimidad*. Ya hemos visto esta concisa afirmación de Dogen, maestro zen del siglo XIII:

> Estar iluminado es estar en intimidad con todas las cosas.

Los meditadores más experimentados no pocas veces vislumbran en los retiros silenciosos el desvanecimiento de la dualidad sujeto-objeto:

> Puede empezar a surgir de forma natural la percepción de que la consciencia es un espacio vasto y claro en el que están contenidas todas las apariencias. En contraste con el sentido habitual de la consciencia como algo «situado aquí» (quizá en la cabeza) y dirigido hacia algún objeto «situado allí», la consciencia parece ahora menos localizada, más penetrante, como el espacio abierto del cielo […] La quietud y la espaciosidad de la consciencia también pueden empezar a impregnar y penetrar lo que aparece, de modo que *todas las cosas parecen estar hechas de la misma «máteria», de la misma «substancia» etérea, como la misma consciencia* […] Al percibir una menor distinción entre interior

y exterior, entre los fenómenos y la consciencia, empieza a manifestarse de manera natural un *sentido de unicidad*, de unidad con todas las cosas, que emerge, quizá gradualmente, en este punto. (Burbea, 2014, págs. 193-194).

Trascender la dualidad yo-otro

En nuestro modo de consciencia habitual solemos albergar la sensación de que cada uno de nosotros es una entidad humana autónoma e independiente («yo»), que existe junto a otras unidades humanas autónomas e independientes («tú», «él», «ella» o «ellos»), si bien está esencialmente separada de ellas. Y, aunque interactuemos con esas entidades, en lo fundamental seguimos estando separados.

Esta forma habitual de ver las cosas está tan arraigada que la mayoría de nosotros, la mayor parte del tiempo, no la consideramos un hábito perceptivo, es decir, tan solo una posible forma de ver las cosas, sino que, en lugar de eso, damos por sentado que simplemente vemos las cosas «tal como son».

En uno de sus escritos más citados, Albert Einstein señaló la naturaleza ilusoria de esta percepción y de esta visión fundamental (véase Calaprice, 2005):

El ser humano es una parte más de ese todo al que llamamos «universo», una parte limitada en el tiempo y el espacio. Se experimenta a sí mismo, sus pensamientos y sensaciones, como separado del resto, como una especie de ilusión óptica de su consciencia, como una ilusión que es una forma de prisión para nosotros, limitándonos

300 El despertar interior

a solo nuestros deseos personales y a sentir afecto solo por las personas más cercanas. Nuestra tarea debe ser liberarnos de esta prisión, extendiendo nuestro círculo de compasión, y abrazar a todas las criaturas de la naturaleza en toda su belleza. (Sullivan, 1972).

Thomas Merton (1966), uno de los contemplativos cristianos más apreciados del siglo xx, describió su propia experiencia relacionada con el desvanecimiento del sentido de separación entre el yo y el otro, lo cual cambió su visión de la conexión que mantenía con los demás seres humanos durante el resto de su vida:

En Louisville, en la esquina de la Cuarta y Walnut, en medio del barrio comercial, de repente me abrumó darme cuenta de que amaba a toda esa gente, de que todos eran míos y yo de ellos, de que no podíamos ser extraños unos a otros, aunque nos desconociéramos por completo. Fue como despertar de un sueño de separación, de falso aislamiento [...].

Esta sensación de liberación de una diferencia ilusoria supuso semejante alivio y alegría que casi rompí a reír a carcajadas [...] Es un glorioso destino ser miembro de la raza humana, aunque sea una raza dedicada a muchos absurdos y aunque cometa terribles errores: sin embargo, con todo eso, el mismo Dios se glorificó al hacerse miembro de la raza humana. ¡Miembro de la raza humana! Pensar que el darse cuenta de algo tan vulgar sería de repente como la noticia de que uno tiene el billete ganador de una lotería cósmica [...].

Por estar unido a ellos les debo a ellos el estar solo, y cuando estoy solo, ellos no son «ellos», sino mi propio yo. ¡No son extraños! (Pág. 153).

La epifanía de Merton subraya el extraordinario poder sanador que se libera cuando trascendemos el sentido de separación que subyace a nuestra sensación crónica de dolor sutil (capítulo 1).

No son infrecuentes los atisbos de ese sentido de no dualidad entre el yo y el otro, en el que, afortunadamente, nuestro sentido de separación se desvanece y percibimos una conexión íntima, una no separación, con los otros. En la mente despierta, esa percepción de no separación se convierte en la norma y no en la excepción.

Trascender la dualidad Dios-yo

Al igual que experimentamos habitualmente un sentido de separación entre nosotros mismos y otras personas, en las religiones teístas la relación con Dios suele encarnar una dualidad fundamental: «Dios allí arriba y yo aquí abajo».

Sin embargo, en la experiencia del despertar interior, los contemplativos religiosos traspasan este sentido de separación entre el yo y Dios. Meister Eckhart, místico cristiano del siglo XIII, se mostraba muy explícito y enfático acerca de este particular (Huxley, 1985):

> El conocedor y lo conocido son uno. Los simples imaginan que deberían ver a Dios, como si Él estuviera allí y ellos aquí. No es esto. Dios y yo somos uno en el conocimiento. (Pág. 29).

De manera más radical, santa Catalina de Génova (1447-1510), habiendo sentido un día su no separación de Dios al contemplar su reflejo en un charco, corrió por la calle gritando a quien quisiera escucharla:

¡Mi yo más profundo es Dios!

La perspectiva no dual altera radicalmente la naturaleza de la relación con Dios. En lugar del anhelo por algún «otro, que está fuera de aquí», el buscador se da cuenta ahora de que el proceso es, más bien, el de «Dios buscando a Dios». Una enseñanza atribuida a san Francisco de Asís expresa este sentido de no separación con elegante concisión:

Lo que buscamos
nos busca a nosotros.

Y Meister Eckhart (citado en Bourgeault, 2008) se hace eco del mismo mensaje:

El ojo con el que ves a Dios es el ojo con el que Dios te ve. (Pág. 44).

De este modo, místicos y contemplativos han hecho lo posible para expresar en un lenguaje convencional la experiencia inefable e inexpresable de la no separación con Dios. Por desgracia, a lo largo de la historia, estos intentos han sido malinterpretados por la ortodoxia religiosa de mentalidad literal como si fuesen pretensiones de identidad con Dios. Desde la perspectiva ortodoxa y dualista de «Dios en las alturas y yo debajo», esto es, por supuesto, la blasfemia suprema. Tanto en la tradición cristiana como en la islámica, esta blasfemia (mal)interpretada ha sido cruelmente castigada. La poesía –el lenguaje del conocimiento holístico-intuitivo– nos ofrece un vehículo alternativo para transmitir la intimidad de la relación no dual con Dios. En su poema *El panteísmo superior*, Alfred Lord Tennyson lo expresa del siguiente modo:

Más cerca está Él que la respiración
y más cerca que las manos y los pies.

Y Kabir, poeta, místico y santo del siglo xv, recurrió a imágenes similares:

Kabir dice: «Discípulo, dime, ¿qué es Dios?».
«Él es el aliento de todo cuanto respira». (Mitchell, 1993a, pág. 72).

¿Qué podría estar más cerca de nosotros?

Trascender la experiencia del yo como una entidad independiente y separada

El hilo conductor de todas las dualidades percibidas que hemos expuesto –la dualidad del yo y el objeto, la dualidad del yo y el otro, y la dualidad del yo y Dios– es la percepción (errónea) fundamental de que el yo es una entidad separada que existe de manera independiente. Todos los caminos espirituales reconocen que el despertar implica la necesidad de trascender de una manera u otra esta percepción errónea fundamental.

En el budismo, la comprensión de la naturaleza esencialmente «vacía» de nuestras ideas acerca del yo es el principal vehículo que nos permite trascender la percepción de un yo separado y permanente. De un modo u otro, el sendero budista cultiva la comprensión de *anattā*, la naturaleza del «no-yo» de todos los aspectos de la experiencia: «Esto es mío, esto soy yo, este es mi yo» (*Samyutta Nikaya*, capítulo 22, versículo 59, en Bodhi, 2000, pág. 902). Por su parte, Dogen, el gran maestro zen, lo expresa del siguiente modo:

> Estudiar la Vía del Buddha es estudiar el yo,
> estudiar el yo es olvidar el yo,
> y olvidarse del yo es iluminarse con las diez mil cosas.

Asimismo, en las tradiciones contemplativas teístas, el énfasis no recae en la liberación a través de la comprensión, sino en la liberación mediante el cultivo directo de la disposición a abandonar el yo. El yo se abandona por amor a Dios, a fin de que la mente y el corazón estén totalmente disponibles para Dios, sea cual sea la interpretación que otorguemos a esta palabra.

Esta disposición implica la sumisión o la entrega total de uno mismo. Se trata del sacrificio de uno mismo en el sentido más genuino del termino *santificar*, palabra derivada de las raíces latinas *sacer*, santo, y *facere*, hacer.

En la tradición sufí del islam (una palabra que, de hecho, significa *sumisión* en árabe), la sumisión adopta la forma del abandono de uno mismo a través de un camino de *entrega amorosa*: el pequeño y falso yo es absorbido y trascendido al entregarse a algo más grande que lo abarca todo. Sin embargo, «como el azúcar disolviéndose en el agua, el yo no desaparece en realidad, sino que es absorbido» (Helminski, 1992, pág. 179). El proceso de abandonar el apego al yo comienza con el cultivo de la humildad radical, de la que habla Abdullah Ansari de Herat (Huxley,1945/1985):

> ¿Quieres ser un peregrino en el camino del Amor?
> La primera condición es que te humilles como polvo y ceniza.
> (Pág. 119).

Y culmina con la liberación del yo en la unificación con Dios descrita por Abu Yazid:

> Me desprendí de mi yo como una serpiente se desprende de su piel. Entonces miré dentro de mí y vi que soy Él. (Mitchell, 1993*b*, pág. 75).

Los temas de morir a uno mismo y la necesidad de una humildad radical son fundamentales en la enseñanza de Jesús:

> Si alguno quiere venir en pos de mí, niéguese a sí mismo. (Mateo 16:24).

> El que quiera salvar su vida, la perderá, y todo el que pierda su vida […] la salvará.* (Lucas 9:24).

---

* Al omitir la frase «por mi causa», que la mayoría de las versiones de este dicho incluyen en este punto, sigo a Cynthia Bourgeault (2003, pág. 127), quien cita la opinión de muchos estudiosos bíblicos de que esta frase no forma parte de la enseñanza original, sino que fue añadida con posterioridad.

El radical «vaciamiento de uno mismo» (*kenosis*) es fundamental en el camino de liberación encarnado por Jesús tanto en su vida como en sus enseñanzas. El estado resultante se describe como un estado de *pobreza espiritual* o de *pobreza de espíritu* (pobreza no significa en este contexto algo parecido a una baja autoestima, sino la disminución y definitiva eliminación del sentido del yo). En este estado de pobreza, la ausencia del yo permite la plena apertura y receptividad a la mente despierta:

> Bienaventurados los pobres de espíritu, porque de ellos es el reino de los cielos. (Mateo 5:3).

La mente despierta es altamente valorada

La mente despierta (el reino de los cielos) se compara en numerosas ocasiones con un tesoro –a menudo un tesoro oculto– como en las siguientes dos breves parábolas ofrecidas por Jesús (Mateo 13:44-46):

> El reino de los cielos es semejante a un tesoro escondido en el campo, que, al encontrarlo un hombre, lo vuelve a esconder y, de alegría por ello, va, vende todo lo que tiene y compra aquel campo.
>
> El reino de los cielos también es semejante a un mercader que busca perlas finas, y al encontrar una perla de gran valor, fue y vendió todo lo que tenía y la compró.

La mente despierta

Estas metáforas no solo subrayan el valor supremo otorgado a la mente despierta, sino que también apuntan a otra característica, esto es, quizá tengamos que renunciar a otras cosas de menor valor para obtener la mayor recompensa.

Rumi, el sufí del siglo XIII, utiliza la misma imagen del tesoro oculto en «La piqueta: comentarios acerca de "Yo era un tesoro escondido y quise ser conocido"» (Barks, 1996, pág. 114). Compara la condición humana habitual con tener alquilada una pequeña tienda en la que apenas nos ganamos la vida cosiendo remiendos en ropa rota, pero bajo el suelo se ocultan dos vetas de preciosa cornalina. Pero, si arrancásemos una sola tabla del suelo, veríamos el tesoro resplandeciendo en la oscuridad.

En ese caso, Rumi subraya un mensaje crucial implícito en la metáfora del tesoro oculto. El potencial para el despertar interior está, y siempre ha estado, inmediatamente disponible para nosotros; lo único que ocurre es que no somos conscientes de este potencial latente e inherente a nuestro ser.

Ese mismo mensaje se repite en la parábola con la que Eckhart Tolle comienza su superventas multimillonario *El poder del ahora* (Tolle, 1999/2005), dirigido a un público mayoritariamente laico. Bajo el título «Iluminación: ¿Qué es eso?», escribe:

Un mendigo había estado sentado más de 30 años a la orilla de un camino. Un día pasó por allí un desconocido.

–Una monedita –murmuró mecánicamente el mendigo, alargando su vieja gorra de béisbol.

–No tengo nada que darle –dijo el desconocido. Después preguntó:

–¿Qué es eso en lo que está sentado?

–Nada –contestó el mendigo– solo una caja vieja. Me he sentado en ella desde que tengo memoria.

–¿Alguna vez ha mirado qué hay dentro? –preguntó el desconocido.

–No –dijo el mendigo–. ¿Para qué? No hay nada dentro.

–Échele una ojeada –insistió el desconocido.

El mendigo se las arregló para abrir la caja. Con asombro, incredulidad y alborozo vio que la caja estaba llena de oro.

Yo soy el desconocido que no tiene nada que darle y que le dice que mire dentro. No dentro de una caja como en la parábola, sino en un lugar aún más cercano [...] Mire dentro de usted mismo. (Pág. 9).

En la tradición budista, el propio Buda tenía sorprendentemente poco que decir acerca de cómo es, en realidad, la mente despierta. Según parece, consideraba que la discusión y el debate sobre la naturaleza del despertar son una distracción y una desviación del verdadero propósito del camino que enseñaba, que no es sino mostrar las prácticas y la comprensión que permitirían a sus oyentes liberar su propia mente y descubrir el despertar por sí solos.

La tradición budista posterior tenía menos reservas al respecto. En una enseñanza clásica de la tradición Mahayana, el monje/erudito del siglo VIII Shantideva (1998) vuelve a utilizar la metáfora del tesoro oculto para describir la *bodhicitta* (la mente despierta):

Como un ciego
que descubre una joya en un montón de basura,

La mente despierta **309**

igualmente, por una coincidencia,
ha nacido en mí la Mente del Despertar.
Es la ambrosía suprema
que vence al reino de la muerte,
el tesoro inagotable
que elimina la pobreza en el mundo. (Pág. 23).

El uso que hace Shantideva de la metáfora del tesoro añade la precisión fundamental de que *recibimos* el despertar de la mente como un regalo, mediante la «gracia» –«merced a algún tipo de coincidencia»–, y no como resultado directo de nuestra acción deliberada. El despertar no tiene el sentido de «*yo* he conseguido que esto ocurra a causa de mi esfuerzo». (Aunque, por supuesto, tenemos que crear las condiciones en las que nos abramos en mayor medida a la posibilidad de recibir el don y la gracia que siempre tenemos a nuestro alcance).

Todas las tradiciones y todos los maestros tienen en muy alta estima la mente despierta. Y esto no se debe simplemente a que ese estado de ser y esta forma de ver nos faciliten encuentros más intensos, frecuentes o duraderos con la fuente cotidiana de los sentimientos positivos –como el placer de las experiencias sensoriales agradables, el sentimiento de orgullo cuando somos elogiados por los demás o el placer de la amistad–, sino que, más bien, la positividad de la mente despierta es *cualitativamente* diferente de los placeres pasajeros que nos proporcionan esas experiencias. Hay algo *intrínsecamente* positivo en este estado de consciencia radicalmente transformado que no depende del contenido particular de la experiencia pasajera del momento.

El corazón despierto encarna el cuidado incondicional, la compasión y la buena voluntad hacia todos los seres

Sam Harris comienza su libro (explícitamente ateo) *Despertar* (2014) con la descripción de una experiencia que iba a transformar su vida. Tenía diecinueve años, cuando él y su mejor amigo tomaron la (por aquel entonces poco conocida) droga MDMA (éxtasis) y empezaron a hablar tranquilamente:

> Sin embargo, de repente, en medio de esta normalidad, me sorprendió saber que amaba a mi amigo [...] En aquel momento, podía *sentir* que lo amaba, y aquel sentimiento tenía implicaciones éticas que de repente me parecieron tan profundas como ahora me parecen vulgares sobre la página: *quería que mi amigo fuera feliz*.
>
> [...] De hecho, aquel conocimiento pareció reestructurar mi mente. Mi capacidad para la envidia, por ejemplo, parecía el síntoma de una enfermedad mental que se hubiera desvanecido sin dejar rastro [...] Un *verdadero* deseo de verlo feliz hacía mía su felicidad...
>
> Y después llegó lo que transformó irrevocablemente mi opinión sobre lo buena que podía llegar a ser la vida humana. Sentí un amor *ilimitado* por uno de mis mejores amigos, y de repente entendí que, si una persona desconocida hubiera cruzado la puerta, habría sido incluida por completo en aquel amor. El amor en el fondo era impersonal, y más hondo de lo que cualquier historia personal pueda justificar. En efecto, una forma de amor transaccional –como te quiero *porque*...– parecía entonces completamente absurda.

La mente despierta **311**

Lo interesante de este último giro en la perspectiva fue que no lo originó ningún cambio en mi forma de sentir [...] Aquella perspectiva tenía más el carácter de una prueba geométrica: era como si, habiendo vislumbrado las propiedades de un conjunto de líneas paralelas, comprendiera de repente lo que todas ellas tenían en común [...]

Era evidente que el amor, la compasión y la dicha por la dicha de los demás se extendían de forma ilimitada. La experiencia no era de amor que crecía, sino de amor que ya no se ocultaba. El amor era –tal como daban a conocer místicos y chalados a través de los siglos– un estado del ser. (Págs. 4-5).

He elegido este pasaje para introducir esta sección porque, aunque describe una experiencia asistida farmacológicamente, nos brinda una descripción elocuente y detallada de los aspectos clave del despertar del corazón con palabras que no pertenecen a una tradición religiosa o espiritual concreta. Me centraré en tres aspectos del amor que Sam Harris describe y de los que se han hecho eco a lo largo de los siglos las enseñanzas de dichas tradiciones:

- Este amor es *ilimitado*: está dirigido a todos los seres (Harris lo describe señalando que era «impersonal» y que «se extendía de forma ilimitada»).
- Este amor es *incondicional*: no importa quiénes sean las personas ni lo que hayan hecho (Harris: «una forma de amor transaccional –como te quiero *porque…*– parecía entonces completamente absurda»).
- Este amor tiene que ver con el *conocimiento* y la *percepción* tanto (o más) que con el sentimiento (Harris:

«este último giro en la perspectiva no lo originó ningún cambio en mi forma de sentir [...] Aquella perspectiva tenía más el carácter de una prueba geométrica»).

Un amor sin límites, incondicional y conocedor

Todas las tradiciones espirituales atestiguan la cualidad ilimitada e inagotable del amor que procede del corazón despierto.

En el budismo, compasión (amor) y sabiduría (visión profunda) se consideran las dos alas del corazón y la mente despierta. Ambas son indispensables si queremos volar en libertad. El Dalái Lama declara en una de sus frases favoritas en relación con la posición privilegiada del amor: «Mi religión es la bondad». Y la naturaleza ilimitada e incondicional de ese amor se subraya en las propias instrucciones del Buda para cultivar la bondad amorosa recogidas en el *Karinaya Metta Sutta* (Amaravati Sangha, 1994):

Deseo, en la alegría y en la seguridad,
que todos los seres sean felices.
Todos los seres vivos que existan;
sean débiles o fuertes, sin omitir a ninguno de ellos,
grandes o poderosos, medianos, cortos o pequeños,
visibles e invisibles,
los que viven cerca y los que están lejos,
los que han nacido y los que van a nacer,
¡que todos los seres estén en paz!

Así como una madre protege a su hijo,
su único hijo, aun a riesgo de su vida,
así debe cultivar este amor ilimitado
por todos los seres que pueblan el universo entero,
extendiendo su bondad sobre el universo:
extendiéndose hacia los cielos,
y hacia las profundidades;
hacia fuera y sin límites,
libre de odio y enemistad.
[…] se dice que esto es la morada suprema.

Jesús resume la esencia de su enseñanza en esta instrucción esencial:

Amarás al Señor tu Dios con toda tu alma, con todas tus fuerzas y con toda tu mente, y a tu prójimo como a ti mismo. (Lucas 10:27).

La frase clave para nosotros es, en este caso, «y a tu prójimo como a ti mismo». Cuando se le preguntó «¿Quién es nuestro prójimo?», Jesús respondió con la parábola del buen samaritano. El mensaje central de esa parábola, como veremos en el capítulo 13, es que nuestro prójimo es cualquier persona a la que atendemos en este momento, incluso si pertenece a una cultura a la que consideramos nuestro enemigo natural.

En otra enseñanza, Jesús hace aún más explícita la naturaleza incondicional e ilimitada del amor de que nos habla:

Amad a vuestros enemigos y rogad por los que os persigan, para que seáis hijos de vuestro Padre celestial, que hace salir su sol

314 El despertar interior

sobre malos y buenos, y llover sobre justos e injustos. (Mateo 5:44).

Conocer es un factor clave de dicho amor. A partir de su amplia revisión de la experiencia contemplativa, Aldous Huxley (1945/1985) concluye:

> El amor es un modo de conocimiento, y, cuando el amor es lo bastante desinteresado y lo bastante intenso, el conocimiento se convierte en conocimiento unitivo. (Pág. 110).

De manera significativa, este amor conocedor incluye la percepción de la no separación. En la epifanía de Merton, en la esquina de la Cuarta y Walnut, el amor hacia todas las personas que veía –a ninguna de las cuales conocía– estaba vinculado, de manera casi intrínseca, a su incipiente sentido de no separación. Ese amor y esa conexión parecían estar inextricablemente relacionados con un cambio radical, y profundamente transformador, en su visión de las demás personas: ya no eran extraños, sino que veía que cada una de ellas, tal como era, atesoraba un valor y una belleza infinitos. Su relato nos indica que la trascendencia de la separación entre el yo y el otro y el amor sin límites e incondicional por «el otro» están íntimamente conectados. Tiene que producirse un cambio de visión para que podamos amar de esa manera, pero, de igual modo, tenemos que amar de esa manera para que se produzca un cambio en nuestra visión. Es muy probable que trascender la dualidad yo-otro y el amor incondicional sean simplemente dos caras de la misma moneda.

La mente despierta **315**

Las enseñanzas de los maestros espirituales parecen ajustarse a esa visión. La instrucción fundamental de Jesús de «Ama a tu prójimo tanto como a ti mismo» (Marcos 12:31, Mateo 22:39) se oye a menudo como «Ama a tu prójimo *tanto como* a ti mismo». Pero, como señala Cynthia Bourgeault (2008, pág. 31), «en realidad en esa frase no hay ningún "tanto como". Es simplemente "Ama a tu prójimo como a ti mismo", como una continuación de tu propio ser. Esta es la visión completa de que tu prójimo eres tú».

El relato de Merton (1966) sobre su epifanía nos indica que su experiencia de este amor-conocimiento unitivo también estuvo acompañada, quizá incluso apuntalada, por un sentimiento de la belleza y el valor infinito, presente en todas y cada una de las personas que veía:

> Entonces fue como si de repente viera la belleza secreta de sus corazones, la profundidad de sus corazones donde ni el pecado ni el deseo ni el autoconocimiento alcanzan el núcleo de su realidad, la persona que cada uno es a los ojos de lo Divino. Si tan solo pudieran verse a sí mismos como realmente son […] Si tan solo pudiéramos vernos de esa manera todo el tiempo. No habría más guerras ni odio ni crueldad ni avaricia […] Supongo que el gran problema sería que caerían postrados y se adorarían unos a otros. (Pág. 153).

George Fox, fundador del cuaquerismo, llamó a la misma belleza secreta «la de Dios». Y escribió a sus seguidores mientras estaba encarcelado en la prisión de Launceston (Nickalls, 1952), instándoles a…

316 El despertar interior

caminar alegremente por todo el *mundo, respondiendo* a aquello de *Dios en cada uno.* (Pág. 263).

Como cristianos, Merton y Fox se referían a Dios para describir el precioso núcleo que percibían en todas las personas. Sin embargo, también encontramos el mismo tema expresado en un lenguaje diferente en las tradiciones no teístas. Shunryu Suzuki (1970), maestro del siglo xx de la tradición del Zen Sōtō, utilizaba la naturaleza de Buda para describir esta cualidad de la mente despierta, ampliando su visión hasta incluir a todos los aspectos de la naturaleza:

> Y cuando él [Buda] se encontró a sí mismo, descubrió que todo lo que existe tiene la naturaleza de Buda. Esa fue su iluminación. (Pág. 28).

Las palabras de Suzuki resuenan poderosamente con las de Meister Eckhart (1260-c.1328):

> ¿Cuándo está el hombre en mero entendimiento? Contesto: «Cuando el hombre ve una cosa aparte de otra». ¿Y cuándo está el hombre por encima del mero entendimiento? Voy a decíroslo: «Cuando el hombre ve Todo en todos, entonces está el hombre más allá del mero entendimiento». (Huxley, 1945/1985, pág. 84).

En este sentido, también debemos traer a colación las palabras de Matilde de Magdeberg (1212-1282; de Rohr, 2019):

El día de mi despertar espiritual fue el día en que vi y supe que veía todas las cosas en Dios y a Dios en todas las cosas. (Pág. 203).

Para concluir esta visión general, hay tres aspectos del corazón y la mente despiertos que se repiten en las descripciones ofrecidas por distintas tradiciones religiosas y espirituales: la mente despierta trasciende la percepción de la dualidad y la separación; la mente despierta tiene un valor intrínseco que personifica el amor y el cuidado ilimitados e incondicionales. Estos tres aspectos están interrelacionados y vinculados de alguna manera a un núcleo común, que es muy posiblemente la capacidad de ver «Todo en todo».

Los SCI nos ofrecen la manera de entender estas características de la mente despierta en el contexto de un relato integrado y unificador. El capítulo 11 se inicia con nuestra exploración de este enfoque.

11. Lecciones del estado de flujo

En un mundo supuestamente regido por la búsqueda del dinero, el poder, el prestigio y el placer, resulta sorprendente encontrar a ciertas personas que sacrifican esos objetivos sin razón aparente: personas que arriesgan su vida escalando rocas, que dedican su vida al arte, que gastan sus energías jugando al ajedrez. Si averiguamos por qué están dispuestos a renunciar a las recompensas materiales por la esquiva experiencia de realizar actos placenteros, esperamos aprender algo que nos permita dar más sentido a la vida cotidiana.

MIHALY CSIKSZENTMIHALYI (1975, pág. 1)

Estas palabras introducen el innovador libro de Csikszentmihalyi *Beyond Boredom and Anxiety* (1975), un libro en el que describe su investigación sobre el estado de *flujo* –«estar en la zona»–, una experiencia que, si bien era conocida desde hacía siglos, no se había estudiado de manera sistemática, ni había recibido una denominación concreta.

El estado de flujo no es (obviamente) lo mismo que el despertar interior, pero nos brinda una visión de ciertos aspectos clave de la mente despierta, en particular de su dicha intrínseca. También es un área de experiencia relativamente conocida y bien investigada, lo que la convierte en un punto de partida muy útil para nuestra exploración ulterior.

Flujo

Csikszentmihalyi estudiaba el proceso creativo de los artistas y le llamó la atención el hecho de que, cuando el trabajo con una determinada pintura marchaba a la perfección, el artista se mantenía concentrado, sin tener en cuenta el hambre, el cansancio y la incomodidad, pero perdía rápidamente el interés por la creación artística una vez concluida esta. Según ese estado mental, la experiencia de pintar se valoraba *por la propia actividad*. Las fuentes históricas señalan que Miguel Ángel pudo haber pintado el techo de la Capilla Sixtina en un estado mental muy parecido. Pintaba durante días, absorto en su trabajo, sin detenerse para comer o dormir, hasta que caía desmayado. Al recobrar la conciencia, renovado, retomaba de inmediato la pintura, entrando de nuevo en un estado de completa concentración.

Tras sus estudios iniciales sobre diferentes pintores, Csikszentmihalyi (1975) amplió su investigación para incluir a personas dedicadas a otras actividades gratificantes: escaladores, ajedrecistas, compositores profesionales, bailarines, jugadores de baloncesto y cirujanos, constatando un sorprendente consenso:

> Con práctica unanimidad, los encuestados (incluso los que recibían recompensas extrínsecas por su actividad, como compositores, campeones de ajedrez y cirujanos) declararon que dedicaban tiempo y esfuerzo a su actividad porque obtenían de ella un estado de experiencia peculiar, una experiencia que no resulta accesible en la «vida cotidiana». En todos los casos, la recompensa intrínseca parecía eclipsar a la extrínseca como principal incentivo para proseguir la actividad. (Pág. 35).

Csikszentmihalyi (1975) dio el nombre de «flujo» a este «peculiar estado de experiencia»:

> En el estado de flujo, las acciones se suceden según una lógica interna que parece no requerir la intervención consciente del actor, quien lo experimenta como un flujo unificado, momento a momento, en el que tiene el control de sus acciones, y en el que hay poca distinción entre el yo y el entorno, entre el estímulo y la respuesta, o entre el pasado, el presente y el futuro. (Pág. 36).

¿Qué hace que el estado de flujo sea intrínsecamente gratificante?

El propósito del flujo es seguir en dicho estado, sin buscar un punto álgido o una utopía, sino tan solo permanecer en él.

MIHALY CSIKSZENTMIHALYI (1975, pág. 54)

El propósito del flujo es persistir en ese estado, y la razón para seguir en él es que sentimos que ese estado es positivo por sí mismo. Según Csikszentmihalyi (1991), debemos buscar el origen de ese placer intrínseco en el *orden* y la *armonía* internos de la mente:

> El orden en la consciencia produce un estado experiencial específico, tan deseable que uno quiere replicarlo tan a menudo como sea posible. A este estado le hemos dado el nombre de «flujo» […]
> El estado de *flujo* […] se alcanza cuando todos los contenidos de la consciencia están en armonía. Estas son las condicio-

nes subjetivas que llamamos placer, felicidad, satisfacción, disfrute. (Págs. 24, 29).

La idea de que el orden y la armonía en la consciencia producen «placer, felicidad, satisfacción, disfrute» cuadra perfectamente con la idea clave del análisis de los SCI de que el éxito en la construcción flexible de totalidades genera sentimientos positivos (capítulo 4). Sin embargo, el gozo inherente del estado de flujo (y, como veremos, de la mente despierta en sí) implica un tipo de totalidad distinto al que hemos discutido hasta este momento.

Hasta ahora, nos hemos centrado principalmente en la totalidad en un momento determinado: diferentes patrones de información se unen para crear un todo coherente *en el presente*. Lo hemos visto, por ejemplo, en el ejercicio «Juan iba de camino a la escuela»: mientras la mente encuentra sentido a las cuatro frases con un modelo mental hecho a medida, podemos experimentar leves sentimientos positivos y reírnos tranquilamente. Y ahí concluye la construcción flexible de la totalidad.

El flujo y el despertar interior, por otro lado, implican un tipo de totalidad más amplia, una plenitud que se extiende, a cada momento, *a lo largo del tiempo*. Esta totalidad es el fundamento del modo en que se desarrolla el comportamiento en el estado de flujo.

Continuidad-en-el-cambio

En la estrategia controlada conceptualmente para conseguir lo que queremos, es la idea de alcanzar un objetivo futuro la que impulsa la acción (capítulo 2). Por el contrario, en el estado de flujo, los modelos mentales holístico-intuitivos y las intenciones son los que dan forma al comportamiento

Un par de ejemplos ilustrarán la diferencia, a la hora de dar forma a la acción, entre la modalidad conceptual (centrada en objetivos) y la holístico-intuitiva. Cynthia Bourgeault (2001) describe el contraste entre el «pensamiento egoico» (procesamiento conceptual centrado en el objetivo) y la «consciencia espiritual» (procesamiento controlado de manera holístico-intuitiva), utilizando para ello la analogía de la diferencia entre navegar durante un día despejado y navegar con niebla:

En un día luminoso y soleado podemos fijar nuestro rumbo hacia la tierra que divisamos a varios kilómetros de distancia y navegar hasta ella. Pero, cuando estamos inmersos en la niebla, nos orientamos prestando mucha atención a todo lo que nos rodea: el profundo oleaje en mar abierto, el penetrante aroma de las ramas de los abetos o el ritmo más vivo de las olas cuando nos aproximamos a tierra. Identificamos nuestro rumbo permaneciendo sensibles y estando sensorialmente conectados con el lugar exacto en el que nos encontramos, permitiendo que sea el «aquí» el que nos alcance y nos guíe.

Si el pensamiento egoico se parece a navegar teniendo como referencia el lugar donde no estamos –basándonos en lo que hay ahí fuera y más adelante–, la consciencia espiritual se parece a navegar con referencia al lugar donde *nos hallamos*. Es una forma de «pensar» en un nivel mucho más visceral de uno mismo, respondiendo a sutiles insinuaciones de presencia demasiado delicadas para ser captadas en nuestro nivel habitual de consciencia, pero que emergen como las olas del mar desde la base de nuestro ser, una vez que nos relajamos y nos permitimos pertenecer profundamente a la imagen. (Págs. 49-50).

Csikszentmihalyi (1991) señala un contraste similar al describir la diferencia entre los artistas muy originales (que experimentan el estado de flujo mientras pintan) y los menos originales (que no lo experimentan):

> La diferencia entre los artistas más o menos originales es que los primeros empiezan a pintar con una idea general, y a menudo vaga, de lo que quieren conseguir, mientras que los segundos tienden a empezar con una imagen claramente visualizada en la mente. De ese modo, los artistas originales deben descubrir sobre la marcha qué es lo que van a hacer, utilizando el *feedback* de la obra en desarrollo para sugerir nuevos enfoques. Los artistas menos originales terminan pintando el cuadro que tienen en la cabeza, que no tiene oportunidad de crecer y desarrollarse. (Págs. 252-253).

El estado de flujo no implica una idea clara del resultado final al que se aspira –«la llegada a tierra a varios kilómetros de distancia» o la «imagen claramente visualizada en la mente»– y que desempeña un papel clave en la estrategia conceptual ligada a la consecución de objetivos. En el estado de flujo, en cambio, la acción está controlada en todo momento por los patrones de información de la memoria de trabajo holístico-intuitiva; y estos patrones cambian y evolucionan de continuo. El patrón de información de un determinado momento provoca un tipo de acción, los efectos de esa acción crean de inmediato

324 El despertar interior

otro patrón, ese otro patrón establece las condiciones para la siguiente acción, y así sucesivamente. El pintor da una pincelada, creando una versión nueva y ligeramente distinta del cuadro, luego responde a la nueva versión con otra pincelada... Un cirujano hace una incisión, revelando la primera visión de un órgano subyacente, esa nueva visión provoca entonces una nueva acción... Una escaladora asciende hasta un nuevo punto de apoyo, lo que le permite ver la siguiente sección de la pared rocosa, a lo que responde buscando el siguiente punto de apoyo... Y este ciclo se repite una y otra vez.

La estrategia utilizada para orientar la acción en el estado de flujo refleja la tendencia innata de la mente a la coherencia y la totalidad (capítulo 4). A cada momento, la mente anticipa los efectos inmediatos sobre su coherencia de una serie de posibles respuestas a la situación actual, utilizando para ello el conocimiento implícito almacenado en modelos mentales relacionados. A continuación, selecciona las acciones que prevé que optimizarán la coherencia en el futuro inmediato. En la práctica, esto suele significar la selección de acciones estrechamente alineadas con las intenciones actuales porque, de lo contrario, no habrá coherencia entre la intención y los efectos anticipados. Al tratar de *maximizar la plenitud en el futuro inmediato*, la mente orienta el curso de acción en la dirección de las intenciones generales (tendencias a la acción) que guían el comportamiento: subir la montaña con seguridad, para un escalador; crear mayor belleza y armonía estética, para un pintor, y, sobre todo, mantener la experiencia del estado de flujo.

Esta estrategia para controlar la acción depende del conocimiento implícito proporcionado por los modelos mentales holístico-intuitivos. Los modelos almacenados, basados en cientos o miles de horas de escalada, pintura o cirugía (sea cual sea la tarea del flujo), permiten a la mente anticipar las consecuencias de las acciones a corto plazo y seleccionar la acción más apropiada. Una característica crucial de esta forma de modelar la acción es que la anticipación tiene que ser razonablemente precisa. El *feedback* claro e inmediato sobre la eficacia de la acción intencional es una característica esencial de las tareas del flujo (Csikszentmihalyi, 1991, pág. 54). Este tipo de *feedback* le dice a la mente si los modelos mentales actualmente activos están anticipando y gestionando los resultados de manera efectiva, es decir, si resultan adecuados para el doble propósito de guiar el desempeño eficaz de la tarea y mantener el estado de flujo; y si, convenientemente afinados y ajustados, pueden seguir utilizándose para la tarea en cuestión. Si los modelos funcionan correctamente, habrá una coherencia continua entre el resultado previsto y el observado en la realidad. También habrá poca necesidad de efectuar cambios importantes en los modelos mentales. En esta situación, los modelos mentales formados a cada momento mostrarán un patrón de *continuidad-en-el-cambio*, con lo que los sucesivos modelos reflejarán variaciones basadas en un tema central común.

La continuidad-en-el-cambio refleja una totalidad que prosigue a lo largo del tiempo, incluso cuando la propia actividad de flujo crea nuevas situaciones: el escalador sube la montaña, o el cuadro avanza hacia su conclusión. Esta totalidad continua proporciona a la mente el mensaje implícito de que «todo funciona bien, el sistema está bajo control, la mente puede ocuparse de esta tarea». Por buenas razones evolutivas (capí-

326 El despertar interior

tulo 4), la construcción de la totalidad que crea este patrón de continuidad-en-el-cambio mientras se lleva a cabo una acción con un determinado propósito está vinculada al hecho de experimentar sentimientos positivos.

Podemos encontrar imágenes y metáforas relacionadas con la continuidad-en-el-cambio en las enseñanzas de las tradiciones contemplativas, espirituales y religiosas. Ajahn Chah (una influencia decisiva en muchos de los maestros que trajeron la meditación mindfulness a Occidente), por ejemplo, simboliza la paradoja implícita de la continuidad-en-el-cambio en la imagen del «agua que fluye tranquila»:

> ¿Han visto alguna vez el agua que fluye? Agua que fluye, ¿la han visto alguna vez? ¿Y han visto alguna vez el agua tranquila? Cuando la mente está en paz, es como el agua quieta que fluye. ¿Han visto alguna vez agua quieta que fluye? [Risas]. ¡En efecto! Solo han visto agua quieta y agua que fluye. Nunca han visto agua quieta que fluye. Justo ahí, justo donde el pensamiento no puede llevarles: allí donde la mente permanece quieta, pero puede desarrollar el discernimiento. Cuando observen su mente, será como el agua que fluye, y sin embargo estará quieta. Parece que está quieta, parece que fluye. Por eso se denomina agua quieta que fluye. Eso es lo que parece. Ahí es donde puede surgir el discernimiento.
>
> Así pues, experiméntenlo. (Chah, 2013).

El encuentro de Moisés con la zarza ardiente, que mantenía su forma, incluso mientras ardía (Éxodo 3:1-17), nos habla de ese mismo patrón.

Generalizar a partir del estado de flujo

La continuidad de los modelos mentales frente al cambio es fundamental para comprender el despertar interior. El estado de flujo nos brinda una visión profunda y valiosa de esa continuidad. Sin embargo, la experiencia de dicho estado depende de un conjunto muy concreto de condiciones (Nakamura y Csikszentmihalyi, 2002), cuya naturaleza restrictiva supone que el flujo por sí mismo no es capaz de crear el amplio alcance de la continuidad implicada en el despertar interior. La afirmación del maestro zen Dogen de que «estar iluminado es estar en intimidad con todas las cosas» requiere que, en el despertar interior, la continuidad-en-el-cambio prosiga a través de las múltiples y variadas situaciones de la vida.

En breve, analizaremos de qué manera los modelos mentales de orden superior desempeñan un papel fundamental en la ampliación de la continuidad. Pero, de entrada, hay otras dos lecciones importantes que extraer del estado de flujo.

En el capítulo 4, he indicado que la evolución vincula de manera específica los buenos sentimientos con la coherencia y la plenitud que resultan de la construcción flexible y creativa de totalidades, pero no de su creación automática. En consonancia con esta idea, la continuidad-en-el- cambio que percibimos en el estado de flujo –y que emerge a partir de las propias acciones flexibles de la mente, los procesos creativos y el trabajo mental interno– está vinculada a intensos sentimientos positivos. Por otro lado, cuando escuchamos de manera pasiva una pieza musical que ya conocemos, nuestra mente registra de forma relativamente automática la continuidad del tema escrito por el compositor. Podemos experimentar placer, pero no será lo mismo que el intenso disfrute del flujo. Si miramos nuestra exploración, en el capítulo 12, de la dicha intrínseca de la mente despierta, podemos anticipar que, en este caso, también la dicha relacionada con la continuidad-en-el-cambio dependerá del trabajo interior flexible y creativo de la propia mente.

La línea de razonamiento que hemos seguido sugiere que todas las formas de continuidad-en-el-cambio, creadas de manera flexible, se experimentarán de manera positiva. Sin embargo, la dicha intrínseca del estado de flujo responde a un tipo de organización cualitativamente diferente. El estado de flujo implica dos tipos de intención distintos, aunque interconectados. Uno de ellos está relacionado, por ejemplo, con la intención general de escalar una montaña, crear belleza, realizar una operación quirúrgica, sea cual sea la tarea obvia del flujo. La otra intención general, menos obvia pero fundamental, se cifra en experimentar de modo continuo el estado de flujo *por sí mismo*. Y es esta segunda intención la que hace que el flujo sea un «estado experiencial tan específico» Csikszentmihalyi (1991, pág. 29); «un estado peculiar de experiencia [...] una experiencia que no resulta accesible en la "vida cotidiana"» (Csikszentmihalyi, 1975, pág. 35).

En el estado de flujo, la forma en que la mente realiza la intención de escalar la montaña, crear belleza y cosas similares, crea un patrón subyacente de integridad y coherencia persistentes. Ese patrón de continuidad-en-el-cambio, a su vez, genera los sentimientos positivos que son el foco de la *intención* de experimentar el flujo. En esta situación, la intención elegida por la persona de experimentar el estado de flujo coincide y converge precisamente con el *proceso* de construcción y optimización de la totalidad a través del cual se realiza la propia tarea del flujo. En este caso, tenemos una fusión total del resultado y el proceso: de cómo se llega y a dónde se llega. La situación se hace eco de la famosa expresión de A.J. Muste: «No hay camino hacia la paz, la paz es el camino».

Cuando resultado y proceso se fusionan de este modo, los bucles de *feedback* positivo amplifican e intensifican rápidamente hasta el más mínimo indicio de buenos sentimientos relacionados con la plenitud, creando una condición de dicha intensa. Esta condición refleja tanto la «excitada anticipación eufórica» asociada al *proceso* de aproximación al resultado deseado como la tranquila satisfacción que se experimenta una vez que se ha alcanzado el *resultado* de dicho proceso (véase el cuadro 3.3). El resultado es una condición dinámica y pacífica de dicha. Es significativo que Ajahn Chah describiera esta condición, en particular, con la sorprendente imagen paradójica, citada anteriormente: «Cuando la mente está en paz, es como el agua quieta que fluye».

Nuestro análisis de la relación entre proceso y resultado en el estado de flujo nos transmite un mensaje muy importante: *Cuando amamos lo que buscamos (la experiencia del flujo), y el proceso de nuestra búsqueda crea lo que amamos, proceso y resultado se funden en una experiencia de dicha intrínseca que se sostiene a sí misma.* Esa dicha intrínseca será nuestro centro de atención cuando tratemos de comprender la mente despierta en el capítulo 12.

Modelos mentales de orden superior

Antes, he señalado que los modelos mentales de orden superior desempeñan un papel esencial en la creación de la continuidad-en-el-cambio de la mente despierta. Ha llegado el momento de profundizar en esta afirmación. Dado que las ideas implicadas pueden ser poco familiares, las presentaré gradualmente.

En el capítulo 4, hemos visto que, por buenas razones evolutivas, la mente humana tiende a buscar y crear conexiones de relación (orden) en niveles de complejidad crecientes. Esta tendencia intrínseca hacia una totalidad mayor conduce a la creación de modelos mentales de orden superior, los cuales reflejan las conexiones entre los modelos mentales más simples. Por su parte, los modelos mentales más complejos (supramodelos) reflejan las conexiones entre los modelos de orden superior.

Para comenzar nuestra exploración de los modelos de orden superior, nos centraremos en los modelos mentales que reflejan la continuidad-en-el-cambio durante el estado de flujo. Estos modelos de orden superior permiten a la mente «revisar» los modelos mentales creados en intervalos sucesivos de la tarea del flujo y evaluar la relación entre ellos (figura 11.1). Para el pintor, por ejemplo, reflejarían la coherencia entre los efectos previstos y observados de las sucesivas pinceladas y la coherencia de los modelos que guían esas acciones a lo largo del tiempo.

Cuando la actividad del flujo se desarrolla de manera fácil y eficaz, los modelos de orden-superior reflejarán un patrón de continuidad-en-el cambio a través de los modelos de orden-inferior. A medida que se procesan estos modelos superiores,

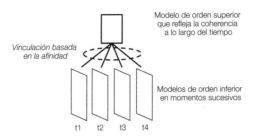

FIGURA 11.1. Los modelos mentales de orden superior reflejan las relaciones, a lo largo del tiempo, entre los modelos de orden inferior.

experimentamos la correspondiente experiencia subjetiva, es decir, la experiencia de flujo.

Para ampliar estas ideas, será útil revisar el esquema con el que hemos presentado la idea general de las holarquías mentales (reproducido en la figura 11.2).

La figura ilustra una característica importante de las holarquías mentales: los niveles superiores reflejan campos de información cada vez más amplios y organizados en patrones de creciente complejidad. En lo que respecta a los modelos mentales, esto significa que cada modelo mental de orden superior integra, tal como muestra la figura 11.1, información relativa a varios modelos de orden inferior. Pero, sobre todo, a medida que los modelos de orden superior reflejan lo que tienen en común los modelos de orden inferior, dejan de reflejar las diferencias entre ellos: aquello que hace que cada modelo de orden inferior sea único se pierde en el proceso de construcción de la totalidad.

Esta característica de los modelos mentales de nivel superior resulta de enorme importancia para comprender la mente despierta. Podemos ilustrarlo volviendo al ejercicio de *Take-*

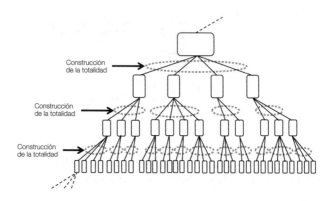

FIGURA 11.2. Una holarquía mental. Los cuadrados representan patrones de información: los cuadrados más pequeños reflejan patrones más simples; los más grandes, patrones más complejos. El alcance y la complejidad de la información que representa cada cuadrado aumenta a medida que se asciende en la holarquía.

te-Maluma, expuesto en el capítulo 3. En este caso, la dimensión de orden superior de la velocidad de cambio refleja una característica común compartida por los patrones de orden inferior muy diferentes de la información visual relacionada con la forma irregular y la información auditiva vinculada al sonido *Takete*. Pero, al reflejar lo que tienen en común, esa dimensión de orden superior ya no transmite el hecho de que uno es un patrón visual y el otro un patrón auditivo. Y, como hemos visto, esa dimensión de orden superior podía aplicarse igualmente a los cambios en los patrones olfativos (olores) a lo largo del tiempo.

Si ahora aplicamos estas ideas a los modelos mentales y a los modelos de orden superior que intervienen en las actividades del estado de flujo, obtendremos una forma de entender la sensación de atemporalidad de la que se habla a menudo en las experiencias de flujo y de la mente despierta: la sensación de que el tiempo ya no transcurre, sino que solo existe el «ahora». Cada uno de los modelos de orden inferior de la figura 11.1 está anclado en un periodo de tiempo concreto (t1, t2, t3, etcétera). Por el contrario, los modelos de nivel superior que subyacen a la experiencia subjetiva del estado de flujo se centran en la *relación* entre estos modelos, una cualidad que en sí misma es *independiente* de momentos concretos. Al centrarse en esta cualidad atemporal, los modelos de nivel superior no están anclados en ningún momento determinado. Al procesar estos modelos, experimentamos una sensación de *atemporalidad*.

Y podemos ir aún más lejos si retomamos un aspecto de las holarquías mentales que ya hemos abordado, en el capítulo 7, en relación con la consciencia plena. Allí hemos apuntado que la naturaleza interconectada, integrada y distribuida de las holarquías mentales que sustentan el mindfulness supone que podemos ser conscientes principalmente de una dimensión de la experiencia, mientras también somos conscientes de otras dimensiones. (Hemos puesto como ejemplo la historia del rey sabio que invitó a un discípulo a pasearse por el palacio manteniendo en equilibrio sobre su cabeza una olla de aceite caliente, al tiempo que prestaba atención a las habladurías de la corte). Si nos fijamos ahora en la figura 11.1, veremos que, según el nivel del modelo al que se dirija la atención, el sistema mostrado puede experimentarse como limitado en el tiempo, como atemporal o como *ambos* al unísono, es decir, como la intersección de lo atemporal con el tiempo.

Hasta ahora, nuestra discusión se ha centrado principalmente en la forma en que los modelos mentales de orden superior *reflejan* la relación entre los modelos de orden inferior. Nuestro siguiente paso será examinar el modo en que los modelos de orden superior también pueden *crear* activamente esos patrones de relación. Dado que nuestro objetivo final es comprender la mente despierta en la que disfrutamos de «intimidad con todas las cosas», comenzaremos nuestra exploración del papel creativo que desempeñan los modelos mentales de orden superior observando la función que desempeñan en las relaciones personales estrechas.

Relaciones estrechas

La cualidad de las relaciones es diferente en las amistades profundas que en otro tipo de relaciones. Abordamos muchas relaciones con modelos o «guiones» que ya tenemos en mente sobre el modo en que nos comportaremos tanto nosotros como los demás implicados. La relación se atiene más o menos a esos guiones y la mente no necesita ajustar sus modelos a medida que avanza la interacción. También enfocamos otras relaciones con una idea definida de lo que queremos obtener de la relación, como, por ejemplo, hacer cambiar de opinión a alguien, conseguir que nos quiera o piense bien de nosotros, venderle algo, etcétera. Aunque estas relaciones carezcan de guion, al menos uno de los participantes tiene una agenda u objetivo subyacente del lugar a donde desea que se dirija la relación, razón por la cual estas relaciones tienen un carácter *instrumental* implícito (capítulo 3).

Por el contrario, al igual que ocurre en el estado de flujo, las relaciones estrechas no tienen un guion ni un objetivo predeterminado. Los participantes se involucran en estas relaciones *por su propio beneficio*, por el placer exclusivo de «pasar el rato», participando en un intercambio libre, orgánico y *no instrumental*. La distinta cualidad de estas relaciones refleja la estrecha *inter*relación entre los comportamientos de los participantes. Cuando uno de ellos habla o actúa de una determinada manera, el otro responde de forma exquisitamente sensible y «sin guion» predeterminado a dicha acción en ese momento concreto; y lo mismo ocurre con el otro interlocutor. Esta pauta, en la que, momento a momento, las acciones de cada participante dependen de las acciones del otro y las suscitan, recuerda a la forma en que evoluciona la actividad en el estado de flujo.

La cualidad evolutiva de las relaciones estrechas no puede crearse ni representarse mediante los modelos mentales separados de orden inferior de cada participante, ni mediante los modelos preexistentes de su interacción. Más bien, la mente crea modelos de orden superior del sistema dinámico de *interrelación* entre las acciones de los participantes. Estos modelos dinámicos del sistema reflejan y dan forma a la relación entre ellos. Dichos modelos se revisan y actualizan de continuo a medida que las acciones de los participantes, que ellos impulsan y guían, evolucionan con el tiempo (figura 11.3).

En las relaciones estrechas, la conexión que existe entre el yo y el otro depende de su *participación* activa en el mismo sistema dinámico (conjunto). Este tipo de conexión es muy diferente del que emerge a partir de un sentimiento de *identidad* compartida, como, por ejemplo, ser hinchas del mismo equipo de fútbol.

Las percepciones de identidad tienen una cualidad relativamente estable y duradera. Por el contrario, las conexiones basadas en el compromiso compartido son más dinámicas, «se establecen sobre la marcha», debiendo crearse y recrearse activamente, momento a momento, a medida que la relación entre los participantes se desarrolla con el tiempo. El poeta español Antonio Machado (1973) lo describe con las siguientes palabras (véase también Varela, Thompson y Rosch, 1993, capítulo 11):

> Caminante, son tus huellas
> el camino y nada más;
> caminante, no hay camino,
> se hace camino al andar.
> Al andar se hace el camino,
> y al volver la vista atrás
> se ve la senda que nunca
> se ha de volver a pisar.
> Caminante no hay camino
> sino estelas en la mar.

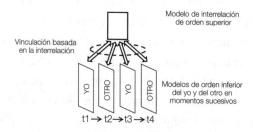

FIGURA 11.3. Interrelación dinámica en las relaciones estrechas. Las flechas de doble punta que unen los modelos de orden superior y de orden inferior muestran que el modelo superior *refleja* y *crea* la interrelación entre el yo y el otro.

Al caminar se hace el camino; al relacionarse íntimamente, se hacen –y rehacen– las conexiones de una relación estrecha en curso.

Al igual que sucede con el estado de flujo, el compromiso constante en las relaciones estrechas exige el ajuste en todo momento de los modelos mentales de orden superior para mantenerlos en sincronía con la evolución dinámica de la situación. Tanto en las relaciones estrechas como en el estado de flujo, la continuidad-en-el-cambio (continuidad de la totalidad) indica que los modelos mentales se afinan con éxito a la hora de orientar la acción de manera eficaz. En las actividades derivadas del estado de flujo, la experiencia subjetiva refleja esa totalidad continua. En las relaciones íntimas, la continuidad-en-el-cambio da lugar a una agradable sensación de cercanía e intimidad.

Y, en determinadas condiciones, podemos ser conscientes de una dimensión aún más sutil de afinidad que subyace a esa sensación de proximidad:

Cuando nos abrimos durante la meditación, permitimos que la mente se relaje sin ningún sentido de agencia o control. A medida que la mente se relaja cada vez más, y la apertura se torna más amplia y familiar, podemos encontrarnos instalados en una consciencia que es tanto interna como externa. Si estamos con otra persona, percibimos que no hay una división tan rígida entre lo que esa persona dice y lo que estamos pensando: ambos aspectos se manifiestan y se perciben. Lo que hay aquí y lo que hay allá no es tan importante. A medida que nos sintamos cómodos con esta situación, empezaremos a apreciar la interrelación, es decir, la relación tal como se manifiesta entre los demás y nosotros. El

338 El despertar interior

sujeto, el yo, y el objeto, el tú, o el ello, se unen en ese momento relacional, permitiendo que la pausa revele la cualidad *yo-tú* de la apertura.* (Kramer, 2007, págs. 135-136).

«Una consciencia que es tanto interna como externa»; «el sujeto, yo, y el objeto, el tú, o el ello, se unen en el momento relacional». Estas experiencias reflejan el modelo de orden superior del propio sistema de *inter*relación dinámica. Como hemos mencionado, los niveles superiores de las holarquías mentales descartan las características específicas de los modelos particulares para centrarse en lo que comparten dichos modelos. Al centrarse en la *relación* que tiene lugar entre los participantes en las relaciones estrechas, los modelos de orden superior se «purifican» de las características específicas de cualquiera de los participantes: dado que representan el *sistema* dinámico de interrelación, estos modelos trascienden cualquier sentido de separación, individualidad o dualidad. Normalmente, no somos conscientes de estos modelos de orden superior, sino que permanecen «ocultos». Pero si, como en la meditación del diálogo introspectivo anterior, aquietamos la mente impulsada de manera conceptual y resintonizamos la atención en un nivel superior de la holarquía mental, podemos llegar a sentirlos, experimentando el intrigante y ligeramente misterioso sentido de «interrelación», o de «yo-tú».

Algo similar ocurre en el estado de flujo:

---

* «Apertura» y «pausa» son pasos indispensables en la práctica del «diálogo de la visión profunda» desarrollado por Kramer.

En el estado de flujo […] el actor […] experimenta […] un fluir unificado […] en el que hay escasa distinción entre el yo y el entorno, entre el estímulo y la respuesta, o entre el pasado, el presente y el futuro. (Csikszentmihalyi, 1975, pág. 36).

En los niveles más desafiantes, las personas afirman experimentar la *trascendencia* del yo. [Cursiva en el original] […]. El escalador se siente uno con la montaña, las nubes, los rayos del sol y los diminutos bichitos que entran y salen de la sombra de los dedos que se aferran a la roca; el cirujano se siente uno con los movimientos del equipo de operaciones, compartiendo la belleza y el poder de un sistema transpersonal armónico. (Csikszentmihalyi, 1991, pág. 33).

Tanto en el estado de flujo como en las relaciones cercanas, la sensación de no separación –de formar parte de una totalidad mayor– refleja los modelos de orden superior de los *sistemas dinámicos integrados* que los sustentan. Cuando la atención está centrada en estos modelos, nos sentimos parte *integral* de una totalidad dinámica mayor, de un sistema organizado, guiado y controlado de manera espontánea. Nos sentimos «unificados», experimentando el sistema *desde dentro* –íntimamente implicados en él– y no *desde fuera*, como observadores interesados, pero en esencia separados.

Cosechar-almacenar-integrar

No abordamos las nuevas relaciones personales con una pizarra totalmente en blanco, resolviendo cómo desarrollar la

340 El despertar interior

proximidad desde cero. En cambio, la capacidad intrínseca de nuestra mente para buscar, crear y representar conexiones detecta patrones básicos comunes a todas las experiencias de relación cercana. A continuación, destila esas características en modelos mentales generales de orden superior de los sistemas que mantienen dichas relaciones. Estos modelos generales del sistema orientan a partir de entonces el desarrollo de nuevos modelos, confeccionados sobre la marcha, que dan forma y motivan cada nueva relación cercana específica. Del mismo modo, en el estado de flujo, los modelos dinámicos que guían y motivan la acción en cada nueva situación son adaptaciones de los modelos generales del sistema, derivados de muchas experiencias relacionadas encontradas en el transcurso de la adquisición de experiencia en las actividades relacionadas con el estado de flujo: escalada, pintura, cirugía y similares.

Los modelos-sistema generales permiten a nuestra mente recoger los beneficios cosechados de la experiencia anterior, almacenarlos en la memoria en modelos mentales relacionados y, en su caso, integrarlos en nuevas situaciones afines. Los modelos generales, convenientemente ajustados a cada situación, crean los sistemas dinámicos que unifican los elementos de esas situaciones, sobre la marcha, para crear nuevos conjuntos dinámicos. Este patrón fundamental de cosechar-almacenar-integrar proporciona la base para la consciencia continua y la integración de la mente despierta.

En el capítulo 12, veremos que los modelos-sistemas generales como estos desempeñan un papel fundamental en la comprensión de la mente despierta. El alcance de estos *supra*-modelos es mucho más amplio que los modelos de interrelación que hemos considerado hasta el momento, aplicados al estado de flujo y a las relaciones cercanas: estos modelos-sistemas nos permiten comprometernos íntimamente con *todas* las experiencias y mantener la continuidad-en-el-cambio a lo largo de nuestra vida.

12. Un tesoro oculto

Matthieu Ricard (2017) refiere un diálogo, capaz de transformar la vida, entre Nyoshul Lungtok y su maestro Patrul Rinpoche:

A menudo, Patrul y Lungtok subían la colina de Nakchung, hasta un prado situado encima del monasterio Dzogchen, donde se instalaban a los pies de un gran abeto. Cada día, Patrul se dirigía a un nuevo lugar aislado y hacía la práctica en solitario. Lungtok se quedaba bajo el abeto y practicaba allí. Luego, preparaba té, y Patrul volvía y se sentaba con él…

Una noche, después de haber terminado de practicar, Patrul dijo:

–Dime, querido Lungtok, ¿no me has dicho que aún no has podido reconocer la naturaleza de la mente?

–Sí, ya te lo he dicho.

–No hay demasiado que saber. Acércate.

Lungtok le obedeció.

–Acuéstate y mira el cielo.

Patrul se acostó de espaldas y Lungtok hizo lo mismo.

–¿Ves las estrellas brillar en el cielo? –preguntó Patrul.

–Sí.

–¿Oyes a los perros ladrar en el monasterio Dzogchen?

–Sí.

–¿Nos oyes hablar a los dos?

–Sí.

–¡Bien, pues *es eso*!

Lungtok comentó posteriormente a sus propios discípulos:

–¡En ese mismo instante, fui introducido directamente a la sabiduría desnuda de la consciencia vacía! Una certeza inquebrantable surgió de las profundidades de mi ser, liberándome de toda duda.

La presencia de su maestro y los años de práctica meditativa crearon en aquel momento una auspiciosa coincidencia, dando lugar a una profunda realización de la sabiduría primordial, de la consciencia-y-vacuidad inseparablemente unidas. (Págs. 39-40).

¿Qué ocurrió, pues, durante ese encuentro? ¿Por qué tuvo efectos tan profundos y duraderos en la vida de Lungtok? ¿Puede la perspectiva de los SCI ayudarnos a entenderlo?

El primer paso para responder a estas preguntas es recordar los mensajes clave del capítulo anterior:

- Cuando la actividad flexible de la mente conduce a una totalidad interior permanente (continuidad-en-el-cambio), tenemos sentimientos positivos. Cuando esos sentimientos se convierten en la razón principal para dedicarse a esa actividad, la continuidad de la totalidad aporta una dicha sosegada. Como he dicho antes: *Cuando amamos lo que buscamos, y el proceso de nuestra búsqueda crea lo que amamos, proceso y resultado se funden en una experiencia de dicha intrínseca autosuficiente.*
- La mente tiene la tendencia intrínseca a buscar, descubrir, crear y representar conexiones y relaciones en niveles de complejidad crecientes. Esta tendencia conduce al desarrollo de modelos mentales de orden superior.

- Estos modelos de orden superior abarcan una gama más amplia de experiencias que los patrones de orden inferior y están centrados en la *relación* existente entre esos patrones. Al centrarse en la relación *entre* los modelos de orden inferior, los modelos de orden superior dejan de reflejar las diferencias entre ellos. En su lugar, los modelos de orden superior reflejan la «esencia» común de los modelos de orden inferior.
- Los modelos mentales de orden superior de los sistemas dinámicos –como el estado de flujo o las relaciones personales cercanas– no solo *reflejan* la interrelación que existe entre los patrones de orden inferior, sino que al mismo tiempo *crean* activamente dicha interrelación.
- La continuidad-en-el-cambio muestra que los modelos de los sistemas de orden superior se ajustan e integran en la experiencia a cada momento.
- Podemos aprender a prestar atención a los reflejos de esa totalidad continua en la experiencia subjetiva: en el estado de flujo, experimentamos «un fluir unificado de un momento a otro»; en las relaciones personales íntimas experimentamos una sensación de «yo-tú» y de «interrelación».
- Gracias al patrón de cosechar-almacenar-integrar, los modelos de los sistemas de orden superior nos permiten cultivar la continuidad-en-el-cambio en las situaciones novedosas relacionadas.

La idea clave que exploraremos tanto en este capítulo como en los siguientes es que, en la mente despierta, la actividad mental flexible genera modelos mentales que encarnan el patrón de una totalidad continua –continuidad-en-el-cambio– que abarca todos los aspectos de nuestra vida. Esa continuidad refleja la integración de *supra*modelos de orden superior en la experiencia de cada momento a través del patrón de cosechar-almacenar-integrar. Como veremos, estos supramodelos manifiestan una característica central compartida por todos los aspectos del mundo que encontramos, encarnando una dinámica integradora que lo abarca todo. Asimismo, facultan a la mente despierta para crear un hilo común que unifica *todas* las facetas de la experiencia en curso, como perlas finamente seleccionadas y enhebradas, que se extienden de manera permanente a lo largo del tiempo.

En este capítulo y en los dos siguientes, desmenuzaremos y exploraremos con más detalle las ideas contenidas en este resumen. Para empezar, volvemos a la pradera de Nakchung, donde Patrul Rinpoche y Nyoshul Lungtok mantienen su conversación. En su debido momento, exploraremos de qué modo la perspectiva de los SCI nos ayuda a entender lo que ocurre.

¿Consciencia?

Patrul le pregunta a Lungtok si ve las estrellas en el cielo, si oye los ladridos lejanos de los perros y si escucha los sonidos mucho más cercanos de su conversación. Mediante estas preguntas, crea las condiciones propicias que permiten a Lungtok ser consciente de una cualidad compartida por todas esas experiencias. Patrul apunta entonces directamente a esa cualidad

346 El despertar interior

y Lungtok experimenta una transformación de consciencia radicalmente liberadora.

¿A qué apunta Patrul? Lo primero que podríamos pensar es que la cualidad destacada por Patrul es la consciencia, que es un aspecto de cada una de estas experiencias. Podemos, por lo menos en teoría, ser conscientes de cualquier aspecto de nuestra experiencia. La consciencia proporcionaría entonces el hilo conductor que une todas las experiencias en la mente despierta. Veremos en breve que esto es solo la mitad de la escena. Sin embargo, la consciencia es un buen punto de partida para explorar lo que son nociones bastante sutiles.

La distinción entre la consciencia en sí y sus *contenidos* en constante cambio figura, de hecho, de manera muy destacada en una serie de caminos contemplativos. Por ejemplo, el maestro Ajahn Chah comprendió esta distinción vital cuando era un joven monje y mantuvo un breve encuentro con el venerado monje anciano Ajahn Mun. Esa visión transformó la vida de Ajahn Chah y su enfoque de la práctica. Y Chah, a su vez, tuvo una influencia formativa en muchos de los maestros que han inspirado el resurgimiento del interés por el mindfulness en Occidente.

En sus enseñanzas, Chah empleaba la imagen del aceite y el agua –mezclados en la misma botella, pero siempre separados y distintos– como una sencilla metáfora de las naturalezas separadas, pero inextricablemente entremezcladas, de la consciencia y sus contenidos. Otros han utilizado la relación entre el cielo y los pájaros, las nubes y los patrones meteorológicos que lo atraviesan: con independencia de lo que se mueva por él, el cielo sigue siendo el cielo, es decir, no cambia. De la misma manera, la metáfora señala que la consciencia permanece constante, aunque sus contenidos cambien de continuo. Y, con la práctica, aprendemos a ser conscientes de esa cualidad sutil e inmutable de la consciencia, es decir, a ser conscientes de la consciencia en sí. Esa cualidad será la misma en todas las experiencias de las que seamos conscientes: el canto de un pájaro, los patrones de luz y sombra en una pasa, el aroma del café, o nuestros pensamientos y sentimientos.

Sin embargo, por sí sola, la consciencia no es la cualidad subrayada por Patrul Rinpoche. No basta tan solo con la consciencia, como subraya U Tejaniya en su libro del mismo título (Tejaniya, 2008): «¡La consciencia por sí sola no es suficiente! También es necesario reconocer la cualidad de esa consciencia y ver si hay o no sabiduría». Reflejando esa necesidad de sabiduría, Nyoshul Lungtok también se refiere al despertar a «la *sabiduría* de la consciencia desnuda y vacía» (las cursivas son nuestras) en la pradera situada en lo alto del monasterio Dzogchen.

La sabiduría de la consciencia-vacuidad

Matthieu Ricard describe la cualidad de la realización de Nyoshul Lungtok como «sabiduría primordial, consciencia-vacuidad inseparablemente unidas». El término *vacuidad* apunta en este caso a lo que el Buda considera una característica universal de la existencia: la ausencia de entidades («cosas») separadas e independientes. Nada de lo que vemos, escuchamos o somos, está aislado, sino que más bien forma parte de un

348 El despertar interior

todo sin fisuras, siempre cambiante, interconectado e interdependiente. La sabiduría de la mente despierta «percibe» esa interconexión e interdependencia fundamentales, así como la ausencia de identidad intrínseca independiente.

La idea de que existen objetos «reales» separados con propiedades permanentes inherentes es, por supuesto, el fundamento mismo de la modalidad conceptual de conocer y de la estrategia basada conceptualmente para alcanzar objetivos (capítulo 2). La sabiduría que nos permite percibir en profundidad la vacuidad esencial de las cosas pone fin de inmediato a la búsqueda conceptual de la felicidad: una vez que la mente ve con claridad que el preciado objetivo de convertirse en el tipo correcto de yo se basa en una ilusión, ¿por qué persistir en esa búsqueda inútil?

La sabiduría de la consciencia-vacuidad abarca la comprensión de lo que son, efectivamente, las dos caras de una misma moneda: la vacuidad de la que terminamos de hablar e, íntimamente relacionada con ella, el origen interdependiente. «Cuando el Buda alcanzó el despertar, despertó a algo. Con el aquietamiento de la mente y el abandono de sus apegos, despertó al Origen Interdependiente y alcanzó la liberación. Esta visión es el fundamento de todo lo que enseñó con posterioridad» (Fronsdal, 2009).

El propio Buda describió el origen interdependiente (también conocido como coemergencia dependiente) de forma muy sencilla:

Cuando esto es, aquello es.
Del surgimiento de esto aparece el surgimiento de aquello.
Cuando esto no es, aquello no es.

De la cesación de esto viene la cesación de aquello. (*Udana*, capítulo 1, verso 3, en Ṭhānissaro, 2008, pág. 9).

De entrada, parece tan sencillo que Ānanda, primo y asistente del Buda, se sintió movido a exclamar:

–Es sorprendente, señor, es asombroso, lo profunda que es esta coemergencia dependiente, y lo profunda que es su apariencia, y sin embargo a mí me parece sumamente claro.

Pero de inmediato recibió la amonestación del Buda:

–No digas eso, Ānanda. No digas eso. Profunda es esta coemergencia dependiente, y profunda su apariencia. Es por no entender y no penetrar este Dhamma por lo que este tipo de generación es como una madeja enredada, un ovillo anudado, como juncos y cañas enmarañados. (*Mahanidana Sutta*, *Digha Nikaya*, capítulo 15, verso 1, en Ṭhānissaro, 2013a).

Como señala el monje estadounidense Ajahn Ṭhānissaro (2008, pág. 20), esta enseñanza del Buda, lejos de ser una simple declaración de causalidad lineal, refleja la interacción de dos principios en un sistema complejo no lineal. (El tiempo nos ofrece un ejemplo familiar de un sistema complejo no lineal. Gleick [1988] describe otros ejemplos). Un principio conecta los acontecimientos a lo largo del tiempo: «Del surgimiento de esto aparece el surgimiento de aquello; de la cesación de esto surge la cesación cese de aquello». El otro principio conecta los acontecimientos en el momento presente: «Cuando esto es, aquello es; cuando esto no es, aquello no es». La visión fundamental del Buda consiste en que, juntos, ambos principios apuntalan el vasto sistema complejo interconectado, interdependiente y en constante cambio de todo lo que es.

Thich Nhat Hanh (1993) da voz a este conjunto dinámico universal interdependiente en su poema «Llámame por mis verdaderos nombres»:

Mira profundamente: llego a cada instante
para ser el brote de una rama de primavera,
para ser un pequeño pájaro de alas aún frágiles
que aprende a cantar en su nuevo nido,
para ser oruga en el corazón de una flor,
para ser una piedra preciosa escondida en una roca.

[…] pues el ritmo de mi corazón es el nacimiento y la muerte
de todo lo que vive.

Soy el efímero insecto en metamorfosis
sobre la superficie del río,
y soy el pájaro
que llega a tiempo para devorar a este insecto.

Soy una rana que nada feliz
en el agua clara de un estanque,
y soy la culebra que se acerca
sigilosa para alimentarse de la rana.

[…] Mi alegría es como la primavera, tan cálida
que abre las flores de toda la Tierra.
Mi dolor es como un río de lágrimas,
tan desbordante que llena todos los océanos.

Llámame por mis verdaderos nombres
para poder oír al mismo tiempo mis llantos y mis risas,
para poder ver que mi dolor y mi alegría son la misma cosa.

Por favor, llámame por mis verdaderos nombres
para que pueda despertar
y quede abierta la puerta de mi corazón,
la puerta de la compasión. (Pág. 72).

Percibir la vacuidad esencial y la interdependencia de todas las cosas puede no parecer de entrada demasiado inspirador. Pero, como nos dice John Brehm (2017), «Vivir con pleno conocimiento de que todo cambia lo cambia todo. Nos libera, haciendo que el mundo se convierta en lo que realmente es, una fuente de asombro y diversión» (pág. xvii). Y sigue citando a Han Shan (en Hinton, 2002):

Una vez que te percatas de que esta vida pasajera es el perfecto espejismo del cambio, es extraordinaria la dicha salvaje derivada de vagar libre y sin límites. (Verso 205).

Y podríamos ver el «manantial de agua (viva) que brota para la vida eterna» de Jesús (Juan 4:10, 14) como un sentido de participación íntima con esa totalidad dinámica en continua renovación, siempre cambiante, que lo abarca todo, una experiencia, si se quiere, de «flujo» universal del que somos parte integral.

Dado que la vacuidad/coemergencia dependiente es la naturaleza fundamental de la existencia, su percepción ofrece un hilo conductor para conectar lo que encontramos en una totalidad inclusiva que se despliega de continuo.

Y, aunque por sí sola la consciencia es insuficiente, desempeña su papel. A propósito del despertar de Nyoshul Lungtok, Matthieu Ricard señala que «*consciencia* y vacuidad están indisociablemente unidas» [énfasis añadido]. De igual modo, U Tejaniya hace hincapié en que, si conocemos su cualidad y hay sabiduría en ella, la consciencia desempeña un papel fundamental.

En particular, las formas *no instrumentales* de consciencia nos brindan un sólido fundamento para el despertar de la mente.

Consciencia instrumental y no instrumental

En la exposición sobre las relaciones personales, que hemos visto en el capítulo 11, distinguimos entre relaciones *instrumentales* (en las que al menos uno de los participantes tiene un objetivo o agenda subyacente en la relación) y relaciones *no instrumentales* (en las que los participantes se implican en las relaciones por el propio beneficio de estas). Del mismo modo, distinguimos entre consciencia instrumental, donde la consciencia sirve como medio para un fin, y consciencia no instrumental, en la que valoramos las experiencias de consciencia continua por su propio beneficio. (Kabat-Zinn, 2005, establece una diferenciación similar entre meditación instrumental y no instrumental).

El ladrón que explora una casa en busca de objetos de valor, atento a la presencia de objetos preciosos y vigilante ante cualquier signo de posible perturbación, puede tener una consciencia continua muy elevada. Pero esta consciencia instrumental forma parte de un patrón de actividad mental más amplio y conceptualmente controlado, dirigido hacia un único objetivo: ser el yo que evita ser detectado y sale de la casa con un abultado botín. De manera similar, podemos mantener sensaciones dolorosas o desagradables en nuestra atención consciente como parte de una agenda instrumental subyacente para librarnos de ellas. De modo más sutil, es posible cultivar la consciencia plena como parte de un proyecto de superación personal impulsado conceptualmente: una búsqueda para tratar de convertirnos en el yo tranquilo, el yo relajado o el yo consciente, incluso el «yo totalmente despierto», que, creemos (erróneamente), vivirá por fin feliz para siempre (véase el cuadro 12.1).

La consciencia instrumental suele ser selectiva y limitada en el tiempo, dado que solo se interesa por aspectos de la experiencia directamente relacionados con el objetivo en cuestión, como, por ejemplo, abandonar la escena del delito con un provechoso botín. Una vez alcanzado el objetivo, hay escasa motivación para seguir siendo consciente. La consciencia instrumental también corre el peligro constante de verse desviada por las otras agendas de una mente centrada en objetivos a largo plazo. Cuando las cosas se ponen difíciles, pasamos a la resolución conceptual de problemas y a la evitación de la experiencia como manera de intentar librarnos de lo desagradable; al anhelar experiencias agradables, utilizamos la estrategia conceptual de consecución de objetivos para «activarnos» e ir en pos de ellos; y, cuando no sucede nada, se apodera de nuestra mente la divagación impulsada por la realidad y la ensoñación (capítulo 9).

354 El despertar interior

La consciencia instrumental es el reflejo de una mente orientada principalmente a la búsqueda de objetivos. La estrategia conceptual de consecución de objetivos, que hemos discutido en los capítulos 1 y 2, se basa en la suposición de que los conceptos –en particular las ideas relacionadas con los objetivos– son en cierto sentido «reales» y reflejan entidades separadas con sus propias características permanentes, dotadas de existencia independiente. Estas suposiciones son, por supuesto, diametralmente opuestas a las ideas de la vacuidad esencial de los conceptos, así como de la naturaleza de la coemergencia interdependiente. Esto hace que la integración de la sabiduría de la vacuidad en formas instrumentales de consciencia constituya todo un desafío, o bien sea sencillamente imposible.

CUADRO 12.1. Luciana: un caso
de consciencia instrumental

Durante buena parte de su vida adulta, Luciana había trabajado duro para convertirse en el tipo de persona que aspiraba a ser: madura, tranquila, respetada, equilibrada, imperturbable ante los altibajos de la vida. Controlaba cuidadosamente su estado de ánimo a lo largo del día; cada noche, repasaba y reflexionaba sobre cómo había transcurrido la jornada y qué lecciones podía derivar de ello. Había aprendido a identificar las preocupaciones, los indicios de pánico, los recuerdos intrusivos de las cosas que había dicho y que le resultaban embarazosas, y los ansiosos «y si...» de sus finanzas. Estaba decidida a identificar esas muestras de «debilidad», aislarlas y encontrar la manera de erradicarlas.

Con un esfuerzo persistente, fue percibiendo cambios en la dirección «correcta» a lo largo de los años, pero siempre tenía la sensación de que eran insuficientes. Y entonces descubrió el

(continúa)

mindfulness. Por fin, había un nuevo enfoque –una nueva caja de herramientas, según ella– que le suministraba diversas estrategias para afrontar los problemas que asolaban su vida. Se propuso el objetivo de estar constantemente atenta, cabal, sin fisuras. Utilizando diferentes aplicaciones de mindfulness, fue capaz de alcanzar estados de calma y relajación cada vez más profundos. Además, sus amigos comentaban que parecía menos insatisfecha e impulsiva.

Pero Luciana se sentía frustrada porque le resultaba imposible mantener la atención y la consciencia de manera ininterrumpida en gran parte de su vida «real». Seguía sintiendo que los viejos patrones de reactividad se hallaban no muy lejos de la superficie.

Y entonces descubrió los retiros de mindfulness, periodos en los que, en un idílico entorno rural de paz y tranquilidad, libre de las exigencias y presiones de la vida cotidiana, podía practicar mindfulness, durante largas horas, sin verse molestada. Ahora, por fin, experimentaba la paz y la calma que tanto anhelaba. Pero, incluso entonces, los bellos estados mentales que atesoraba parecían evaporarse lentamente una vez que volvía al mundo «real». Los instructores le advirtieron de que esto ocurriría y de que un cambio permanente requería algo más que estados más profundos y prolongados de pacífico mindfulness. Sin embargo, a Luciana le parecía que todo eso era demasiado complicado e innecesario, ya que, si se esforzaba más en permanecer atenta y relajada, sin duda que a la postre algo se le «adheriría» y terminaría convirtiéndose en la persona tranquila y pacífica que aspiraba a ser.

Con el tiempo, Luciana alcanzó un cierto grado de aceptación y perdón hacia sí misma, y aprendió a mantenerse alejada de sus pensamientos intrusivos y de sus preocupaciones por el futuro. Se sentía orgullosa de que, gracias a sus esfuerzos y al trabajo duro, hubiese logrado algo: podía poner otra muesca en su cinturón. Sin embargo, su enfoque seguía basado en la tarea y centrado en el logro de objetivos. Y, mientras persistía en dicho enfoque, se sentía sutilmente insatisfecha, de alguna manera decepcionada por la recompensa real a sus años de esfuerzo.

356 El despertar interior

En cambio, las formas *no instrumentales* de consciencia no solo permiten esa integración, sino que la apoyan activamente de un modo en el que la actividad mental de la consciencia puede incluirse a sí misma en una totalidad continua, omnicomprensiva y dinámicamente cambiante.

La consciencia instrumental suele estar al servicio de los objetivos de la búsqueda de la felicidad impulsada conceptualmente: convertirse en el yo que anhelamos ser, evitar convertirse en el yo que tememos y proteger el yo en el que nos hemos convertido (capítulo 1). Estos objetivos a menudo impulsan el deseo o la necesidad de mantener el control, la intolerancia a la ambigüedad o la incertidumbre, con una sensación subyacente de miedo o desconfianza.

A diferencia del esfuerzo centrado en objetivos o de la cualidad temerosa de la consciencia instrumental, la consciencia no instrumental, que aparece de manera espontánea mientras contemplamos una hermosa puesta de sol, una impresionante cascada o a la persona amada, emerge en nosotros sin esfuerzo y de forma deliciosa ante la contemplación de estas maravillas o del ser amado. Esta consciencia no instrumental mantiene una relación continua e intrínsecamente gratificante entre lo que la mente aporta y lo que la mente encuentra. La escena «invita» a la mente a prestar atención; a medida que la mente explora, el foco de la exploración revela nuevas facetas de sí misma, que invitan a una mayor exploración, desarrollando de ese modo una «convergencia» íntima entre ellas (véase, en el capítulo 4, el apartado «Resonancia, compromiso y construcción de totalidades»). La consciencia de un niño pequeño, absorto con seguridad y felicidad en el juego, o explorando las maravillas del nuevo mundo al que termina de arribar, tiene una cualidad similar. (A medida que el niño desarrolla con el tiempo el conocimiento conceptual, esa sensación de asombro y compromiso tiende a verse sustituida por el proceso de «etiquetado» más superficial de la experiencia, seguido de una desvinculación de los pequeños detalles de la realidad en continuo cambio. Esta última forma de conocimiento carece de la consideración y de la reconsideración de la anterior forma relacional más «conversacional»: «considerar» es uno de los significados fundamentales de la palabra *respeto*.)

La «fascinación suave» (Kaplan, 1995) de todas estas situaciones es una invitación que contrasta con la «fascinación dura», más exigente, de los eventos deportivos, las películas o la televisión que atrapan nuestra atención, poniéndola al servicio de los objetivos de la consciencia instrumental. La teoría de la restauración de la atención de Kaplan y Kaplan (1989) señala que la fascinación suave resulta crucial para los efectos restauradores y curativos (ahora ampliamente documentados) de los entornos naturales. En la consciencia no instrumental, valoramos la consciencia por sí misma, por los sentimientos positivos inherentes a la continuidad de la totalidad. Nuestra mente está entonces abierta a todos los aspectos de la experiencia de manera permanente: «La naturaleza del mindfulness es el compromiso: donde hay interés, se sigue una atención natural y no forzada» (Feldman, 2001, pág. 173).

En las experiencias de flujo y en las relaciones personales estrechas, los modelos sistémicos crean los patrones de interrelación dinámica que sostienen la totalidad permanente. En ambos casos, las características recurrentes del núcleo de estos modelos se detectarán y destilarán en modelos de orden superior, los cuales se hallarán entonces disponibles para dar forma al desarrollo de otros sistemas de orden inferior en nuevas situaciones relacionadas.

Algo muy similar ocurre con las experiencias de consciencia continua no instrumental. Como veremos en breve, los modelos de los sistemas dinámicos son los que sustentan esas experiencias. También veremos que los modelos de sistema que sustentan estas experiencias comparten ciertas características básicas. La capacidad inherente de nuestra mente para buscar, crear y representar el orden en niveles cada vez más altos detecta esa esencia común y la destila en modelos de sistemas de orden superior relacionados. Estos modelos mentales se basan en un vasto panorama de experiencias de consciencia continua de todos los aspectos de nuestra vida. Reflejando su extraordinario alcance, y la centralidad del conocimiento holístico-intuitivo en la consciencia, llamamos a estos modelos de orden superior supramodelos de los sistemas holísticos-intuitivos, u HOLISMOS para abreviar.

Supramodelos del sistema holístico-intuitivo (HOLISMOS)

Aunque los supramodelos derivados de las experiencias de consciencia no instrumental desempeñan un papel fundamental en la comprensión del despertar interior, no resultan sencillos de describir. Podríamos preguntarnos razonablemente cómo empezar a verter en palabras la esencia destilada y purificada de todas las experiencias de consciencia no instrumental continuada de una vida entera, de todas las experiencias que hemos visto y conocido *realmente*, así como del conocimiento que las ha percibido. Me recuerda a la metáfora de la poeta Kathleen Raine (2019) de verter las arenas del desierto a través de un reloj de arena, o el mar a través de una clepsidra.

Para nosotros, por ahora, la forma más fácil de hacernos una idea de estos supramodelos es ver cómo conforman las características de la mente despierta; los capítulos 13 y 14 ofrecerán muchas oportunidades para familiarizarse mejor con estos modelos. Por ahora, esbozaremos tan solo algunas de sus características generales.

En la consciencia no instrumental prevalece el conocimiento holístico-intuitivo, por encima del conocimiento conceptual. Desde la perspectiva de los SCI, la consciencia continua no es un tipo de «objeto» (como el aceite o el agua), como tampoco es un espacio o lugar en el que ocurren cosas (como el cielo). En lugar de eso, los SCI consideran que la consciencia es un reflejo subjetivo de un patrón mental subyacente (capítulo 7). En este patrón, el conocimiento holístico-intuitivo une las hebras separadas y ampliamente distribuidas de la experiencia para formar conjuntos coherentes y desplegados que se extienden a lo largo del tiempo. En lugar de una serie de «fotogramas» fragmentados e inconexos, experimentamos la continuidad sin fisuras de la consciencia.

En cambio, en la consciencia *instrumental*, aunque el conocimiento holístico-intuitivo es el que da forma a la experiencia consciente en todo momento, la dirección a largo plazo de la mente sigue dependiendo del conocimiento conceptual y de

360 El despertar interior

su búsqueda centrada en el objetivo de convertirse en un yo distinto (capítulo 1). Por otro lado, y lo que es más importante, en las experiencias de consciencia continua *no* instrumental, el conocimiento holístico-intuitivo da forma tanto a la experiencia del momento como a la dirección general a largo plazo de la mente, igual que sucede en el estado de flujo. En este patrón mental –también fundamental en el despertar de la mente–, el conocimiento holístico-intuitivo tiene, si preferimos expresarlo de ese modo, una doble influencia.

En las relaciones personales cercanas, los modelos de sistema reflejan y dan forma a las pautas de interrelación entre las acciones de los participantes. Al igual que el camino de Machado «se hace al andar», estos modelos de sistema también se construyen sobre la marcha, ya que las conexiones forjadas entre los participantes se hacen y rehacen dinámicamente a cada momento. En cualquier conversación concreta, los modelos de sistema de orden superior –basados en numerosas relaciones cercanas anteriores– guían el desarrollo de los modelos de sistema más específicos que constituyen la relación de un momento a otro (cuadro 12.2).

En la consciencia continua no instrumental, la construcción de totalidades apoya la relación dinámica entre lo que la mente aporta y lo que la mente encuentra (capítulo 4). Al igual que ocurre en las conversaciones íntimas, estas relaciones se configuran, momento a momento, mediante modelos de interrelación elaborados sobre la marcha. Y, de nuevo, como ocurre en las relaciones cercanas, los modelos de sistema de orden superior, basados en numerosas experiencias previas relacionadas, orientan el desarrollo de esos modelos de sistema. Estos

HOLISMOS aportan la piedra angular del marco de comprensión de la mente despierta que presentaré en los capítulos 13 y 14.

Los HOLISMOS derivados de innumerables ejemplos de conocimiento holístico-intuitivo continuo encarnan todos los poderes y estrategias destilados de la mente para la construcción de totalidades. Reflejan la dinámica integradora compartida por todos los modelos de interrelación que subyacen a esas experiencias, «purificadas» y despojadas de las particularidades de las experiencias específicas. Los HOLISMOS también reflejan las cualidades más amplias que permiten que esa dinámica integradora cree esas experiencias. De estas cualidades, las más importantes son la sabiduría de la vacuidad y el origen interdependiente, así como la compasión.

Como hemos visto en el capítulo 4, el conocimiento holístico-intuitivo continuo implica el conocimiento por resonancia, donde conocedor y conocido comparten una relación estrecha continua en la que cada uno se ve alterado por el otro y por la relación que mantienen. Para que la construcción de totalidades mantenga en sincronía y armonía a lo largo del tiempo los respectivos polos de conocedor y conocido, los modelos mentales que la mente crea reflejarán necesariamente la vacuidad y la coemergencia dependiente, que son características fundamentales de los patrones de información que la mente recibe (la vacuidad y la coemergencia dependiente son características *universales* de la existencia). La vacuidad y la coemergencia dependiente aportan, pues, un hilo conductor que une todos los modelos mentales, creados por la mente a lo largo del tiempo, en las experiencias de consciencia no instrumental continua.

CUADRO 12.2. Ben y Fred

Hace ya tiempo que Ben no ve a su viejo amigo Fred. Han quedado para verse e intercambiar noticias mientras toman un café. De inmediato, Ben percibe en la expresión de Fred que algo no marcha bien. Guiado por un modelo del sistema general de relación con los amigos que parecen preocupados, Ben le pregunta cómo le van las cosas. La escueta respuesta de Fred, «Bien», hace que la mente de Ben ajuste su modelo de relación a un modelo de relación del amigo que, si bien tiene algo en mente, es reacio a hablar de ello. Ben desiste por el momento y pone a Fred al día con las noticias de su propia familia. Ben se percata de que Fred parece preocupado y poco interesado hasta que (Ben) menciona ciertas dificultades que su hijo mayor, Bill, está teniendo en la universidad; de repente, Fred es todo atención y está deseoso de saber más. La mente de Ben actualiza el modelo de la relación para destacar la posibilidad de que no todo vaya bien con el propio hijo de Fred, Josh: los modelos del sistema que guían las contribuciones de Ben a la conversación se vuelven más específicos. Basándose en la experiencia pasada, los modelos del sistema en su mente –formados por la conversación que está teniendo lugar– anticipan las consecuencias de una serie de posibles respuestas, seleccionando la respuesta que parece más adecuada, en ese momento, para mantener y profundizar la conexión que se desarrolla entre ellos: Ben comienza a preguntar por otros miembros de la familia de Fred, preparando el terreno para preguntar, finalmente, por Josh. A medida que se desarrolla la conversación, la mente de Ben crea modelos de una relación cada vez más abierta y confiada con Fred: por último, estos modelos predicen que puede ser fructífero preguntar delicadamente acerca de Josh. Las preguntas exploratorias de Ben llevan a Fred a confesar que está muy preocupado por el hecho de que Josh pase cada vez más tiempo en la universidad con un grupo que sabe que está muy metido en las drogas. Al integrar esta información en un modelo de sistema actualizado y enriquecido de su interrelación, la mente de Ben anticipa el tipo de respuesta comprensiva que, para Fred, es más probable que alimente la continua y profunda cercanía entre ellos, y la conversación evoluciona poco a poco hacia un territorio nuevo e inexplora-

(continúa)

> do. (Los modelos complementarios de la interrelación, que reflejan los de Ben, se desarrollan dentro de la mente de Fred y guían su parte de la interacción, que evoluciona dinámicamente).

La vacuidad y la emergencia dependiente son también características intrínsecas del intercambio en ambos sentidos entre conocedor y conocido creado por esos modelos mentales. Al igual que ocurre en las relaciones personales cercanas, la falta de apego a cualquier sentido de identidad fija y duradera («vacuidad») es esencial para que cada miembro de la pareja se abra a ser modelado por el otro y por la relación entre ambos. Y ese modelado y ajuste mutuo es, en sí mismo, una plasmación de la coemergencia dependiente.

De este modo, la vacuidad y la coemergencia dependiente son características centrales presentes en los sistemas que sostienen todas las experiencias de consciencia continua no instrumental. Los modelos suprasistémicos (HOLISMOS) destilados a partir de esas experiencias incorporarán entonces la sabiduría iluminadora de la vacuidad y la dinámica de la emergencia coemergente –«consciencia-vacuidad inseparablemente unidas»– como características fundamentales. Junto con la dinámica integradora de construcción de totalidades derivada de esas experiencias, esta sabiduría capacita a los HOLISMOS a conformar modelos de sistema que forjarán vínculos dinámicos que se extienden a lo largo del tiempo entre todos los aspectos de nuestra experiencia: la percepción de la vacuidad y la emergencia dependiente identifican el hilo común que comparten estas experiencias, mientras que la dinámica integradora da forma a sistemas de interrelación que, momento a momento, mantienen unidas las diferentes partes en una totalidad dinámica continua.

En los capítulos 13 y 14 exploraremos otras dos características –la compasión y el amor– que permiten a los HOLISMOS crear conjuntos coherentes en una enorme variedad de situaciones. La cualidad de la compasión encarnada por los HOLISMOS faculta a la mente para acercarse al sufrimiento, comprometerse con él e incluirlo en una totalidad más amplia, en lugar de tratar de escapar o evitarlo. Asimismo, la cualidad del amor encarnada por los HOLISMOS motiva la construcción de totalidades para alcanzar *activamente* y aceptar de manera incondicional todos los aspectos de la experiencia.

Y podríamos proseguir: los HOLISMOS reflejan el sentido básico de seguridad y protección que permite que la consciencia no instrumental continúe sin una necesidad constante de cambiar desde la consciencia expansiva, interesada e intrínsecamente gratificante, a una modalidad defensiva y protectora para comprobar que todo está bien; los HOLISMOS reflejan la sabiduría que percibe los pensamientos como pensamientos, y, por lo tanto, permite que sean aceptados como un aspecto más de la *experiencia*, en lugar de permanecer aislados y distintos como declaraciones de «la verdad». Los HOLISMOS reflejan las actitudes generales (analizadas en el capítulo 6) que facilitan la construcción flexible y creativa del mindfulness: no esfuerzo, paciencia, aceptación, soltar.

La consciencia pura: un tesoro oculto

En su despertar, en lo alto del monasterio Dzogchen, Nyoshul Lungtok experimentó «una profunda realización de la sabiduría primordial, la consciencia y la vacuidad inseparablemente unidas». Otros llaman a esa sabiduría primordial «consciencia pura». Matthieu Ricard describe la consciencia pura como una «pepita de oro»: «un trozo de oro que permanece profundamente enterrado en su veta, en una roca o en el barro. Aunque el oro no pierde su pureza intrínseca, su valor no se actualiza plenamente. Del mismo modo, para expresarse de manera completa, nuestro potencial humano necesita reunir las condiciones adecuadas» (Ricard y Singer, 2017, pág. 5).

Los supramodelos almacenados –HOLISMOS– reflejan la esencia destilada, la consciencia pura, cosechada a partir de los modelos sistémicos que subyacen a una enorme gama de experiencias de consciencia continua no instrumental. Los tesoros ocultos de los HOLISMOS, sacados a la luz y con su valor plenamente actualizado, dotan de un fundamento dinámico a la totalidad abarcadora de la mente despierta.

Los HOLISMOS *ya* están presentes en la mente. A lo largo de nuestra vida, sin nuestro conocimiento o intención, nuestra mente ha estado de manera constante descubriendo, alimentando y representando conexiones de afinidad en niveles cada vez más complejos. Los HOLISMOS reflejan la consecuencia natural de este proceso. Encarnan la dinámica integradora y la sabiduría de la vacuidad y el surgimiento dependiente, inherentes a todas las experiencias en las que hemos disfrutado de la consciencia por sí misma. Aunque se derivan de partes de nuestra

366 El despertar interior

vida, los HOLISMOS están siempre disponibles para aportar su poder en la construcción de totalidades (sanación) e integrar los *diferentes* aspectos de nuestra experiencia en un todo sin fisuras. Es como si hubiéramos recogido y guardado un pétalo de cada flor que hemos encontrado en nuestra vida, extraído sus aceites esenciales y fragancias para fabricar un perfume, y atesorado ese perfume en un precioso frasco. Portamos el frasco con nosotros en todo momento, y siempre está disponible para ser abierto en cualquier circunstancia, permitiendo que su fragancia inunde la atmósfera dondequiera que estemos y transformando y revitalizando cualquier situación o experiencia.

Los HOLISMOS son un aspecto vital del potencial humano no expresado al que Ricard se refería anteriormente. Todos poseemos este «trozo de oro que permanece profundamente enterrado», pero pocos nos *damos cuenta* de él, ya sea en el sentido de saber que lo tenemos en nuestro interior o en el sentido de hacerlo realidad. Ricard señala que, para poder expresarse plenamente, nuestro potencial no realizado necesita cumplir con las «condiciones adecuadas», unas condiciones que analizaremos en el capítulo 14.

Por ahora, el punto importante que destacar es que la dinámica integradora encarnada por los HOLISMOS ofrece un modelo sistémico general de amplia aplicación. Trabajando a través del patrón cosechar-almacenar-integrar que hemos discutido antes, los HOLISMOS potencian la construcción de totalidades en *todas* las situaciones. Cualquiera que sea la experiencia que encontremos, los HOLISMOS pueden percibir el vacío y la emergencia dependiente que son características universales de toda experiencia. A continuación, utilizan ese hilo conductor y su dinámica integradora para alimentar modelos de sistemas que unirán todos los aspectos de la experiencia en un todo dinámico unificado y en constante evolución.

En una relación cercana con un amigo, los modelos del sistema general de las relaciones íntimas dan forma a los modelos de sistema que, a cada momento, crean vínculos de intimidad entre las personas. De manera similar, en la mente despierta, los HOLISMOS dirigen la emergencia de modelos de sistemas que, a cada momento, crean vínculos de interconexión entre todos los aspectos de la experiencia en curso. De este modo, los HOLISMOS proporcionan la base para la totalidad continua –la continuidad universal en el cambio– que tanto anhelamos. En el despertar interior, los HOLISMOS forjan vínculos de interrelación dinámica que abarcan todos los aspectos de la experiencia y unifican la mente; o, dicho con las palabras del maestro zen del siglo XIII Dogen (cuadro 7.1), la mente se halla «en intimidad con todas las cosas».

El capítulo 13 explora las características clave de esa mente integrada y despierta.

13. Comprender la mente despierta

El despertar abre paso a una totalidad mental permanente: un patrón de continuidad-en-el-cambio a lo largo de las ricas, diversas y desafiantes experiencias de la vida.

Los HOLISMOS aportan el fundamento de esa totalidad. En este capítulo, exploramos cómo hacen realidad los rasgos clave de la mente despierta que se destacan en el capítulo 10: no dualidad, valor intrínseco y buena voluntad incondicional y compasión.

Para empezar, nos centramos en una característica general de la mente despierta que subyace a cada uno de estos rasgos específicos.

El maestro restablecido

El libro de Iain McGilchrist *The Master and His Emissary* (2009) toma su título de una parábola atribuida a Nietzsche. Parafraseo la historia seguidamente:

> Un sabio maestro espiritual gobernaba una vez un pequeño pero próspero dominio y era conocido por su abnegada devoción a su pueblo. Con el tiempo, sus habitantes también prosperaron y crecieron en número, extendiéndose las fronteras de su peque-

ño dominio. Esto suscitó la necesidad de delegar la responsabilidad de las zonas cada vez más lejanas a emisarios de confianza. Y así, el maestro educó y entrenó cuidadosamente a varios emisarios. Con el tiempo, su visir más inteligente y ambicioso empezó a verse a sí mismo como el maestro, utilizando su posición para promover su propia riqueza e influencia. Cada vez más, en sus misiones, adoptaba el manto del guía como propio y llegó a despreciarlo. Al final, el emisario usurpó el poder del maestro, el pueblo fue engañado, el lugar cayó bajo la tiranía y, finalmente, acabó en ruinas.

McGilchrist ofrece esta historia como una alegoría del cambio en la relación entre ambos hemisferios cerebrales que se ha producido en Occidente, sobre todo en los últimos 500 años: «Sostengo que, como el maestro y su emisario en esta narración, aunque los hemisferios cerebrales deberían cooperar, han estado durante bastante tiempo en estado de conflicto. Las batallas posteriores entre ellos están registradas en la historia de la filosofía, dando lugar a los cambios sísmicos que caracterizan la historia de la cultura occidental. En principio, el dominio –de nuestra civilización– se encuentra en manos del visir, que, por muy dotado que esté, es en realidad un ambicioso burócrata regional con sus propios intereses. Mientras tanto, el maestro, cuya sabiduría ha proporcionado al pueblo paz y seguridad, es traicionado por su emisario y llevado encadenado» (McGilchrist, 2009, pág. 14).

Para nosotros, la relevancia de esta historia es que, como he mencionado en los capítulos 2 y 3, McGilchrist establece conexiones entre ambos hemisferios cerebrales y las dos for-

370 El despertar interior

mas distintas de conocimiento, señalando que la actividad del hemisferio izquierdo (el emisario de la parábola) sustenta una modalidad de conocimiento predominantemente conceptual, mientras que la actividad del hemisferio derecho (el maestro de la parábola) sustenta una modalidad de conocimiento predominantemente holístico-intuitiva. Desde esta perspectiva, el sufrimiento infligido por la búsqueda de la felicidad impulsada por lo conceptual (de la que hemos hablado en el capítulo 1) es análogo a la ruina causada por el visir en un reino antes feliz. La salvación y la curación de ese sufrimiento –y el retorno a la paz, la felicidad y la plenitud de la vida de la que antes se disfrutaba bajo el gobierno del líder sabio– depende entonces de un cambio que devuelva la influencia principal al conocimiento holístico-intuitivo. Tanto el mindfulness como el despertar interior encarnan ese cambio. En estas modalidades de la mente, prevalece el conocimiento holístico-intuitivo por encima del conocimiento conceptual. Y, en ese caso, el maestro es restaurado a su legítima posición, se reequilibra la relación entre ambas formas de conocimiento, y la armonía se restablece en nuestra mente y nuestro mundo.

A lo largo de nuestra vida, el conocimiento conceptual y el conocimiento holístico-intuitivo compiten por el control del centro ejecutivo de la mente: el motor central de la cognición. En todas las experiencias de consciencia continua no instrumental, el conocimiento holístico-intuitivo vence en esa competencia: esta modalidad de conocimiento controla tanto la actividad mental de cada momento como la dirección de la mente a largo plazo (véase el capítulo 12). Los HOLISMOS derivados de estas experiencias encarnarán ese mismo patrón de influencia holístico-intuitiva predominante. Cuando estos supramodelos dan forma a la experiencia a cada instante en la mente despierta, ese patrón se refleja en una mente liberada del procesamiento controlado conceptualmente. En dicha mente, el yo narrativo y la mente errática –que dependen del procesamiento controlado conceptualmente– están en gran medida ausentes (cuadro 13.1).

CUADRO 13.1. Sobre no tener cabeza

El mejor día de mi vida –el día de mi renacimiento, por decirlo así– fue cuando descubrí que no tenía cabeza. Esto no es un juego literario ni un dicho ingenioso para suscitar el interés a toda costa. Lo digo en serio. Yo no tengo cabeza.

Tenía treinta y tres años cuando hice el descubrimiento. Aunque ciertamente vino de repente, lo hizo en respuesta a una indagación apremiante; durante varios meses había estado concentrado en la pregunta: ¿quién soy yo? El hecho de que me encontrara de marcha en el Himalaya en aquel momento probablemente tuvo poco que ver con ello, aunque se dice que en ese lugar vienen más fácilmente estados de mente inusuales. Sea como fuere, un día muy claro y sereno, y una vista desde el risco donde me hallaba, sobre umbríos valles azules hasta la montaña más alta del mundo, constituían una escena digna de la visión más sublime.

Lo que ocurrió, de hecho, fue algo absurdamente simple y poco espectacular: por un momento dejé de pensar. La razón y la imaginación y todo el parloteo mental se extinguieron. Por una vez, me faltaron realmente las palabras. Olvidé mi nombre, mi humanidad, mi realidad objetiva, todo lo que podía ser llamado mí mismo o mío. El pasado y el futuro se esfumaron. Fue como si hubiera nacido en aquel instante, absolutamente nuevo, sin mente, inocente de todos los recuerdos. Existía solo el Ahora, aquel momento presente y lo que se daba claramente en él. Ver era suficiente. Y lo que encontré eran unas perneras caquis que terminaban hacia abajo en un par de zapatos marrones, unas mangas caquis que termi-

(continúa)

372 El despertar interior

naban a ambos lados en un par de manos rosadas, y una pechera caqui que terminaba hacia arriba en ¡absolutamente nada! Desde luego, no en una cabeza.

No me llevó ningún tiempo notar que esta nada, que este hueco donde debía haber habido una cabeza, no era un vacío ordinario, no era una mera nada. Al contrario, estaba muy ocupada. Era una vasta vacuidad ampliamente llena, una nada que encontraba sitio para todo, para la hierba, los árboles, las distantes colinas umbrías, y allá a lo lejos, por encima de ellas, las cumbres nevadas como una hilera de nubes anguladas cabalgando en el cielo azul.

Todo aquello, literalmente, cortaba la respiración. Me pareció dejar de respirar enteramente, absorbido en lo Dado. Hela aquí, esta soberbia escena, brillando rutilantemente en el aire claro, sola y sin soporte, misteriosamente suspendida en el vacío, y (y esto era el milagro real, la maravilla y la delicia) completamente libre de «mí», intocada por ningún observador. Su presencia total era mi ausencia total, cuerpo y alma. Más ligero que el aire, más claro que el cristal, enteramente libre de mí mismo, yo no estaba allí en ninguna parte.

Sin embargo, a pesar de la mágica e imprevista cualidad de esta visión, no era ningún sueño, ninguna revelación esotérica. Todo lo contrario: se sentía como un súbito despertar del sueño de la vida ordinaria, y un final al soñar. Era realidad autoluminosa por una vez limpia de toda mente oscurecedora. Era un momento lúcido en una historia vital confusa. Era el fin de ignorar algo que (desde la más temprana infancia) yo había estado demasiado ocupado o había sido demasiado listo o había estado demasiado asustado para verlo. Era una atención desnuda, no crítica a lo que desde siempre había sido enteramente evidente: mi completa falta de cara. En pocas palabras, todo era perfectamente simple y llano y directo, más allá de argumento, pensamiento y palabras. No surgía ninguna pregunta, ninguna referencia más allá de la experiencia misma, sino solo paz y un sereno gozo, y la sensación de haber soltado un fardo intolerable.

Fuente: Harding (2000, págs. 1-3).

Comprender la mente despierta   **373**

«Dejé de pensar», «todo el parloteo mental se apagó», «el pasado y el futuro desaparecieron», «solo existía el Ahora»: estas sorprendentes características del primer encuentro espectacular de Douglas Harding con el despertar de la mente (cuadro 13.1) reflejan la ausencia de divagación mental y del viaje en el tiempo tan característicos de nuestro yo narrativo habitual (capítulo 9). Por supuesto, la frase «solo existía el Ahora» también se hace eco del sentido de presencia inmediata, «talidad» o «esidad», subrayadas por Eckhart Tolle (2000) en *El poder del Ahora*.

El yo narrativo depende para su propia existencia del procesamiento controlado conceptualmente y de la búsqueda para tratar de convertirse en el «tipo correcto de yo». En la mente despierta, liberada de ese modo de procesamiento conceptual, experimentamos «el verdadero milagro, la maravilla y el deleite» de una mente «completamente libre de "yo", no manchada por ningún observador que no estuviera en ninguna parte».

Como hemos visto en el capítulo 1, así como en el capítulo 9, nuestro sentido del «yo» depende de la «yoificación». El procesamiento controlado conceptualmente mediante el cual tratamos de convertirnos en el tipo de yo que deseamos ser y pensamos que deberíamos ser, en realidad crea la sensación de un «yo» separado. Esa sensación otorga credibilidad a la idea (totalmente artificial) del yo narrativo que sustenta dicha búsqueda. En la mente despierta, liberada de la dominación del procesamiento controlado conceptualmente, la sensación de ser un «yo» separado se transforma en algo más grande y abarcador, «como el azúcar disuelto en el agua» (capítulo 10).

Los continuos juicios valorativos, de comparación con un determinado estándar, tan importantes en la búsqueda conceptual de la felicidad, también desaparecen: la mente despierta carece radicalmente de juicios. Harding describió una «atención desnuda y acrítica» (cuadro 13.1). Por su parte, Seng-ts'an (2001), tercer patriarca chino del zen, lo expresaba del siguiente modo:

> El Gran Camino (la mente despierta) no es difícil para aquellos que no tienen preferencias (juicios de valor). Cuando amor y odio están ambos ausentes, todo se torna claro y sin velos. Haz, sin embargo, la menor distinción y el cielo y la tierra se apartarán infinitamente. Si deseas ver la verdad, no sostengas entonces opiniones a favor o en contra de nada. Erigir lo que te gusta en contra de lo que te disgusta es la enfermedad de la mente. Cuando no se comprende el profundo significado de las cosas, la paz esencial de la mente se perturba en vano.

No obstante, es importante destacar que, si bien la mente despierta se libera del *control* del conocimiento conceptual (el emisario de la parábola), esta forma de conocer sigue haciendo contribuciones cruciales a la plenitud de la vida alcanzada en el despertar. En el capítulo 2, he señalado que, aunque las espadas puedan herirnos accidentalmente, eso no es, por sí solo, razón suficiente para deshacernos de ellas. Nuestro reto consiste en aprender a utilizarlas con habilidad. Del mismo modo, en el despertar, la mente no se despoja del conocimiento conceptual, ya que eso nos privaría de uno de los dones más preciados que la evolución ha otorgado a la especie humana. En cambio, restablecemos una relación más sana entre nuestras dos formas de conocimiento: el emisario (el conocimiento conceptual) vuelve a ponerse al servicio del maestro (el conocimiento holístico-intuitivo) para seguir trabajando juntos.

Un aspecto importante de esa nueva relación es la capacidad de comprometerse sinceramente con la idea de algo y, al mismo tiempo, seguir viendo que es solo una idea. Ajahn Amaro (2003, pág. 9) apunta que esta capacidad nos resulta especialmente difícil en Occidente, porque, o bien nos aferramos a algo y nos identificamos con ello, o bien pensamos que su significado no es importante, ya que no es real, lo que nos lleva a desecharlo. La sabia alternativa consiste en tener la capacidad de tratar algo «como si» fuera real y, al mismo tiempo, saber que, en el fondo, carece de identidad inherente e independiente. Este cambio desde el hecho de considerar que los pensamientos y las ideas son «reales» a verlos de manera más flexible refleja una mayor libertad en la mente despierta respecto de la rígida perspectiva dualista que analizamos en la siguiente sección.

Un incidente en una conferencia budista, descrito por Ajahn Amaro (2003), ilustra tanto la perspectiva rígida como la flexible:

Un lama tibetano estaba allí, y un miembro del público era un estudiante muy serio. El Rinpoche, (precioso lama) había estado enseñando las visualizaciones de Tara (una deidad de la tradición tibetana) y la *puja* (práctica de la oración) a las 21 Taras. En el transcurso de esta enseñanza, este discípulo, con gran sinceridad, juntó sus manos y formuló la pregunta: «Rinpoche, Rinpoche, tengo una gran duda. Verá, todos los días hacemos la *puja* a las 21 Taras y, ya sabe, estoy muy comprometido con esta práctica. Quiero hacerla perfectamente. Pero tengo una duda: Tara, ¿exis-

376 El despertar interior

te o no existe? Realmente, Rinpoche, ¿está ahí o no? Si está ahí, puede colmar mi corazón. Pero si no, entonces no quiero hacer la *puja*. Así que, por favor, Rinpoche, de una vez por todas, díganos si existe o no. El lama cerró los ojos durante un rato, luego sonrió y respondió: «Ella sabe que no es real». No consta cómo respondió el discípulo. (Págs. 9-10).

La mente despierta trasciende las percepciones de dualidad y separación

Vives en la ilusión y en la apariencia de las cosas. Hay una Realidad. Tú eres esa Realidad. Cuando lo entiendas, verás que no eres nada. Y siendo nada, lo eres todo. Eso es.

KALU RINPOCHE (en Goldstein, 1983, pág. 32)

En la sección anterior, hemos visto de qué manera cesa, en la mente despierta, la construcción de la sensación de un «yo» separado. A medida que se debilita esa sensación de identidad separada, también lo hace el sentido de desconexión fundamental, propio de la dualidad sujeto-objeto, yo-otro y yo-Dios.

Asimismo, otros cambios que ocurren en la mente despierta socavan con profundidad las percepciones de dualidad y separación. El despertar interior implica un cambio radical en los supramodelos que dan forma al modo en que vemos el mundo y nos relacionamos con él. Los supramodelos proporcionan las plantillas que configuran la lente a través de la cual percibimos la experiencia y apuntalan la estructura del mundo que percibimos. Si cambiamos los supramodelos predominantes, creare-

Comprender la mente despierta **377**

mos realidades experienciales y mundos radicalmente distintos. El despertar interior implica un cambio desde los supramodelos dominados conceptualmente hasta los supramodelos regidos de manera holístico-intuitiva. El resultado es que contemplamos el mundo a través de lentes muy distintas, en un cambio radical en la percepción que Jon Kabat-Zinn define como una rotación ortogonal en la consciencia. Experimentamos un mundo de no dualidad, no separación, interconexión y totalidad, y sentimos como si, por fin, estuviéramos viendo «las cosas como realmente son». En este mundo, «libre de ilusión», no somos *una cosa* (una entidad separada y autoexistente) y, por tanto, como veremos a su debido tiempo, lo somos todo.

El modo de conocimiento conceptual controla nuestra mente habitual o por defecto, la cual está dominada por el pensamiento y la divagación mental (capítulo 9). Este modo de conocimiento divide el mundo en entidades separadas (cosas, sujetos, objetos y similares), dotadas de cualidades intrínsecas; vemos estos conceptos como «reales» y tenemos una relación *utilitaria* con este mundo. Los modelos mentales dominados por los conceptos reflejan esa forma de estructurar la experiencia. Los supramodelos derivados de estos modelos mentales encarnan los temas centrales de la separación, la «cosa», la «realidad» de los conceptos y la utilidad.

Para la mayoría de nosotros, estos son los supramodelos que normalmente «resplandecen» a través de los modelos mentales creados por nuestra mente cuando trata de dar sentido a las diferentes situaciones que nos encontramos, creando mundos experienciales de desconexión, separación y dualidad (capítulos 1 y 2). Y este modo de estructurar la experiencia se con-

378 El despertar interior

vierte en algo tan habitual que asumimos que estos mundos son «simplemente como son», que lo que vemos es la «realidad». Estos son los mundos de la «ilusión y la apariencia de las cosas» destacados por Kalu Rinpoche (arriba).

Pero nuestra mente también genera modelos mentales y supramodelos a partir de experiencias en las que se impone el conocimiento holístico-intuitivo (capítulo 12). En esos momentos, nos involucramos con nuestra experiencia en una danza de influencia mutua. Nuestro mundo experiencial es entonces como el «mundo del hemisferio derecho» descrito por Iain McGilchrist (véase cuadro 13.2 en la página siguiente y también el capítulo 3).

(Aunque McGilchrist nos habla de «un mundo con el que... en el que... un mundo donde», como si se tratase de una experiencia permanente es importante no olvidar que la construcción holístico-intuitiva de totalidades crea y recrea repetidamente estos mundos de experiencia a cada momento. En efecto, hay continuidad en estos mundos, pero no son nuevas revelaciones de un «mundo» preexistente completamente formado, sino creaciones dinámicas).

Los supramodelos holístico-intuitivos extraen las características fundamentales de los mundos creados por el conocimiento del mismo tipo. Estos supramodelos se encuentran en nuestra mente, preparados, cuando «cumplen las condiciones adecuadas», para moldear y «resplandecer a través» de los modelos creados por la mente para dar sentido a situaciones concretas. Entonces, recrean mundos holístico-intuitivos de conexión y no separación, sintonizados y adaptados a esas situaciones específicas. En estos mundos, «nosotros también nos sentimos conectados con lo que experimentamos, como si fuésemos *parte de esa totalidad*» (cuadro 13.2). En breve exploraremos estos mundos con mayor profundidad.

La mente despierta es muy valorada

En el capítulo 10, hemos visto que la metáfora del tesoro escondido se utiliza a menudo para transmitir el valor inherente de la mente despierta. En el capítulo 12, he citado la descripción de Matthieu Ricard de la consciencia pura como una «pepita de oro [...] que permanece profundamente enterrada en su veta, en una roca, o en el barro», sin que su valor se actualice por completo.

Podemos reconocer varias facetas de este tesoro –de esta pepita de oro– y de las formas en que se revela expresando su valor intrínseco.

CUADRO 13.2. El mundo del hemisferio cerebral derecho, según Iain McGilchrist

Una red de interdependencia, formando y reformando totalidades, un mundo con el que nos hallamos en profunda conexión [...] un mundo en el que lo que con el tiempo hemos llegado a considerar objetivo y subjetivo se mantienen en una suspensión que abarca cada «polo» potencial, así como su unión y solidaridad [...] un mundo donde hay «interrelación». (McGilchrist, 2009, pág. 31)

Las cosas se nos *presentan* en toda su particularidad encarnada, con toda su mutabilidad, transitoriedad e interconexión, como parte de un todo que está en continuo flujo. En este mundo, también nos sentimos conectados con lo que experimentamos, como

(continúa)

parte de ese todo, no confinados en el aislamiento subjetivo de un mundo que se considera objetivo [...] el hemisferio derecho presta atención al Otro, lo que sea que exista más allá de nosotros, con el que se ve en profunda relación. Se siente profundamente atraído y vivificado por la relación, por la interrelación, que existe con ese Otro. (Pág. 93).

Con este mundo se establece una relación basada en el cuidado. (Pág. 174).

Nota. La palabra «cuidado», tal y como la utiliza McGilchrist en este contexto, no se refiere tanto al tipo de relación de cuidado y crianza con los parientes y los compañeros que hemos analizado en el capítulo 1, sino a una preocupación más general de cuidado y respeto por todos los aspectos de la vida (comunicación personal, Iain McGilchrist, septiembre de 2016), es decir, la voluntad de aceptar, prestar atención y comprometerse con el «otro». Sin este tipo de cuidado y preocupación –cuando «no nos importa» o no tenemos respeto por el mundo que se nos presenta–, nuestra atención se desprende del procesamiento controlado –imprescindible para mantener la consciencia–, con lo que volvemos a formas automáticas de procesamiento y *dejamos de estar presentes*.

El amor del despertar

La dicha intrínseca de la mente despierta, al igual que la del estado de flujo, refleja la integridad continua –la continuidad-en-el-cambio– de la mente. Pero, al igual que sucede con el estado de flujo, la intensidad y la cualidad particular de esa alegría dependen de que la experiencia del flujo o del despertar sea amada y valorada por sí misma. En el capítulo 11, he resumido de la siguiente manera la forma en que esto funciona: «Cuando amamos lo que buscamos y el proceso de nuestra búsqueda crea lo que amamos, proceso y resultado se funden en una experiencia de dicha que se sostiene a sí misma».

Para actualizar plenamente el potencial del tesoro soterrado en lo más profundo de nuestro ser, debemos reconocerlo y también, lo que es más importante, debemos valorarlo –amarlo– por su propio beneficio. Al igual que en el estado de flujo, ese amor es el ingrediente clave que transforma las sensaciones agradables, vinculadas a la continuidad de la totalidad, en la dicha intrínseca de la mente despierta. Es curioso que el amor a lo que buscamos parece ser indispensable para la realización de algo verdaderamente digno de nuestro amor. En ausencia de ese amor, es posible que nunca obtengamos la «perla preciosa» (una de las metáforas utilizadas por Jesús para referirse al reino de los cielos: Mateo 13:45-46):

> Una perla sale a subasta. Nadie tiene suficiente dinero, así que la perla se compra a sí misma. (Rumi, en Salzberg, 1995, pág. 33).

La importancia suprema de la devoción a lo que buscamos es bastante explícita en las tradiciones religiosas abrahámicas. Por ejemplo, tanto Jesús como un experto en la ley judía que quería ponerle a prueba compartían el acuerdo innegable de que el primer y mayor mandamiento es «amar al Señor tu Dios con todo tu corazón, con toda tu alma y con toda tu mente» (Mateo 22:35-40; y véase el cuadro 13.3, más adelante en este mismo capítulo). Del mismo modo, el autor medieval anónimo de *La nube del no saber* –clásico de la práctica contemplativa cristiana– considera que ese amor es la clave esencial para la realización:

> Por el amor puede ser alcanzado y abrazado, pero nunca por el pensamiento.

382 El despertar interior

En la tradición budista, *chanda*, una forma de deseo sano –similar a lo que aquí he llamado *amor*–, desempeña un papel igualmente crucial:

> Las presentaciones occidentales de las enseñanzas budistas han llevado a menudo a entender que el sufrimiento aparece a causa del deseo y que, por tanto, no hay que desear nada. Mientras que, de hecho, el Buda habló de dos tipos de deseo: el deseo que surge de la ignorancia y la ilusión, que se llama *taṇhā* –apego–, y el deseo que emerge a partir de la sabiduría y la inteligencia, denominado *kusala-chanda*, *dhamma-chanda*, o simplemente *chanda*. Aunque *chanda* no tiene ese significado exclusivo, utiliza *chanda* en este caso concreto para denotar el deseo y la motivación sabios e inteligentes, y el Buda subrayó que es absolutamente fundamental para cualquier progreso en el Óctuple Sendero. (Jayasāro, 2014).

Sin amor por la totalidad o por una unión más profunda por sí misma, tal vez las experiencias iniciales de la mente despierta no maduren nunca hasta conseguir que el despertar interior sea una forma de ser permanente. Douglas Harding (2000, pág. 48), por ejemplo, desarrolló un método que permitió a muchas personas («su número asciende ahora a cinco cifras») tener experiencias similares a su propio encuentro inicial con el despertar (cuadro 13.1). Luego descubrió, para su consternación, que la gran la mayoría de ellos no tenía interés en profundizar en esta experiencia: «Y por eso *no tiene prácticamente ningún efecto*» (énfasis de Harding).

Además de ser el elixir que transforma los sentimientos agra-

Comprender la mente despierta

dables en dicha intrínseca, el amor por el despertar –o la posibilidad de despertar– tiene una importancia fundamental a la hora de motivar el trabajo interior imprescindible para desarrollar y mantener la mente despierta. La consciencia pura, al igual que el estado de flujo, se experimenta a menudo como una «gracia», es decir, como algo con lo que tropezamos «igual que un ciego que descubre una joya en un montón de basura» (capítulo 10), o como un regalo que se nos ofrece generosamente. Sin embargo, podemos necesitar considerable tiempo y esfuerzo para crear las condiciones en las que estemos abiertos a recibir esa gracia, o para transformar esa experiencia en un despertar interior sostenido. Antes de llegar al punto en el que la mente despierta aparece como un aparente regalo, es posible que tengamos que dedicar muchas muchas horas a desarrollar las condiciones adecuadas y las formas de relacionarnos con la experiencia, que nos permitirán reconocer, entablar amistad y alimentar el despertar. Como hemos visto en el capítulo 12, el despertar de Nyoshul Lungtok requirió la presencia de su maestro y los frutos acumulados de muchos años de práctica meditativa antes de que estuviera preparado para reconocer la consciencia pura.

Para que las experiencias de consciencia pura sean algo más que maravillas pasajeras, la mente tiene que encontrar la manera de mantenerlas y transformarlas en estados más duraderos de despertar interior. El amor por la posibilidad del despertar motiva y recompensa el trabajo interior imprescindible para establecer los sistemas autosostenidos y autorreforzados de la mente despierta. El núcleo de ese trabajo interior es la integración continua de los HOLISMOS que dan forma en todo momento a la experiencia del despertar.

384 El despertar interior

Al principio, este trabajo interior puede requerir un esfuerzo consciente continuo. Pero, a la postre, se alcanza un «punto de no retorno» en el que la necesidad de ese esfuerzo desaparece y el proceso adquiere vida propia. La situación del contemplativo es entonces como la de un astronauta que despega de la Tierra en dirección a la Luna. Al principio, hay que gastar mucha energía para liberarse del campo gravitatorio de la Tierra; pero, finalmente, se alcanza un punto en el que la atracción gravitatoria de la Luna supera a la de la Tierra, y el viajero es atraído sin esfuerzo cada vez más cerca y cada vez más rápido hacia la Luna.* Los sentimientos positivos, vinculados a la coherencia de la mente por nuestra historia evolutiva, guían y refuerzan los patrones de actividad interna que sostienen sin esfuerzo el despertar interior. La mente despierta se genera y regenera como una experiencia y una forma de ser permanentes, como un todo sin fisuras, nutrido y mantenido por la paz y la dicha intrínsecas de los ciclos interconectados de *feedback* positivo.

La dicha del retorno y la reconexión

Como hemos visto, el despertar interior implica un cambio desde los supramodelos que reflejan los aspectos centrales del conocimiento conceptual hasta los supramodelos que reflejan los aspectos centrales del conocimiento holístico-intuitivo. Con ese cambio, entramos en un mundo de experiencia en el que ahora nos experimentamos como partes integrales de un

---

* Agradezco a Ciaran Saunders (también conocido como Ruchiraketu) que haya llamado mi atención sobre esta enseñanza de Sangharakshita.

Comprender la mente despierta **385**

todo más amplio, un sistema dinámico que se organiza, guía y autorregula. Hemos visto algo similar al hablar del estado de flujo, donde el alpinista se siente «uno con la montaña, las nubes, los rayos del sol y los pequeños bichitos que entran y salen de la sombra de los dedos que se agarran a la roca», y el cirujano se siente «uno con los movimientos del equipo de operaciones, compartiendo la belleza y el poder de un sistema transpersonal armonioso». Y, sobre todo, el alpinista o el cirujano experimentan estos sistemas *desde dentro*, como un aspecto en que se hallan implicados activamente, en lugar de hacerlo *desde fuera*, como un observador interesado, pero en esencia separado.

En el estado de flujo, somos conscientes de nuestra íntima participación en un todo más amplio y de que formamos parte de un sistema dinámico de interrelaciones. Pero el alcance de ese todo no se extiende más allá del dominio de la tarea del flujo: la montaña o el quirófano. Por el contrario, como hemos visto en el capítulo 12, en la mente despierta cobramos consciencia de nuestra participación en el sistema dinámico de todo lo que es y de nuestra interconexión con él: «El ritmo de mi corazón es el nacimiento y la muerte de *todo* lo que está vivo» (Thich Nhat Hanh, énfasis añadido). Esta sensación de unidad con todos los seres y todas las cosas –de ser parte integrante de un vasto conjunto dinámico interconectado que se extiende por el espacio y el tiempo– potencia de diversas maneras la sensación intrínseca de bienestar de la mente que despierta.

Lo más obvio es que esta sensación de conexión y afinidad disuelve, de un plumazo, la agobiante separación y desconexión que alimenta nuestro sentimiento crónico de dolor y

386 El despertar interior

malestar sutil (capítulo 1). Y eso, a su vez, elimina la búsqueda conceptual de la felicidad y todo el sufrimiento adicional innecesario que genera. La fuerza que impulsa la búsqueda de un yo diferente y mejor se basa en el miedo a la separación o al rechazo de nuestro grupo social. Al ser conscientes de que somos parte integral de un todo dinámico más amplio, nos sentimos conectados y seguros, puesto que deja de haber necesidad de la búsqueda conceptual de la felicidad. Hemos descubierto que ya somos plenamente aceptados y estamos «en casa». Con este descubrimiento de nuestra pertenencia inherente, y el fin de la búsqueda conceptual, experimentamos una sincera sensación de alivio, una liberación del miedo a la separación, así como la dicha de «haber dejado atrás una carga intolerable» (cuadro 13.1).

En el capítulo 11, hemos visto que podemos reajustar nuestra atención para cobrar consciencia de la cualidad yo-tú –la «interrelación»–, de nuestra interconexión con los otros en las relaciones personales cercanas. De igual modo, con el despertar interior, aprendemos a cobrar consciencia de nuestra interrelación con todos los seres y todas las cosas. El breve poema de D.H. Lawrence (1994) «El caballo blanco» puede darnos una idea de lo que descubrimos en ese momento:

> El joven se acerca al caballo blanco
> para ponerle el ronzal y el caballo le mira en silencio.
> Son tan silenciosos que están en otro mundo.

Una vez que percibimos la profunda interrelación reflejada en los HOLISMOS ya presentes en nuestra mente, aprendemos a reconectar en cualquier momento con esa sensación de pertenencia y con la facilidad que conlleva. Como descubrió Thomas Merton (capítulo 10), sentimos nuestra pertenencia intrínseca incluso cuando estamos físicamente alejados de los demás:

> Por estar unido a ellos les debo a ellos el estar solo, y cuando estoy solo, ellos no son «ellos» sino mi propio yo. ¡No son extraños!

Esperanza incondicional

Aunque la higuera no brote
y no haya uvas en las vides,
aunque la cosecha de aceitunas falle
y los campos no produzcan alimentos,
aunque no haya ovejas en el corral
ni ganado en los establos,
me alegraré en el Señor,
Estaré alegre en Dios mi Salvador.

HABAKKUK (3:17-18, en Bourgeault, 2001)

Con este extraordinario escenario de dicha intrínseca que no se ve mermada por el desastre total, descrito en el libro de Habacuc del Antiguo Testamento, Cynthia Bourgeault introduce su explicación de lo que ella denomina esperanza mística. Esta cualidad –indica– «tiene algo que ver con la presencia, no con los buenos resultados futuros, sino con la experiencia inmediata de ser encontrado, mantenido en comunión, por algo íntimamente cercano […] Rinde su fruto en nuestro interior en

388 El despertar interior

el nivel psicológico de las sensaciones de fuerza, alegría y satisfacción: una "insoportable levedad de ser"» (2001, págs. 9-10).

La mística medieval Juliana de Norwich expresó este mismo optimismo fundamental en sus palabras (más conocidas por el poema de T.S. Eliot «Little Gidding»): «Todo irá bien, y toda clase de cosas saldrá bien». Este optimismo no es una creencia ingenua de que las cosas siempre saldrán como nos gustaría, sino que refleja la confianza en que la plenitud intrínseca, la facilidad y la dicha de la mente despierta estarán siempre disponibles, en cualquier tipo de situación. Juliana experimentó esa confianza como la sensación de verse sostenida en una totalidad positiva más grande.

Desde la perspectiva de los SCI, la esperanza incondicional de la mente despierta se basa en la sensación de que somos parte integral de una totalidad mayor, así como en la confianza en la poderosa ecuanimidad de la mente despierta. Ambas nos dotan de una profunda seguridad que nos permite capear las tormentas y las vicisitudes de la vida con tranquilidad. La mente despierta tiene una estabilidad dinámica inherente, análoga a los efectos «milagrosos» que Christiaan Huygens observó en sus relojes de péndulo (capítulo 4).

En aquella experiencia, la resonancia simpática unía (arrastraba) los relojes para conformar un sistema donde «mantienen una concordancia tan exacta que sus péndulos se mueven siempre juntos sin la menor variación» ante cualquier perturbación. En la mente despierta, los patrones de resonancia simpática, estrechamente entrelazados, unifican sus diversos elementos en un todo coherente y continuo (capítulo 12; véase también Singer, 2013). Al igual que los relojes de Huygens, este sistema se recupera rápidamente de cualquier perturbación, infundiendo el equilibrio y la ecuanimidad característicos de la mente despierta.

Además, dado que los HOLISMOS de la mente despierta encarnan las dimensiones de compasión y aceptación incondicional, su equilibrio y ecuanimidad inherentes están impregnados de una cualidad subyacente de atención. El sentido de la disponibilidad siempre presente de esta totalidad dinámica, profundamente arraigada, infunde una sensación fundamental de paz y bienestar a la mente despierta. En el despertar, cobramos consciencia de un recurso integrador interno que es totalmente distinto a mí y a mis esfuerzos basados en conceptos. Ese recurso se halla siempre disponible para unificar la mente, reconectarnos con una totalidad más amplia de la que somos parte integrante y aportar una sensación de paz interior. Tenemos la confianza de que, sean cuales sean las piedras y flechas que el mundo nos lance, siempre nos sentiremos sostenidos por una totalidad amorosa más amplia, un «refugio y fortaleza, socorro siempre a mano en momentos de angustia» (Salmo 46).

Cuidado incondicional, compasión y buena voluntad (amor)

La palabra *amor* posee muy variados matices. En el nivel más general, apunta a una relación desapegada de valoración, algo similar a las relaciones de «cuidado» e «interrelación» que sustentan el mundo holístico-intuitivo de la experiencia (cuadro 13.2). Aquí me centraré más específicamente en el amor hacia

390   El despertar interior

otros seres, es decir, el deseo y la intención de que el otro esté bien, seguro y feliz, una relación que valora y respeta a ese ser. En el contexto del dolor o el sufrimiento ajeno, el amor adopta la forma de compasión: el deseo y la intención de que el otro no sufra.

El capítulo 10 se centraba en tres características clave del amor en la mente despierta:

- Es *ilimitado*.
- Es *incondicional*.
- Se trata de *conocer* y *percibir* tanto (o más) que de sentir.

En la respuesta del buen samaritano al judío herido (cuadro 13.3), tenemos una sorprendente ilustración del cuidado y el amor incondicional e ilimitado, incluso hacia un completo desconocido perteneciente a una cultura ajena.

El mensaje esencial de la parábola del buen samaritano es que un vecino es aquel que «muestra misericordia». Cynthia Bourgeault señala que, según el *American Heritage Dictionary*, la palabra *misericordia* (al igual que las palabras *comercio* y *mercader*) deriva de la antigua raíz etrusca *merc*, que significa intercambio o transacción (Bourgeault, 2001, pág. 23). Podemos ver entonces que «mostrar misericordia» es participar en el tipo de interacción dinámica de ida y vuelta que crea y mantiene las relaciones cercanas. Al igual que hacemos camino al andar, y creamos y recreamos una sensación de proximidad al relacionarnos de manera cercana, también nos convertimos en prójimo del otro cuando le mostramos misericordia.

Comprender la mente despierta 391

CUADRO 13.3. La parábola del buen samaritano

En ese momento, una persona experta en leyes se levantó para poner a prueba a Jesús.

–Maestro –le dijo–, ¿qué debo hacer para heredar la vida eterna?

–¿Qué está escrito en la Ley? ¿Qué lees en ella? –le preguntó él.

–Amarás al Señor tu Dios con todo tu corazón, con toda tu alma, con todas tus fuerzas y con toda tu mente, y a tu prójimo como a ti mismo –le respondió.

–Has dado la respuesta correcta –le dijo–; haz esto y vivirás.

Pero queriendo justificarse, preguntó a Jesús:

–¿Y quién es mi prójimo?

–Un hombre bajaba de Jerusalén a Jericó –respondió Jesús–, y cayó en manos de unos ladrones, que lo despojaron, lo golpearon y huyeron, dejándolo medio muerto. Por casualidad, un sacerdote bajaba por ese camino y, al verlo, pasó por el otro lado. Así también un levita, cuando llegó al lugar y lo vio, pasó al otro lado. Pero un samaritano que viajaba se acercó a él, y al verlo se compadeció. Se acercó a él y le vendó las heridas, echando aceite y vino sobre ellas. Luego lo montó en su propio animal, lo llevó a una posada y lo cuidó. Al día siguiente sacó dos denarios, se los dio al posadero y le dijo: «Cuida de él y, cuando vuelva, te devolveré lo que hayas gastado». ¿Cuál de estos tres crees que fue prójimo del hombre que cayó en manos de los ladrones?

–El que le mostró misericordia –respondió él,

–Ve y haz lo mismo –le dijo Jesús. (Lucas 10:25-37, Nueva Versión Estándar Revisada).

Nota. Para apreciar plenamente el significado de esta parábola, será útil saber que samaritanos y judíos se habían tratado con odio y desprecio recíprocos durante generaciones, y que el sacerdote, el levita y la víctima de los ladrones eran todos judíos.

Entonces, ¿cuál fue la diferencia crucial que permitió al buen samaritano –pero no al sacerdote o al levita– implicarse en el sufrimiento del viajero herido y convertirse en su prójimo?

Como veremos en el capítulo 14, por buenas razones evo-

392   El despertar interior

lutivas, todos llegamos a este mundo con tendencias innatas, grabadas en nuestro cerebro, hacia la buena voluntad, el cuidado y la compasión ilimitados e incondicionales. Por razones evolutivas igualmente poderosas, este amor por todos los seres no tarda en volverse más selectivo, limitándose básicamente a los que forman parte de nuestro mismo grupo cercano, es decir, a los que consideramos «nosotros».

Los HOLISMOS proporcionan la manera de reconectar con nuestra capacidad latente de amor ilimitado e *indiferenciado*. Los HOLISMOS amplían el círculo del «nosotros» para incluir en él a todos los seres (véase más adelante). Son estos supramodelos los que permitieron al buen samaritano entablar una relación de cuidado con el viajero herido al que no conocía.

Los HOLISMOS *ya* están presentes en nuestra mente. Son los «tesoros ocultos» que nuestra mente ha ido acumulando silenciosamente a lo largo de la vida. Sin embargo, la mayoría de nosotros, como el sacerdote y el levita, no solemos actuar movidos por la compasión incondicional del buen samaritano. Aunque los modelos mentales de orden superior –como los HOLISMOS– siempre están, al menos potencialmente disponibles para nosotros, solo nos damos cuenta de sus efectos cuando se activan y se reflejan en nuestra percepción y nuestro comportamiento a cada momento. Los modelos de orden superior tienen que activarse de un modo u otro para que afecten a nuestros sentimientos y acciones (véase el cuadro 13.4 de las páginas siguientes).

En el experimento del buen samaritano (cuadro 13.4), la estimulación de los modelos mentales de orden superior de los aficionados al fútbol puso de manifiesto el sentido de identidad

Comprender la mente despierta **393**

compartido por los hinchas del Manchester y el Liverpool. Ese vínculo y el sentido de conexión catalizaron el ofrecimiento de ayuda. En el experimento 1, los seguidores del Manchester consideraron que el actor que llevaba la camiseta del Liverpool era un rival y se negaron a prestarle ayuda. En el experimento 2, tras potenciar el modelo de aficionado al fútbol, ya no lo consideraban un rival, sino un colega aficionado que necesitaba ayuda.

Los experimentos de Mark Levine nos indican que podemos ampliar nuestro sentido de la relación con los demás –y nuestra disposición a responder compasivamente a su sufrimiento– trasladando la atención a niveles superiores y más inclusivos de las holarquías mentales, donde encontraremos modelos mentales de orden superior que reflejan lo que nosotros y los demás tenemos en común. Cuando estos modelos se activan (se estimulan), su integración en la experiencia de cada momento resalta esa cualidad compartida, vinculándonos como partes de un mismo todo mucho mayor. Ese todo puede ser una identidad compartida (como la de los aficionados al fútbol); tal vez sea el sistema de interrelación en una relación cercana o de vecindad (cuadro 13.3); o, como veremos en breve, también puede ser nuestro mundo de experiencia consciente en este momento.

CUADRO 13.4. El experimento del «buen samaritano»

En el año 2005, los psicólogos Mark Levine, Amy Prosser, David Evans y Stephen Reicher informaron de un estudio de investigación basado libremente en la parábola del buen samaritano. En el primero de los dos experimentos, los seguidores del club de fútbol inglés Manchester United respondieron a unos cuestionarios en los que se les preguntaba si eran seguidores del Manchester.

(continúa)

Podemos suponer que estos cuestionarios activaron («cebaron», dicho en lenguaje psicológico) modelos mentales relacionados con su identidad como seguidores del Manchester. A continuación, los participantes se dirigieron a otro edificio. Por el camino, se encontraron con un episodio cuidadosamente preparado en el que un actor que hacía *footing* resbalaba y se caía, agarrándose el tobillo y gritando de dolor.

Cuando el actor llevaba una camiseta del Manchester United, el 92 % de los participantes (seguidores del Manchester) ofrecían su ayuda. Cuando el actor llevaba una camiseta del Liverpool (en aquel momento, el gran rival futbolístico del Manchester) o una camiseta sin identificación alguna, solo un 30 % hizo algo para ayudarle.

En un segundo experimento, los seguidores del Manchester volvieron a rellenar cuestionarios. Pero esta vez los cuestionarios hacían hincapié en su amor por el fútbol en general (algo que compartían tanto con otros seguidores del Manchester como, también, de forma significativa, con los seguidores del Liverpool). En este caso, los participantes ofrecieron su ayuda el 80 % de las veces cuando el actor llevaba una camiseta del Manchester, el 70 % de las veces cuando era una camiseta del Liverpool, pero solo el 22 % de las veces si llevaba una camiseta sin ningún signo distintivo.

El patrón de resultados observado en estos experimentos nos indica que la conexión para prestar ayuda entre el participante y la «víctima herida» dependía de la disponibilidad de los modelos mentales que permitieran incluir a ambos en el mismo grupo. En el experimento 1, los modelos del hincha del Manchester incluían tanto al participante como al otro hincha del Manchester; en el experimento 2, el modelo más general de hincha de fútbol incluía también a los hinchas del Liverpool. Pero, sobre todo, para que las dimensiones inclusivas reflejadas en estos modelos forjaran lazos de conexión, debían activarse e integrarse en la manera en que los participantes veían y respondían a la situación del momento. Los modelos de aficionado al fútbol ya estaban presentes en la mente de los participantes en el experimento 1, pero solo cuando estos modelos fueron preparados mediante cuestionarios apropiados en el experimento 2, consiguieron que tanto los seguidores del Liverpool como los del Manchester fuesen incluidos en el círculo de ayuda.

(continúa)

Podríamos decir que los modelos de apoyo al fútbol estaban «ocultos» hasta que el nivel superior, más inclusivo, de la holarquía mental se hallaba activamente comprometido en la respuesta a la situación inmediata (compárese con la frase de Ricard y Singer «para expresarse de manera completa, nuestro potencial humano necesita reunir las condiciones adecuadas», en el capítulo 12).

En el capítulo 11, hemos visto de qué manera los modelos generales derivados de anteriores relaciones cercanas proporcionan una guía que orienta el desarrollo de modelos sistémicos más específicos en cada nueva relación. Aunque desempeñan este papel formativo fundamental, por lo general no somos conscientes de su actividad, sino que permanecen muy en el fondo de la consciencia. Pero *podemos* aprender a prestarles atención, como en la fase abierta del diálogo de comprensión profunda que comentamos en el capítulo 11. Y, cuando lo hacemos, nos damos cuenta de la cualidad yo-tú de la relación, lo cual supone un cambio notable en la experiencia, puesto que se disipa el sentido de separación del otro y la relación experimenta un cambio cualitativo hacia un nivel más profundo de conexión.

Es posible identificar un patrón similar en las experiencias de la consciencia continua. Los HOLISMOS reflejan los rasgos centrales destilados de todas nuestras experiencias anteriores de consciencia continua no instrumental, suministrando patrones muy generales que orientan y potencian los sistemas más específicos de construcción de totalidades que nutren y sostienen cada nueva experiencia de consciencia. De nuevo, normalmente no somos conscientes de su actividad ni de las

396 El despertar interior

dimensiones de integración dinámica, sabiduría y compasión que encarnan. Pero, en presencia de las condiciones adecuadas y con la guía apropiada, aprendemos a prestar atención a los niveles superiores de las holarquías mentales en las que tienen lugar (daremos más detalles sobre esas condiciones adecuadas en el capítulo 14). Activadas de este modo, se integran de manera íntima en la construcción de totalidades que da forma en cada momento a la experiencia de la consciencia. La experiencia se halla entonces impregnada de una cualidad inefable, a la que apuntan términos como «consciencia pura», «presencia», «ahora», «quietud» y «silencio».

La activación e integración de los HOLISMOS en los sistemas que nutren y sostienen la consciencia momento a momento cambia profundamente nuestra relación con los diferentes aspectos de la experiencia, incluidos los demás seres con los que nos relacionamos. Los HOLISMOS activados de este modo ponen de relieve aquello que comparten todos los aspectos de la experiencia en el momento: cada uno es parte integrante del mismo sistema más amplio de interrelación e interconexión dinámica («proximidad compartida») que configura nuestra experiencia consciente permanente. Esa participación compartida forja vínculos *universales* que nos conectan con todos los seres y con el resto de aspectos de nuestra experiencia. Percibimos y *sentimos* directamente esas conexiones, y *todos* los seres se convierten en «uno de nosotros». Así pues, nos reencontramos con nuestro don innato para el amor ilimitado e indiferenciado, un amor que nos mueve a abrazar e incluir en nuestro círculo de cuidado y compasión a todos los seres con los que entramos en contacto. (La situación en este caso es análoga a la que tiene lugar en las relaciones próximas en las que la consciencia de la participación compartida en el mismo sistema dinámico une estrechamente a los participantes en la experiencia del yo-tú, disolviéndose cualquier sentido de separación).

En el mundo experiencial de la mente despierta, el yo y el otro están íntimamente conectados como partes integrales de una misma totalidad mayor, al igual que mi mano y mi pie están también íntimamente conectados como parte integral del todo mayor de mi cuerpo. Y, de igual modo que mi mano cuidará «naturalmente» de mi pie –frotándolo suavemente y calmándolo si me duele–, también cuidaré «naturalmente» de otros seres cuando los considere partes del mismo mundo de experiencia más amplio que yo mismo.*

Desde esta perspectiva, la por otra parte enigmática frase «siendo nada lo eres todo» de Kalu Rinpoche cobra perfecto sentido. En la mente despierta, lo somos todo porque, al desaparecer el yo observador separado (cuadro 13.1), nuestro yo *es* todo el mundo interconectado e indivisible de la experiencia de cada momento. Cuido de este mundo y de sus moradores *en mi propio beneficio*, puesto que solo puedo ser feliz si los otros seres de este mundo (que es mi experiencia total) también son felices, están bien y no sufren. Les deseo paz y bienestar para que yo también pueda disfrutar de paz y bienestar. Amamos a nuestro prójimo como a nosotros mismos, porque, en este mundo de experiencia, nuestro prójimo *somos* nosotros mismos. Y, cuando dedicamos atención al otro –cuando le mostramos misericor-

---

* Metáforas similares se utilizan ampliamente en las enseñanzas tradicionales (por ejemplo, Shantideva, 1979).

398 El despertar interior

dia–, entonces, como en la parábola del buen samaritano, este ofrecimiento en sí mismo crea y fortalece, en ese mismo instante, otros lazos dinámicos de conexión solidaria entre nosotros.

Ver el «Todo en todo»

¿Cuándo está el hombre en mero entendimiento? Contesto: «Cuando el hombre ve una cosa aparte de otra». ¿Y cuándo está el hombre por encima del mero entendimiento? Voy a decíroslo: «Cuando el hombre ve Todo en todos, entonces está el hombre más allá del mero entendimiento».

MEISTER ECKHART (en Huxley, 1945/1985, pág. 84)

En el capítulo 10, hemos señalado que todos los aspectos de la mente despierta podrían depender de la capacidad de percibir el mismo «algo» preciado en el corazón de toda experiencia. En ocasiones, llamado el Todo, el punto de quietud del mundo que gira, Dios en todos, o la naturaleza de Buda, este algo (que no es una cosa) es de gran belleza y valor.

Los HOLISMOS proporcionan la manera de empezar a entender lo que podría ser ese «Todo en todo». Para explicarlo mejor, será útil retomar el ejercicio de *Takete-Maluma* que encontramos en el capítulo 3. Allí, como se recordará, la dimensión subyacente de la tasa de cambio proporcionaba una manera de entender cómo nuestra mente juzga rápida y fácilmente si una forma dentada es más parecida al sonido *Takete* o al sonido *Maluma*. Centrarse en un nivel superior y más inclusivo de la holarquía mental hacía posible que nuestra mente identificara similitudes «ocultas» entre patrones auditivos y visuales, que, en un nivel inferior, parecían ser muy distintos.

En cada nivel de una holarquía mental, el conjunto de nivel superior refleja y encarna algún aspecto compartido por las partes del nivel inferior que contribuyen a ese conjunto. Los HOLISMOS se sitúan en los niveles más altos de las holarquías mentales. Encarnan la esencia dinámica por excelencia compartida por todos los modelos de sistema que subyacen a una amplia gama de experiencias previas de consciencia continua no instrumental. Al igual que la dimensión del ritmo de cambio en el ejercicio *Takete-Maluma*, esa cualidad común –el Todo– permanece «oculta» y se revela en formas que pueden parecer muy diferentes en los niveles inferiores de las holarquías mentales. Rilke (1997) alude a ese mismo patrón fundamental:

Tú eres la intimidad profunda de todas las cosas,
la última palabra que nunca puede ser pronunciada.
Para cada uno de nosotros te revelas de manera diferente:
al barco como costa, a la costa como barco. (Pág. 119).

No obstante –y lo que es más importante–, todos los modelos de los sistemas de nivel inferior, y la gran variedad de experiencias que sustentan, encarnan las mismas características básicas que las reflejadas en los HOLISMOS. Como afirma Rumi:

Cada rama del bosque se mueve de manera distinta
con la brisa, pero al balancearse
están conectadas desde la raíz. (Barks, 2001, pág. 32).

400   El despertar interior

La activación de los HOLISMOS pone de manifiesto esta semejanza subyacente –el «Todo en todo»– como un hilo común que atraviesa las experiencias de consciencia continua. Ese hilo une las diferentes facetas de la experiencia en un vasto conjunto dinámico interdependiente. En el poema de Thich Nhat Hanh «Por favor, llámame por mis verdaderos nombres», citado en el capítulo anterior, percibimos el «yo» de ese poema como la propia voz del Todo.

Y, a medida que reconocemos la presencia universal del Todo, también llegamos a ver la consciencia no instrumental de *cualquier* tipo de experiencia como una puerta potencial al Todo, como una oportunidad para conectar con los HOLISMOS subyacentes y «ocultos» para revelarlos. La figura 13.1 ilustra la posición de los HOLISMOS en la cima de las holarquías mentales implicadas en las experiencias de consciencia continua.

Todas las experiencias de consciencia no instrumental reflejan, en su nivel más alto, los patrones dinámicos centrales encarnados en los HOLISMOS. Todas esas experiencias –incluso las que nos resultan poco atractivas, incómodas y desagradables– ofrecen una posible ruta, una escalera de Jacob, hacia la consciencia pura. Como descubrió Thomas Merton (1966, pág. 158), «la puerta del cielo está en todas partes»: por muy mezquina, dolorosa o mundana que sea nuestra experiencia, nuestro tesoro oculto se esconde en ella. El maestro chan P'ang el Laico encontró su puerta en la «maravillosa actividad» de «sacar agua y cortar leña» (Watts, 1957, pág. 133); Nyoshul Lungtok descubrió la suya al contemplar las estrellas en el cielo, escuchar el ladrido de los perros y escuchar la voz de su maestro.

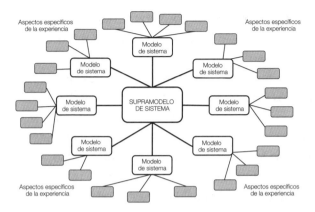

FIGURA 13.1. El supramodelo de sistema holístico-intuitivo (HOLISMOS) se ubica en la cúspide de las holarquías mentales que generan experiencias no instrumentales de consciencia. Para mayor claridad, no se muestran los niveles inferiores de las holarquías mentales.

Pero esa no es nuestra experiencia habitual.

En las relaciones cercanas, no solemos experimentar el sutil sentido del yo-tú vinculado a la actividad de los modelos relacionales de orden superior. Sin embargo, podemos aprender a prestar atención a estos modelos, descubriendo un nivel más profundo de comunión dentro de las relaciones. En los experimentos del buen samaritano (cuadro 13.4), los modelos de orden superior de los aficionados al fútbol ya estaban presentes en la mente de los seguidores del Manchester United, pero solo cuando se vieron activados condujeron al ofrecimiento de ayuda a los hinchas del Liverpool. Solo entonces moldearon la lente que les permitió considerar que un seguidor del Liverpool no era solo un rival, sino un semejante aficionado al fútbol.

402 El despertar interior

Del mismo modo, los HOLISMOS permanecerán en segundo plano, teniendo solo efectos limitados en nuestra vida, hasta que aprendamos a integrar estos supramodelos en la experiencia de cada momento. Entonces, con el corazón y la mente despiertos, nos tornamos conscientes de las cualidades más sutiles de la experiencia reflejadas por estos niveles más elevados de las holarquías mentales; percibimos los patrones dinámicos encarnados en los HOLISMOS; vemos el Todo en todo, y, con suma alegría, nos unimos a la danza universal de todo lo que es.

Y, aunque podamos hablar de *ver* Todo en todo, ese ver es en sí mismo un reflejo dinámico de la danza, el compromiso activo con el Otro como parte de un todo en evolución, y no un testimonio pasivo de «algo diferente ahí fuera». Los HOLISMOS reflejan la esencia destilada de las experiencias de consciencia continua. La base de esa consciencia es, por supuesto, el conocimiento por resonancia propio del conocimiento holístico-intuitivo. Se trata de una forma de conocimiento esencialmente relacional en la que el conocedor y el conocido se ven alterados por el otro y por la relación entre ambos. De manera significativa, George Fox animó a sus compañeros cuáqueros a «caminar alegremente por el mundo, *respondiendo* a lo que Dios tiene en cada uno» [énfasis añadido]: la manera de conocer el Todo en todo es relacionarse con él. La resonancia simpática, el compromiso y la interacción unen los diferentes reflejos del Todo, ya que «lo semejante habla con lo semejante». Se trata más bien de *sentir* –más que de *ver*– el Todo en el todo de este momento.

Para la mayoría de nosotros, los HOLISMOS permanecen dormidos en nuestra mente. Despertarlos (prepararlos) para que se activen constituye el núcleo del despertar interior. A medida que los HOLISMOS se activan e integran en la experiencia de cada momento, alteran radicalmente las lentes (modelos mentales) a través de las cuales percibimos cada experiencia y nos relacionamos con ella. Ahora vemos el valor interno y la belleza del Otro que tenemos ante nosotros en este momento: el Todo en todo. La mente de la mayoría, al no estar preparada de este modo, no acierta a percibir la preciosa y «profunda interioridad de todas las cosas».

La perspectiva de los SCI nos indica que el objetivo fundamental de los caminos hacia el despertar de la mente debe ser el de potenciar los HOLISMOS, activarlos e incorporar su potencial liberador en la forma en que percibimos y nos relacionamos en todo momento con el mundo que nos rodea y con nuestro propio mundo interior. El capítulo 14 exploraremos las vías para el despertar interior desde esta perspectiva.

14. Los caminos hacia el despertar

En el centro de nuestro ser hay un punto de nada que no ha sido tocado por el pecado ni por la falacia, un punto de pura verdad, un punto o chispa que pertenece por entero a Dios [...] inaccesible a las fantasías de nuestra mente y a la brutalidad de nuestra voluntad. Ese puntito de nada [...] es como un diamante puro, fulgurando con la invisible luz del cielo. Está en todos, y si pudiéramos verlo, veríamos esos miles de millones de puntos de luz reuniéndose en el aspecto y fulgor del sol que desvanecería por completo toda la tiniebla y toda la crueldad de la vida [...] No tengo programa para alcanzar esa visión. Se da solamente. Pero la puerta del cielo está en todas partes.

THOMAS MERTON (1966, pág. 158)

Con independencia del sendero espiritual que sigamos, las tuercas y tornillos de la transformación son prácticamente los mismos: entrega, desapego, compasión, perdón. Ya seamos cristianos, budistas, judíos, sufíes o *sannyasines*, tendremos que atravesar el mismo ojo de la aguja para arribar allí donde reside nuestro verdadero corazón.

CYNTHIA BOURGEAULT (2003, pág. xvii)

Estas dos citas parecen presentarnos dos mensajes bastante distintos. Por un lado, Thomas Merton nos indica que no existe ningún programa que nos permita llegar a vislumbrar el diamante puro que reside en el centro de nuestro ser, puesto que esa visión solo nos puede ser «concedida». Por otro lado, Cynthia Bourgeault apunta a las «tuercas y tornillos de la transformación» –entrega, desapego, compasión, perdón–, comunes a todas las tradiciones espirituales, sugiriéndonos que estos elementos nos brindan un camino a través del ojo de la aguja que conduce a nuestro genuino corazón.

Los SCI nos proponen una manera de reconciliar estas dos posiciones aparentemente contradictorias. Al indicar que no hay un *programa* para contemplar el diamante puro que se oculta en el centro de nuestro ser, Merton subraya el hecho de que es imposible alcanzar el despertar utilizando nuestras estrategias habituales centradas en objetivos. Estas estrategias –a menudo impulsadas por el esfuerzo y «la brutalidad de nuestra voluntad»– dependerán de un programa cuidadosamente trazado, paso a paso, que nos lleve desde un subobjetivo al siguiente, a medida que vayamos abriéndonos paso a través de los elementos de nuestra lista de tareas. Este enfoque, tan poderoso en otras áreas de nuestra vida, está condenado a fracasar en esta área, por la sencilla razón de que se basa en el conocimiento conceptual, y depender de esa forma de conocimiento es el mayor obstáculo para el despertar interior.

Por otra parte, aunque no podemos convertir el despertar en una meta que lograr, podemos, como los jardineros, cultivar pacientemente las condiciones adecuadas –«entrega, desapego, compasión, perdón»– que permitirán que nuestro precioso potencial humano florezca a su debido tiempo. Los caminos hacia

Nuestro camino

> Un ser humano [...] se [...] experimenta a sí mismo como algo separado del resto, como una especie de ilusión óptica de su consciencia. Esta ilusión es una especie de prisión [...] Nuestra tarea debe ser liberarnos de esta prisión al ampliar nuestro círculo de compasión para abrazar a todas las criaturas vivientes y a toda la naturaleza en su belleza.
>
> ALBERT EINSTEIN (en Sullivan, 1972)

Nos liberamos de la prisión ilusoria de la separación alimentando el despertar interior. La perspectiva de los SCI sugiere que, en la práctica, esto significa despertar genéricamente los HOLISMOS dormidos y, de la mejor manera posible, apoyar su integración en la configuración de nuestra experiencia a cada momento.

Por lo general, los HOLISMOS tienen escasa influencia en la forma en que experimentamos el mundo que nos rodea y nos relacionamos con él. No obstante, los HOLISMOS están en el fondo de todas las experiencias de la consciencia continua no instrumental, esperando a ser descubiertos. Cualquiera de esas experiencias –incluso las mundanas, poco llamativas, incómodas o desagradables– nos ofrece una posible vía de entrada al despertar interior: «La puerta del cielo está en todas partes». No es necesario retirarse a una cueva en la montaña para despertar la mente: en principio, todas y cada una de nuestras experiencias, abordadas con sabiduría, nos brindan la oportunidad de despertar los HOLISMOS latentes, liberar nuestra mente y abrir nuestro corazón.

¿Cuáles son, entonces, las condiciones en las que despiertan los HOLISMOS dormidos? En el ejercicio «Juan iba de camino a la escuela», que mostrábamos en el capítulo 4, hemos visto que los fragmentos de información relacionados con un modelo mental almacenado pueden despertar el modelo completo a través de un proceso de completación de patrones. Del mismo modo, en el experimento del buen samaritano, el compromiso con la información de los cuestionarios relacionados fue suficiente para alimentar los modelos mentales de hincha del fútbol en la memoria. Estos modelos daban forma a la respuesta ante el aficionado «que ha sufrido un accidente».

Asimismo, las situaciones que reflejan tan solo aspectos parciales del patrón completo de información incorporado en los HOLISMOS generan las condiciones que apoyarán su participación más activa en nuestra vida. Esas situaciones podrían incluir, por ejemplo, aquellas en las que el conocimiento holístico-intuitivo, en detrimento del conocimiento conceptual, es la influencia que prevalece en la mente, situaciones en las que los temas del amor, la compasión, la conexión y la no separación son preponderantes, y situaciones en las que hay poco esfuerzo por alcanzar objetivos, dispersión mental o preocupación por uno mismo. Estas situaciones nos brindan la posibilidad de que despierten los HOLISMOS latentes y nos comprometamos de manera más activa, dando forma a nuestra experiencia de cada momento.

408 El despertar interior

Desde este punto de vista, el recogimiento mental, la compasión, el amor y la sabiduría no son solo características fundamentales de la mente despierta, sino que también nos brindan formas de actualizar el potencial oculto para el despertar interior que ya está presente en cada uno de nosotros: son tanto medios como fines. La relación entre los senderos que conducen al despertar y la mente despierta es muy diferente, por ejemplo, a la relación existente entre la formación para ser cirujano y convertirse en un cirujano competente. Para el cirujano, los años dedicados a la adquisición de conocimientos y habilidades relacionadas permiten desarrollar poco a poco un conjunto de modelos mentales que guían una actuación eficaz, consistiendo el proceso en la construcción gradual del conjunto de destrezas adecuadas. Por el contrario, en el despertar, los HOLISMOS *ya* existen en nuestra mente. Cultivamos la compasión, por ejemplo, no como parte de un programa gradual para «construir» una mente despierta a partir de sus componentes, sino, más bien, como una forma hábil de preparar el acceso a los HOLISMOS *preexistentes*. La aceptación amorosa, la compasión y la sabiduría también desempeñan un papel clave en la integración de los HOLISMOS en la forma en que respondemos al amplio y variado espectro de situaciones con las que nos encontramos.

El análisis de los SCI nos indica que el proceso fundamental del despertar no consiste tanto en construir con esfuerzo y paso a paso la mente despierta como en *revelar* una dinámica integradora que ya se encuentra en nuestro interior. Aunque aún tenemos que aprender a mantener el despertar interior integrando los HOLISMOS en las diferentes situaciones de la vida, el proceso clave consiste en descubrir ese don preexistente y explorar la mejor manera de utilizarlo en cada situación que se actualice. Este proceso parece más liviano, más alegre y lleno de gratitud que el trabajo tenaz de las listas de tareas propias de los programas graduales para la construcción de una mente despierta.

El análisis de los SCI también nos ayuda a entender cómo en ocasiones las formas de ver y ser relacionadas con el despertar de la mente emergen sin entrenamiento: el primer encuentro de Douglas Harding con el hecho de «no tener cabeza»; la experiencia de Sam Harris de amor ilimitado después de tomar la sustancia MDMA; las experiencias cercanas a la muerte (Pennachio, 1986), las experiencias próximas a la muerte (Singh, 1998), e incluso las secuelas de un accidente cerebrovascular en el lado izquierdo (Taylor, 2008). En estas situaciones, por una u otra razón, los HOLISMOS preexistentes se activan y dan forma a la experiencia de maneras que se asemejan a determinados aspectos de la mente despierta. Sin embargo, este tipo de experiencias tienden a ser de breve duración o no se generalizan al resto de la vida de la persona, si bien, por supuesto, ingerir drogas psicodélicas, sufrir lesiones cerebrales o sobrevivir a otras experiencias dañinas o potencialmente perjudiciales no son formas ideales de liberar la mente y el corazón. Para experimentar un despertar interior duradero y global, la mayoría de nosotros tendremos que cultivar de manera intencional las condiciones en las que es probable que los HOLISMOS latentes se activen e integren en nuestra experiencia cotidiana. Aprender a cultivar esas condiciones conforma el núcleo de los caminos hacia el despertar.

Diferentes caminos enfatizan distintas facetas de los HOLIS-

MOS, por ejemplo, algunos subrayan la compasión, otros la sabiduría, otros la devoción. De igual modo, los individuos pueden sentirse atraídos de manera natural por las vías que refuerzan las cualidades con las que sienten mayor afinidad personal, o que les resuenan de manera más poderosa. Sin embargo, existen ciertas características clave que tienden a repetirse en todos los senderos. En este caso, nos centraremos en cuatro elementos comunes: comportamiento ético, soltar, compasión y amor. En cada uno de ellos, exploraremos de qué modo la perspectiva de los SCI nos ayuda a comprender su contribución a la emergencia y presencia permanente de la mente despierta.

Comportamiento ético

Amados Amigos, estas cosas no las ponemos frente a vosotros como una regla o como una forma de caminar, sino para que, con todo esto, con la medida de Luz que es pura y sagrada, pudiereis ser guiados; y así caminando y perdurando en la Luz, estas cosas serán cumplidas en el Espíritu; no a partir de la letra porque la letra mata, pero el Espíritu da Vida. (Posdata de una epístola a «los hermanos del norte» emitida por los consejos de ancianos cuáqueros en Balby, 1656).

Fe y práctica cuáquera (2013, capítulo 1.01)

Las experiencias son precedidas por la mente, dirigidas y producidas por la mente. Si uno habla o actúa con una mente impura, el sufrimiento le sigue como la rueda de la carreta sigue la pezuña del buey (que tira de la carreta).

Las experiencias son precedidas por la mente, dirigidas por la mente y producidas por la mente. Si uno habla o actúa con una mente pura, la felicidad le sigue como una sombra que nunca se aleja.*

DHAMMAPADA (Sangharakshita, 2008, versos 1-2)

Podemos diferenciar, desde cierta perspectiva, dos aspectos del comportamiento ético. El primero de ellos tiene que ver con el hecho de si el comportamiento manifiesto de un individuo –lo que realmente dice y hace– se ajusta a un conjunto de directrices éticas. Las directrices éticas acordadas socialmente nos ayudan a convivir en armonía y también protegen a los individuos de las acciones perjudiciales de los demás. La ética en este sentido es tan relevante para los que buscan el despertar interior como para el resto de las personas, sobre todo teniendo en cuenta los abusos, bien documentados, de algunos maestros «espirituales» carismáticos.

Sin embargo, el énfasis y el enfoque exclusivo en «la letra de la ley» crea sus propios problemas: «porque la letra mata», como sabiamente señalaron los ancianos del consejo cuáquero de Balby, en 1656. El apego a normas y convenciones arbitrarias, junto con los juicios de valor severos hacia los que no las cumplen, a menudo conducen a un brutal fariseísmo que socava el desarrollo espiritual y nos desconecta de nuestros semejantes.

---

* En la tradición budista, una mente «pura» es aquella que está libre de las «impurezas» de la avaricia, el odio y la ilusión; una mente pura encarna las intenciones sanas de la bondad amorosa, la compasión y la renuncia (soltar); y ve las cosas claramente: «tal como son».

412 El despertar interior

Es aquí donde entra en juego la intención subyacente: el segundo elemento del comportamiento ético. Si abordamos las directrices éticas con una consciencia sensible de las intenciones que motivan nuestro comportamiento en todo momento, estas nos ofrecen un poderoso camino de práctica. Descubrir que actuamos, o deseamos actuar, de forma contraria a las directrices o preceptos éticos es una poderosa llamada de atención para observar más de cerca lo que ocurre en nuestra mente.

Las acciones poco éticas –como dañar a los demás de palabra o de obra, tomar lo que no nos pertenece y mentir– suelen ser indicadores de intenciones de codicia o mala voluntad, o de percepciones engañosas acerca de lo que realmente estamos haciendo. A su vez, es probable que reflejen las exigencias de la búsqueda conceptual centrada en el objetivo de convertirse en un tipo diferente de yo (capítulo 1). Esta exigencia puede impulsarnos –a cualquier precio– a deshacernos de los obstáculos que se interponen entre nosotros y nuestra meta, o a esforzarnos por conseguir y mantener objetos de deseo que nos brindan falsas promesas de felicidad permanente. Sin embargo, una vez hayamos fracasado en esa búsqueda conceptual, nuestra mente se esforzará por cambiar hacia el conocimiento holístico-intuitivo, el cual aporta el fundamento esencial del mindfulness y el despertar interior.

Si mantenemos de manera constante las directrices éticas, «en el fondo de nuestra mente», siguiendo el «espíritu de la ley» –es decir, las intenciones sanas relacionadas con cada precepto–, esas directrices apoyarán poderosamente nuestra práctica. La atención consciente a los impulsos y las tendencias a la acción que no se hallan en sintonía con los preceptos éticos aceptados

Los caminos hacia el despertar **413**

ofrece un sistema de alerta temprana de las intenciones insanas no manifiestas. Estas intenciones suponen un gran desafío para el cultivo de la libertad interior y la auténtica felicidad, dado que el sufrimiento las acompaña «como la rueda de la carreta sigue la pezuña del buey». Al ser advertidos de su presencia, podemos tomar las medidas adecuadas para afrontar el desafío.

Las directrices éticas también nos alertan sobre las oportunidades de cultivar intenciones más sanas. Tener presente la idea de que es «positivo» ser amable, generoso o compasivo nos sensibiliza a las oportunidades de alimentar estas intenciones y encarnarlas en la acción. Estas intenciones sanas desempeñan su papel fundamental en la creación de las «condiciones apropiadas» para preparar y sostener los HOLISMOS, y de ese modo despertar la felicidad que, «como una sombra que nunca se aleja», sigue a la mente «pura». El Buda subrayó el notable poder de la acción ética generosa en una de sus enseñanzas más sorprendentes:

Si los seres conocieran, como yo conozco, los resultados de dar y compartir, no comerían sin haber dado, ni la mancha del egoísmo invadiría su mente. Aunque fuera su último bocado, su último sorbo, no comerían, si hubiera alguien que pudiera recibir su regalo, sin haber compartido. (El *Itivuttaka*,* capítulo 26, en Ṭhānissaro, 2013b)

La disciplina que consiste en seguir las directrices éticas que nos detallan las vías tradicionales nos recuerda de continuo el valor

---

* El Itivuttaka forma parte del Canon Pali del budismo Theravada.

414 El despertar interior

de cultivar intenciones sanas y de renunciar a las intenciones insanas y, sobre todo, la necesidad de *plasmar* esas intenciones en acciones prácticas. Si bien es útil mantener las intenciones sanas frescas y vivas en la mente mediante prácticas como la meditación de la bondad amorosa (de la que hablaremos en breve), la puesta en práctica de dichas intenciones genera patrones, en el cuerpo y la mente, más amplios y duraderos de información relacionada. Junto con las intenciones sanas, esos patrones más amplios entrañan un mayor poder para preparar y sostener los HOLISMOS que las intenciones por sí solas.

En ausencia de un compromiso disciplinado con la acción ética, es posible que nunca realicemos las intenciones sanas, a cada momento, en la realidad de nuestras relaciones con los demás. Es posible que nunca vayamos más allá de la *idea* general de que esto sería algo positivo. El Dalái Lama comienza cada día comprometiéndose a realizar *acciones* éticas a lo largo de la jornada: «Que cada una de mis acciones a lo largo de este día sea en beneficio de todos los seres».

Por último, es importante no olvidar que, al igual que ocurre con el mindfulness, el compromiso con la acción ética se ve fácilmente secuestrado por la búsqueda conceptual de convertirse en el «tipo correcto de yo» (capítulo 1). Este riesgo es inherente a todas las prácticas involucradas en los caminos hacia el despertar, pero el peligro resulta especialmente insidioso en el uso de las directrices éticas como una forma hábil de cultivar las intenciones sanas. Nuestra práctica puede acercarse peligrosamente a la búsqueda de convertirse en el «buen yo» prescrito por las autoguías de la teoría de la discrepancia del yo, con todo el sufrimiento que ello genera (capítulo 1).

Cumplir las directrices éticas como parte de un proyecto de «superación personal» proporciona un terreno fértil para el desarrollo de la autosuficiencia moralista de aquellos que se enorgullecen de observarlas «al pie de la letra» y que desprecian a los seres «inferiores» que, por un motivo u otro, no cumplen con dichas directrices. Una sana aversión a esa autojustificación, junto con una comprensión limitada del poder inherente al uso hábil de las directrices éticas, pueden conducir al desinterés en las dimensiones éticas de la práctica. Los comentaristas han observado esta carencia entre algunos defensores contemporáneos del mindfulness, en particular entre los que están interesados sobre todo en sus aplicaciones más pragmáticas y funcionales (Stanley, Purser y Singh, 2018).

Soltar

Renuncia a tu propia voluntad, renuncia a tu propia carrera, renuncia a tu propio deseo de saber o ser algo, y sumérgete en la semilla que Dios siembra en el corazón, permitiendo que crezca en ti, y sea en ti, y respire en ti, y actúe en ti; y descubrirás por dulce experiencia que el Señor conoce eso y ama y posee eso, conduciéndote a la herencia de la Vida que es su porción.

ISAAC PENINGTON (en *Fe y práctica cuáquera*, 2013, capítulo 26.70)

Soltar, y sus parientes cercanos –desapego, renuncia, rendición y perdón–, implican el mismo cambio fundamental en el estado de la mente: soltamos intencionalmente las garras del proceso controlado de manera conceptual y cedemos el control al conocimiento holístico-intuitivo. En el desapego y la renuncia, el foco principal consiste en desligar la mente de la búsqueda tendente a convertirse en un yo más feliz, dejando de esforzarnos por conseguir lo que queremos, o por deshacernos de lo que tememos. En el perdón, la atención se centra en liberarnos de la dolorosa rumiación obsesiva del yo narrativo sobre el daño, la traición o el abandono del pasado: «Vivir una vida impregnada de amargura y odio es como estar encerrado en una casa en llamas […] [el perdón es] recordar que tienes la llave de la puerta en tu propia mano» (Feldman, 2005, pág. 64). Y, en la rendición, el «yo» del procesamiento controlado conceptualmente «cede» de manera voluntaria el control al «Otro»: en las tradiciones teístas, ese Otro es algún tipo de ser superior, mientras que, en las tradiciones no teístas, ese Otro es una forma de amor o sabiduría más profunda.

A medida que practicamos el soltar, el perdón y la rendición, cultivamos intenciones y habilidades que nos brindan una vía inmediata de salida de las exigencias del esfuerzo conceptual y la narrativa compulsiva, liberando los recursos ejecutivos internos esenciales para el mindfulness y el despertar interior. Y descubrimos la manera de predisponer los HOLISMOS alimentando un estado mental similar a la consciencia no instrumental. Este método de alimentar los HOLISMOS nos resultará accesible en el mismo momento en que soltemos el deseo.

Los senderos hacia la liberación incluyen el entrenamiento directo e indirecto en la renuncia. El comportamiento ético a menudo requiere que dejemos de lado objetivos que parecen atractivos desde la perspectiva de la búsqueda conceptual de la felicidad. El compromiso de renunciar a los patrones de comportamiento poco éticos proporciona innumerables oportunidades para perfeccionar las intenciones de desapego, renuncia y similares. El entrenamiento indirecto para soltar también está incorporado en el tejido mismo de la meditación mindfulness. Esta práctica nos pide que liberemos, una y otra vez, a la mente de su caída en la distracción mental, y que volvamos a centrar la consciencia de manera deliberada en el objeto de atención elegido, como, por ejemplo, la respiración. Cada vez que llevamos a cabo ese cambio atencional, fortalecemos el «músculo de la renuncia», es decir, la voluntad y capacidad para liberar la mente cambiando el control desde el conocimiento conceptual hasta el conocimiento holístico-intuitivo.

Si bien la meditación mindfulness cultiva el soltar de manera indirecta, otras formas de meditación lo hacen de manera más directa, entrenando habilidades para soltar el control del procesamiento conceptual y cambiar al conocimiento holístico-intuitivo. Por ejemplo, en lugar de prestar *atención* a objetos específicos, la práctica contemplativa cristiana contemporánea de la oración de centramiento entrena la *intención* de remodelar la mente:

En lugar de utilizar los poderes de la atención focalizada (en la respiración, un mantra), (la oración de centramiento) parece estar más interesada en cultivar dos cualidades que implican esencialmente la *liberación* de la atención (o quizá, más exactamente, su reconfiguración). La primera de estas cualidades ha sido ampliamente descrita en la rama ortodoxa del cristianismo bajo el nombre de «atención del corazón», un estado estabilizado de atención [...] que no dimana de la cabeza sino del corazón, y por

418 El despertar interior

lo tanto libre de la intrusión de ese pesado «observador interior» que parece separarnos de la inmediatez de nuestra vida [...] La segunda [...] la *consciencia sin objeto*: presente y alerta, en la que [...] la atención no está centrada en ninguna cosa en particular. (Bourgeault, 2016, págs. 2, 38-39, 129).

La consciencia sin objeto es más conocida por su cultivo en las meditaciones de la tradición budista tibetana, y en la práctica sōtō zen del *shikantaza*: «simplemente sentarse». Es una condición de la mente en la que conocemos, de manera holístico-intuitiva, un mundo no-dual de experiencia carente de objetos conceptualmente separados, un mundo sin «cosas» en las que se deposite la atención, un mundo unificado, conectado y constituido por supramodelos holístico-intuitivos.

La gran escala y amplitud del desprendimiento que implica el despertar interior requiere un cambio radical en las prioridades de la mente. Como hemos visto en el capítulo 10, la parábola nos dice que el despertar de la mente es un tesoro escondido. En las parábolas de Jesús, tenemos que vender todo lo que tenemos para comprar la perla de gran valor, o el campo donde se encuentra el tesoro, mientras que Rumi nos insta a derribar nuestra pequeña tienda para revelar y recuperar las vetas de preciosa cornalina que se ocultan debajo.

Una historia tradicional del sabio tibetano Milarepa ilustra la valentía que resulta imprescindible para superar los hábitos de aversión y evasión profundamente arraigados, para enfrentarnos a nuestros miedos con claridad y amabilidad, y para permitir que los desengaños y dolores de la vida ablanden y abran nuestro corazón:

Al retornar un día a su cueva, Milarepa la encuentra tomada por los demonios. De inmediato, intenta expulsarlos. Pero, cuanto más los persigue, más decididos parecen los demonios a quedarse. Milarepa intenta persuadirlos de que se vayan ofreciéndoles las «mejores» enseñanzas budistas, lo cual los deja completamente impasibles. Por último, Milarepa acepta que no puede manipularlos para que se vayan, y se da cuenta de que incluso podría tener algo que aprender de ellos. Se inclina ante cada demonio por turno, los mira a los ojos y les dice: «Vamos a tener que vivir juntos. Acepto vuestra presencia y lo que tengáis que enseñarme». Todos los demonios, excepto uno, el más grande, feroz y aterrador, desaparecen de inmediato. Al acercarse a este demonio, Milarepa por fin se rinde completamente: «Cómeme si lo deseas». Entonces se dispone a colocar su cabeza en la boca del demonio. Y mientras lo hace, el feroz demonio se inclina y se disuelve en el espacio.

En el capítulo 11, hemos visto cómo el amor al estado de flujo por sí mismo, como una forma de ser sagrada, lleva a «la gente [a] sacrificar […] la búsqueda de dinero, poder, prestigio y placer […] [a] arriesgar su vida escalando rocas […] dedicar su vida al arte […] invertir su energía jugando al ajedrez». Del mismo modo, el amor a la mente despierta por sí misma permite el cambio radical de prioridades que requiere el despertar interior. Renunciamos a patrones profundamente arraigados de hostilidad, venganza o retribución, y aprendemos, en cambio, a «amar a nuestros enemigos, bendecir a los que nos maldicen y hacer el bien a los que nos odian» (Lucas 6:27). Y lo hacemos no tanto porque estas acciones sean moralmente «positivas», sino porque son la forma más eficaz de mantener nuestra preciada intención general de alimentar la totalidad de la mente despierta *por su propio beneficio*.

No obstante, algunas descripciones de la mente despierta pueden hacernos reflexionar y preguntarnos si los frutos del despertar interior merecen realmente el cambio radical de prioridades mentales que exige. La tradición budista más antigua en ocasiones equipara el *nibbana* (también conocido como *nirvana*, la mente despierta) con el *nirodha*, es decir, la cesación o ausencia de deseo. El instructor de meditación Doug Kraft señala que esto podría parecer «como describir un día precioso como la ausencia de tormentas de arena, o un maravilloso viaje de acampada como la ausencia de violaciones y robos. La ausencia de codicia, aversión y engaño nos dice lo que no es *nirodha*, pero no lo que es» (Kraft, 2017).

El cese del deseo impulsado conceptualmente suministra sin duda la calma y tranquilidad de una mente liberada del sufrimiento causado por la búsqueda constante de felicidad (capítulo 1). Pero, de manera crucial, la perspectiva de los SCI también nos indica que la ausencia de «codicia, aversión y engaño» brinda una puerta siempre abierta a las alegrías positivas de la mente despierta, que hemos explorado en el capítulo 13. A lo largo de nuestra vida, las experiencias de consciencia no instrumental *continua* se han asociado con la ausencia de deseo. En cambio, en el momento en que la búsqueda de objetivos conceptuales asume el control de la mente dejamos de ser conscientes de manera no instrumental. Reflejando esta relación, la ausencia de deseo se incorpora como una característica fundamental de los HOLISMOS. El reconocimiento activo de que la mente está li-

Los caminos hacia el despertar **421**

bre de deseo puede entonces actuar para potenciar los HOLISMOS latentes y desencadenar la dicha positiva de la mente despierta. El término crucial en este caso es reconocimiento *activo*. Sin el conocimiento consciente –el mindfulness– de una mente libre de «avaricia, aversión y engaño», y de la calma, la paz y la tranquilidad que la acompañan, habrá poca disposición de los HOLISMOS, como tampoco el florecimiento de la mente despierta. El ingrediente vital en esa disposición es la creación de patrones relacionados de información *holístico-intuitiva*, los cuales tienen el poder de despertar HOLISMOS que son, en sí mismos, patrones más amplios de información holístico-intuitiva. El mero hecho de constatar, cognitivamente, que la mente está libre de codicia, aversión y engaño puede tener que ver únicamente con patrones relacionados de información *conceptual*. A menos que estos patrones también estén asociados con los correspondientes patrones de información holístico-intuitiva, no podrán activar los HOLISMOS a través de un proceso de completación de patrones. Los maestros de meditación, como Jon Kabat-Zinn, subrayan este punto clave al hablar de la importancia del *re*-conocimiento: la atención consciente implica un compromiso más profundo con la experiencia que la mera cognición.

Las propias instrucciones del Buda para la práctica enfatizan esta necesidad de reconocer activamente la cesación de la codicia, la aversión y el engaño. En su tercera Noble Verdad,[*] la instrucción clave es que hay que *realizar* el *nirodha*. Podría-

---

[*] Las enseñanzas centrales del Buda suelen describirse como las Cuatro Nobles Verdades. Aquí sigo a Stephen Batchelor (1997, pág. 4), que las describe como las Cuatro Verdades *Ennoblecedoras* para subrayar que lo que demandan de nosotros son *acciones*.

mos tomar esto como una forma de decir que hay que «hacer que *nirodha* suceda». Pero la enseñanza en realidad nos dice que comprendamos (nos demos cuenta) de que la cesación ha ocurrido, y que la «hagamos realidad» saboreándola y profundizándola activamente. Doug Kraft lo explica del siguiente modo:

Cuando en este contexto hablamos de realizar el *nirodha*, el término «realizar» significa «hacerlo real» en el sentido de «conocerlo a través de la experiencia directa».

Hay varios niveles de profundidad en la realización de *nirodha*, algunos de los cuales solo se manifiestan en la práctica avanzada. La experiencia más leve de *nirodha* se deriva de saborear los momentos de quietud. Cuando abandonamos la tensión, esta disminuye. La tranquilidad resultante puede ser tan silenciosa que no la advirtamos. La mente se siente atraída por la tensión. Pero en *nirodha* no hay ninguna tensión. Así pues, la consciencia puede deslizarse por encima de esa quietud. Sentado en meditación o caminando por el bosque, a veces mi mente se vuelve suave y luminosa sin que yo lo advierta. Estoy más familiarizado con el esfuerzo y la búsqueda de cosas. La paz no salta y agita sus brazos gritando: «¡Fíjate en mí! ¡Fíjate en mí!». Muchas veces no me doy cuenta de la brillante y encantadora quietud.

El *nirodha* más leve proviene de advertir la quietud y saborearla, sin apegarse o aferrarse a ella, sino relajándose y disfrutándola. Esto nos ayuda a saber que es real, nos damos cuenta de que es *nirodha*.

Al principio, saborear el *nirodha* significa simplemente absorber la belleza de la tranquilidad relativa. (Kraft, 2017).

Kraft prosigue describiendo el desarrollo y la profundización de esta práctica, esto es, la visión diáfana del origen del deseo y su posterior desvanecimiento; la creciente consciencia de la sensación de bienestar disponible en todo momento; y, en última instancia, la relajación y el desvanecimiento de la percepción, los sentimientos y la propia consciencia. Y concluye: «Si no somos conscientes de las cualidades de la mente-corazón, no nos daremos cuenta de las profundidades que son posibles, las profundidades y las alturas que están aquí todo el tiempo esperando a ser saboreadas».

Compasión

Una marioneta de vaca se esfuerza por quitar la tapa de una caja que contiene un juguete atractivo. Falla cuatro veces. Al quinto intento, entra en escena un cerdito marioneta que representa uno de cuatro escenarios diferentes. El cerdito exitoso logra ayudar a la vaca a quitar la tapa y obtener el juguete. El cerdito fracasado intenta ayudar a la vaca a quitar la tapa de la caja, pero sus esfuerzos combinados fracasan y la vaca no consigue el juguete. El cerdito obstaculizador salta encima de la caja y evita que la vaca obtenga el juguete. El cerdito obstaculizador fallido salta sobre la caja y evita que la vaca consiga el juguete, pero luego se aparta y la vaca aprovecha la oportunidad para levantar rápidamente la tapa y conseguir el juguete.

Hamlin (2013) presentó a bebés de ocho meses diferentes emparejamientos de estos cuatro minidramas. A continuación,

424 El despertar interior

los bebés eligieron entre las dos marionetas de cerdito que habían visto. De 32 bebés, 28 prefirieron la marioneta con la intención positiva de ayudar, por encima de la marioneta con la intención de entorpecer, con independencia de que la vaca terminara consiguiendo el juguete. Las probabilidades de que una diferencia tan abultada se explique únicamente por causa del azar son inferiores a 1 entre 20.000.

Estos notables resultados evidencian que los bebés que aún no pueden hablar no solo *reconocen* las intenciones ajenas, sino que también *privilegian la intención* sobre el resultado en su valoración de los demás. Incluso si sus esfuerzos fracasan, valoran más a los que intentan ayudar. Una investigación relacionada (Hamlin, Wynn y Bloom, 2007) nos indica que, en comparación con los personajes neutrales, los que prestan ayuda son valorados positivamente, mientras que los que ponen dificultades reciben una valoración negativa.

Los experimentos sobre la compasión en adultos complementan este tipo de investigación en bebés. Klimecki, Leiberg, Lamm y Singer (2013) pidieron a dos grupos de mujeres jóvenes que, antes y después de un periodo de entrenamiento, visionaran videoclips de personas en apuros. Un grupo recibió un entrenamiento diseñado para mejorar la compasión, basado en las formas tradicionales de meditación sobre la bondad amorosa (Salzberg, 1995). El otro grupo recibió un entrenamiento diseñado para mejorar la memoria. No hubo diferencias entre ambos grupos en cuanto a los sentimientos negativos evocados por los vídeos: antes y después del entrenamiento, ambos compartieron en igual medida la angustia de las personas que presenciaron. En cambio, los dos tipos de entrenamiento diferían en sus efectos sobre los sentimientos *positivos*. El entrenamiento de la memoria tuvo escaso efecto sobre estos sentimientos, mientras que el entrenamiento de la compasión *incrementó* significativamente el afecto positivo. Cuando los participantes contemplaban el dolor de los demás con el deseo de que se libraran del sufrimiento, experimentaban sentimientos agradables, una «sensación de calidez», una «sensación maravillosa y satisfactoria de desear el bien a los demás», «sentimientos de amor, seguridad, protección», «pensar en otras personas y proporcionarles amabilidad», «un emergente sentimiento de felicidad».

Los sentimientos positivos ligados a la compasión, revelados por esta investigación, cumplen una función social fundamental, puesto que configuran la manera en que respondemos a los seres humanos que sufren. Cuando nos relacionamos con la intención de aliviar el sufrimiento, los sentimientos positivos nos llevan a *acercarnos* a quienes sufren y brindarles ayuda. En cierto sentido, la compasión se convierte en su propia recompensa. En ausencia de esa intención, los sentimientos negativos evocados por nuestra respuesta empática al sufrimiento nos llevarán a menudo a *evitarlos* y a ponerlos en riesgo de sufrir un daño mayor.

Estos experimentos, y los estudios relacionados con bebés y adultos, forman parte de un creciente conjunto de investigaciones que nos indican que los seres humanos tenemos la tendencia innata a ofrecer ayuda a otras personas que se hallan en dificultades, a sentirnos bien cuando actuamos de esa manera y también a mostrar una consideración positiva hacia las personas que actúan con compasión (Warneken y Tomasello, 2009; Warneken, Hare, Melis, Hanus y Tomasello, 2007; y

426 El despertar interior

véase Ricard, 2015; Gilbert, 2009). Los biólogos, primatólogos y antropólogos evolutivos han señalado que estas y otras modalidades de comportamiento «moral» evolucionaron para mantener la acción colectiva y la cooperación en el seno de los grupos sociales (Alexander, 1987; Cosmides y Tooby, 1992; de Waal, 2006; Henrich y Henrich, 2007; Joyce, 2006; Katz, 2000; Price, Cosmides y Tooby, 2002). Estas acciones morales –argumentan– ofrecieron a nuestros ancestros enormes ventajas desde el punto de vista de la supervivencia y, por esa razón, se incorporaron a nuestra mente como tendencias heredadas.

Compasión: abrazar la dificultad

La compasión capacita a nuestra mente para permanecer íntegra y consciente tanto ante nuestro sufrimiento como el de los demás.

La apremiante demanda, para los recursos ejecutivos de la mente, impuesta por la búsqueda conceptual de felicidad supone importantes obstáculos para la experiencia de la plenitud permanente. En el caso de las experiencias positivas, el deseo de tener y mantener pensamientos, sentimientos, objetos o situaciones agradables seduce y desvía fácilmente nuestra atención. En cambio, la renuncia, el soltar y el desapego ofrecen formas hábiles de liberar los recursos ejecutivos condicionados por esos deseos. Esos recursos están, entonces, disponibles para la construcción creativa de la totalidad que sustentan al mindfulness y el despertar interior.

La compasión cumple una función crucial similar en relación con las situaciones desagradables. En lugar de evitarlo física o mentalmente (como en la historia del Dalái Lama que hemos visto en el capítulo 3), los sentimientos positivos ligados a la compasión nos motivan a *acercarnos* al sufrimiento y *comprometernos* con él. Más allá de centrarnos en lo desagradable del sufrimiento y en las formas de librarnos de él, la compasión permite que nuestra mente incluya el sufrimiento en una totalidad mayor. Esa perspectiva ampliada alimenta –incluso ante el sufrimiento extremo– la acción compasiva, la plenitud, el orden y la armonía en la mente. Cuando nos comprometemos compasivamente con el sufrimiento, la plenitud interior contrasta con la fragmentación de la mente cuando tratamos de resistirlo, evitarlo o escapar de él. Y, en contraste con el miedo, la ira o la mala voluntad que alimentan la aversión, la compasión engendra una alegría a menudo inesperada. Los poetas llevan mucho tiempo observando esta paradoja. Rumi (Akṣapāda, 2019) lo expresa del siguiente modo:

El dolor que abrazamos se convierte en dicha. Llámalo a tus brazos donde puede cambiar. (Pág. 62).

Por su parte, Rashani Rea (2009) escribe:

Hay una ruptura
de la que emerge lo intacto,
una destrucción de la que florece lo inabarcable.
Hay una tristeza,
más allá de toda tristeza, que conduce a la alegría.

La compasión, como afecto que nos motiva a responder al dolor de los demás con el anhelo y la intención de que se liberen de

428   El despertar interior

su sufrimiento, es una de las cualidades más hermosas de la mente despierta. También nos brinda una manera muy eficaz de despertar los HOLISMOS latentes en nuestra mente. En nuestra experiencia vital, los patrones de información holístico-intuitiva relacionados con las sensaciones corporales, los sentimientos, las tendencias a la acción y las intenciones compasivas se asociarán de manera sistemática con la continuidad de la consciencia ante el sufrimiento. Y lo que es más importante, también se asociarán con los modelos del sistema holístico-intuitivo que apoyan esa consciencia. A través de ese vínculo, y del proceso de completación de patrones, los patrones fragmentarios adquieren el potencial de hacer que los patrones más amplios de información holístico-intuitiva se transformen en HOLISMOS.

Como hemos visto, la cesación del deseo, la aversión y el engaño también está vinculada a la continuidad del conocimiento holístico-intuitivo y, por esa razón, puede actuar para potenciar los HOLISMOS. Pero, como observa Doug Kraft, el problema de la cesación es que «la tranquilidad resultante puede ser tan silenciosa que no la advirtamos». Sin el apoyo de la realización consciente, puede que no registremos la cesación lo suficiente como para abrirnos a los HOLISMOS o el despertar la mente. Por el contrario, en la mente compasiva, la atención se dirige de manera natural al sufrimiento, especialmente cuando es intenso. Los hermosos sentimientos positivos que se incorporan a nuestra respuesta compasiva ante el sufrimiento ejercen una atracción magnética sobre la atención. De este modo, es más probable que seamos conscientes del sufrimiento que de la cesación, lo que hace que la compasión sea a menudo una forma más eficaz de despertar los HOLISMOS latentes que las experiencias más sutiles de paz relacionadas con la cesación.

Esta puede ser la razón por la que el enfoque en el sufrimiento es una característica prominente de una serie de caminos de transformación. Basándose en sus múltiples años de servicio, estudio y contemplación, Richard Rohr llega a la conclusión de que, para la gran mayoría de las personas, «el gran amor y el gran sufrimiento (tanto la curación como la herida) son los caminos universales, siempre disponibles, de la transformación, porque son las únicas cosas lo suficientemente poderosas como para quitarle al ego sus protecciones y pretensiones. El gran amor y el gran sufrimiento nos devuelven a Dios» (2019, pág. 112). Y, en su precioso poema «Bondad», Naomi Shihab Nye (1998) lo expresa del siguiente modo:

Antes de conocer la bondad como la cosa más profunda, debes saber que el dolor es la otra cosa más profunda.

La compasión abarca tanto el amor como el sufrimiento.

La compasión: ventana a los HOLISMOS

Los HOLISMOS ofrecen a la mente el modo de reclamar aspectos de nuestra herencia evolutiva –como nuestras capacidades innatas de cuidado, compasión y construcción de totalidades– de manera que nos permitan *reconocer* estos dones y utilizarlos en nuestro beneficio. Podemos utilizar la compasión para ilustrar de modo más general lo que queremos decir.

Los supramodelos emergen como consecuencia natural de

la capacidad inherente de la mente para descubrir y representar el orden en niveles de complejidad creciente. Los HOLISMOS reflejan características que han aparecido repetidamente en las experiencias de conocimiento y consciencia holístico-intuitiva continua. Muchas de estas características reflejan aspectos de nuestra dotación genética.

Comenzamos la vida con una tendencia innata e indiferenciada a ayudar a otros seres a reducir su sufrimiento. *Después* de nacer, aprendemos a *quién* mostrar compasión. Como dijo Jaak Panksepp en relación con el miedo: «Al nacer, los seres humanos y los animales tienen respuestas afectivas incondicionales o instintivas a unos pocos estímulos específicos […] cada sistema emocional nace esencialmente "sin objeto" […] se conectan con el mundo real a través del aprendizaje […]. La evolución ha creado la capacidad del miedo en el cerebro, pero no nos informa (ni puede hacerlo) de las cosas que debemos temer y evitar. Prácticamente todo tiene que ser aprendido» (Panksepp y Biven, 2012, págs. 21, 176).

Empezamos nuestra vida, pues, como «altruistas bastante indiscriminados» (Warneken y Tomasello, 2009, pág. 466). Pero la perspectiva evolutiva nos indica que, a medida que se desarrolla la comprensión y los niños van adquiriendo más experiencia, «esto no conduce a una mayor ayuda indiscriminada, sino a una ayuda más selectiva» (Warneken y Tomasello, 2009). En particular, esa ayuda selectiva favorecerá a los parientes por encima de los que no son parientes, y al grupo interno sobre el externo (Wynn, Bloom, Jordan, Marshall y Sheskin, 2018). Y, esto, por supuesto, es lo que percibimos en el estado normal de las relaciones humanas cotidianas en la edad adulta.

Los HOLISMOS nos brindan la manera de que nuestra mente vuelva a conectar con la capacidad de ayuda y compasión ilimitadas e «indiscriminadas», incorporada en nuestro cerebro. Los niveles superiores de las holarquías mentales no se centran en los aspectos en que difieren, sino en aquello que comparten los elementos de los niveles inferiores. En el experimento del buen samaritano (cuadro 13.4), por ejemplo, los modelos mentales de los seguidores del Manchester United reflejan la devoción por ese club que comparten miles de seguidores individuales: hombres y mujeres, jóvenes y mayores, ricos y pobres, capaces y discapacitados, etcétera. Y, al tiempo que estos modelos reflejan lo que todos estos individuos diferentes tienen en común, ignoran las muchas formas en que son diferentes: reflejan la esencia destilada –el núcleo común– de la «afición del Manchester».

Del mismo modo, los modelos mentales de orden superior de la compasión reflejan lo que comparten las experiencias en las que respondemos con empatía a los problemas de otros seres, vendando con cuidado la rodilla lesionada de un niño o liberando a un animal atrapado y asustado. Al mismo tiempo, estos modelos de orden superior descartan la información relacionada con las identidades específicas de los distintos seres implicados. Los HOLISMOS inciden en esa tendencia, reflejando dimensiones de compasión «pura», completamente desprovistas de cualquier referencia a los individuos. De este modo, los HOLISMOS recuperan algo de la naturaleza ilimitada e incondicional de nuestra disposición innata a la compasión que traemos con nosotros cuando arribamos a este mundo.

Los HOLISMOS nos permiten redescubrir, reconectar y *conocer* directamente nuestro potencial innato original de compasión ilimitada. Y, por encima de todo, nos permiten integrar esa capacidad en el modo en que respondemos al sufrimiento al que nos enfrentamos en este momento. Lo mismo ocurre con otros elementos de los HOLISMOS, que reflejan los dones innatos que la evolución ha incorporado a nuestro cerebro: la capacidad de amor ilimitado e incondicional (de la que hablaremos en breve), y la capacidad de descubrir y representar la relación, la cual sustenta la construcción de totalidades en cada nivel de la mente.

Al dar a conocer la compasión incondicional ilimitada y ponerla a disposición de la mente *ahora*, en este momento, en lugar de dejar que siga siendo una reliquia vestigial e infrautilizada de la mente infantil, los HOLISMOS permiten que la sabiduría (el conocimiento holístico-intuitivo) amplíe enormemente el alcance de nuestra atención y compasión. La tradición budista reconoce la compasión y la sabiduría como las dos «alas del despertar», e insiste en que necesitamos ambas para volar en libertad.

Así pues, por ejemplo, nuestra reacción habitual a un determinado político podría ser la alienación y el prejuicio, muy similar a la respuesta del sacerdote y el levita ante el viajero herido (cuadro 13.3). La memoria de trabajo holístico-intuitiva proporciona un espacio de trabajo en el que podemos entrelazar elementos de la compasión «pura» reflejada en los HOLISMOS con otros elementos derivados conceptualmente para así fomentar una respuesta más sabia. Sabiendo algo de las condiciones que llevan a las opiniones que condenamos, percibimos el sufrimiento intrínseco a la «ignorancia» de nuestro «enemigo». Esa visión es capaz de despertar las semillas de la compasión dentro de nosotros, lo que nos lleva a responder de manera que nos cause menos ira y agitación, así como a conducir con el tiempo hacia una actividad más constructiva y reconciliadora en el mundo.

La sabiduría ofrece una forma de extender a *todos* los seres que sufren nuestra capacidad innata de responder al dolor con atención y con el deseo de aliviarlo. A través de los ojos de la sabiduría percibimos que, si bien todos los seres desean ser felices, (casi) todos ellos buscan esa felicidad de maneras que solo les ocasionan más sufrimiento (capítulo 1). Al ser conscientes de ese sufrimiento universal, tenemos la posibilidad de responder con compasión al dolor oculto de todos los seres con que nos encontramos. Podemos, al menos en teoría, seguir al Dalái Lama y abordar cada momento del día con la intención de beneficiar a todos los seres a través de nuestras acciones.

Amor

Una vez pregunté al obispo de Ginebra [Francisco de Sales] qué hay que hacer para alcanzar la perfección:

–Debes amar a Dios con todo tu corazón –me respondió– y a tu prójimo como a ti mismo.

–No he preguntado en qué consiste la perfección –repliqué–, sino cómo alcanzarla.

–La caridad –volvió a decir– es tanto el medio como el fin, el único camino por el que podemos alcanzar esa perfección, que, al fin y al cabo, no es sino la propia caridad.

–Sé todo eso –dije–, pero quiero saber cómo se debe amar a Dios con todo el corazón y al prójimo como a uno mismo…

434 El despertar interior

–La mejor manera, la más corta y fácil de amar a Dios con todo el corazón, es amarlo totalmente y de corazón […] Hay muchos, además de ti, que quieren que les hable de métodos y sistemas y formas secretas de llegar a ser perfectos, y yo solo puedo decirles que todo el secreto es un amor sincero a Dios, y la única manera de alcanzar ese amor es amando […] Se aprende a hablar hablando […] a correr corriendo, y solo aprenderás a amar a Dios y a los hombres amando […] Empieza como un mero aprendiz, y el propio poder del amor te llevará a convertirte en un maestro en ese arte.

JEAN PIERRE CAMUS (en Huxley, 1945/1985, pág. 120).

En estas palabras, Francisco de Sales (1567-1622) se hace eco de la idea clave de que los caminos hacia el despertar son «tanto el medio como el fin». Dicho de otro modo: «No hay un camino hacia el amor; el amor es el camino», o, en dicho en palabras del poeta Philip Booth «El modo en que llegues es donde llegarás». El amor, como medio, alimenta los HOLISMOS latentes en nuestra mente, los cuales orientan el florecimiento de la mente despierta más amplia; esa mente encarna el amor, como un fin, como una de sus cualidades más bellas y preciosas. Y, al igual que estamos preparados de manera innata para aprender a hablar o a correr, también estamos dotados de manera innata de afectos fundamentales que nos preparan para amar (cuadro 3.2; Fredrickson, 2013). Por fortuna, al nutrir el amor no partimos de cero: con las «condiciones adecuadas», se dará a conocer nuestro potencial natural.

Los caminos tradicionales hacia el despertar cultivan esas condiciones adecuadas. La meditación budista de la bondad-amorosa (*metta*) (Salzberg, 1995), por ejemplo, ofrece un «aprendizaje» estructurado del amor. La práctica utiliza frases del tipo «Que estés seguro y protegido, que estés en paz, que vivas con tranquilidad y bienestar» como una forma práctica de encarnar las intenciones de la buena voluntad. El aprendizaje comienza teniendo presentes a las personas que ya apreciamos (incluidos nosotros mismos, si es que lo hacemos) y dirigiéndoles nuestras intenciones amorosas. A continuación, pasamos a las personas que nos resultan relativamente neutrales, y después nos centramos en las personas que nos resultan difíciles. Por último, la práctica extiende las intenciones de buena voluntad a todos los seres, en todas partes. La práctica paralela en el «mundo real» complementa esta meditación basada en la visualización y la imaginación.

La perspectiva de los SCI ofrece formas de entender tanto el poder de la meditación de la bondad-amorosa como, y esto es muy importante, por qué, tal y como se enseña habitualmente, suele ser ineficaz. Mi amigo Ruchiraketu ha enseñado, durante casi 40 años, esta meditación a miles de mujeres y hombres. Y, al igual que otros, ha constatado que una parte importante de los estudiantes experimentan dificultades considerables, percatándose de que estas dificultades provenían de la forma de pensar de estos: «Aunque tengan presente la cualidad que desean identificar y desarrollar, deben prestar atención a la ausencia, en su campo de experiencia, de la cualidad que quieren desarrollar, lo que resulta desalentador. Además, la cualidad deseada solo es una posibilidad futura, mientras que la carencia se experimenta como una realidad presente» (Ruchiraketu, 2004).

436 El despertar interior

Para evitar esta dificultad, Ruchiraketu ideó otra forma de presentar la práctica. En lugar de invitar inmediatamente a los alumnos a cultivar sentimientos o intenciones positivas, comienza pidiéndoles que recuerden las cosas que aprecian de alguien a quien valoran. Los estudiantes descubren que esto les hace sentirse más abiertos, felices y expansivos. Este cambio de estado de ánimo subraya el mensaje de que los alumnos *ya* tienen la capacidad de desarrollar este tipo de sentimientos positivos. Al cobrar consciencia de este recurso interno que ya poseen, los alumnos confían más en su capacidad para desarrollar y mantener este potencial, en lugar de preocuparse por crear algo nuevo desde cero.

Las palabras utilizadas en la primera fase de la meditación de la bondad-amorosa, que se centran en las personas que conocemos y a las que apreciamos, activan modelos mentales preexistentes de buena voluntad basados en nuestras experiencias pasadas con dichas personas. De manera fundamental, el núcleo de esos modelos conserva algo de la capacidad de buena voluntad *indiferenciada* que portamos con nosotros al llegar a este mundo. Ese núcleo, vinculado con la experiencia con esas personas concretas, infunde poder a esos modelos. Una vez que estos patrones fundamentales se reactivan mediante frases centradas en las personas que ya nos importan, la práctica de *metta* proporciona una estructura en la que la construcción de una totalidad flexible permite integrarlos en nuevos modelos mentales. Estos modelos se centran, en primer lugar, en las personas hacia las que nos sentimos neutrales; después, en las personas por las que tenemos sentimientos negativos; y, finalmente, en las personas a las que no conocemos en absoluto. De este modo, nuestra mente y nuestro corazón aprenden a extender la bondad-amorosa a todos los seres. La práctica nos reconecta con la cualidad indiferenciada de nuestra capacidad innata original para la buena voluntad. Merece la pena señalar que este enfoque gradual de la práctica de la bondad-amorosa fue desarrollado originalmente por los seguidores del Buda muchos años después de su muerte. La propia guía original del Buda animaba a los practicantes a irradiar, desde el principio, una atención indiferenciada hacia todos los seres «sobre el mundo entero [...] hacia fuera y sin límites». En ese sentido, su orientación resonaba más directamente con la naturaleza inherente de nuestra dotación genética.

Los SCI también nos ayudan a entender las dificultades que la gente experimenta con la meditación de la bondad-amorosa. Muchos de nosotros llevamos a esta práctica nuestra perspectiva predeterminada de la búsqueda de objetivos, al igual que sucede con otros aspectos de los senderos hacia el despertar. Así pues, abordamos la meditación de la bondad-amorosa como una «tarea» que nos permitirá alcanzar el «objetivo» de convertirnos en seres más amables y amorosos. Pero, por supuesto, tan pronto como enfocamos la práctica de esta manera instrumental, nos encontramos con todos los problemas que observaba Ruchiraketu: la preocupación por no lograr el objetivo, sentirnos menos amorosos cuando nos centramos en las discrepancias entre nuestras ideas de lo amorosos que somos *en realidad* y nuestras ideas de lo amorosos que *queremos* llegar a ser, o que pensamos que *deberíamos* ser (como hemos expuesto en el capítulo 1).

Por otro lado, cuando nos centramos en saborear y alimentar la capacidad para la buena voluntad que *ya* está presente en nuestro corazón y mente, recuperamos una atmósfera afectiva *no* instrumental de aceptación. Esa atmósfera desconecta el procesamiento controlado conceptualmente, socavando las exigencias de la búsqueda conceptual y permitiendo que nos convirtamos en seres más amables y amorosos. Igualmente, nos motiva a participar en la meditación de bondad amorosa como un acto de bondad en sí mismo.

Al hablar del amor en la mente despierta en el capítulo 13, me he centrado principalmente en el amor *personal* hacia otros seres: el deseo y la intención de que se sientan bien, seguros y felices. También he señalado que, en un nivel más general, el amor implica una relación no agresiva que valora lo que se presenta ante nuestra mente en todo momento. Esta relación más general refleja las dimensiones de «cuidado» e «interrelación» que subyacen al mundo holístico-intuitivo de la experiencia (cuadro 13.2).

La interrelación, como hemos visto antes, describe «una relación reverberante, "resonante", "receptiva", en la que cada parte se ve alterada por la otra y por la relación entre ambas» (McGilchrist, 2009, pág. 170). Requiere un compromiso activo y una interacción dinámica con el Otro («lo que sea que exista aparte de nosotros»): una apertura y una respuesta sensible a lo que nos ofrece el Otro.

El cuidado, en el presente contexto, describe la voluntad de prestar atención de todo corazón a cualquier aspecto de la vida que se nos presente en distintos momentos (McGilchrist, comunicación personal, septiembre de 2016). Si no hay atención o preocupación –cuando «no nos importa» o somos indiferentes al mundo que se despliega–, nuestra atención se desconecta, ya no somos conscientes, nuestra mente recae en formas automáticas de procesamiento y *ya no estamos presentes*. La atención implica necesariamente valorar y aceptar por completo al Otro: prestar una atención acogedora y sincera a todos los aspectos de la experiencia, de manera que la mente desarrolle los modelos mentales inclusivos de los que depende la plenitud.

Percibir la interrelación y el cuidado de esta forma es un pequeño paso para describir su combinación dinámica como amor *impersonal* (impersonal, aquí, no significa frío o distante, sino que no está centrado en ninguna persona en particular). Esta forma de ver también sugiere interesantes paralelismos entre la interrelación «reverberante, resonante» y lo que Barbara Fredrickson (2013) denomina «resonancia positiva». La interrelación nos une a todos los aspectos de nuestra experiencia en el amor impersonal, mientras que la resonancia de la positividad nos conecta, a través del amor personal, con otros seres en un todo dinámico e interactivo. En ambos casos,

el amor es lo que nos hace completos.

Todas las experiencias de conocimiento holístico-intuitivo destiladas en los supramodelos holístico-intuitivos (HOLISMOS) incluyen una combinación de cuidado e interrelación: el amor impersonal. Por esa razón, la dinámica del amor impersonal es una característica central de los HOLISMOS. Sin embargo, esa dinámica, al igual que otros aspectos de los HOLISMOS, permanece en gran medida latente y no reconocida hasta que se despiertan los supramodelos correspondientes. Entonces, somos conscientes de la sensación de estar inmersos y abrazados por un campo de amor impersonal. A medida que sostenemos ese amor en sí mismo en una consciencia amorosa, nos encontramos dentro de un espacio de amor autosostenido.

Sam Harris (2014) describe su primer encuentro con este espacio del siguiente modo:

> El amor en el fondo era impersonal, y más hondo de lo que cualquier historia personal pueda justificar [...] el amor, la compasión y la dicha por la dicha de los demás se extendían de forma ilimitada. La experiencia no era de amor que crecía, sino de amor que ya no se ocultaba. (Págs. 4-5).

Para Eckhart Tolle (1999/2005), la experiencia es la misma luz encarnando ese amor:

> Abrí los ojos. La primera luz del amanecer se filtraba a través de las cortinas. Sin pensarlo, sentí, supe, que la luz es infinitamente más de lo que creemos. Esa suave luminosidad que se filtraba a través de las cortinas era el amor mismo. (Pág. 2).

Y Mark, un experimentado practicante budista al que recientemente se le había diagnosticado cáncer, lo describe en este relato (escrito y compartido conmigo por mi amigo Michael Chaskalson en una comunicación personal, septiembre de 2020) como algo tan «invisible como el espacio»:

> Acostado en una cama de la sala de urgencias, con un gotero en el brazo y con ruidos, confusión y dramatismo a su alrededor, todos los límites desaparecieron de repente dejando solo el amor.

No el amor en un sentido personal. No tenía nada que ver con «él». Por muy ruidoso, confuso y disfuncional que fuera ese espacio, era en sí mismo un espacio de amor. Esto no tenía ninguna relación con que las personas de ese espacio fueran «amables»: los médicos a menudo no son amables y los pacientes pueden ser difíciles. Pero lo que podría parecer un lugar de sufrimiento, incluso un infierno, era una especie de paraíso cuya naturaleza era el amor…

Según Mark, esta experiencia vino acompañada del reconocimiento de que una persona solo es un conjunto de imágenes y sensaciones mentales. No hay una persona, solo pensamientos sobre ella. El amor del que hablaba –decía– tampoco era algo que hubiera desarrollado.

«Ya está aquí, ahora, en este momento, invisible como el espacio y esperando a ser percibido. Siempre está disponible. No es algo que pueda ser conjurado o manipulado por el yo, sino que simplemente es lo que queda cuando se abandona la preocupación por el yo».

La perspectiva de los SCI sobre el amor *im*personal amplía enormemente la gama de situaciones en las que podemos «aprender a amar amando». Sugiere que aprendemos a amar abordando todos los aspectos de nuestra vida con la presencia del corazón abierto que Jon Kabat-Zinn denomina «corazón pleno» («heartfulness», que también considera sinónimo de mindfulness [Kabat-Zinn, 2018, pág. 59]), esto es, con cuidado, aceptación, respeto, compromiso, paciencia, generosidad y buena voluntad. Abordadas de este modo, incluso las actividades ordinarias se convierten en nuestro camino hacia el

El despertar interior

despertar y en una fuente de inspiración para los demás. Este camino ocupaba un lugar muy importante en el judaísmo jasídico primitivo (Borowitz, 2002):

> Si bien los jasidim consideraban importantes los sermones de su rebbe, era mucho más importante estar con él. No era tanto lo que decía como lo que era; no tanto su enseñanza, sino su ser, lo que surtía su efecto. Como dijo Rabí Leib, hijo de Sara: «No fui a ver al rabino Dov Ber de Metzritch para escuchar la Torá de él, sino para ver cómo se ata los cordones de los zapatos». No es tan importante enseñar la Torá como ser la Torá. El hombre verdaderamente religioso es religioso en todo lo que hace, porque es religioso en todo lo que es, y a veces la chispa salta de él a mí. (Pág. 23).

El amor personal es un reto; en ocasiones, dudamos de que tengamos la capacidad suficiente para profundizarlo y extenderlo como nuestro camino de práctica. Es más fácil confiar en que *ya* tenemos la capacidad para el amor impersonal, con todas las ventajas que dicha confianza significa. Podemos comprobarlo en cualquier momento: podemos explorar la posibilidad de pasar la página de un libro (incluso la página de *este* libro) con todo el cuidado, atención y delicadeza con los que manejaríamos un objeto frágil y precioso al que amamos; o bien podemos explorar la posibilidad de dejar un libro al terminar un capítulo (incluso este libro, y *este* capítulo) con la misma delicadeza y cariño con la que dejaríamos en su cuna a un bebé recién nacido que termina de dormirse en nuestros brazos.

Las posibilidades son infinitas.

Conclusión

Uno de los objetivos de este libro ha sido presentar un contexto para entender el mindfulness y el despertar interior que nos ayude a relacionarnos de manera más eficaz con lo mejor de las tradiciones existentes. En este capítulo, hemos seguido la estrategia que utilizamos al desarrollar la MBCT. Allí, en lugar de «reinventar la rueda», Mark Williams, Zindel Segal y yo incluimos prácticas probadas, derivadas de los caminos tradicionales, en un programa integrado para reducir las recaídas en la depresión. Nos guiamos por una comprensión psicológica del problema que estábamos tratando, por un lado, y por los procesos sobre los que cada práctica tenía sus efectos, por el otro.

En este capítulo, hemos explorado un enfoque similar en relación con el comportamiento ético, el soltar, la compasión y el amor. Esa exploración nos dice que, lejos de ser vestigios irrelevantes de culturas y sistemas religiosos anticuados, estas prácticas tradicionales tienen un sentido sólido dentro del marco de los SCI. De igual modo, nuestra exploración apoya la pertinencia actual de este marco de comprensión para perfeccionar y ampliar el uso de las prácticas tradicionales en contextos contemporáneos.

En cierto sentido, esta situación se hace eco de la relación que existe entre los remedios herbales tradicionales y la medicina contemporánea. La corteza de sauce y la hermosa flor silvestre reina de los prados se han utilizado durante largo tiempo como remedios para una gran variedad de afecciones, incluido el alivio del dolor. La identificación del ácido salicílico como

444   El despertar interior

uno de sus ingredientes eficaces condujo al desarrollo del ácido acetilsalicílico, es decir, la aspirina. La producción masiva de comprimidos de aspirina permite que los beneficios del ácido salicílico para aliviar el dolor se distribuyan de forma mucho más amplia, eficiente y provechosa que si tuviéramos que ir cada uno de nosotros a un prado cercano, recoger corteza de sauce o ulmaria y procesarla en nuestra cocina.

Por otra parte, la historia de la ulmaria y la aspirina también sugiere que debemos mostrarnos precavidos en nuestro intento de aislar y purificar los «ingredientes eficaces» en los caminos tradicionales hacia el despertar. La aspirina puede hacer sangrar el revestimiento del estómago, pero la ulmaria contiene naturalmente otros compuestos que evitan la irritación del ácido salicílico: la mezcla de ingredientes según el remedio tradicional resulta ser más segura que el «ingrediente activo» purificado e identificado por la investigación. De manera similar, los caminos tradicionales suelen integrar una variedad de aspectos: el Óctuple Noble Camino del Buda, por ejemplo, abarca ocho elementos. La sinergia entre los diferentes elementos de los caminos tradicionales hace que su efecto combinado sea mayor que la suma de sus efectos por separado y utilizados aisladamente. Y, como ocurre con la ulmaria o reina de los prados, la presencia de otros ingredientes en la mezcla tradicional permite reducir cualquier efecto potencialmente adverso de los elementos individuales. La sabiduría y las intenciones positivas que se cultivan en el óctuple sendero, por ejemplo, pueden salvarnos de los intentos equivocados de utilizar el mindfulness al servicio de proyectos de mejora personal impulsados conceptualmente, como el esfuerzo por convertirse en un yo mejor, más tranquilo y relajado, o en el yo justo que se pliega estrictamente a la «letra de la ley».

El enfoque de los SCI utiliza un lenguaje y unos conceptos bastante diferentes a los de las vías espirituales o religiosas tradicionales. Es de esperar que esto facilite a las personas ajenas a dichas tradiciones percibir la relevancia de estas prácticas. De igual modo, el enfoque de los SCI puede proporcionar un lenguaje y una forma de pensar comunes –lo que Jon Kabat-Zinn (2011) denomina «dharma universal»– que puede ayudar a las personas de diferentes tradiciones a trabajar juntas en áreas en las que comparten determinados puntos.

El marco de los SCI se beneficia de la precisión y la generalización de los significados conceptuales en los que se expresa. Por otro lado, en comparación con las imágenes afectivamente cargadas, los símbolos, las historias, los mitos, la poesía y la música de las tradiciones religiosas, se queda muy corto a la hora de transmitir significados holístico-intuitivos transformadores. Aunque el concepto de HOLISMOS es un poderoso dispositivo explicativo, carece del poder inspirador de la «belleza secreta de sus corazones, las profundidades de sus corazones donde ni el pecado ni el deseo ni el autoconocimiento pueden llegar, el núcleo de su realidad, la persona que cada uno es a los ojos de Dios» de Thomas Merton; o, de Santideva, la «ambrosía suprema que vence la soberanía de la muerte [...] el inagotable tesoro que elimina toda la pobreza en el mundo».

Nuestro reto consiste en combinar las diferentes fuerzas y cualidades de nuestros dos tipos de conocimiento, de manera que nos permitan responder con mayor eficacia a los formidables problemas, tanto individuales como colectivos, a los que nos

El despertar interior

enfrentamos cada vez más. A partir de su revisión académica de la cultura occidental desde la antigua Grecia, Iain McGilchrist (2009) identificó los periodos de mayor creatividad y riqueza cultural como aquellos en los que el conocimiento conceptual y el holístico están en armonía, si bien desembocando en el control final por parte del conocimiento holístico. También documentó un cambio progresivo en la influencia relativa de estas modalidades de conocimiento a lo largo del tiempo, donde el conocimiento conceptual ha ido ejerciendo un poder cada vez mayor. McGilchrist sugiere que muchos de los enormes problemas a los que nos enfrentamos en la actualidad reflejan ese desequilibrio. Tenemos la urgente necesidad de restablecer la relación entre nuestras dos modalidades de conocimiento, de entregar las riendas del control al conocimiento holístico-intuitivo en una relación en la que ambas modalidades sean respetadas y valoradas.

El mindfulness y el despertar interior nos ofrecen formas de hacerlo.

En ti, como en cada ser humano, hay una dimensión de consciencia mucho más profunda que el pensamiento. Es la esencia misma de tu ser. Podemos llamarla presencia, alerta, consciencia incondicionada. En las antiguas enseñanzas, es el Cristo interno, o tu naturaleza de Buda.

Hallar esa dimensión te libera, y libera al mundo del sufrimiento que te causas a ti mismo y a los demás cuando solo conoces el «pequeño yo» fabricado por la mente, que es quien dirige tu vida. El amor, la alegría, la expansión creativa y una paz interna duradera solo pueden entrar en tu vida a través de esa dimensión de consciencia incondicionada.

Si puedes reconocer, aunque sea de vez en cuando, que los pensamientos que pasan por tu mente son simples pensamientos, si puedes ser testigo de tus hábitos mentales y emocionales reactivos cuando se producen, entonces esa dimensión ya está emergiendo en ti como la consciencia en la que ocurren los pensamientos y emociones: el espacio interno intemporal donde se despliegan los contenidos de tu vida. (Tolle, 2003/2011, págs. 13-14).

Para terminar, permítanme abordar una última cuestión. Vivimos en una época de grandes desafíos a nivel mundial. Y los expertos predicen que seguiremos afrontando un reto tras otro en el futuro inmediato. En esta situación, podríamos preguntarnos si dirigir nuestra atención hacia el interior para centrarnos en los detalles de nuestra experiencia íntima es un acto de autoindulgencia y escapismo individual: ¿no es ahora el momento de una acción colectiva urgente en el mundo exterior para salvar el planeta? En respuesta, solo puedo decir que, por lo que sé, es *más* probable que la acción eficaz surja de mentes y corazones liberados de la prisión ilusoria de la separación y que estén dispuestos a incluir a todas las criaturas vivas y toda la naturaleza en sus círculos ampliados de compasión. La forma que podría adoptar esa acción es apasionantemente imprevisible. Que una comprensión más clara del mindfulness y del despertar interior contribuya al desarrollo de la sabiduría y la buena voluntad necesarias para conseguirlo.

Agradecimientos

Estoy profundamente agradecido a Jon Kabat-Zinn por su generoso y perspicaz prólogo, por su constante apoyo a la idea de este libro y por sus sabios y cálidos comentarios a los borradores anteriores. Ha sido una poderosa e inspiradora influencia en mi exploración personal y profesional del mindfulness.

La dedicatoria del libro a Phil Barnard refleja el hecho de que, sin su trabajo inicial pionero, y nuestros muchos años de conversaciones y amistad compartidas, este libro nunca habría visto la luz. Se lo agradezco profundamente de todo corazón.

Es un placer reconocer la habilidad y el apoyo de todos los implicados en The Guilford Press, especialmente la sensible comprensión y la orientación editorial ofrecida por Jim Nageotte, la cuidadosa supervisión de Anna Brackett de todo el proceso de producción y la enérgica contribución de Jane Keislar. También estoy muy agradecido a Seymour Weingarten por su interés desde el principio en la posibilidad de este libro.

Años de conversaciones con mis amigos Ruchiraketu y Michael Chaskalson (también conocido como Kulananda) han modelado, puesto a prueba y dado forma a las ideas que aquí se exploran; los amables comentarios de Ruchiraketu sobre el estilo del texto también han ahorrado a los lectores muchas dificultades. Se lo agradezco a ambos.

Me inclino en agradecimiento a mis principales maestros –Christina Feldman, el difunto Rob Burbea y Ginny Wall– y a

450 Por qué funciona el mindfulness

Cynthia Bourgeault, cuyas enseñanzas han influido e inspirado plenamente mi exploración de nuevas direcciones.

Y, sobre todo, doy las gracias a mi querida esposa, Jackie. Ella ha leído y dado forma a innumerables versiones de esta obra, que ha pasado de una forma a otra a lo largo de los años. Ha aceptado amablemente las largas ausencias (físicas y de otro tipo) que ha supuesto su escritura. Y su amor y amabilidad han sido una fuente constante de consuelo y apoyo.

Material publicado anteriormente

Estoy muy agradecido a quienes me han concedido permiso para utilizar material de las siguientes obras protegidas por derechos de autor:

Next Time I'll Sing to You, por James Saunders. Copyright © 1962 Estate of James Saunders. Todos los derechos de esta obra están estrictamente reservados y la solicitud de representación, etcétera, debe hacerse antes del ensayo a Casarotto Ramsay & Associates Ltd., 3rd Floor, 7 Savoy Court, Strand, Londres WC2R 0EX (*info@casarotto.co.uk*). No se podrá realizar ninguna actuación si no se ha obtenido una licencia.

Manos que dibujan, de M.C. Escher. Copyright © 2021 The M. C. Escher Company–The Netherlands. Todos los derechos reservados. www.mceescher.com

The Miracle of Mindfulness por Thich Nhat Hanh. Copyright © 1975, 1976 Thich Nhat Hanh. (Prefacio y traducción al inglés copyright © 1975, 1976, 1987 por Mobi Ho.) Reimpreso con permiso de Beacon Press, Boston.

Small Boat, Great Mountain, por Ajahn Amaro. Copyright © 2003 Abhaygiri Publications.

Banished Immortal, de Li Po, traducido por Sam Hamill. Copyright © 1987 White Pine Press.

Agradecimientos 451

«Karinaya Metta Sutta», en Chanting Book, del Centro Budista Amaravati, traducido por la Amaravati Sangha. Copyright © 1994 Amaravati Publications.

«Please Call Me by My True Names», en *Call Me by My True Names*», de Thich Nhat Hanh. Copyright © 1993 Parallax Press.

«Cold Mountain 205», de David Hinton, traducido del chino por Han Shan. De *Mountain Home*. Copyright © 2002 David Hinton. Reimpreso por encargo de New Directions Publishing Corp.

On Having No Head, de David Harding. Copyright ©, 1961, 1971, 1986, 2000 David Harding. Reimpreso con permiso de The Shollond Trust.

«Kidness» en *Words under Words* de Naomi Shihab Nye. Copyright © 1998 Naomi Shihab Nye. Reimpreso con permiso de Far Corner Books.

Referencias bibliográficas

Akṣapāda. *The analects of Rumi*. Autopublicado, 2019.

Alexander, R.D. *The biology of moral systems*. Piscataway, NJ: Transaction, 1987.

Allen, M., Bromley, A., Kuyken, W. y Sonnenberg, S.J. «Participants' experiences of mindfulness-based cognitive therapy: "It changed me in just about every way possible"», *Behavioural and Cognitive Psychotherapy*, *37*(4), 2009, págs. 413-430.

Amaravati Sangha. *Chanting book: Morning and evening puja and reflections*. Hemel Hempstead, UK: Amaravati Publications, 1994.

Amaro, B. *Small boat, great mountain*. Redwood Valley, CA: Abhayagiri Buddhist Monastery, 2003.

Anālayo, B. *Satipatthāna: The direct path to realization*. Birmingham, UK: Windhorse Publications, 2003.

Andrews-Hanna, J.R., Smallwood, J. y Spreng, R.N. (2014). «The default network and self-generated thought: Component processes, dynamic control, and clinical relevance», *Annals of the New York Academy of Sciences*, *1316* (1), 2014, págs. 29-52.

Baars, B.J. y Franklin, S. How conscious experience and working memory interact. *Trends in Cognitive Sciences*, *7*(4), 2003, págs. 166-172.

Baddeley, A. «The episodic buffer: A new component of working memory?», *Trends in Cognitive Sciences*, *4*(11), 2000, págs. 417-423.

Barks, C. *The essential Rumi* (paperback edition). San Francisco: HarperSanFrancisco, 1996. [*La esencia de Rumi*, Madrid: El hilo ediciones, 2020].

—. *The soul of Rumi*. San Francisco: HarperSanFrancisco, 2001.

Barnard, J. (ed.). *John Keats: The complete poems* (Penguin Classics, 3ª ed.), Harmondsworth, Middlesex, UK: Penguin Books, 1988.

Barnard, P.J. «Interacting cognitive subsystems: A psycholinguistic approach to short term memory», en A. Ellis (ed.), *Progress in the psychology of language* (vol. 2, págs. 197-258). Londres: Erlbaum, 1985.

—. «Interacting cognitive subsystems: Modeling working memory phenomena within a multiprocessor architecture», en A. Miyake y P. Shah (eds.), *Models of working memory: Mechanisms of active maintenance and executive control* (págs. 298-339). Cambridge, UK: Cambridge University Press, 1999.

—. «What do we mean by the meanings of music?» *Empirical Musicology Review*, 7, 2012, págs, 69-80.

—. Duke, D.J., Byrne, R.W. y Davidson, I. «Differentiation in cognitive and emotional meanings: An evolutionary analysis», *Cognition and Emotion*, *21*, 2007, págs. 1155-1183.

—. Teasdale, J.D. «Interacting cognitive subsystems: A systemic approach to cognitive-affective interaction and change», *Cognition and Emotion*, 5, 1991, págs.1-39.

Batchelor, S. *Buddhism without beliefs*. Londres: Bloomsbury, 1997. [*Budismo sin creencias: guía contemporánea para despertar*. Madrid: Gaia Ediciones, 2008].

Bishop, S.R., Lau, M., Shapiro, S., Carlson, L., Anderson, N.D., Carmody, J., [...] Devins, G. «Mindfulness: A proposed operational definition», *Clinical Psychology: Science and Practice*, *11*, 2004, págs. 230-241.

Bodhi, B. (trad.). *The connected discourses of the Buddha*. Somerville, MA: Wisdom Publications, 2000.

—. «What does mindfulness really mean? A canonical perspective», *Contemporary Buddhism*, *12*, 2011, págs. 19-39.

Borowitz, E.B. *Studies in the meaning of Judaism* (JPS Scholar of Distinction Series). Philadelphia: Jewish Publication Society, 2002.

Bourgeault, C. *Mystical hope: Trusting in the mercy of God*. Boston: Cowley Publications, 2001.

—. *The wisdom way of knowing: Reclaiming an ancient tradition to awaken the heart*. San Francisco: Wiley, 2003.

—. *Centering prayer and inner awakening*. Lanham, MD: Cowley Publications, 2004.

—. *The wisdom Jesus*. Boston: Shambhala, 2008.

—. *The heart of centering prayer: Nondual Christianity in theory and practice*. Boulder, CO: Shambhala, 2016.

Brehm, J. (ed.) *The poetry of impermanence, mindfulness, and joy*. Somerville, MA: New Directions Publishing, 2017.

Buchanan, G.M. y Seligman, M.E.P. (eds.). *Explanatory style*. Mahwah, NJ: Erlbaum, 1995.

Buckner, R.L., Andrews-Hanna, J. y Schacter, D.L. (2008). «The brain's default network: Anatomy, function and relevance to disease», *Annals of the New York Academy of Sciences*, *1124*, págs.1-38.

Referencias bibliográficas **455**

Burbea, R. *Seeing that frees*. West Ogwell, UK: Hermes Amara, 2014.

Burns, R. *Poems, chiefly in the Scottish dialect*. Kilmarnock, Scotland: John Wilson, 1786.

Calaprice, A. *The new quotable Einstein*. Princeton, NJ: Princeton University Press, 2005. [*Albert Einstein: el libro definitivo de citas*. Barcelona: Plataforma Editorial S.L., 2014].

Campbell, J. (1988). *The power of myth*. Nueva York: Anchor, 1998. [*El poder del mito*. Barcelona: Ediciones Salamandra, 1991].

Chah, A. *No Ajahn Chah: Reflections* (Dhamma Garden, Comp. and Ed.). Chungli, Taiwan, R.O.C.: Yuan Kuang Publishing House, 1994.

—. *Still, flowing water*. Valley Center, CA: Metta Forest Monastery, 2013.

Cioffi, D. y Holloway, J. «Delayed costs of suppressed pain», *Journal of Personality and Social Psychology*, *64*, 1993, págs. 274-282.

Cosmides, L. y Tooby, J. «Cognitive adaptations for social exchange», en J. Barkow, L. Cosmides y J. Tooby (eds.). *The adapted mind: Evolutionary psychology and the generation of culture* (págs. 165-238). Nueva York: Oxford University Press, 1992.

Covey, S.R. *The 7 habits of highly effective people* (págs. 30-31). Nueva York: Simon & Schuster, 1989. [*Los siete hábitos de la gente eficaz: revolución ética, vida cotidiana y...* Barcelona: Ediciones Paidós Ibérica, 1990].

Crick, F. y Koch, C. «Towards a neurobiological theory of consciousness», *Seminars in the Neurosciences*, *12*, 1990, págs. 263-275.

Crook, J. *The evolution of human consciousness*. Oxford, UK: Oxford University Press, 1980.

Csikszentmihalyi, M. *Beyond boredom and anxiety*. San Francisco: Jossey Bass, 1975.

—. *Flow: The psychology of optimal experience*. Nueva York: Harper & Row, 1991. [*Fluir (Flow): una psicología de la felicidad*. Barcelona: Editorial Kairós S.A., 1996].

Damasio, A. *Descartes' error: Emotion, reason, and the human brain*. Nueva York: Putnam Publishing, 1994. [*El error de Descartes: la emoción, la razón y el cerebro humano*. Barcelona: Ediciones Destino, 2018].

Davidson, R.J., Kabat-Zinn, J., Schumacher, J., Rosenkranz, M., Muller, D., Santorelli, S.F., [...] Sheridan, J. F. (2003). «Alterations in brain and immune function produced by mindfulness meditation», *Psychosomatic Medicine*, *65*(4), págs. 564-570.

Davis, R. «The fitness of names to drawings», *British Journal of Psychology*, *52*, 1961, págs. 259-268.

de Waal, F. *Primates and philosophers: How morality evolved*. Princeton, NJ: Princeton University Press, 2006.

Depue, R.A. y Morrone-Strupinsky, J.V. «A neurobehavioral model of affiliative bonding: Implications for conceptualizing a human trait of affiliation», *Behavioral and Brain Sciences*, *28*, 2005, págs. 313-395.

Dickinson, A. *Contemporary animal learning theory*. Cambridge, UK: Cambridge University Press, 1980.

Domachowska, I., Heitmann, C., Deutsch, R., Goschke, T., Scherbaum, S. y Bolte, A. «Approach-motivated positive affect reduces breadth of attention: Registered replication report of Gable and Harmon-Jones (2008)», *Journal of Experimental Social Psychology*, *67*, 2016, págs. 50-56.

Dreyfus, G. «Is mindfulness present-centered and non-judgmental? A discussion of the cognitive dimensions of mindfulness», *Contemporary Buddhism*, *12*(1), 2011, págs. 41-54.

Farb, N.A., Segal, Z.V., Mayberg, H., Bean, J., McKeon, D., Fatima, Z. y Anderson, A.K. «Attending to the present: Mindfulness meditation reveals distinct neural modes of self-reference», *Social Cognitive and Affective Neuroscience*, *2*(4), 2007, págs. 313-322.

Feldman, C. *The Buddhist path to simplicity: Spiritual practice for everyday life*. Londres: HarperCollins, 2001.

—. *Compassion: Listening to the cries of the world*. Berkeley, CA: Rodmell Press, 2005.

—. *Contemporary mindfulness: The long view. Perils and possibilities in the path of mindfulness teaching*. Charla principal, Mindfulness in Society International Conference, Chester, UK, julio 3-7, 2015. Accesible en *https:// christinafeldman.co.uk/the-long-view-perils-and-possibilities*.

—. *Boundless heart: The Buddha's path of kindness, compassion, joy and equanimity*. Boulder, CO: Shambhala, 2017.

— y Kuyken, W. *Mindfulness: Ancient wisdom meets modern psychology*. Nueva York: Guilford Press, 2019.

Fennell, M.J. y Teasdale, J.D. «Effects of distraction on thinking and affect in depressed patients. *British Journal of Clinical Psychology*, *23*(1), 1984, págs. 65-66.

Fredrickson, B.L. «The role of positive emotions in positive psychology: The broaden-and-build theory of positive emotions», *American Psychologist*, *56*(3), 2001, págs. 218-226.

—. *Positivity: Top-notch research reveals the 3-to-1 ratio that will change your life*. Nueva York: Three Rivers Press, 2009.

Referencias bibliográficas 457

—. *Love 2.0: How our supreme emotion affects everything we feel, think, do, and become*. Nueva York: Penguin, 2013.

Friston, K.J., Stephan, K.E., Montague, R. y Dolan, R.J. Computational psychiatry: The brain as a phantastic organ», *Lancet Psychiatry*, *1*(2), 2014, págs. 148-158.

Fronsdal, G. «Awakening to dependent origination, (18 de septiembre de 2009). Recuperado el 1 de febrero de 2021, de *www.insightmeditationcenter. org/2009/09/awakening-to-dependent-origination*.

Gable, P.A. y Harmon-Jones, E. «Approach-motivated positive affect reduces breadth of attention», *Psychological Science*, *19*(5), 2008, págs. 476-482.

—. «The motivational dimensional model of affect: Implications for breadth of attention, memory, and cognitive categorization», *Cognition and Emotion*, *24*, 2010*a*, págs. 322-337.

—. «The blues broaden, but the nasty narrows: Attentional consequences of negative affects low and high in motivational intensity», *Psychological Science*, *21*(2), 2010*b*, págs. 211-215.

Gethin, R. «On some definitions of mindfulness», *Contemporary Buddhism*, *12*(1), 2011, págs. 263-279.

Gleick, J. *Chaos: The amazing science of the unpredictable*. Londres: William Heinemann, 1988. [*Caos: la creación de una ciencia*. Barcelona: Editorial Crítica, 2012].

Gilbert, P. *The compassionate mind*. Londres: Constable, 2009.

Goldstein, J. *The experience of insight*. Boulder, CO: Shambhala, 1983.

Goleman, D. y Davidson, R. *The science of meditation: How to change your brain, mind and body*. Londres: Penguin Life, 2017. [*Los beneficios de la meditación: la ciencia demuestra cómo la meditación cambia la mente, el cerebro y el cuerpo*. Barcelona: Editorial Kairós S.A., 2017].

Goren, C.C., Sarty, M. y Wu, P.Y. «Visual following and pattern discrimination of face-like stimuli by newborn infants», *Pediatrics, 56*(4), 1975, págs. 544-549.

Grossberg, S. «Adaptive Resonance Theory: How a brain learns to consciously attend, learn, and recognize a changing world», *Neural Networks*, *37*, 2013, págs. 1-47.

Gunaratana, H. *Mindfulness in plain English* (ed. rev.). Boston: Wisdom, 2002. [*El libro del Mindfulness*. Barcelona: Editorial Kairós S.A., 2012].

Hamill, S. *Banished immortal: Visions of Li T'ai Po*. Buffalo, NY: White Pine Press, 1987.

Hamlin, J.K. (2013). «Failed attempts to help and harm: Intention versus outcome in preverbal infants' social evaluations», *Cognition*, *128*, 2013, págs. 451-474.

—, Wynn, K. y Bloom, P. «Social evaluation by preverbal infants», *Nature*, *450*, 2007, págs. 557-559.

Hanson, R. *Buddha's brain: The practical neuroscience of happiness, love and wisdom*. Oakland, CA: New Harbinger, 2009. [*El cerebro de Buda: la neurociencia de la felicidad, el amor y la sabiduría*. Cantabria: Editorial Milrazones, 2011].

Harari, Y.N. *Sapiens: A brief history of humankind*. Nueva York: Random House, 2011. [*Sapiens: una breve historia de la humanidad*. Barcelona: Editorial Debate, 2015].

Harding, D.E. *On having no head: Zen and the rediscovery of the obvious*. Londres: Shollond Trust, 2000. [*Vivir sin cabeza: una experiencia zen*. Barcelona: Editorial Kairós S.A., 2012].

Harris, S. *Waking up: A guide to spirituality without religion*. Nueva York: Simon & Schuster, 2014. [*Despertar: una guía para una espiritualidad sin religión*. Barcelona: Editorial Kairós S.A., 2015].

Hayes, S.C. y Wilson, K.G. (2003). «Mindfulness: Method and process», *Clinical Psychology: Science and Practice*, *10*(2), 2003, págs. 161-165.

—, Wilson, K.G., Gifford, E.V., Follette, V.M. y Strosahl, K. «Experiential avoidance and behavioral disorders: A functional dimensional approach to diagnosis and treatment», *Journal of Consulting and Clinical Psychology*, *64*(6), 1996, págs. 1152-1168.

Helminski, K.E. *Living presence*. Nueva York: Tarcher/Penguin, 1992. [*Presencia viva*. Madrid: Editorial sufi, 2011].

Henrich, N. y Henrich, J. *Why humans cooperate: A cultural and evolutionary explanation*. Oxford, UK: Oxford University Press, 2007.

Higgins, E.T. «Self-discrepancy: A theory relating self and affect», *Psychological Review*, *94*, 1987, págs. 319-340.

Hinton, D. (trad.). *Mountain home: The wilderness poetry of ancient China*. Nueva York: New Directions, 2002.

Homer-Dixon, T. *Commanding hope*. Toronto: Knopf, 2020.

Huxley, A. *The perennial philosophy*. Londres: Triad Grafton, 1985 (publicado originalmente en 1945). [*La filosofía perenne*. Barcelona: Editora y Distribuidora Hispano Americana, S.A. (EDHASA), 2010].

James, W. *The varieties of religious experience*. Harmondsworth, Middlesex, UK: Penguin Books, 1982 (publicado originalmente en 1902). [*Las variedades de la experiencia religiosa: estudio de la naturaleza humana*. Barcelona: Ediciones Península, 2002].

Jayasāro, A. «Skilful desires», *Forest Sangha Newsletter*, 2014, págs. 10-12.

Joyce, R. *The evolution of morality*. Cambridge, MA: MIT Press, 2006.

Kabat-Zinn, J. *Wherever you go, there you are: Mindfulness meditation in everyday life*. Nueva York: Hyperion, 1994.

—. «Mindfulness-based interventions in context: Past, present, and future», *Clinical Psychology: Science and Practice*, *10*, 2003, págs. 144-156.

—. *Coming to our senses: Healing ourselves and the world through mindfulness*. Nueva York: Hyperion, 2005.

—. «Some reflections on the origins of MBSR, skillful means, and the trouble with maps», *Contemporary Buddhism*, *12*(1), 2011, págs. 281-306.

—. *Full catastrophe living* (rev. ed.). Nueva York: Bantam Books, 2013. [*Vivir con plenitud las crisis: cómo utilizar la sabiduría del cuerpo y la mente para afrontar el estrés, el dolor y la ansiedad*. Barcelona: Editorial Kairós S.A., 2016].

—. *Meditation is not what you think: Mindfulness and why it is so important*. Londres: Piatkus, 2018. [*La meditación no es lo que crees*. Barcelona: Editorial Kairós S.A., 2018].

Kahneman, D. *Thinking, fast and slow*. Nueva York: Penguin, 2012.

Kaplan, S. «The restorative benefits of nature: Toward an integrative framework», *Journal of Environmental Psychology*, *15*, 1995, págs. 169-182.

Kaplan, R. y Kaplan, S. *The experience of nature: A psychological perspective*. Nueva York: Cambridge University Press, 1989.

Katz, L.D. *Evolutionary origins of morality: Cross-disciplinary perspectives*. Thorverton, UK: Imprint Academic, 2000.

Keng, S-L., Smoski, M.J. y Robins, C.J. «Effects of mindfulness on psychological health: A review of empirical studies», *Clinical Psychology Review*, *31*, 2011, págs. 1041-1056.

Killingsworth, M.A. y Gilbert, D.T. «A wandering mind is an unhappy mind», *Science*, *330*, 2010, pág. 932.

Klimecki, O.M., Leiberg, S., Lamm, C. y Singer, T. «Functional neural plasticity and associated changes in positive affect after compassion training», *Cerebral Cortex*, *23*(7), 2013, págs. 1552-1561.

Kraft, D. *Meditator's field guide*. Carmichael, CA: Easing Awake Books, 2017.

Kramer, G. *Insight dialogue: The interpersonal path to freedom*. Boston: Shambhala, 2007.

460 Por qué funciona el mindfulness

Laird, J.D. y Lacasse, K. «Bodily influences on emotional feelings: Accumulating evidence and extensions of William James's theory of emotion», *Emotion Review*, *6*, 2014, págs. 27-34.

Landauer, T.K. y Dumais, S.T. «A solution to Plato's problem: The latent semantic analysis theory of acquisition, induction, and representation of knowledge», *Psychological Review*, *104*(2), 1997, págs. 211-240.

Langer, E.J. «Mindful learning», *Current Directions in Psychological Science*, *9*(6), 2000, págs. 220-223.

Langer, E., Russel, T. y Eisenkraft, N. «Orchestral performance and the footprint of mindfulness», *Psychology of Music*, *37*(2), 2009, págs. 25-136.

Lawrence, D.H. *The complete poems* (Penguin Classics; V. de Sola Pinto & W. Roberts, eds.). Nueva York: Penguin, 1994.

Machado, A. *Caminante, no hay camino: los mejores poemas de Antonio Machado*. Santiago, Chile: Editorial Quimantú, 1973.

Markus, H. y Nurius, P. «Possible selves», *American Psychologist*, *41*, 1986, págs. 954-969.

McGilchrist, I. *The master and his emissary: The divided brain and the making of the Western world*. New Haven, CT: Yale University Press, 2009.

Merton, T. *Conjectures of a guilty bystander*. Nueva York: Doubleday, 1996. [*Conjeturas de un espectador culpable*. Bilbao: Editorial Sal Terrae, 2011].

Miranda, J. y Persons, J.B. «Dysfunctional attitudes are mood state dependent», *Journal of Abnormal Psychology*, *97*, 1998, págs. 76-79.

Mitchell, S. *The enlightened heart*. Nueva York: Harper Perennial, 1993a.

—. *The enlightened mind*. Nueva York: Harper Perennial, 1993b.

Nakamura, J. y Csikszentmihalyi, M. *The concept of flow*, en C.R. Snyder y S.J. Lopez (eds.). *Handbook of positive psychology* (págs. 89-105). Nueva York: Oxford University Press, 2002.

Nhat Hanh, T. *The miracle of mindfulness* (rev. ed.). Boston: Beacon Press, 1987. [*Cómo lograr el milagro de vivir despierto*. Madrid: Ediciones Jaguar, 2012].

—. *Call me by my true names: The collected poems of Thich Nhat Hanh*. Berkeley, CA: Parallax Press, 1993.

—. «The moment is perfect», *Shambhala Sun*, mayo de 2008.

Nickalls, J.L. (1952). *The journal of George Fox*. Cambridge, UK: Cambridge University Press, 1952.

Noah, T., Schul, Y. y Mayo, R. «When both the original study and its failed replication are correct: Feeling observed eliminates the facial-feedback effect», *Journal of Personality and Social Psychology*, *114*(5), 2018, págs. 657-664.

Nolen-Hoeksema, S. «Responses to depression and their effects on the duration of depressive episodes», *Journal of Abnormal Psychology*, *100*(4), 1991, págs. 569-582.

—, Wisco, B.E. y Lyubomirsky, S. «Rethinking rumination», *Perspectives on Psychological Science*, *3*(5), 2008, págs. 400-424.

Nyanaponika, T. *The heart of Buddhist meditation*. Londres: Rider, 1962. [*El camino de la meditación: el corazón de la meditación budista*. Madrid: Ediciones Librería Argentina (ELA), 2005].

— (trad.). *Sallatha Sutta: The dart* (*Samyutta Nikaya* 36.6). (13 de junio de 2010) *Access to Insight* (edición BCBS). Accesible en *www.accesstoinsight.org/tipitaka/sn/sn36/sn36.006.nypo.html*

Nye, N.S. (1998). *Words under words*. Portland, OR: Eighth Mountain Press, 1998.

Olendzki, A. «Self as verb», *Tricycle: The Buddhist review*, *14*(4), verano de 2005.

Osho. *The path of meditation: A step-by-step guide to meditation*. Mumbai, India: Rebel Publishing, 1998.

Panksepp, J. y Biven, L. *The archaeology of mind: Neuroevolutionary origins of human emotions*. Nueva York: Norton, 2012.

Pennachio, J. «Near-death experience as mystical experience», *Journal of Religion and Health*, *25*(1), 1986, págs. 64-72.

Pichert, J.W. y Anderson, R.C. «Taking different perspectives on a story», *Journal of Educational Psychology*, *69*(4), 1997, págs. 309-315.

Price, M.E., Cosmides, L. y Tooby, J. «Punitive sentiment as an anti-free rider psychological device», *Evolution and Human Behavior*, *23*, 2002, págs. 203-231.

Quaker faith and practice: The book of Christian discipline. Londres: The Yearly Meeting of the Religious Society of Friends (Quakers) in Britain, 2013.

Raichle, M.E. y Gusnard, D.A. «Appraising the brain's energy budget», *Proceedings of the National Academy of Sciences*, *99*(16), 2002, págs. 10237-10239.

Raine, K. *Collected poems*. Londres: Faber and Faber, 2019.

Rea, R. *Beyond brokenness*. Bloomington, IN: Xlibris Corporation, 2009.

Reps, P. (compilador). «Story 57: The Gates of Paradise», en *Zen flesh, Zen bones*. Londres: Pelican. (1957/1971).

Ricard, M. *Altruism: The power of compassion to change yourself and the world*. Londres: Atlantic Books, 2015.

—. *Enlightened vagabond: The life and teachings of Patrul Rinpoche*. Boulder, CO: Shambhala, 2017.

— y Singer, W. *Beyond the self*. Cambridge, MA: MIT Press, 2017.

Richins, M.L. «When wanting is better than having: Materialism, transformation expectations, and product-evoked emotions in the purchase process», *Journal of Consumer Research*, 40(1), 2013, págs. 1-18.

Rilke, R.M. *Rilke's book of hours: Love poems to God* (A. Barrows y J. Macy, trads.). Nueva York: Riverhead Books, 1997. [*Libro de las horas*. Madrid: Hiperión, 2005].

Rohr, R. (2019). *The universal Christ*. Londres: SPCK, 2019.

Rosenberg, L. y Zimmerman, L. *Three steps to awakening: A practice for bringing mindfulness to life*. Boston: Shambhala, 2013.

Ruchiraketu (2014). *Introduction to the metta bhavana*. Recuperado el 12 de octubre de 2020, de *https://thebuddhistcentre.com/system/files/groups/files/introduction_to_the_metta_bhavana_ruchiraketu.pdf*.

Salzberg, S. *Loving-kindness: The revolutionary art of happiness*. Boston: Shambhala, 1995.

Sangharakshita (trad.). *Dhammapada: The way of truth* (2.ª ed.). Cambridge, UK: Windhorse Publications, 2008.

Savin, O. *The way of the pilgrim*. Boston: Shambhala, 2001.

Saunders, J. *Next time I'll sing to you*. Londres: Andre Deutsch, 1962.

Schkade, D.A. y Kahneman, D. «Does living in California make people happy? A focusing illusion in judgments of life satisfaction», *Psychological Science*, 9(5), 1998, págs. 340-346.

Schneider, W. y Shiffrin, R.M. «Controlled and automatic human information processing: I. Detection, search, and attention», *Psychological Review*, 84(1), 1977, págs. 1-66.

Schwarz, N. y Clore, G.L. «Mood, misattribution, and judgments of well-being: Informative and directive functions of affective states», *Journal of Personality and Social Psychology*, 45(3), 1983, 513523.

Segal, Z.V., Williams, J.M.G. y Teasdale, J.D. *Mindfulness-based cognitive therapy for depression* (2nd ed.). Nueva York: Guilford Press, 2013.

Seng-ts'an. *Hsin-hsin Ming: Verses on the faith-mind* (R.B. Clarke, trad.). Buffalo, NY: White Pine Press, 2001. [*Shin Jin Mei: poema de la fe en el espíritu*. Madrid: Miraguano Ediciones, 2009].

Shah, I. *Thinkers of the East*. Harmondsworth, Middlesex, UK: Penguin Books, 1974.

Referencias bibliográficas 463

Shantideva, A. *A guide to the Bodhisattva's way of life* (S. Batchelor, trad.). Dharamsala, India: Library of Tibetan Works and Archives, 1979.

Shapiro, L. y Spaulding, S. «Embodied cognition», en E.N. Zalta (Ed.), *The Stanford encyclopedia of philosophy* (edición de otoño de 2021). Recuperado el 14 de diciembre de 2021, de *https://plato.stanford.edu/archives/win2021/entries/embodied-cognition*.

Simons, D.J. y Chabris, C.F. «Gorillas in our midst: Sustained inattentional blindness for dynamic events», *Perception, 28*(9), 1999, págs. 1059-1074.

Simons, H.A. «The architecture of complexity», *Proceedings of the American Philosophical Society, 106 (6)*, 1962, págs. 467-482.

Singer, W. «The neuronal correlate of consciousness: unity in time rather than space?», en A. Battro, S. Dehaene, M.S. Sorondo y W. Singer (eds.), *Neurosciences and the Human Person: New Perspectives on Human Activities*. Pontifical Academy of Sciences, *Scripta Varia, 121*, págs. 1-17. Vatican City, 2013.

Singh, K.D. *The grace in dying*. Nueva York: HarperCollins, 1998.

Smallwood, J. y Schooler, J.W. «The science of mind wandering: Empirically navigating the stream of consciousness», *Annual Review of Psychology, 66*, 2015, págs. 487-518.

Stanley, S., Purser, R.E. y Singh, N.N. (eds.). *Handbook of ethical foundations of mindfulness*. Cham, Suiza: Singer, 2018.

Steiner, G. *Martin Heidegger*. Nueva York: Viking, 1978.

Strack, F., Martin, L.L. y Stepper, S. (1988). «Inhibiting and facilitating conditions of the human smile: A nonobtrusive test of the facial feed-back hypothesis», *Journal of Personality and Social Psychology, 54*, págs. 768-777.

Strogatz, S. *Sync: The emerging science of spontaneous order*. Londres: Penguin, 2004.

Sullivan, W. «The Einstein papers: A man of many parts», *New York Times* (29 de mayo de 1972), pág. 1.

Sumedho, A. *The four noble truths* (edición ilustrada). Great Gaddesden, UK: Amaravati Publications, 2020.

Suzuki, S. *Zen mind, beginner's mind*. Nueva York: Weatherhill, 1970. [*Mente zen, mente de principiante: charlas informales sobre meditación y la práctica del zen*. Madrid: Gaia Ediciones, 2012].

Taylor, J.B. *My stroke of insight*. Nueva York: Viking, 2008.

Teasdale, J.D. «Cognitive vulnerability to persistent depression», *Cognition and Emotion, 2*, 1988, págs. 247-274.

464 Por qué funciona el mindfulness

— y Barnard, P.J. *Affect, cognition and change: Re-modelling depressive thought*. Hove, UK: Erlbaum, 1993.

— y Chaskalson, M. «How does mindfulness transform suffering? I. The nature and origins of *dukkha*» *Contemporary Buddhism, 12*(1), 2011a, págs. 89-102.

— y Chaskalson, M. «How does mindfulness transform suffering? II. The transformation of *dukkha*», *Contemporary Buddhism, 12*(1), 2011b, págs. 103-124.

—, Dritschel, B.H., Taylor, M.J., Proctor, L., Lloyd, C.A., Nimmo Smith, I. y Baddeley, A.D. «Stimulus-independent thought depends on central executive resources», *Memory and Cognition, 23*(5), 1995, págs. 551-559.

—, Segal, Z.V. y Williams, J.M.G. (1995). «How does cognitive therapy prevent depressive relapse and why should attentional control (mindfulness) training help?» *Behaviour Research and Therapy, 33*(1), págs. 25-39.

—, Williams, M. y Segal, Z. *The mindful way workbook: An 8-week program to free yourself from depression and emotional distress*. Nueva York: Guilford Press, 2014. [*El camino del mindfulness: un plan de 8 semanas para liberarse de la depresión y el estrés emocional*, Barcelona: Ediciones Paidós Ibérica, 2015].

Tejaniya, A. *Awareness alone is not enough*. Selangor, Malaysia: Auspicious Affinity, 2008.

Thānissaro, A. *The shape of suffering: A study of dependent co-arising*. Valley Center, CA: Metta Forest Monastery, 2008.

— (trad.). (30 de noviembre de 2013*a*), *Mahanidana Sutta: The great causes discourse* (*Digha Nikaya* 15). *Access to Insight* (edición). Accesible en *www. accesstoinsight.org/tipitaka/dn/dn.15.0.than.html*

— (trad.). (30 de noviembre de 2013*b*). Itivuttaka: The group of ones *Itivuttaka* págs. 1-27). *Access to Insight* (edición BCBS). Accesible en *www.accesstoinsight.org/tipitaka/kn/iti/iti.1.001-027.than.html*.

Tolle, E. *The power of now*. Londres: Hodder & Stoughton, 2005. (Libro original publicado en 1999). [*El poder del ahora: un camino hacia la realización espiritual*. Madrid: Gaia Ediciones, 2001-2005].

—. *Stillness speaks*. Londres: Hodder & Stoughton, 2011 (Libro original publicado en 2003).

Varela, F.J., Thompson, E. y Rosch, E. *The embodied mind* (rev. ed.)*: Cognitive science and human experience*. Cambridge, MA: MIT Press, 2017.

Warneken, F., Hare, B., Mellis, A.P., Hanus, D. y Tomasello, M. «Spontaneous altruism by chimpanzees and young children», *PLoS Biology*, *5*(7), 2007, págs. 1414-1420.

—, Tomasello, M. «Varieties of altruism in children and chimpanzees» *Trends in Cognitive Science*, *13,* 2009, págs. 397-402.

Watts, A. *The way of Zen*. Nueva York: Vintage, 1957. [*El camino del Zen*. Barcelona: Editora y Distribuidora Hispano Americana, S.A. (EDHASA), 2003-2009].

Índice*

abandono de uno mismo, 304-305
acción
  afectos básicos y, 115-116
  comportamiento ético y, 410-415
  conocimiento holístico-intuitivo y,
    118-119
  flujo y, 323-325
  memoria de trabajo conceptual y,
    173-174, 174*f*
  piloto automático y, 220-222
  visión de conjunto, 446-447
  sentimientos positivos y, 140-141
acciones poco éticas, 412, *véase
  también* comportamiento ético
aceptación, 60, 198-201, 408
actividad mental flexible, 343-345, 375
afecto, 121-123, 195-203
  básico de IRA, 114
  central del CUIDADO, 114, 116, 122
  central del DESEO, 113
  central del JUEGO, 115, 122, 257
  central del MIEDO, 113-115
afecto central de la BÚSQUEDA
  cambiar la forma en que la mente
    trabaja con la información y,
    257-258
  descentramiento y, 232
  entrenamiento en mindfulness y,
    197, 200
  resumen, 88-89, 113-114
  vidas empobrecidas y, 284-287

afectos básicos no instrumentales, 113-
  114, *véase también* afectos básicos
  instrumentales
afectos centrales instrumentales, 113-115
ahora, 369-372, 396
aislamiento, 56
alegría de estar vivos, 270, 282, 289
alimentación consciente, 165, 204-207,
  206*f*, 207*f*, 208
altruistas, 430, *véase también*
  compasión; bondad
amor
  compasión y, 429
  conocedor, 311-317
  despertar y, 30, 311-317, 380-384,
    389-392, 396-397, 433-442
  impersonal, 439-441, *véase también*
    amor
  incondicional, 311-317, 389-391,
    395-397
  sentimientos agradables y, 343-344
  sin límites, 311-317, 389-398, *véase
    también* amor
analogía de la reina de los prados, 444
anattā, 304, *véase también* ansiedad,
  257, 269; *véase también* sufrimiento
ansiedad, 56, 420
apego al yo, 304-305
aprendizaje, 138
aspirina, 444
atemporalidad, 332, *véase también* lujo

---

* Nota: *f*, *n* o *c* después de un número de página indica figura, nota a pie de página o cuadro.

468 Por qué funciona el mindfulness

atención
  afecto y motivación y, 196-197
  amor y, 439-441
  cambiar la información con la que
    trabaja la mente, 253-256
  cambiar la visión general de lo que
    se está trabajando y, 264-265
  descentramiento y, 229-233
  enfoque amplio, 117-120
  enfoque estrecho, 117-120
  mente de principiante, 193-194
  mindfulness y, 182-185, 209-213
  mundos de experiencia y, 121-123,
    146-150
  procesamiento controlado y, 167-169
  selectiva, 211-212
  sin juicios, 183-185, 193-194, 217-220
  soltar y, 415-418
autoaceptación, 267
autoconcepto, 41-47
  operativo, 40, 45
autoconocimiento, 223-227, 225*f*, 414-
  415, *véase también* conocimiento de
  sí mismo
autocrítica, 267
autoguías, 54, 55, 58-61
autojuicio, 267
aversión, 198, 216, 248, 261, 266, 418-
  421, 427
ayudar, 430, *véase también* compasión;
  bondad

Bahiya, 295-296
bienestar, 385
bondad, 267, 430, *véase también*
  bondad amorosa
bondad amorosa
  caminos hacia el despertar y, 423,
    434-435
  compasión y, 423-426
  intención y objetivos y, 238-239

papel en las prácticas de
  mindfulness, 266
Bourgeault, Cynthia, 203, 233, 294,
  305*n*, 322, 387, 390, 404
bucles, mentales, 74-77, 76*f*, 246-251,
  247*f*, 249*f*, *véase también* bucles de
  feedback; bucles de procesamiento
bucles de *feedback*, 247*f*, 249*f*, 329,
  véase también bucles mentales
bucles de procesamiento, 74-77, 76*f*,
  véase también bucles mentales
Buda, *véase también* budismo
  comportamiento ético y, 413
  conocimiento y, 222-223
  consciencia y, 213
  despertar de la mente y, 295-296,
    306-309
  mente de principiante y, 193-194
  objetivos e intenciones y, 239
  Satipaṭṭhāna Sutta, 98*n*
  símil de los seis animales, 129
  soltar y, 422
  temor, ansia y sufrimiento y, 56
  vacío, 347-349
budismo, *véase también* Buda
  amor y, 434-437
  compasión y, 432
  conceptos y realidad y, 87
  consciencia centrada en el presente,
    214
  enfoque alternativo a la evitación
    experiencial, 245-246
  la mente errática y, 276-277
  mente despierta y, 295, 303-309, 312
  símil de los seis animales, 129
  soltar y, 202-203, 417-419
  yoificación y, 61-63
buena voluntad, 267, 310, 389-392,
  396-397
buenos sentimientos, *véase también*
  sentimientos positivos

búsqueda de la felicidad, *véase también* felicidad

cambio, 251-270, 380

caminos hacia el despertar, *véase también* despertar/despertar de la mente
amor, 433-442
compasión, 423-433
comportamiento ético, 410-415
resumen, 404-410, 443-447
soltar y, 415-423

Chanda, 382

cielo/infierno, 52-53, 306, 381

cognición incorporada, 20

coherencia, 141-146, 150-151, 205-206, 207*f*
ampliamente distribuida, 206, 207*f*

comer con atención, 165, 205-207, 206*f*, 207*f*, 208

compasión
caminos hacia el despertar, 30, 423
despertar del corazón/mente y, 27-28, 310-313, 389-392, 396-397
HOLISMOS y, 407
papel de las prácticas de mindfulness, 266-267

comportamiento, *véase también* acción
ético, 30, 410-415
manifiesto, 139-141, *véase también* acción

compromiso
compasión y, 426-427
construcción de totalidades y, 155-157
estar presente/comprometido con la experiencia, 228
HOLISMOS y, 366-367
interrelación y, 334-339
ver Todo en todo y, 402

concentración, 209-213, *véase también* atención

conceptos (ideas), 67, 71-77, 73*f*, 76*f*, 83-86

conceptos como abstracciones, 67, 71, 73*f*, 76*f*, 77, 85

condicionamiento, 109, 138

conexión
autoguías y, 58-61
despertar de la mente y, 28, 389-398
despertar interior y, 386
miedo, dolor y desconexión y, 57-58
resumen, 343-344

configuración, 93-94

conocimiento, *véase también* conocimiento conceptual; conocimiento holístico-intuitivo
abstracto, 85, 111
amor y, 314
autorreflexivo, *véase también* metaconsciencia
consciente, 204-208, 206*f*, 207*f*, 220-222, 229-233, *véase también* consciencia
estar comprometido y presente con la experiencia, 227-228
estilos de atención estrecha y amplia y, 117-120
implícito, 324-325, *véase también* conocimiento holístico-intuitivo
incorporado, 101-103, 189-192, 191, 265-266*f*, *véase también* estados corporales
información sensorial, 111
mente despierta y, 389-398
mindfulness y, 24
metaconsciencia, 223, 225*f*
no conceptual, 226, *véase también* conocimiento
parábola del maestro y su emisario y, 369-374
por-resonancia, 155-157, 361
procesamiento controlado y, 167-169

propositivo, *véase también* conocimiento conceptual

resonancia y, 155-157, 360-361, 402-403

ver Todo en todo y, 402

visión general, 22-23, 124c

conocimiento conceptual

afecto y motivación y, 196

bucles de procesamiento y, 75, 76f

características de, 68-71

consciencia y, 204-207, 206f, 207f

estrategia para alcanzar objetivos y, 78-81

experiencia subjetiva y, 177

metaconsciencia, 224, 225f

mindfulness y, 24, 266

motor central de la cognición y, 168, 171f

nuestra relación con, 86-90

procesamiento controlado y, 168

parábola del maestro y su emisario y, 370, 374

sistema de autoperpetuado y, 61-63

soltar y, 417-418

viaje mental en el tiempo y, 64-65

visión de los SCI sobre la mente humana y, 71-74, 73f

visión general, 9, 22-25, 36-41, 66-67, 122-123, 124t, 446-447

conocimiento holístico-intuitivo, *véase también* HOLISMOS

acción y, 118-119

afecto y motivación y, 196

afectos centrales y, 113-116

aspectos de la relación y el parentesco, 93-97, 96f

bucles de procesamiento y, 75, 76f

compasión y, 432

compromiso y, 155-156, 227-228

consciencia y, 185-188, 188f, 204-207, 206f, 207f, 218

despertar de la mente y, 379

estado de flujo y, 323

estados corporales y, 189-192, 191f

HOLISMOS y, 360

memoria de trabajo y, 179-180

mente de principiante, 193-194

metaconsciencia, 223-227, 225f

mindfulness y, 22-24, 165-167

modelos mentales y, 108-110

motor central de la cognición y, 169, 171f

objetivos e intenciones y, 235-236

parábola del maestro y su emisario y, 375

procesamiento controlado y, 167-169

procesamiento multimodal y, 103-107, 105f, 107f

procesos centrales en mindfulness y, 181

resumen, 9, 22-27, 66, 97-100, 110-111, 110f, 124c, 222, 369-370

soltar y, 417

ver Todo en todo y, 402

visión de la mente humana y, 71-73, 73f

consciencia, *véase también* HOLISMOS; mindfulness; experiencia actual

amor del despertar y, 383

amplia, 209-213

centrada en el presente de la, 214-217

consciencia instrumental y no instrumental, 352-358

consciencia pura, 365-367

descentramiento y, 229-233

espiritual, 322

estrecha, 209-213

experiencia subjetiva y, 176-179

HOLISMOS y, 358-361, 364

instrumental, 352-359, 363

mantener la consciencia, 185-188, 188f

metaconsciencia, 223-227, 225f

motor central de la cognición y, 171*f*
no instrumental, 352-361, 420
objetivos e intenciones y, 237-238
patrón cosechar-almacenar-integrar
   y, 339-341
piloto automático y, 220-222
pura, 365-367, *véase también*
   HOLISMOS
que es a la vez estrecha y amplia,
   209-213
relaciones cercanas y, 337-338
resumen, 204-208, 206*f*, 207*f*, 345-347
rica y multidimensional, 208-209
sabiduría de la consciencia-
   vacuidad, 347-352
sin objeto, 418
sin prejuicios, 217-220
soltar y, 420-421
ver Todo en todo y, 402
construcción automática de totalidades,
   138, 141-146, *véase también*
   construcción de totalidades
construcción de totalidades, *véase*
   también totalidad
cambiar la visión de lo que se está
   trabajando, 259-261
compromiso y, 155-157
conocimiento holístico-intuitivo y,
   110-112, 110*f*
consciencia y, 185-188, 188*f*
despertar de la mente y, 395-398
felicidad de, 137-146
flexible en comparación con la
   fabricación automática de
   totalidades, 141-146
holarquías mentales y, 126-137,
   127*f, 128f*
HOLISMOS y, 359
memoria de trabajo holística-
   intuitiva y, 174-175, 175*f*
mente errática y, 277

mindfulness y, 288-290
modelos mentales de orden superior
   y, 330-332, 332*f*
mundos de experiencia y, 146-150, 149*f*
objetivos e intenciones y, 234
piloto automático y, 220-222
resonancia simpática, 151-155, 152*f*
resonancia y, 150-151, 155-157
sentimientos positivos y, 150-151
ventajas evolutivas de, 128-137
visión de la mente humana y, 105, 105*f*
construcción flexible de totalidades,
   véase también construcción de
   totalidades
en comparación con construcción
   automática de totalidades, 141-
   146
experiencia subjetiva y, 177
memoria de trabajo holístico-
   intuitiva y, 175
memoria de trabajo y, 179-180
mente errática y, 278
procesamiento controlado y, 167-
   171, 171*f*
procesos centrales en mindfulness
   y, 181
resonancia y, 155-157
resumen, 139-140
continuidad-en-el-cambio
estado de flujo y, 321-326
modelos mentales de orden superior
   y, 330-334, 331*f, 344*
relaciones íntimas y, 337
sentimientos agradables y, 343-344
corazón, 441
corazón/mente, 22, 188, *véase también*
   mente
Covey, Stephen R., 92, 115-116, 168, 177
creación de totalidades, 139, 153,
   véase también «construcción de
   totalidades»

472 Por qué funciona el mindfulness

cristianismo
  amor del despertar y, 381
  mente despierta y, 294, 301-303,
    306-307, 313-317
  soltar y, 202-203, 417-418
Cuatro nobles verdades, 421-423
cuidado, 28, 310, 437-441
Csikszentmihalyi, Mihaly, 318, 319,
  323, 327

Dalái Lama, 122, 211, 312, 414, 427
depresión, 248, 257, 263, 269, *véase*
  también sufrimiento
desapego, 415-416, *véase también*
  soltar/dejar ser
descentramiento, 229-233
desconexión, 24, 57-58, 76, *véase*
  también separación
desenlace positivo, 285-286
deseo, objetos de, 71
despertar/despertar de la mente, *véase*
  también despertar interior; caminos
  hacia el despertar
  altamente valorado/intrínsecamente
    positivo, 294, 306-309, 379-389
  amor del despertar, 380-384
  amor incondicional/compasión/
    buena voluntad en, 294, 310-317,
    389-392, 396-397
  amor ilimitado e incondicional y,
    311-317
  comportamiento ético y, 410-415
  HOLISMOS y, 361
  no dualidad y no separación en, 294,
    295-303, 376-379
  parábola del maestro y su emisario
    y, 369-376
  patrón de cosechar-almacenar-
    integrar y, 339-341
  resumen, 28, 293-294, 373-376,
    443-447

  trasciende la percepción del yo
    separado, 303-306
  ver todo en todo y, 398-403
despertar interior, *véase también*
  despertar/despertar de la mente
  naturaleza abstracta de los conceptos
    y, 71-72, 76
  percepciones de dualidad y
    separación y, 376-379
  retorno y reconexión y, 384-388
  soltar y, 417
  visión dualista del mundo y, 69
  visión general, 28-29, 443-447
desprendimiento, 426
diálogo de la visión profunda, 337
dicha
  amor al despertar, 380-384
  del retorno y la reconexión,, 384-387
  esperanza incondicional y, 388
  estado de flujo y, 319-321, 329
  integridad y, 344
  por la felicidad de los demás, 267-
    268
  soltar y, 420-421
  ver Todo en todo y, 402
diferentes yoes, 38-47
  Dios, 294, 301-303, 312-317
distracción, 254-255, *véase también*
  distracción de la atención
divagación mental, *véase también*
  mente errática
dolor, 49-51, 200, *véase también*
  sufrimiento
DOLOR, afecto central, 57-58
dualidad, 28, 295-306, 376-377
  sujeto-objeto, 295-299
  yo-Dios, 294-295, 301-303
  yo-otro, 299-301
duelo, 57-58
dukkha, 35

Índice   **473**

ecuanimidad, 388
eficacia personal, 261
ejercicio de la pasa, 194
ejercicio *Takete-Maluma*
  estado de flujo y, 331-332
  organización holárquica y, 131-132
  ver Todo en todo y, 398-400
  visión general, 104-108, 107*f, 111-112*
el yo que deberíamos ser, 48, *véase*
  también yo
elección, 221-222
enseñanza de las dos flechas (*Sallatha
  Sutta*), 49-51
entrenamiento en mindfulness, *véase*
  también mindfulness
  afecto y motivación, 195-203
  atención y, 182-185
  descentramiento y, 229-233
  estados corporales y, 189-192, 191*f*
  mantener la consciencia, 185-188, 188*f*
  mente de principiante, 193-194
  resumen, 182
esfuerzo, 54-55, 420, *véase también*
  felicidad
esperanza incondicional, 384-389
estado de ánimo único, *véase también*
  concentración; flujo
estados corporales, *véase también*
  conocimiento incorporado;
  experiencia sensorial
  aceptación y, 201
  descentramiento y, 229-233
  metaconsciencia y, 226
  mindfulness y, 189-192, 191*f, 263*
  significados holístico-intuitivos y,
    101-103
estados emocionales, 254-255
estilo de atención más amplio, 117-
  120, *véase también* atención
estilos estrechos de atención, 117-121,
  véase también atención

estimulación, 392
estrategia conceptual de consecución
  de objetivos, 76-81, 174
estrés, 257, 269, *véase también*
  sufrimiento
estructura atomística del conocimiento
  conceptual, 67, 68
estructura profunda, 135
estructuras y funcionamiento del
  cerebro, *véase también* hemisferio
  izquierdo, mundo del; hemisferio
  derecho, mundo del
  compasión y, 429-431
  consciencia y, 205
  construcción de totalidades y, 137
  el yo narrativo y experiencial y, 283
  mente errática y, 272-275
  parábola del maestro y su emisario
    y, 370
  resonancia simpática y, 151-153
  significados holístico-intuitivos y, 102
evaluación multimodal integradora,
  véase también procesamiento
  multimodal
evitación, 50, 51, 98, *véase también*
  evitación experiencial
evitación experiencial, *véase también*
  rumiación
  cambiar la forma en que la mente
    trabaja con la, 257-258
  enfoque alternativo a, 245-246
  sistemas autoperpetuados y, 251
  vidas empobrecidas y, 287-288
  visión general, 242-244
expectativas para el futuro, 39, 43-44,
  109, 356-357, *véase también* futuro;
  objetivos
experiencia, *véase también* experiencia
  actual; experiencia sensorial
  amor y, 438-441
  compasión y, 430

474 Por qué funciona el mindfulness

conceptos y realidad y, 86-90
conocimiento conceptual y, 70-71
conocimiento holístico-intuitivo y, 99
consciencia instrumental y no
  instrumental, 352-358
descentramiento y, 229-233
el retorno y la reconexión y, 384-385
estado de flujo y, 330-334, 332*f*
estar presente/comprometido con la
  experiencia, 227-228
estilos de atención estrecha y amplia
  y, 117-120
evitación experiencial y, 242-246
HOLISMOS y, 366
interpretación de, 102-103
memoria de trabajo y, 176-179
mente errática y, 270-272
parábola del maestro y su emisario
  y, 368-376
perspectivas y, 146-150
experiencia actual, *véase también*
  consciencia
consciencia de la experiencia y,
  214-217
entrenamiento en mindfulness y,
  182-185
estado de flujo y, 319-321
estados corporales y, 189-190
estar comprometido y presente con
  la experiencia, 227-228
experiencia subjetiva y, 176-179
visión general, 166-167
experiencia de cada momento,
  370, *véase también* experiencia;
  experiencia presente
experiencia sensorial, *véase también*
  estados corporales; experiencia
conocimiento holístico-intuitivo y,
  110-112, 110*f*
conocimiento incorporado y, 101-
  103

descentramiento y, 229-233
experiencia subjetiva y, 176
memoria de trabajo holístico-
  intuitiva y, 174-175, 175*f*
mindfulness y, 165-167
procesamiento multimodal y, 103-
  107, 105*f*, 107*f*
experiencia subjetiva, 176-179, *véase
  también* experiencia
experiencia yo-tú, 337-339, 386, 401
experiencias actuales, *véase también*
  experiencia presente
experiencias internas, 242-244, *véase
  también* experiencia
experimento del gorila, 122, 199
experimento del oso blanco, 243

fascinación (suave y dura), 357
Feldman, Christina, 41-42, 162, 195,
  228, 233
felicidad, *véase también* objetivos;
  sentimientos positivos
autoguías y, 60-61
compasión y, 426-429
comprar para ser feliz, 43-45
consciencia instrumental y, 357
construcción de totalidades y, 135
enseñanza de las dos flechas
  (*Sallatha Sutta*) y, 49-51
ideas del yo y, 39-41
la secuencia del esfuerzo y, 54-55
memoria de trabajo y, 179-180
mente errática y, 270-275
miedo, dolor y desconexión, 57-58
miedo y ansiedad y, 56
objetos de deseo y, 71
proteger el yo, 51-53
teoría de la autodiscrepancia y, 47-49
vidas empobrecidas y, 287
visión general, 24-25
yoificación y, 61-63

Índice

475

flujo
  continuidad-en-el-cambio y, 321-326
  dicha intrínseca de, 320-321
  generalización a partir de, 327-329
  interrelación y, 344, 356-358
  modelos mentales de orden superior
    y, 330-334, 332*f*
  relaciones cercanas y, 337
  resumen, 28-29, 319-320
  soltar y, 419-420

generosidad, 441
gestalts, 94-97, 96*f*

Hanh, Thich Nhat, 162, 164, 204, 233,
    269, 280, 350-351, 385, 400
hemisferio, *véase también* estructuras
    y funcionamiento del cerebro;
    hemisferio izquierdo, mundo de;
    mundo del hemisferio derecho
hemisferio derecho, mundo del, 89n,
    119, 370, 379-380
hemisferio izquierdo, mundo del, 89,
    119, 370
historia de un samurái, 52
historia del metro, 115, 168, 177
holarquía, *véase también* holarquías
    mentales
  consciencia y, 211
  modelos mentales de orden superior
    y, 331, 331*f*
  resumen, 126-137, 127*f*, 129*f*
  ver Todo en todo y, 398-401,
    401*f*
holarquía informativa, 129-134, *véase*
    también holarquía
holarquías mentales, *véase también*
    holarquía
  modelos mentales de orden superior
    y, 331, 331*f*
  ventajas evolutivas de, 126-137

ver Todo en todo y, 398-401, 401*f*
visión general, 126-127, 127*f*, 129*f*
HOLISMOS, *véase también* modelos
    mentales de orden superior;
    conocimiento holístico-intuitivo;
    supramodelos
  activación e integración de, 395-398
  amor y, 383, 434-442
  caminos hacia el despertar, 405-410
  compasión y, 427-434
  comportamiento ético y, 412-413
  consciencia pura, 365-367
  despertar y, 368-379, 383
  esperanza incondicional y, 387-389
  parábola del buen samaritano y, 391
  resumen, 358-364
  soltar y, 415-423
  ver Todo en todo y, 398-403, 401*f*
humor, 144

ideas, *véase también* conceptos (ideas)
identidad, 334-337
iluminación, 294, *véase también*
    despertar/ despertar de la mente
ilusión, 286, 348, 376, 407
imaginario, 75, 435
información (patrones), 127, 127*f*, 171-
    172, 205-206
  conceptual, 174-175, 174*f*
  procedente del «mundo»,73, 73*f*
intenciones
  amor y, 436-441
  compasión y, 423-426
  comportamiento ético y, 410-413
  flujo y, 330
  resumen, 233-240
  soltar y, 415-416
interacciones bidireccionales, 74
interconexión, 24, 349-350, 376-377,
    389-390, 396-397, *véase también*
    conexión

476 Por qué funciona el mindfulness

interdependencia, 350, 379-380
interrelación, 27-28, 334-339, 336*f*,
384-387, 437.441, *véase también*
relación; experiencia yo-tú

Jesús
consciencia carente de juicios, 217
despertar y, 294, 306, 313-314, 381
oración, *véase también* oración
parábola del buen samaritano y, 391
percepción de un yo separado y, 305
sabiduría de la consciencia-vacuidad
y, 351
soltar y, 417-418
judaísmo, 203, 381, 442
jasídico, 441-442
juicios, 184, 192, 267, 286

Kabat-Zinn, Jon, 161, 162, 183, 187,
195, 197, 198, 214, 223, 234, 267,
377, 421, 441, 445
kenosis, 306

lavar los platos, 279-282, 281*f*
lenguaje, 89-90

Manos dibujando (Escher), 148, 149*f*,
156, 228
mantener en la consciencia, 185-188,
188*f*, *véase también* consciencia;
entrenamiento de mindfulness
MBCT, *véase también* terapia
cognitiva basada en la atención
plena (MBCT)
MBSR, *véase también* reducción del
estrés basada en la atención plena
(MBSR)
McGilchrist, Iain, 117-120, 148, 368-
369, 378, 379-380, 446
meditación, 265-266, 417, 425, 434
memoria, 139, 141-146, 171-180, 174*f*,

175*f*, 424, *véase también* modelos
mentales; memoria de trabajo
memoria de trabajo
consciencia y, 185-188, 188*f*, 206*f*,
207*f*, *214-217*
experiencia subjetiva y, 176-19
mente errática y, 281*f*
metaconsciencia, 223-227, 225*f*
objetivos e intenciones y, 237-240
visión general, 171-179, 175*f*
memoria de trabajo conceptual, *véase
también* memoria de trabajo
consciencia carente de juicios, 217
mente errática y, 278*f*
metaconsciencia, 223-227, 225*f*
resumen, 173-174, 175*f*
memoria de trabajo holístico-intuitiva,
véase también memoria de trabajo
compasión y, 432
consciencia y, 185-188, 188*f*, 214-
217
estado de flujo y, 323
evitación experiencial y, 245-246
mente errática y, 276-277, 278*f*
metaconsciencia, 224, 225*f*
objetivos e intenciones y, 237-238
práctica de mindfulness y, 267
visión general, 174-175
mente, *véase también* corazón/mente
afecto y motivación y, 195-197
cambiar la forma en que la mente
trabaja con la información, 256-
259
cambiar la visión de lo que se
procesa, 259-268
consciencia y, 187, 205-206, 206*f*,
207*f*
construcción de totalidades y, 137
de principiante, 193-194
dividida, 207*f*, 281
mente de principiante, 193-194

Índice **477**

metaconsciencia, 223-227, 225*f*
organización holárquica y, 131-134
patrón de cosechar-almacenar-
integrar y, 339-341
procesos centrales en mindfulness
y, 181
resumen, 22-23
significados holísticos-intuitivos y,
103-104
unificada, 206*f*
visión de SCI de, 72-73, 73*f*, 105,
105*f*
«mente de mono», 277, *véase también*
«mente errática»
mente errática
despertar de la mente y, 376-379
intención y objetivos y, 235
mindfulness y, 272-282, 278*f*, 281*f*
vidas empobrecidas y, 284-290
visión general, 41-43, 270-272, 288
metaconsciencia, 223-227, 225*f*, 229-
233, 261-262
metáfora de la navegación en la niebla,
322
metáfora del agua quieta que fluye,
326, 329
metáfora del tesoro escondido
consciencia pura, 365-367
despertar de la mente y, 306-307, 381
HOLISMOS y, 392
resumen, 342-345
sabiduría de la consciencia-vacuidad
y, 347-352
metáfora del tesoro perdido, *véase
también* metáfora del tesoro
escondido
Metta Sutta, 312
miedo, 57-58
mindfulness, *véase también*
consciencia; conocimiento
aceptación y, 198-201

creación de nuevos modelos
mentales a través de, 259-268
descentramiento, 229-233
distintos puntos de vista de, 26
estar comprometido y presente con
la experiencia, 227-228
estrategias de cambio y, 251-268
formas de conocimiento y, 22-25
holarquías mentales y, 131
intención y objetivos respecto a la
práctica de mindfulness, 233-240
memoria de trabajo y, 171-179, 175*f*
mente errática y, 270-282, 278*f*, 281*f*
no esfuerzo y, 196-197
perspectiva de los SCI sobre, 179-
181
piloto automático y, 220-222
práctica, 20-22
procesos centrales en, 164-167,
180-181
resumen, 10, 161-164, 269-270,
443-447
símil de los seis animales, 129
soltar y, 417-418
sufrimiento y, 27
vidas empobrecidas y, 284-290
yo narrativo y experiencial y, 282-284
misericordia, 390, 397
modalidades de la mente, 370
modelo de sistema, 357, *véase también*
HOLISMO
modelo de subsistemas cognitivos
interactivos (SCI)
aceptación y, 201
afecto y motivación y, 195-203
amor y, 434-435, 441
análisis de los SCI, 27
consciencia carente de juicios, 217-
218
consciencia plena y, 204-208, 206*f*,
207*f*, 214-217

despertar de la mente y, 316-317, 404-410

enfoque alternativo a la evitación experiencial, 245-246

entrenamiento en mindfulness y, 183-185

esperanza incondicional y, 388

estados corporales y, 189-191, 191*f*

intención y objetivos y, 233-240

mantener la consciencia, 185-188, 188*f*

memoria de trabajo y, 173-175, 175*f*

metaconsciencia, 223-227, 225*f*

procesamiento controlado y, 168-169

sistemas autoperpetuados y, 246-251, 247*f*, 249*f*

soltar y, 201-203

visión de la mente, 71-73, 73*f*, 105*f*

visión general, 10-15, 20, 72, 164, 182, 443-447

modelos de sistemas dinámicos, 335

modelos mentales, *véase también* modelos mentales, modelos mentales de orden superior; memoria; HOLISMOS; modelos mentales; supramodelos; sistema-modelo

acción y, 115

afectos básicos y, 115-116

atención y, 146-150

cambiar la *visión* general de lo que se está trabajando, 259-268

compasión y, 431

conocimiento holístico-intuitivo y, 110-112

consciencia y, 214-217

creación de totalidades y, 138-139

desarrollo de nuevos modelos mentales con mindfulness, 259-264

descentralización y, 232

estar presente/comprometido con la experiencia, 227-228

experiencia subjetiva y, 177

flexible en comparación con la creación automática de totalidades, 141-146

flujo y, 323-326, 330-334, 332*f*

interrelación y, 334-336, 336*f*

mantener la consciencia, 185-188, 188*f*

memoria de trabajo holístico-intuitiva y, 174-175, 175*f*

mente despierta y, 376-379

patrón de cosechar-almacenar-integrar y, 339-341

piloto automático y, 220-222

procesamiento controlado y, 167-171

relaciones cercanas y, 338

resonancia, compromiso y, 155-157

visión general, 108-110, 181

modelos mentales de orden inferior, 334-337, 336*f*, *véase también* modelos mentales

modelos mentales de orden superior, *véase también* flujo; HOLISMOS; relaciones íntimas; modelos mentales

compasión y, 430

flujo y, 330-334, 331*f*

interrelación y, 334-337, 336*f*, 338

parábola del buen samaritano y, 391

modelos mentales holístico-intuitivos, 324-325

modo de conocimiento experiencial, 98-99, 222-223, 227-228, *véase también* conocimiento holístico-intuitivo; conocimiento

modo mental habitual por defecto, 377, 404-405

motivación, 195-203

Índice **479**

motor central de la cognición, 168-169, 171*f*, 275-282, 278*f*, 281*f*, *370*, *véase también* recursos ejecutivos
mundos de la experiencia, *véase también* experiencia
  hemisferio derecho y, 89*n*, *119*
  hemisferio izquierdo y, 89, 119
  visión general, 121-123, 146-150, 149*f*

narrativas personales, 272-275
niños, 95, 114, 423, 425
nirodha, 420
nirvana, 420
no dualidad, 119, 295-303, 376-379, *véase también* dualidad
no esfuerzo, 197-198, *véase también* esfuerzo
no separación, 295-303, 376-379, *véase también* separación
no tener cabeza, 371-372, 409
no yo, 304
Noble Óctuple Sendero, 444
Noble Verdad, 421
normas culturales, 59, 410-411

objetivos, *véase también* expectativas para el futuro; futuro; procesamiento centrado en objetivos; Felicidad
  acción dirigida a objetivos, 71-72, 76-77
  amnesia mientras permanece absorto en un concepto de sí mismo y, 41-43
  autoguías, 54
  búsqueda de la felicidad y, 56
  caminos hacia el despertar y, 404-406
  comprar para ser feliz, 43-45
  consciencia instrumental y, 356
  estado de flujo y, 320-326

  estrategia para alcanzar, 78-81
  futuros yoes, 43-44
  imaginar, 64
  mindfulness y, 167-168
  modelos mentales y, 108-110
  naturaleza abstracta de los conceptos y, 71-72
  secuencia de esfuerzo y, 54-55
  sistema autoperpetuado y, 61-63
  teoría de la autodiscrepancia y, 47-49
  visión general, 233-239
objetos de deseo, 71
observación consciente de uno mismo, 42
observador, 230-233
Óctuple Sendero, Noble, 444
oración, 238, 375, 417
oración centrada, 417, *véase también* oración
orden implícito, 131-134
origen independiente (coemergencia dependiente), 347-348, 361-364
otros, los
  despertar de la mente y, 295, 299-301
  interrelación y, 334-336, 326*f*
  soltar y, 415-416
  ver Todo en todo y, 402

parábola
  de los ciegos y el elefante, 163-164
  de Milarepa y los demonios, 418-419
  del buen samaritano, 391, 393-395
  del maestro y su emisario, 368-376
  del relojero, 125-126, 388
parábola/experimento del buen samaritano, 391, 393-395, 398, 431
patrón de cosechar-almacenar-integrar, 339-341, 344-345
patrones (totalidades), 138-139, 171-172

480 Por qué funciona el mindfulness

patrones auditivos, *véase también*
 experiencia sensorial
 entrenamiento en mindfulness y,
  189-191, 191*f*
 procesamiento multimodal y, 106-
  108, 107*f*
patrones visuales, *véase también*
 experiencia sensorial
 entrenamiento en mindfulness y,
  190-191, 191*f*
 procesamiento multimodal y, 105-
  108, 107*f*
pausa, 337-338
pensamiento
 conceptual, 22, 272-275
 distorsionado, 87
 egoico, 322
 negativo, 87, 246-251, 247*f*,
  249*f*, 253-256, *véase también*
  pensamiento/pensamientos
pensar/pensamientos, *véase también*
 mente errante; pensamiento negativo
 conceptos y realidad y, 86-89
 descentramiento y, 229-233
 despertar de la mente y, 376-379
 experiencia subjetiva y, 176
 motor central de la cognición y, 168-
  171, 171*c*
 objetivos e intenciones y, 235-237
perdón, 415, *véase también* soltar/
 dejar ser
perspectiva evolutiva
 compasión y, 429-431
 conocimiento conceptual y, 66-67
 construcción de totalidades y, 139-
  141
 holarquías mentales y, 126-138
 modelos mentales de orden superior
  y, 330
 significados holístico-intuitivos y,
  102-103

perspectivas rígidas, 375
piloto automático, 170, 171*c*, 177,
 220-222
plenitud, 28
 interior, 343, *véase también* totalidad
pobreza espiritual, 306
poesía
 compasión y, 426-429
 conocimiento holístico-intuitivo y,
  97-99
 despertar interior y, 386
 dualidad y separación y, 301-303
 interrelación y, 334-337
 resumen, 64
 sabiduría de la consciencia-vacuidad
  y, 349-351
 ver Todo en todo y, 399
posibles yoes
 autoguías y, 58-61
 enseñanza de las dos flechas
  (*Sallatha Sutta*) y, 49-51
 orígenes de, 58-61
 proteger, 51-53
 resumen, 45-47
 secuencia de esfuerzo y, 54-55
 teoría de la autodiscrepancia y,
  47-49
 yoificación y, 61-63
postura, 111, 191, 250, 264
práctica
 de *metta*, 435-436, *véase también*
  bondad amorosa
 de «respirar con», 213
prestar atención deliberadamente,
  182-185, 193-194, *véase también*
  atención
previsión afectiva, 44, 80
procesamiento automático, 167, 256-259
procesamiento centrado en objetivos,
  véase también objetivos
 aceptación y, 198

cambiar la forma en que la mente
trabaja con la información y,
257-258
caminos hacia el despertar y, 404-406
entrenamiento en mindfulness y,
183-185
estado de flujo y, 321-326
experiencia subjetiva y, 177-178
memoria de trabajo y, 179-180
soltar y, 201-203
procesamiento conceptual, 278-282,
281*f*, 283-290, *véase también*
procesamiento controlado
procesamiento controlado, *véase
también* recursos ejecutivos
consciencia y, 204-208, 206*f*, 207*f*
entrenamiento de mindfulness y,
183-184, 198-201
experiencia subjetiva y, 176-179
memoria de trabajo holístico-
intuitiva y, 176-177
mente errática y, 277-282, 281*f*
piloto automático y, 220-222
resumen, 167-171, 171*f*
procesamiento controlado holístico-
intuitivo, 183, 198-201, 322
procesamiento multimodal, 104-108,
105*f*, 107*f*
proceso, 327, 329
de toma de decisiones, 102, 192
procesos centrales en mindfulness,
164-167, 180-181, *véase también*
mindfulness

reaccionar/reacciones, 220-222, 243-
244, 251-268
reacciones emocionales, 244
realidades, 83-90, 236-237
reciprocidad, 146-150
reconexión, 384-387, *véase también*
conexión

recuerdo del yo, 285-286
recursos ejecutivos, *véase también*
motor central de la cognición;
procesamiento controlado
compasión y, 426-427
competencia para, 278-281, 281*f*
consciencia y, 204-205
mente errática y, 276
visión general, 169, 369-370
red por defecto (DN), 273-274
reducción del estrés basada en
mindfulness (MBSR), 195, 208, 235
registro de imágenes, *véase también*
memoria de trabajo
reino de los cielos/reino de Dios, 52-
53, 305-306, 381
relación, *véase también* interrelación
conocimiento holístico-intuitivo y,
93-97, 96*f*
construcción de totalidades y, 135
despertar interior y, 384-387
estar presente/comprometido con la
experiencia, 227-228
estilos de atención estrecho y amplio
y, 120
mente despierta y, 395-398
visión general, 343-344
relaciones cercanas, *véase también*
relaciones
HOLISMOS y, 361, 365-367
interrelación y, 344, 357
mente despierta y, 386, 392-397
patrón de cosechar-almacenar-
integrar y, 339-341
visión de conjunto, 334-338, 336*f*
ver Todo en todo y, 400
relaciones de pareja, *véase también*
relaciones cercanas; conexión
amor y, 436-441
conocimiento holístico-intuitivo y,
93-97, 96*f*

holarquías mentales y, 126-128, 127*f*, 129*f*

HOLISMOS y, 360

patrón de cosechar-almacenar-integrar y, 339-341

relaciones cercanas, 334-339, 336*f*

relaciones instrumentales, 334-339, 336*f, véase también* relaciones

relaciones no instrumentales, 334-339, 336*f, véase también* relaciones

rendición, 415, *véase también* soltar / dejar ser

renuncia, 415-418, 426, *véase también* soltar/dejar ser

resonancia

amor y, 439-441

construcción de totalidades y, 150-151, 155-157

esperanza incondicional y, 388

estar presente/comprometido con la experiencia, 227-228

simpática, 151-155, 152*f*, 388, 402

ver Todo en todo y, 402

respeto, 60

respiración, 194, 224, 225*f*, 254-255

respuesta, 220-222

rumiación, 248, *véase también* evitación experiencial

sabiduría, 312, 347-352, 432

sacrificio de uno mismo, 303-306

SCI, *véase también* modelo de subsistemas cognitivos interactivos (SCI)

secuencia de esfuerzo, 55, *véase también* esfuerzos

seguridad, 58-61

sensaciones físicas, 201, *véase también* estados corporales

sentimientos, 229-246, *véase también* felicidad; sentimientos positivos

sentimientos positivos, *véase también* felicidad

amor al despertar y, 383

compasión y, 423-427

comprar para ser feliz y, 43-45

flujo y, 319-321

plenitud y, 137-146, 150-151

separación

despertar de la mente y, 28, 295-303, 376-379

estilos de atención estrechos y amplios y, 119

mindfulness y, 24

percepción del yo separado y, 303-306

sistema de PÁNICO/DOLOR y, 57-58

separatividad, 97

significado, 70-71, 123, 124*c*, *Véase también* significados conceptuales; significados holístico-intuitivos

significados conceptuales

diferencia cualitativa con los significados holístico-intuitivos, 97-100

experiencia sensorial y, 101-103

procesamiento controlado y, 169-170

resumen, 122-123, 124*t*

soltar y, 421-422

significados holístico-intuitivos

diferencia cualitativa con respecto a los significados conceptuales, 97-100

experiencia sensorial y, 101-103

orígenes evolutivos de, 103

procesamiento controlado y, 168-170

soltar y, 426

visión general, 93-94, 96, 122-123*f*, 124*c*

significados literales, *véase también* significados conceptuales

Índice **483**

significados metafóricos, *véase también* significados holístico-intuitivos
símil de seis animales, 129
simulación, 272
sistema de PÁNICO/DOLOR, 57-58, 113
sistemas
  afectivos centrales, 57, 113-116, *véase también* afecto
  complejos no lineales, 245, 349
  de autoperpetuados, 61-63, 246-251, 247*f*, 249*f*
  dinámicos integrados, 338, 339
  holístico-intuitivos-supermodelos, *véase también* HOLISMOS
soltar/dejar ser, 30, 201-203, 415-423, 426
sonidos, *véase también* patrones auditivos
subsistemas sensoriales, 71-74, 73*f*, 104-108, 105*f*, 107*f*
sufrimiento, *véase también* ansiedad; depresión; estrés
  compasión y, 423-427
  emocional
  enseñanza de las dos flechas (*Sallatha Sutta*) y, 49-51
  estrategias para el cambio y, 251-268
  evitación experiencial y, 241-244
  mantener el, 241-244
  mantener la consciencia y, 187-188
  miedo, dolor y desconexión, 57-58
  objetos de deseo y, 71
  sistemas autoperpetuados y, 246-251, 247*f*, 249*f*
  soltar y, 420-421
  tradiciones contemplativas y religiosas y, 56
  transformación de, 27
sumisión, 304

superación personal, 288-289, 353, 415
supramodelos, *véase también* HOLISMOS
  compasión y, 429
  consciencia pura y, 365-367
  despertar de la mente y, 379
  parábola del maestro y su emisario y, 368-376
  patrón de cosechar-almacenar-integrar y, 339-341
  visión general, 345-346

Takete-Maluma, ejercicio, *véase también* ejercicio *Takete-Maluma*
teoría
  de ampliación y construcción del afecto positivo, 121, 140-141
  de la autodiscrepancia, 47-49, 50
  de la resonancia adaptativa (ART), 150
terapia cognitiva basada en mindfulness (MBCT),
  afecto y motivación y, 195-197
  consciencia y, 208-209
  estrategias de cambio y, 251-253, 257-259
  intención y objetivos y, 233-234
  mente de principiante y, 193-194
  resumen, 10-15, 19-21, 443
tesoro, oculto, *véase también* metáfora del tesoro oculto
Todo en todo, ver, 398-403, 401*f*
Tolle, Eckhart, 307, 373, 440, 447
totalidad, *véase también* construcción de totalidades
  amor y, 439-440
  conocimiento holístico-intuitivo y, 96*f*
  estado de flujo y, 319-321, 327-328
  interrelación y, 334-335
  mente despierta y, 376-379
  mente errática y, 281*f*, 282

patrón de cosechar-almacenar-
integrar y, 339-341
relaciones cercanas y, 339
sentimientos placenteros y, 343-344
significados holístico-intuitivos y,
95-97
trabajo mental, *véase también*
procesamiento controlado
mental interno, 167
tradición
cuáquera, 315-316, 402, 410, 411,
415
sufí, 203, 304-305, 307
zen sōtō, 316, 418
tradiciones espirituales
diferencias entre el significado
conceptual y el holístico-intuitivo,
101
mente despierta y, 312-317
soltar y, 201-203
visión general, 17-18, 293-294
tradiciones religiosas
amor al despertar y, 381-382
diferencias entre el significado
conceptual y el holístico-intuitivo,
101
miedo, anhelo y sufrimiento, 56
soltar y, 202
visión general, 17-18, 293-294,
444-445
transformación del sufrimiento
emocional, *véase también* cambio;
mindfulness; sufrimiento
transitoriedad, 120, 379
trastorno obsesivo-compulsivo, 118
trastornos emocionales, 192

vacuidad, 347-352, 357-364
vecino, 313-314, 390, 397
vedanā, 98n
verdades ennoblecedoras, 421-422
viaje
en el tiempo, mental, 64, 75, 166, 373
mental en el tiempo, 64, 74, 166,
183, 280
vidas empobrecidas, 284-290
visión
dualista del mundo, 69
profunda, 312
voluntad, 198-199

«yo», 40, 61, 69, 117-118, 229, 263,
282-283, 286-287, 299, 373, 416
autoguías, 54
enseñanza de las dos flechas
(*Sallatha Sutta*) y, 49-51
experiencial, 282-284, 285-286, 288
ideal, 47, 51-53
narrativo, 282-284, 288
narrativo y yo experiencial y, 282-
284
percepción de un yo separado y,
303-306
protección, 51-53
que debería ser, 50
real, 47, 218
resumen, 36-49
teoría de la autodiscrepancia y,
47-49
vidas empobrecidas y, 284-290

Zen, 316, 418
zona, en la, *véase también* flujo

Puede recibir información sobre
nuestros libros y colecciones inscribiéndose en:

www.editorialkairos.com
www.editorialkairos.com/newsletter.html

Numancia, 117-121 • 08029 Barcelona • España
tel. +34 934 949 490 • info@editorialkairos.com